《华中学术》第 46 辑编委会

国家“双一流”建设学科“华中师范大学中国语言文学”资助项目
中文社会科学引文索引（CSSCI）来源集刊
华中师范大学文学院　主办

華中學術

Central China Humanities

第46辑

主编　汤江浩

2024 / 2
VOL.16 NO.2

華中師範大學出版社

新出图证(鄂)字10号

图书在版编目(CIP)数据

华中学术. 第46辑 / 汤江浩主编. -- 武汉 ：华中师范大学出版社，2024. 6.
ISBN 978-7-5769-0597-7

Ⅰ. C53

中国国家版本馆CIP数据核字第2024EA3708号

华中学术(第46辑)

©汤江浩　主编

责任编辑:王中宝　**责任校对**:王　胜　**封面设计**:罗明波

编 辑 室:学术出版分社　**电话**:027-67867792

出版发行:华中师范大学出版社

社址:湖北省武汉市洪山区珞喻路152号　**邮编**:430079

电话:027-67863426(发行部)

传真:027-67863291

网址:http://press.ccnu.edu.cn　**电子邮箱**:press@mail.ccnu.edu.cn

印刷:湖北新华印务有限公司　**督印**:刘　敏

字数:444千字

开本:787mm×1092mm　1/16　**印张**:19.75

版次:2024年6月第1版　**印次**:2024年6月第1次印刷

定价:79.00元

欢迎上网查询、购书

目　录

【文学伦理学批评的理论资源研究】

“自然之性”与《淮南子》对先秦伦理道德批评的继承和整合

耿战超

（四川外国语大学中国语言文化学院，重庆，400031）

内容摘要：《淮南子》是汉初黄老道家集成百家之作，其思想体系建构与先秦诸子思想有着明显的承传关系。体现在人性观与伦理观上，《淮南子》既回向道家的基本精神，又辩证分析诸子人性学说之间的关联，以服务于治道的实践性实现了对先前伦理批评思想的整合。其从“性出于道”的角度，揭示了“自然”为人的本然之性的哲理依据；又通过对“性命不同”物性差异的肯定，对人与兽进行了初步区分，论证了人的应然之性与独立地位；最终融汇儒家所论“仁”“义”等人性因素，阐明了人的独特属性即社会性、伦理性，解决了人的本质问题，并由此阐释了凝聚群体以建构社会伦理共同体的深层路径。《淮南子》中的人性及伦理思想，合乎战国末期以来人性论合流的进路，可视为汉代伦理道德批评转向与发展进程中的关键一环。

关键词：《淮南子》；“自然”；性命；文学伦理学

作为汉初黄老学派的代表性著作，《淮南子》兼备百家，是先秦诸子在论争中趋向合流的思想产物。而《要略训》自道：“故著书二十篇，则天地之理究矣，人间之事接矣，帝王之道备矣。”[1]是书中能够把握到先秦各家思想的共同话题，又能贯通天地之理、人间之事与帝王之道的，莫过于人性伦理之说。正是在西汉大一统的历史背景下，人与自然、人与人以及人与社会之间的伦理秩序需要重新阐释，维护这种秩序的各种规范与教诲方式需要重新梳理。《淮南子》着眼于对人性的讨论，吸收与整合先秦伦理道德批评资源，将道论、宇宙论、修身论、政治论统一在一个整全的体系中，力图为初创的汉帝国提供一套理想“治道”。在具体论证中，《淮南子》对《老子》《庄子》《荀子》《礼记》等道、儒经典的关键概念或继承，或发挥，或重新阐释，对先秦至于西汉最具代表性的伦理批评思想进行了初步整合，并特别重视经典文本的教诲功能，是文学伦理学批评的重要理论资源。

一、“形备而性命成”：《淮南子》对自然之性的哲理阐释

先秦老庄哲学，以“道”为统贯。然《老子》云：“人法地，地法天，天法道，道法自然。”又云：“道之尊，德之贵，夫莫之命而常自然。”[2]“道”自本自根而莫之能命，最后归宿则是“自然”，“自然”为道之实质与本性，即一任万物自性、非人力所为的自然而然。《庄子》亦云：“常因自然而不益生也。”又云：“顺物自然，而无容私焉。”[3]同样强调要顺应万物自然而然的规律。所以，“自然”是道家哲学的核心，也成为其人性论的理论基础。《老子》中反复阐说“归根”“复命”，《庄子》批评“失性”而肯定“才全”，都强调人应该返其所始以存“性命之常”，回到同出于“道”而齐一的自然之性。

《淮南子》一书主黄老道家学说，其论人性之本源、人性与物性之区分、人性之差异，也是以“道”为本根，以“自然”为核心来展开的。

首先，《淮南子》从推崇“道”的本体性、普遍性出发，阐发了“性”得之于“道”。《原道训》开篇云：

> 夫道者，覆天载地，廓四方，析八极；高不可际，深不可测；包裹天地，禀授无形。……山以之高，渊以之深；兽以之走，鸟以之飞；日月以之明，星历以之行；麟以之游，凤以之翔。

“道”是大于天地、先于天地的无限存在，是万物变化所遵行的必然规律与普遍性。所以《原道训》又云：“夫性命者，与形俱出其宗，形备而性命成，性命成而好憎生矣。”“宗”即是指先验存在的普遍性的“道”，人的“形”体，包括“性命”，以及由此而生的好憎之情，皆源于“道”。

其次，通过改动《老子》之言，《淮南子》把理论重点聚焦于“道”的生成性，阐释了作为自然生命体的人如何创生，确认人“性”是由道“性”即自然的赋予。

《老子》曰：“道生一，一生二，二生三，三生万物。”[4]《天文训》则曰：“道始于一，一而不生，故分而为阴阳，阴阳合和而万物生。故曰：‘一生二，二生三，三生万物。’”在这里，《老子》中的“道生一”被省掉了，而是强调“道”始于由“一”到“阴阳”再到“万物”的生成演化过程[5]。正如《原道训》中所讲：“道者，一立而万物生矣。”《淮南子》之所以改动《老子》之言来强调“道”的生成性，是为了展开对宇宙生成演化过程的具体描述。从“道”的本体性与普遍性来看，“道”是万物包括人及人性的根本依据，但在于万物之中的不可能是“道”本身。有学者认为可以用“本原道”“次生道”来作区分，“在”万物中的为次生道即“自然”，构成了天下万物之性[6]。《诠言训》言：“皆为物矣，非不物而物物者也，物物者亡乎万物之中。”在于万物之中的只能是“道”的本性，即“自然”。人创生于这从“一”到“有”的过程中，并由此获得“道”之“自然”本性作为人之本性。

《原道训》云：“夫无形者，物之大祖也。”这里与《老子》中“有名，万物之母”

的比喻相类。"祖"与"母"的比喻带有人格化与意志化的意味，更着重其与所生者之间的连续性、继承性关系。《精神训》云：

> 古未有天地之时，惟像无形……于是乃别为阴阳，离为八极；刚柔相成，万物乃形。烦气为虫，精气为人。是故精神，天之有也，而骨骸者，地之有也。

人类化生于无形分、阴阳相成的精纯之"气"，精神以天为本源，形骸以大地为根基，天地是人类派生的直接来源。《精神训》又对人之创生进行了具体描绘：

> 故曰："一生二，二生三，三生万物。万物背阴而抱阳，冲气以为和。"故曰一月而膏，二月而胅，三月而胎，四月而肌，五月而筋，六月而骨，七月而成，八月而动，九月而躁，十月而生。形体以成，五藏乃形。

这里同样将《老子》之言的"道生一"截去了。人与"道"相通，但人的精神、形体则是天地阴阳之气的相成。可以说，从外在形式到内在变化秩序，人都能"与天地相参"，那么自然是以天地之性为人之"性"。天地的形式与变化秩序，并没有一种天地之外的力量来安排主使，都是自然生成、自任其性。因此，人作为生命体，其形也"自然"，其性也"自然"，其行为变化如取与喜怒也属"自然"。

再次，人既然以"道"之"自然"为本性，就应保持这种自然之性"清净"的本然状态，处理好"性""情""欲"的本末关系。

"自然之性"在《淮南子》中凡两见，都指向对人之自然天性的保全，而不强加以外在意志的干预。《本经训》云：

> 故至人之治也，心与神处，形与性调；静而体德，动而理通；随自然之性，而缘不得已之化。……不知为之谁何。

《主术训》云：

> 是故圣人举事也，岂能拂道理之数，诡自然之性，以曲为直，以屈为伸哉？未尝不因其资而用之也。

"自然之性"只能随顺，因为其是没有主使者的"不得已之化"，是自然而然的"道理之数"。又如《俶真训》云："人性安静。"又云："静漠恬澹，所以养性也。"《人间训》云："清净恬愉，人之性也。"安静、恬愉、静漠、淡然，都是对万物本然状态的描绘，约而言之为"清静"，这是"自然之性"的特质。

对这种静漠恬澹的自然之性损坏最大的，是人由感接于外物而导致的"情动"与"嗜欲"。《原道训》：

> 人生而静，天之性也；感而后动，性之害也；物至而神应，知之动也；知与物接，而好憎生焉。好憎成形，而知诱于外，不能反己，而天理灭矣。

安静是人纯粹的自然、本然之性，但因为载之于有形的形骸，人从性命成就之初就处于类似后世“灵”与“肉”的紧张关系中。人的形体与物相接，“心知”“物感”而导致“情动”，最终会因为作用过度而至于泯灭天理本性，所以是“性之害”。这里实际上是袭用《礼记·乐记》“性静情动”的行文表述，但改“性之欲”为“性之害”，对儒家性情论进行了义理重塑[7]。《原道训》又说：“夫喜怒者，道之邪也；忧悲者，德之失也；好憎者，心之过也；嗜欲者，性之累也。”这里的喜怒、忧悲、好憎，都是指失却性命之常超出限度的情，和嗜欲一样都是一种妄作，是对安静本性的伤害。所以人要做到“率性”“自见”、涵养清静，才能复返自性，回归本来正道。

故而，《淮南子》从“道”之多维度展开对人性本原的探究，确立“道”是人性的形上本原与终极根据。“自然”作为道的本质属性，也成为《淮南子》人性论的核心。虽然《淮南子》也继承先秦道家所论，重复阐述了老庄推崇的“圣人”“至人”“真人”等理想人格，但此类理想人格高悬于人伦现实之外，已带有后世“仙人”的意味。《淮南子》中所论更多的，是创生于宇宙演化过程中“形骸”“精神”相兼的人。作为自然生命体的人，从“性”之所得，到“形骸”之构成，再到“精神”之变化，一切皆是自然无为的。

二、“仁义在道德之包”：《淮南子》中人性伦理意识的生成逻辑

依照文学伦理学批评的理解，经过自然选择出现的“人”，最初作为一个新的物种同其他动物并没有本质的区别，这只是形式的选择。这个新的物种需要经过伦理选择而获得人的本质，从而变成一个道德的人、文明的人[8]。其中的一个关键环节，即是人如何认识到人与兽的区分，从而开始产生伦理意识，才能具备伦理选择的条件。

在《淮南子》中，是通过对老庄“齐物”观念的突破，阐明了物与物别、性与性分，本然的“自然之性”被修正为“性之自然”的应然之性，人作为特殊的一类被确认，成为自主、能动的独立物种。同时，《淮南子》又吸纳融会了“知”“仁”“义”等儒家所讲的应然之性，为人注入了文化性、社会性、伦理性等因素，在先天规定性之上突出了人后天自我创造性的一面。这实质上是阐明了人类“人性因子”的获得逻辑，以及伦理意识的促生过程。

其一，《淮南子》通过修正老庄所言“万物齐一”的物性，化用《庄子》“万物皆一”为“万物一圈”，肯定了物与物的差异性。

老子讲“万物得一以生”[9]，庄子以为“道通为一”[10]，从齐同万物的立场来看，人不能独立于自然，只有这样才能保全人之天性。《齐物论》尝言：“天地与我并生，而万物与我为一。”[11]《秋水》篇言：“自以比形于天地而受气于阴阳，吾在天地之间，犹小石小木之在大山也。”[12]人类与天地万物同一，物性与人性不应作区分。所以《大宗师》云：“今一犯人之形，而曰：‘人耳，人耳’，夫造化者必以为不祥之人。”[13]人是偶成，站在“造物者”的立场，“人耳，人耳”所彰显的人的独立呼声与

独立意识，是不合理的，也是不必要的。

《淮南子》则通过对《庄子》思想的改写，突破了上述"齐物论"。《俶真训》言：

> 夫天之所覆，地之所载，六合所包，阴阳所呴，雨露所濡，道德所扶，此皆生一父母而阅一和也。是故槐榆与橘柚合而为兄弟，有苗与三危通为一家。……是故自其异者视之，肝胆胡越；自其同者视之，万物一圈也。

"阅"者，总也，万物都是阴阳中和之气的汇聚，芸芸万物都同居天地之一处。《淮南子》这里的"是故自其异者视之，肝胆胡越；自其同者视之，万物一圈也"，是源自《庄子·德充符》"自其异者视之，肝胆楚越也；自其同者视之，万物皆一也"[14]。"万物皆一"与"万物一圈"的根本区别，在于前者从同出于"一"的角度，否定了万物差异；而后者认为万物同处于天地的"圈笼"之中，并不否认它们之间的差别。

"圈"的比喻，《淮南子》中还有一处，曰："是故有生于无，实出于虚；天下为之圈，则名实同居。"有形之物生于虚无后，"名"与"实"就同居于天下之圈笼中。相似的比喻还有"笼"，《原道训》云："张天下以为之笼，因江海以为之罟，又何亡鱼失鸟之有乎！故矢不若缴，缴不若无形之像。"天下如同无形圈笼，江海如同无形网罟，"无形"既然已经将万物全都笼罩其中而无所遗漏，就不必要再有"亡鱼失鸟"之虞，泯灭物与物之间的差异而强求齐一也就失去了意义。

其二，在肯定物与物差异性的基础上，《淮南子》明确提出万物"性命不同"的观念，实现了从"自然之性"的本然之性，到"性之自然"的应然之性的理论转化，疏通了物"性"各自独立的逻辑。

《诠言训》言：

> 洞同天地，浑沌为朴，未造而成物，谓之太一。同出于一，所为各异，有鸟有鱼有兽，谓之分物。方以类别，物以群分，性命不同，皆形于有。隔而不通，分而为万物，莫能及宗。

万物从太一分离出来后，互相阻隔不通，性命不同，千差万变之中具备了自己的特殊属性。如果说老庄将物性皆归于"自然"，以"道"之本然贯穿了物性差异中的同一性；《淮南子》所强调的，则是物之"性分"，即物的差异性的合于"自然"，这正是万物的应然之性。如《原道训》云：

> 夫萍树根于水，木树根于土；鸟排虚而飞，兽跖实而走；蛟龙水居，虎豹山处：天地之性也。两木相摩而然，金火相守而流；员者常转，窾者主浮：自然之势也。……各生所急以备燥湿，各因所处以御寒暑，并得其宜，物便其所。由此观之，万物固以自然，圣人又何事焉！

万物各有其应然之性，或水居或山处，或飞翔或陆走，圆者常转而空心者易浮，这些都是遵循“天地之性”“自然之势”而不可改变的。“各生所急”“各因所处”，万物包括人类顺应所处的环境，遵循自然的规律选择生存方式，其生命状态“固以自然”，不劳外加力量的干预。如此，《淮南子》把自然物性阐释为物性自然如此，所重不在物的“自然之性”，更重“性之自然”，这是对道家自然生命观的根本性修正。

其三，在辨明物与物别、性与性分的基础上，《淮南子》讨论了自然本性以外人性的特殊内涵，区分了人类区别于其他动物的诸多特质。同时，《淮南子》提出“仁义在道德之包”的命题，打通了道家“道德”与儒家“仁义”的关联，实现了“自然”对“仁义”的含摄，在人性论中纳入了“仁”“义”等儒家应然之性的因素。

《淮南子》首先阐发人与动物的区别在于其是一个文化生命体。《齐俗训》云：

> 广厦阔屋，连闼通房，人之所安也，鸟入之而忧……《咸池》、《承云》、《九韶》、《六英》，人之所乐也，鸟兽闻之而惊……形殊性诡，所以为乐者，乃所以为哀；所以为安者，乃所以为危也。

人与其他动物“形殊性诡”，自然生命形态的不同导致生性迥异，但人类所安乐的，如房屋广厦、《咸池》音乐等项，都是创造性的文化产物，这正是人类能动性、文化性的体现。

人类与动物最大的区别，则在于人的伦理性与社会性。《淮南子》首先解决了道家“道德”与儒家“仁义”的关联融通问题，阐释了“自然”对“仁义”的含摄。《说山训》云：

> 升之不能大于石也，升在石之中。夜之不能修其岁也，夜在岁之中。仁义之不能大于道德也，仁义在道德之包。

“仁义在道德之包”是《淮南子》中的创新性提法。有学者就此指出，“仁义”含容于“道德”之中，“仁义”的价值延续和功能发挥是以“道德”为前提的。道之本性“自然”是人性的基底，同时含容“仁义”的存在，并为其存续和功用发挥预留了空间[15]。《缪称训》：“道者，物之所导也；德者，性之所扶也；仁者，积恩之见证也；义者，比于人心而合于众适者也。”《泰族训》：“人之性有仁义之资。”“仁”“义”都被以积极的面向置于“道”“德”之后，成为人性之“资”与“质”即固有构成，我们也可以称之为“人性因子”，这是儒道贯通的结果。

人既含“仁义之资”（人性因子），伦理意识的产生也就具备了条件。《泰族训》云：“所谓仁者，爱人也；所谓知者，知人也。”《主术训》亦云：“仁者，爱其类也；智者，不可惑也。”“仁”是对人伦同类的感性兼爱，“智”是对人伦关系的理性洞晓。《主术训》：“孝于父母，弟于兄嫂，信于朋友，不得上令而可得为也。”仁、义等是“不得上令而可得为也”，实质上成为人性的必然要求与内在规定。《淮南子》通过揭示“仁”“义”“智”等在人伦关系中的呈现，确立了人的伦理性与社会性。

正如《主术训》所言：“遍知万物而不知人道，不可谓智；遍爱群生而不爱人类，不可谓仁。”人最大的特殊性就是其对人伦社会道德规范的认知理解，是在关爱同类中所不断发展的伦理意识。正是由于理性的成熟，伦理意识的产生，人才与兽相别进化成为独立的高级物种，并自觉能动地经过伦理选择，成为文化的人、智性的人、道德的人、社会的人。

三、“达乎性命之情”：《淮南子》中伦理秩序的建构与教诲策略

在人的本质确立的伦理选择过程中，文学因伦理教诲的需要而产生，是人类最重要的伦理表达形式之一。所以文学的功利性、政治倾向性一直是文学的基本特征，文学的政治作用正是文学伦理的体现[16]。《淮南子》作为西汉社会转型期的理论结晶，其创作所以究天地之理，是为了接人间之事，最终旨归在于备“帝王之道”，着眼点落在现实治道之上，体现出鲜明的政治实用性。

先秦道家本有“身国同治”的治理思想传统[17]。《老子》云：“修之于身，其德乃真；修之于家，其德乃余；修之于乡，其德乃长；修之于国，其德乃丰；修之于天下，其德乃普。”[18]由治身出发，其德可以扩及由家以至天下的不同层级的伦理空间，从而建构普惠众生的伦理秩序。《淮南子》继承这一思想，《泰族训》：“身者，国之本也。”《道应训》：“未尝闻身治而国乱者也，未尝闻身乱而国治者也。”提出治道之本在治身，身治则国治。

进而，治身之本又在治“性”。《俶真训》云：“故古之治天下也，必达乎性命之情。”《诠言训》云：“原天命，治心术，理好憎，适情性，则治道通矣。”《淮南子》正是基于对物尤其是人“性命之情”的处理策略，或贵有为以因性，或重互补以尽性，或崇教诲以养性，阐释了对人的伦理启蒙，为调整社会伦理秩序提出了一种普遍性的模式。

第一，《淮南子》将先秦道家提倡的“无为”转化为积极性之“有为”，提倡“因性而治”的施为，阐释了理想化的“不易民性”的伦理秩序。同时，又吸取儒家礼乐思想提出“因民之性制礼节”，确立了维护这一秩序的道德规范与文化手段。

老庄哲学由对物性的讨论，引申出对“因循”“无为”的认识。《老子》云：“我无为而民自化，我好静而民自正，我无事而民自富，我无欲而民自朴。”[19]庄子云：“夫虚静恬淡，寂寞无为者，万物之本也。”[20]都强调治者因循无为则民自任其性，归于素朴。《淮南子》中“无为”观念则与之不同，其既讲物自任其性，也讲因物之性，更由“因物之性”的讨论进至“有为”的政治治理。《原道训》言：

> 所谓无为者，不先物为也；所谓无不为者，因物之所为。所谓无治者，不易自然也；所谓无不治者，因物之相然也。

“不先物为”，物自任其性，所以是“无为”；“因物之所为”，是在物性范畴内对物施为，所以是“无不为”即“有为”。因循自然之性是“无治”，因物之性而有为则“无不治”，是大有作为以至于大治。所以“治”之根本在任物之性、因民之性，治民者应该遵循物理、因民之资来积极施为。

由此，《淮南子》提出“因民之性制礼节”，将礼乐节度等文化手段作为建构伦理秩序的基本方式，从而与主张顺应人情而治世的儒家站在了同一立场上。《泰族训》说：

> 圣人之治天下，非易民性也，拊循其所有而涤荡之。故因则大，化则细矣。……故能因则无敌于天下矣。夫物有以自然，而后人事有治也。……故先王之制法也，因民之所好而为之节文者也。

这与《礼记》所讲“礼者，因人之情而为之节文”逻辑是一致的[21]。《淮南子》统一了道家所推崇的自然化“民性”与儒家所强调的社会化“礼节”，寻求建立男女有别、风俗不流、父子有亲、长幼有序的理想化伦理秩序，同时确立了维护这一秩序的道德规范与文化手段。

第二，《淮南子》肯定物性差异的相对性而认为“物无贵贱”，从而提出“各有所宜，则人性齐”，同时又吸取儒家关于群体秩序建构的相关思想，从社会生产的角度主张相互协作，以做到人尽其性、人尽其才，阐释了凝聚群体以建构社会伦理共同体的深层路径。

《荀子》曾提出人“最为天下贵也”，并认为人之所以胜于牛马，在于“人能群”[22]。而对于“人何以能群?”则倡导“明分使群”，强调人群内的绝对差异。这种“分”是宗法关系中名分之差异，是尊卑有等的伦理身份之差异。儒家由此建构起了一套以血缘宗法为纵贯的垂直型伦理秩序，所凝聚的“群”或“群体”也成为社会的本质规定性[23]。

《淮南子》则不然，虽然肯定物与物“性命不同”“形殊性诡”，但其并没有像《荀子》那样认为人“最为天下贵”，在“性”的层面将物区分出高低优劣。《齐俗训》云：

> 各用之于其所适，施之于其所宜，即万物一齐，而无由相过。……由此观之，物无贵贱。因其所贵而贵之，物无不贵也；因其所贱而贱之，物无不贱也。

物各有长短优缺是其“性之自然”，安置在适宜位置就能充分发挥其作用，在有用这一点上是齐一的，所以物类并无贵贱分别。《修务训》云：“知者之所短，不若愚者之所修；贤者之所不足，不若众人之有余。”就人类社会内部而言，个体与个体之间的差异也是相对的，即使是圣人也并非全知全能而超出众人之上。

但《淮南子》还是吸取了《荀子》关于群体秩序建构的相关思想，如《齐俗训》云：“故伊尹之兴土功也，修胫者使之跖钁，强脊者使之负土，眇者使之准，伛者使之涂，各有所宜，而人性齐矣。”这一观念应该是源自《荀子·荣辱》：“使有贵贱之等，长幼之差，知愚、能不能之分，皆使人载其事而各得其宜，然后使慤禄多少厚薄之称，是夫群居和一之道也。”[24]从社会生产分工协作的角度提出要使个体“各有所宜”，使得社会群体合一，这是在“因民之性制礼节”的文化手段之外，更稳固地安顿了社会群体的伦理秩序。

第三,《淮南子》并没有局限于人之自然本性而固守"不易民性",其重视人在社会中的实用性而指出人性"可损益",为融汇儒家教化论预留了空间,并明确了道德教诲的具体方式。

《淮南子》首先批评了那种认为人性不可损益、不能教化的说法,《修务训》云:

> 世俗废衰,而非学者多:"人性各有所修短,若鱼之跃,若鹊之驳,此自然者,不可损益。"吾以为不然。……故其形之为马,马不可化;其可驾御,教之所为也。马,聋虫也,而可以通气志,犹待教而成,又况人乎?

《淮南子》认为应该区分出先天自然习性与后天社会习性,就像马之形体为自然禀赋不能损益,但其可以驾驭之品行则非教化不能,这与庄子反对"落马首,穿牛鼻"是迥异的。驾驭骑乘虽然是人为的强加,但在《淮南子》看来仍旧是马的性分所在,马犹如此,则人之后天习性可以教化自不待言。

《修务训》中甚至设想了一种人脱离社会的极端情况:

> 今使人生于辟陋之国,长于穷檐漏室之下,长无兄弟,少无父母,目未尝见礼节,耳未尝闻先古,独守专室而不出门,使其性虽不愚,然其知者必寡矣。

远离社会伦理环境与人伦秩序,完全接受不到道德教诲与社会教化,则虽有良好先天禀赋,也不能发展出成熟的理性,更不能促生伦理意识以成就为真正意义上的"人"。所以《泰族训》云:"人之性有仁义之资,非圣人为之法度而教导之,则不可使乡方。"人所秉有的"仁义之资"即人性因子,还需要圣人为之教诲来完成道德教化,才能遵道而行。

而作为伦理选择的方法,教诲需要工具,这个工具就是文学。在文学伦理学的视阈中,正是人类的伦理意识和保存伦理经验的渴望,导致文字的产生和文学的出现。文本记载的,都是有利于人自身生存和发展的集体道德经验[25]。《淮南子》自觉地将道德教诲功能赋予文本、寄于论说,言道以说教,言事以例教,论证与实践了文学文本作为人类生活指南与道德指南的教诲功能。

一方面,其极为推崇既有"六艺"经典,如《泰族训》云:"夫观六艺之广崇,穷道德之渊深。"《修务训》:"诵《诗》《书》者期于通道略物。"通过六艺经典可以达致对于根本大道、宇宙之理的认知。《泰族训》又云:

> 六艺异科而皆同道。温惠柔良者,《诗》之风也;淳庞敦厚者,《书》之教也;清明条达者,《易》之义也;恭俭尊让者,《礼》之为也;宽裕简易者,《乐》之化也;刺几辩义者,《春秋》之靡也。

"六艺异科而皆同道","道"成为文本的最高价值来源,并由于"风、教、义、为、化、靡”的作用，被视作了伦理教诲的至上文本载体。

另一方面，《淮南子》将文本的伦理意义与文化价值作为了自觉的追求。《淮南子》文本实践中的主要特征就是“以事喻道”“以事明理”[26]，其所举事例，都表现为人在实践过程中的事功及其创造的社会文明，代表的都是符合所处时代的社会规范和价值标准。[27]《淮南子》以丰富的“事”“理”，充分展露了仁惠、恩义、理性、恭谨、礼让、制欲、互助和勇气等丰富的人性特质，可以同时作用于人的感情与理智，要比单纯的说教更有说服性和教诲效力。

《淮南子》正是立足对物性与人性的深入分析，同时吸取儒家关于群体伦理秩序建构的相关思想，阐释了如何凝聚群体以建构社会伦理共同体的深层路径。正如《泰族训》所云：“四海之内，一心同归，背贪鄙而向义理。”每一个社会成员都是道德的个体，每一个个体都是有用之才，四海一心，充分发挥群体的主动性与创造性，《淮南子》为新生的时代奉献了一套理想治道。

结论

《淮南子》博采诸家之长，有着“故制礼义，行至德，而不拘于儒墨”的通达认识，它所建构的伦理体系向新的时代开放，立意在天下之治，教诲对象也是天下之民。当然，《淮南子》基于道家思想对于儒家伦理观念的融合是有限度的。但它一方面能够秉持现实立场，在社会建构、国家治理的实践中肯定儒家道德伦理观念的积极作用。另一方面，《淮南子》伦理思想是基于“道”的本体性、形上性而展开的，如果以儒家的立场来看，这无疑是置换了其伦理思想的逻辑前提。后世魏晋玄学家如王弼、郭象等，多从“自然—名教”关系入手，尝试为儒家人性论寻找到自然本体的形上依据，这应该都是导源于《淮南子》的。

* 本文系国家社科基金重大项目“文学伦理学批评的理论资源与对外传播研究”（21&ZD264）、教育部人文社会科学研究青年基金项目“两汉校书与经学形态的变动研究”（19YJCZH038）的阶段性成果。

注释：

[1] 何宁：《淮南子集释》，北京：中华书局，1998年，第1454页。本文所引《淮南子》相关内容均据此版本，为避繁复，不再一一注出。

[2]（魏）王弼注，楼宇烈校释：《老子道德经注校释》，北京：中华书局，2008年，第64、137页。

[3]（清）王先谦撰，沈啸寰点校：《庄子集解》卷二，北京：中华书局，1987年，第54、71页。

[4]（魏）王弼注，楼宇烈校释：《老子道德经注校释》，北京：中华书局，2008年，第117页。

[5] 参见王威威：《〈淮南子〉对〈庄子〉“齐物”观念的阐发——以〈齐俗训〉为中心》，《四川大学学报》2021年第5期，第38～45页。

[6] 郭沂：《鸟瞰先秦人性论的发轫与流变》，《南国学术》2023年第1期，第123～136页。

[7] 参见宋霞、张瑞涛：《性之害：〈淮南子〉“性静情动”关系考释与逻辑建构》，《人文杂志》2022年第11期，第110～118页。

[8] 聂珍钊：《文学伦理学批评与人性概念的辨析》，《名作欣赏》2020年第7期，第5～11页。

[9] (魏)王弼注，楼宇烈校释：《老子道德经注校释》，北京：中华书局，2008 年，第 106 页。

[10] (清)王先谦撰，沈啸寰点校：《庄子集解》卷一，北京：中华书局，1987 年，第 16 页。

[11] (清)王先谦撰，沈啸寰点校：《庄子集解》卷一，北京：中华书局，1987 年，第 19 页。

[12] (清)王先谦撰，沈啸寰点校：《庄子集解》卷四，北京：中华书局，1987 年，第 139～140 页。

[13] (清)王先谦撰，沈啸寰点校：《庄子集解》卷二，北京：中华书局，1987 年，第 64 页。

[14] (清)王先谦撰，沈啸寰点校：《庄子集解》卷二，北京：中华书局，1987 年，第 47 页。

[15] 参见宋霞、贾伟玮：《以“自然之性”涵括“仁义之资”——〈淮南子〉儒道融贯的人性思想》，《中国石油大学学报》2021 年第 6 期，第 88～95 页。

[16] 聂珍钊：《谈文学的伦理价值和教诲功能》，《文学评论》2014 年第 2 期，第 13～15 页。

[17] 阚红艳：《道家视域下的“身国同构”与“内圣外王”》，《江淮论坛》2018 年第 3 期，第 81～85 页。

[18] (魏)王弼注，楼宇烈校释：《老子道德经注校释》，北京：中华书局，2008 年，第 143～144 页。

[19] (魏)王弼注，楼宇烈校释：《老子道德经注校释》，北京：中华书局，2008 年，第 150 页。

[20] (清)王先谦撰，沈啸寰点校：《庄子集解》卷四，北京：中华书局，1987 年，第 144 页。

[21] (汉)郑玄注：《礼记正义》卷五十一，李学勤主编：《十三经注疏》本，北京：北京大学出版社，1999 年，第 1400 页。

[22] (清)王先谦撰，沈啸寰、王星贤点校：《荀子集解》卷五，北京：中华书局，1988 年，第 164 页。

[23] 涂可国：《社会儒学视域中的荀子“群学”》，《中州学刊》2016 年第 9 期，第 108～116 页。

[24] (清)王先谦撰，沈啸寰、王星贤点校：《荀子集解》卷二，北京：中华书局，1988 年，第 70～71 页。

[25] 聂珍钊：《文学伦理学批评导论》，北京：北京大学出版社，2014 年，第 248 页。

[26] 张海英、陈嘉灿：《论〈淮南子·道应训〉的文体形式及其解释特征》，《河南师范大学学报》2022 年第 6 期，第 88～95 页。

[27] 方国武：《审美显道与事理明道的统一——〈淮南子〉文道关系论》，《学术界》2022 年第 5 期，第 190～197 页。

中国现代文学批评中新旧伦理的缠绕及其多元走向

汪 希

（华中师范大学文学院，湖北武汉，430079）

内容摘要：中国现代文学批评呈现出新旧伦理的缠绕与深化发展。“五四”时期以“人的文学”为代表的新伦理、新文学对封建旧伦理、旧文学的批判，一定程度上实现了伦理思想的根本变迁。不过在此期间，旧伦理也潜在地在新伦理中发生赓续，从深层制约了批评家们的伦理选择。“五四”以后，作为新伦理的抽象人道主义走向衰落，马克思主义伦理观走上舞台。批评家们对新旧伦理关系的选择与调整，影响了“五四”之后的文学批评走向。以批评家们的伦理选择为出发点，既可以对中国现代文学批评的思维结构与发展脉络进行重新梳理，也有助于丰富伦理选择的术语内涵、拓展文学伦理学批评的实践维度。

关键词：中国现代文学批评；封建伦理；人道主义；马克思主义伦理；伦理选择

中国现代文学批评从旧伦理到新伦理的思想变迁，呈现出批评家们在历史汇流中的各种伦理选择。“五四”时期，知识分子们试图以西方资产阶级新伦理、新文学彻底批判中国封建旧伦理与旧文学，但是，中国传统伦理观念又潜在制约着他们在引介西方文学思潮时做出的伦理选择。“五四”以后，曾作为新伦理的资产阶级伦理走向衰落，传统旧伦理得到一定程度的复兴，马克思主义新伦理登上历史舞台，批评家们面临更加多元的伦理环境，文学批评呈现出复杂走向。从批评家们的伦理选择出发，一方面可以对中国现代文学批评的思维结构与发展脉络进行重新梳理；另一方面也有助于丰富“伦理选择”的术语内涵、拓展文学伦理学批评的实践维度。

一、现代文学批评中新伦理对旧伦理的批判

中国现代文学批评中新旧伦理的缠绕尤以“五四”时期最突出。五四新文学运动以新文学、新伦理对封建旧文学、旧伦理的批判拉开序幕。事实上，在中国文学与伦理思想史上，尤其是明清以来，新伦理对旧伦理的批判便不断出现，也产生了相应的文学思想。但与之不同的是，五四新文学运动采取了全盘西化的激进策略，以文学革命与伦理革命齐头并进的方式，发起了这场声势浩大的文学革命运动。

两千多年来，中国的封建社会主要是一个以伦理为本位，依靠伦理来巩固统治阶级利益、维持社会秩序、控制普通民众的宗法社会，形成了一套以儒家三纲五常为核心的伦理思想体系，具有等级性、工具性与依附性。

在这套伦理思想的指导下，中国文学形成了以“文以载道”为正统的古典文学思想体系，这也同样承续了封建伦理思想的等级性、工具性与依附性。封建文学等级性表现在或是属于贵族阶级的玩物，或是以贵族阶级为描写对象，或是“代圣贤立言”，达到“上以风化下”的目的。这同样揭示了文学是宣传封建道统、为统治阶级的政治利益服务的工具。而这也说明中国封建文学具有依附性，其存在是为了“载道”、教化民众、服务政治。

针对这一套严重束缚人性、阻碍社会发展的封建伦理思想体系，明末清初出现了一些伴随资本主义萌芽而兴起的新思想。在文学方面，有李贽、汤显祖、公安派的“情理对立”“扬情抑理”主张，反对封建道统对个性意识的压制。也有黄遵宪的“吾手写吾口，古岂能拘牵”对摹古成风、因循守旧的文学创作风格的反叛。但是，这种从封建文学传统内部生发出来的新审美意识，无法摆脱封建思想根深蒂固的影响，加之新兴资产阶级力量的微弱，因此未对古典文学产生较大的批判力度。

近代以来，以康有为、谭嗣同为代表的资产阶级知识分子，开始有意识地利用西方资产阶级伦理观念，批判中国的程朱理学与封建礼教。在文学上，梁启超认为“欲新道德必新小说”[1]，提倡改良小说以在国民中宣传西方的自由民主观念。王国维则在西方文学思潮的影响下，倡导中国文学的独立性[2]。二者可以说代表了重新调整文学与传统伦理关系的两种方向，梁启超试图以资产阶级新伦理取代封建旧伦理，王国维强调文学独立性的做法也正是以审美性驱逐这种旧伦理（“忠君、爱国、劝善、惩恶”）。两者的局限性也比较明显，梁启超的做法并未跳出“文以载道”的传统逻辑。王国维虽在文学观念上突破了封建文学的伦理化倾向，但却绝对化地排除了文学的伦理功能，这也同样容易让文学沦为有闲阶级的玩意，从而再次回归传统封建文学的依附性。

与之相比，从“五四”开始，现代文学批评中新文学、新伦理对旧文学、旧伦理展开了前所未有的批判。现代批评家认为伦理觉悟为“吾人最后之觉悟”[3]，且伦理与文学紧密相关，因而高举伦理革命与文学革命两面大旗。他们往往采取“全盘西化”的激进策略，试图用西方资本主义伦理替代中国封建纲常伦理，强调文学的独立性，对以“文以载道”为核心的封建旧文学观念进行彻底批判。

从伦理批判来看，现代知识分子将自然人性论与天理人欲论对立起来，对旧伦理、旧文学观念进行全面反思。封建时代的天理人欲论促成了伦理与文学思想中的理性控制与等级观念。在理性控制方面，先秦时期的伦理思想中就有以理制欲观念的表达，到了宋代则进一步发展为天理人欲论，之后程朱理学在中国一直占据着正统地位。生长于这类伦理环境中的中国封建文学，同样有以理制情的传统。从孔子“思无邪”的诗教，到《毛诗序》中“发乎情，止乎礼”的规训，再到宋代理学家对写诗“溺于情好”的反对，都对作家的个性意识和情感表达进行了严苛束缚。在写作内容上，中国封建文学则要求作品宣传“愚忠愚孝”“殉节守贞”的畸形道德，形成了中国封建文学“瞒”与“骗”的写作风气。在等级观念方面，儒家伦理思想中有基于“性三品”说的上智下愚观，“所谓名教，所谓孔教皆以拥护此别尊卑、明贵贱之制度者也”[4]。表现在文学上，文学内容是“代圣贤立言”，描写对象是王侯将相、英雄豪杰、才子佳人，且往往沦为“颂圣酬和，供士大夫赏玩吟咏”[5]的玩物。

针对这种旧伦理与文学思想，现代知识分子以卢梭的自然人性论作为理论武器。自然人性论肯定人的自然欲望，这种人性自然首先表现为文学形式的率性自由。唯有形式的自由，方能书写自然人性。郭沫若推崇自由诗、散文诗，认为这是作者不愿受一切束缚和桎梏的表现。康白情也指出：“旧诗大体尊格律，拘音韵，讲雕琢，尚典雅。新诗反之，自由成章而没有一定的格律。”[6]这种自然人性也表现在文学内容上“人的文学”观念，周作人主张“兽性与神性，合起来便只是人性”[7]。这正如文学伦理学批评所指，“人性因子”与“兽性因子”“有机地组合在一起，构成一个完整的人。在人的身上，这两种因子缺一不可”[8]。在此基础上，周作人批判了“发乎情，止乎礼”的古训，认为《沉沦》中的性暴露“并无不道德的性质”[9]，《蕙的风》也是青年心胸的坦率表达[10]。除了周作人之外，鲁迅、郭沫若、郁达夫、刘半农等“五四”批评家们都指斥“忠孝节义”的虚伪道德，强调以真实的个性表达与客观的人间描写，来替代封建文学中的“瞒”与“骗”。

自然人性论也肯定了人性的普遍性，指向人人平等的伦理观念。胡适提倡白话文、反对文言文的目的之一，就是试图从语言上打破贵族与平民之间的等级界限。“话怎么说就怎么写”的文章观，从实践上将说、写、读合为一体，使文学口语化、生活化、通俗化，让文学真正走向大众。陈独秀在文学革命的“三大主义”中也指出“推倒雕琢的、阿谀的贵族文学”，主张“建设平易的、抒情的国民文学”[11]。周作人进一步提出平民文学观念，“普遍与真挚”是其核心标准。所谓“普遍”，是指“我们不必讲偏重一面的畸形道德”，而应该讲“一种一律平等的人的道德”。所谓“真挚”，是指态度的平等与真诚，“应以真挚的文体，记真挚的思想与事实。既不坐在上面，自命为才子佳人，又不立在下风，颂扬英雄豪杰”[12]。

在此基础上，现代批评家进一步将人的观念与文学的观念联系在一起。他们批评传统文学观念中文学的工具性、依附性，试图建构文学的独立性。也就是说，伦理批判与文学批判是相辅相成的，伦理批判也正是文学批判，批判旧伦理也正是去除“文以载道”的“道”；与之相应，文学批判也正是伦理批判，强调文学的独立性并不是真正让文学摆脱“伦理”，而是让文学彻底摆脱封建旧伦理，而贯之以健康清新的新人生观（新伦理），这充分体现在“五四”“人的文学”这一主张中：文学并不是纯粹独立的，它是关注人的，要“辟人荒”；但它也可以说是完全独立的，目的也只在于“人”。文学的解放和独立，也意味着人的解放和独立。

具体而言，现代批评家揭示和批判了文学的实用理性传统。从先秦时期开始，人们便总将“求知”与“尚用”联系一起，最终目的是维护统治阶级利益。在我国古代文论中，孔子提出“兴观群怨”，荀子主张文学用以“明道”“致用”，柳宗元进一步指出文学要“施之事实，以辅时及物之道”[13]，之后宋代理学家周敦颐明确提出“文以载道”，逐渐形成了中国封建文学源远流长的“文以载道”传统。这种文学功能观发展至极端，便会严重伤害文学，容易主题先行，走向狭隘的封建功利主义，并最终以统治阶级的政治利益代替文学的独立审美特性。

现代批评家们在批判封建文学的工具性、功利性与依附性的同时，也试图建构文学的独立性。比如刘半农激进地提出文道分离说，主张将传统“载道”的文学排除在文学之外[14]。文道分离使文学不再是道的附庸，文学的美学价值得到发掘与重视。不过需要注意的是，这种文学独立性的强调，并非让文学真正摆脱伦理。胡适在文学“八不主义”中指出文学须“言之有物”[15]，这里的“物”是与“文以载道”中空虚、颓废之“道”相对的真挚情感与伦理，并试图以此解构传统文学中“道统”与“文统”的统一关系。陈独秀虽认为胡适的“‘言之有物’一语，其流弊虽视‘文以载道’之说为轻，然不善解之，学者亦易于执其遗月，失文学之本义也”[16]，但仍强调文学的本质是“达意状物”。创造社与文学研究会提出文学“为自我”和“为人生”的主张，都是试图给文学注入新的伦理精神与时代意义。

可以发现，在现代文学批评中，文学的本质与人的本质有着对应关系，文学的独立也是新伦理的自觉。批判传统的伦理与工具论文学观，也就是在倡导个性的解放，正如郁达夫所说：“从前的人，是为君而存在，为道而存在，为父母而存在，现在的人晓得为自我而存在了。”[17]

二、现代文学批评中旧伦理在新伦理中的赓续

与中国近代新旧伦理思想之间暧昧不明的关系相比，现代知识分子在新旧之间往往采取二元对立的立场，这让他们更有魄力对旧文学与旧伦理进行彻底批判。但新旧的决然对立可能只是一种假象，旧的伦理观念依旧以一种隐秘的方式在新伦理中赓续。这尤其表现在现代文学批评家们对西方文学思潮及观念的引介中，并决定了这些观念在中国化过程中的过滤与变形，也导致了这一时期各种文学思想之间矛盾多元的存在格局。

中国现代知识分子大多成长于旧伦理的思想环境之中，深受传统实用理性哲学，士大夫“以天下为己任”，以及“立德、立言、立功”之类思想的影响。因此，现代文学批评家们在大量引介西方文学思潮与观念的背后，表现的是他们从传统旧伦理出发进行的伦理选择。

比如，西方的浪漫主义文学及其观念备受现代文学批评家们的青睐，而这正是传统文学伦理观的折射。浪漫主义对于个性意识的张扬有助于唤醒国民的自我意识，一方面有助于挣脱封建纲常伦理的束缚，另一方面，这样的国民也是实现民族救亡图存的前提，其背后延续的也正是传统知识分子的社会伦理意识。这充分体现了现代文学批评中伦理选择的矛盾性、复杂性与功能的多重性。

现实主义更是在现代文学批评家那里引起了激烈共鸣，这同样与中国知识分子“经世致用”、忧国忧民的旧伦理传统紧密相关。现实主义强调文学对人生的真实再现，正有助于呈现当时内外交困的中国社会现实。中国现代批评家尤其青睐俄国现实主义，这与后者浓郁的社会历史感有关。俄国现实主义具有深厚的人道主义伦理，表面上，中国现代批评家是以此表现“新伦理”，强调“人的文学”，比如茅盾深受俄国

现实主义影响，要求中国新文学要“表现人生，指导人生”。但在深层，俄国现实主义对社会人生的关注，对国家何去何从的争论，“谁之罪”“怎么办”，诸如此类强烈的使命感、责任感，正与中国现代知识分子骨子里家国天下的传统伦理情怀相契合。

与浪漫主义、现实主义相比，现代主义是当时欧美最新的文学思潮，且具有强烈的反传统意味——这似乎与“五四”反传统的诉求相契合，但现代主义在这一时期并未得到较大发展。原因在于，西方现代主义文学思潮表现的是发达资本主义的异化社会现实与理想幻灭，不少作家表现出的是悲观逃避的厌世态度。这种态度与中国知识分子积极入世、心怀天下的主流伦理传统不相符合。“五四”知识分子也引进了现代主义文学思潮，却是在“全盘西化”这一反封建的策略下进行的，当他们发现其与中国社会现实并不十分契合后，便很快抛下了它。即便是当时如周作人、林语堂的这类知识分子逐渐有了避世倾向，他们也能在陶渊明式的隐士情怀，和儒家“穷则独善其身”的旧伦理观念中找到精神危机的宣泄口，而不是走向西方现代主义式的虚无境界。

在旧伦理观念的制约下，中国现代知识分子们不仅对各种西方文学思潮进行选择性引介，也过滤与筛选了这些文学思潮的具体内容。比如，情感与想象是浪漫主义美学体系的两大核心理论，前者用以对抗作为日常伦理规范的封建理性，后者则用以批判带有认识论意味的启蒙理性。在这两者中，尽管想象在浪漫主义思想体系中占有更加重要的地位，但中国现代知识分子明显更加强调情感因素，忽视想象理论。这同样包含了传统实用主义伦理哲学的功利考虑，旨在以情感为武器塑造新的国民与新的伦理精神。再比如，在对待现实主义真实性与倾向性，即“真”与“善”的问题上，现代文学批评家们同样更加偏重后者，而这正与中国传统社会重伦理教化的集体无意识有关，与中国知识分子“经世致用”的文学观念和“为天下苍生谋福祉”的伦理传统一致。

与此相似，批评家们在对待现代主义的具体流派时，也有所顾虑和选择。例如象征主义因缺乏对文学社会功用的重视而并未在“五四”时期得到较大发展。穆木天是当时具有代表性的象征主义研究者，但他后来却表示：“在象征主义的空气中住着，越发与现实相隔绝了——世纪末的象征诗人，是我的先生，虽然我们在主观上是忠实的。可是在抛弃我的 Morality 的任务之点，我是对不起民众的”[18]。表现主义在当时属于现代主义文学中比较受欢迎的流派，原因就在于它对文学社会政治作用的强调。但表现主义对真实摹写现实的反叛，以及由此产生的抽象艺术表现手法，却未得到现代批评家们应有的关注。

除了对各种西方文学思潮进行选择性的引介外，中国现代知识分子还在旧伦理思想的制约下对这些西方文学观念进行了本土化改造。其中最突出的是在“五四”新文学中个性主义与博爱型人道主义的共存。“人的文学”的主张在当时影响很大，其以人道主义为思想基础。这里的人道主义既包括西方自由、独立、平等的个性主义，也融合了儒家伦理道德中的利他思想与群体本位观念。正如周作人在《人的文学》中引用墨子的“爱人不外己，己在所爱之中”来阐述他所理解的“利己而又利他，利他即是利己”的伦理观[19]。

正是由于这种新旧伦理的缠绕，使得“五四”时期形成了各种文学思想多元共存、对立统一的格局。例如，创造社奉行自我表现说与艺术自律观念，旨在强调自我主义与文学的独立意识；而文学研究会则奉行文学功利主义，希望通过文学来改造社会、宣传新伦理。这两种主张看似对立，实则却共存于同一时期，共同指向反封建与民族救亡的伦理目的，只是方式不同：“即使文学在阅读中可以给读者带来愉悦的审美感受，这也只是文学达到教诲的方式或途径”[20]。也正如李欧梵所说，“为艺术而艺术”与“为人生而艺术”的主张在“五四”时期的中国并无什么实质性的区别[21]。

同样，现代文学批评家们对“文以载道”与“文以自娱”观的批判也是并行不悖的。他们反对“文以载道”的文学功利主义，也反对“文以自娱”观对文学社会责任的漠视。事实上，这两种批判在一定程度上相互制约，也相互结合，前者批判了文学所承载的“三纲五常”，解构了文学与封建伦理之间的关系；后者则试图唤起作家与读者的社会责任感，以此反对封建专制主义。

总之，由于旧伦理的潜在影响，现代文学批评，尤其是“五四”时期的文学思想，更加强调文学的社会作用与伦理功能，关注文学对读者的启蒙，在根本上遵循的依旧是先秦以来的实用理性传统。在现代文学批评家提倡新伦理、激烈反对旧伦理的背后，表现的是旧伦理在新伦理中的赓续与回归。这些批评家们无论是强调“真”“善”，或“美”，都始终没有忽视“善”的重要性，并以“善”作为终极旨归。

三、新旧伦理选择与批评的多元走向

新旧伦理的急剧对立主要发生于五四新文学运动期间，此时人道主义的新伦理呈现一边倒的优势，而各种文学观念能够在相对和谐的状态下共存，重要原因在于它们有着批判旧伦理、旧文学共同目标，这很大程度上又是在忧国忧民的传统实用伦理的潜在驱动下形成的。但除了共同的反封建任务外，中国现代文学批评家们还面临着新伦理、新文学的去向与建构问题；与此同时，第一次世界大战、大革命的失败，以及中国政治经济形势的变化，也将“五四”时期以人道主义为核心的伦理观念的局限性暴露出来，各种新的伦理观念，如中国传统伦理观、新人文主义、马克思主义伦理观开始登上历史舞台。

面对复杂的伦理环境，新文学阵营内部逐渐发生分化，批评家们开始重新进行伦理选择。可大致分成三类。一些批评家延续了“五四”时期个人主义、自由主义伦理观念，并结合传统伦理中“穷则独善其身”“苟全性命于乱世”，以及道家讲究超迈脱俗、返璞归真的思想，主张文学与政治无关论；另一些批评家则将目光投向西方新人文主义，并结合儒家传统的中庸伦理，以调和“五四”个人主义与新文学情感泛滥的趋势。还有一些批评家则重视马克思主义伦理观，将文学革命引向革命文学、左翼文学，实现了对“五四”个人主义伦理的超越。这种复杂的伦理选择也促成了批评的多元走向。

第一部分批评家以周作人、林语堂等“京派”知识分子为代表。他们深受自由主义的影响，又震慑于时局的动荡，不愿参与政治斗争，因而在中国传统避世的伦理思想中寻找慰藉与解脱。“五四”时期，周作人追求个人主义与博爱型人道主义的结合，

“五四”之后，则从时代的积极参与者转变为“躲在苦雨斋喝苦茶”的“中庸主义者”，“以往的冲动都消融在故纸堆和一派闲适的神聊中”[22]。林语堂将散文小品与晚明的“性灵派”接续，提倡“自我”“幽默”“闲适”，标举“以自我为中心，以闲适为格调”。30年代的其他“京派”批评家们“在精神上大多是周作人的弟子”[23]。朱光潜追求“冷静超脱”“静穆和平”的美学理想，沈从文“反对作家从政”。“京派”批评家将“美”作为文学的核心观念，与社会现实保持距离。总之，这些批评家秉持自由主义观念，又深受传统归隐伦理思想的熏陶，试图“通过儒家‘穷则独善其身，达则兼济天下’的人生哲学和士大夫闲适的生活趣味使自己从严重的精神危机中获得解脱”[24]。

第二部分批评家以“新月派”的梁实秋、闻一多为代表。他们结合白璧德新人文主义与儒家伦理思想，以批判“五四”时期高涨的个性意识与情感表达。梁实秋认为：“现代中国文学到处弥漫着抒情主义”[25]，“情感就如同铁笼里的老虎一样，不但把礼教的束缚层层打破，把监视着情感的理性也扑倒了”[26]，他明确表示：“吾反对人道主义”[27]，“儒家的伦理学说，我认为至今仍是大致不错的”[28]。闻一多主张“带着镣铐跳舞”，以形式的节制来约束情感的泛滥。客观而论，“新月派”批评家倡导以理性约束情感的文学与伦理观念，虽有些保守，但也在一定程度上对“五四”新文学中的情感宣泄具有纠偏作用，在现代文学批评理念中融入了传统儒家伦理观。

第三部分批评家主要包括20年代末的革命文学、30年代的左翼文学，以及40年代的解放区文学的参加者。从伦理思想来看，国内政治经济的变化与国际无产阶级运动的兴起，使这些批评家意识到资产阶级个人主义伦理观的局限性，并开始转向马克思主义伦理观。陈独秀在《调和论与旧道德》中表示：“现在他们前途的光明，正在要抛弃私有制度下的一个人一阶级一国家利己主义的旧道德，开发那公有，互助，富于同情心，利他心的新道德。”[29]在文学方面，批评家们主张文学工具论，以文学来唤起无产阶级之间的友爱与互助。他们反思了“五四”时期的浪漫主义与个性表达，认为文学不是个人的自我表现，而是需要呈现时代精神与阶级使命。

可以发现，在中国现代文学批评中，“五四”时期较为统一的伦理选择，在“五四”后开始分化，批评家们对新旧伦理关系的选择，直接衍化为三种主要的文学批评走向。不过，随着国际、国内政治局势的紧张与伦理环境的变化，这三种文学批评又产生了进一步的价值分化。

在“京派”批评家中，周作人的个人主义与闲适伦理，使他与国内的社会现实、群众运动愈来愈远。而有些“京派”批评家，在看似“与世无争”的外表下，却采取了与周作人相反的伦理立场。他们虽反对文学工具论，但同样有强烈的社会责任感，试图以审美介入社会改造。如朱光潜强调通过“人生艺术化”的美学力量，达到“免俗”和洗刷“人心之坏”的伦理效果[30]。

在“新月派”批评家中，梁实秋强调只有能够表现出理性与伦理原则的文学才能称作伟大的文学，试图以此来批判“五四”新文学，呈现出保守主义伦理立场。而他当他试图批评左翼文学时，他又表现出贵族主义伦理立场。比如，他坚持普遍人性论以反对阶级论，认为资本家和劳动者的“人性并没有两样，他们都感到生老病死的无常，他们都有爱的要求……文学就是这基本的人性的艺术”[31]。而闻一多的伦理选择却与梁实秋有根本不同，忧国忧民的伦理情怀最终促使他从“新月”诗人转变为人民诗人，“由极端个人主义的玄学思想蜕变出来，确切地获得了人民意识”[32]。

建立在马克思主义阶级伦理基础上的文学批评群体，同样存在不同的发展与调整。创造社、太阳社将无产阶级文学与“五四”新文学决然对立，否定“五四”新文学的传统，要求对其做“全部的批判”。革命文学刊物《文化批判》在创刊之初，就对“五四”时期的文学话语进行了坚决否定，在人道主义与阶级意识之间拒绝第三种意识的存在。在此过程中，他们忽视了“五四”时期的人道主义、个人主义伦理对于其后马克思主义伦理观的铺垫作用。而此后左翼文学、解放区文学批评家的观点则更为辩证，正如毛泽东所说：“被束缚的个性如不得解放，就没有民主主义，也没有社会主义。”[33]

可以发现，“五四”之后，从伦理的层面来看，中国现代文学批评面临的伦理环境更趋复杂，批评家的伦理选择呈现出不同走向，也表现为前后期不同的分化，而这最终决定了现代文学批评的多元形态。

结语

“五四”知识分子采取“全盘西化”的激进策略，试图以西方人道主义伦理批判中国封建旧伦理，不过新旧伦理并非截然两分、非此即彼的关系，传统的文化习性与情感结构仍潜在地起作用，旧伦理隐伏于新伦理中，深刻地制约着批评家对异域文化思潮的伦理选择。“五四”之后人们面临着更为复杂的伦理环境，一些人重拾传统“穷则独善其身”的伦理观，延续与改造了“五四”的个人主义，一些人将西方新人文主义与儒家伦理结合，一些人则走向马克思主义伦理观，实现从个人主义到集体主义的转换。而这些不同的批评群体，又并非铁板一块，不同的伦理环境、伦理立场，导致批评家们再次做出不同的伦理选择，而这又最终决定了中国现代文学批评的多元形态。在这一历史过程中，伦理在文学批评的发展演化中扮演着重要角色。

* 本文系国家社科基金重大项目“文学伦理学批评的理论资源与对外传播研究”(21&ZD264) 的阶段性成果。

注释：

[1] 梁启超：《论小说与群治关系》，《饮冰室文集点校》(第2集)，云南：云南教育出版社，2001年，第758页。

[2] 王国维：《论哲学家与美术家之天职》，《王国维全集》(第1卷)，杭州：浙江教育出版社，广州：广东教育出版社，2009年，第132页。

[3] 陈独秀：《吾人最后之觉悟》，《青年杂志》，第1卷第6号，1916年2月15日。

[4] 陈独秀：《吾人最后之觉悟》，《青年杂志》，第1卷第6号，1916年2月15日。

[5] 郑振铎：《俄罗斯名家短篇小说集序二》，《俄罗斯名家短篇小说集》，北京：新中国杂志社，1920年，第5页。

[6] 康白情：《新诗底我见》，《少年中国》第1卷第9期，1920年3月15日。

[7] 周作人:《人的文学》,《新青年》第5卷第6期,1918年12月。

[8] 聂珍钊:《文学伦理学批评导论》,北京:北京大学出版社,2014年,第38页。

[9] 周作人:《沉沦》,《自己的园地》,石家庄:河北教育出版社,2002年,第60页。

[10] 参见周作人:《什么是不道德的文学》,《晨报副镌》,1922年11月1日。

[11] 陈独秀:《文学革命论》,北京:高等教育出版社,2011年,第94页。

[12] 周作人:《平民文学》,《每周评论》第5期,1919年1月19日。

[13] (唐)柳宗元:《柳宗元集》,北京:中华书局,1979年,第824页。

[14] 刘半农:《我之文学改良观》,《新青年》第3卷第3号,1917年5月1日。

[15] 胡适:《文学改良刍议》,《新青年》第2卷第5号,1917年1月1日。

[16] 陈独秀:《文学革命论》,北京:高等教育出版社,2011年,第208页。

[17] 郁达夫:《中国新文学大系·散文二集·导言》(1917—1927),上海:上海良友图书公司,1935年,第5页。

[18] 穆木天:《我与文学》,《穆木天诗文集》,长春:时代文艺出版社,1985年,第242页。

[19] 周作人:《人的文学》,《新青年》第5卷第6期,1918年12月。

[20] 聂珍钊:《文学伦理学批评导论》,北京:北京大学出版社,2014年,第9页。

[21] 参见李欧梵:《中国现代作家的浪漫一代》,王宏志,等译,北京:新星出版社,2005年,第19～23页。

[22] 许道明:《中国现代文学批评史新编》,上海:复旦大学出版社,2002年,第31页。

[23] 许道明:《中国现代文学批评史新编》,上海:复旦大学出版社,2002年,第34页。

[24] 罗钢:《历史汇流中的抉择:中国现代文艺思想家与西方文学理论》,北京:中国社会科学出版社,1993年,第264页。

[25] 梁实秋:《现代中国文学之浪漫的趋势》,《梁实秋批评文集》,珠海:珠海出版社,1998年,第39页。

[26] 梁实秋:《现代中国文学之浪漫的趋势》,《梁实秋批评文集》,珠海:珠海出版社,1998年,第40页。

[27] 梁实秋:《现代中国文学之浪漫的趋势》,《梁实秋批评文集》,珠海:珠海出版社,1998年,第42页。

[28] 梁实秋:《现代文学论》,《梁实秋批评文集》,珠海:珠海出版社,1998年,第160页。

[29] 陈独秀:《调和论与旧道德》,《陈独秀著作选》(第2卷),上海:上海人民出版社,1993年,第45页。

[30] 朱光潜:《谈美》,《朱光潜美学文集》(第1卷),上海:上海文艺出版社,1982年,第446页。

[31] 梁实秋:《文学是有阶级性的吗》,《梁实秋批评文集》,珠海:珠海出版社,1998年,第141页。

[32] 郭沫若:《闻一多全集·序》,《闻一多全集》(第12卷),武汉:湖北人民出版社,1993年,第440页。

[33] 毛泽东:《毛泽东文集》(第3卷),北京:人民出版社,1996年,第208页。

“伦理悖论”与“伦理两难”的理论溯源与阐释

黄　绮

（华中师范大学文学院，湖北武汉，430079）

内容摘要：文学作品中的“伦理悖论”与“伦理两难”揭示了伦理自身的复杂性，通过对二者进行理论溯源，可以发现还存在广义上的“伦理两难”，进而探究“伦理悖论”与“伦理两难”之间相互阐发与相互深化的关系。文学伦理学批评话语体系以“伦理选择”为核心，构建了“伦理选择”“伦理两难”与“伦理悖论”的三元结构，解释了为何要以联系的视角对其进行观照，强调不可忽视伦理悖论与伦理两难共同作用于伦理选择产生的张力，反思伦理选择主体范畴与伦理之间的紧密联系。以此为基础，研究文本中的伦理悖论与伦理两难时，需要进一步结合二者各自的特点，建构综合性的多维批评路径。

关键词：伦理悖论；伦理两难；伦理选择；文学伦理学批评

人物的伦理选择活动是文学作品中常见的一种文学现象，文学伦理学批评将其视为“文学作品的核心构成”[1]，强调回到伦理现场，依据文本中不同的伦理环境与语境对人物的选择作出价值判断。这一动态的视角意味着文学作品中人物的伦理选择本身具有复杂性和多元性，涉及不同伦理规范与道德原则之间的冲突和权衡。当不同的伦理规范或道德原则之间发生冲突时，人物不论做出哪种选择都会违背伦理，这使其选择具有伦理悖论的属性，人物也会陷入伦理两难的困境。

当前对伦理悖论与伦理两难的研究主要聚焦在以下几个方面。第一，在哲学论域中借助经典文本中的两难现象，聚焦于动机与结果之间的反差以及伦理自身的特性探讨等方面[2]。这一类研究旨在借助文学文本提出伦理自身的矛盾性与局限性，其研究焦点在于抽象并总结人类行为与存在层面的伦理困境，为文学批评提供了一定的启示。第二，文学伦理学批评结合文学作品中的现象提出“伦理悖论”（ethical paradox）与“伦理两难”（ethical dilemma）的理论术语[3]，并不断进行理论建构与阐释[4]。第三，文学伦理学批评的理论视域下进行文本分析，研究文本中人物的两难伦理困境或伦理悖论的生成，分析人物的伦理选择，挖掘人物复杂的心理冲突以及文本的伦理意蕴[5]。第四，通过分析文本对具体的伦理观念内蕴的悖论进行探究[6]。当前研究表现出不同情境下个体伦理困境与伦理意识的独特性，但是部分研究或忽视“伦理悖论”与“伦理两难”的联系，仅探讨其中之一；或忽略“伦理悖论”与“伦理两难”之间的差异，将二者混为一谈。这种现象一方面造成术语自身概念的含混与模糊，另一方面也没有将二者放在同一体系之中进行整体思考，使二者在理论上仍具有一定的阐发空间。

一、伦理悖论与伦理两难的关系探赜

“伦理悖论”与“伦理两难”是文学伦理学批评理论体系中的一对重要术语，二者均具有哲学上的渊源。通过理论溯源辨析二者的区别与联系，可以发现还存在广义上的“伦理两难”，且文本中的伦理悖论与伦理两难之间是相互阐发与深化的关系。

“伦理悖论”源于哲学中“悖论”（paradox）。悖论是“一种看似合理的推理，基于看似正确的假设，导致矛盾（或其他明显的错误结论）”[7]，指涉推论过程与结论的双重悖谬。文学伦理学批评将其定义为“同一条件下相同选择出现的两种在伦理上相互矛盾的结果”[8]，亦包括推论与结论两个层面。在推论层，伦理悖论是指选择主体对自身即将作出的伦理选择的预判。伦理选择一般指“正面的道德选择，即符合伦理环境或语境的道德要求的选择”[9]，这一价值判断本身具有动态性与复杂性。伦理自身的发展与更迭以及同一时期不同伦理规范之间的相互作用，都可能产生冲突，引发伦理悖论，如哈姆雷特的复仇悖论。此外，伦理选择的结果也会导致伦理悖论的产生。并非所有的道德行为都可在伦理上预判其后果，巴赫金也指出“行为动机与行为产品之间形成了一条鸿沟”[10]，人物只能进行回溯性分析。如俄狄浦斯“竭力逃避杀父娶母的命运”使他陷入悲惨命运[11]，他逃避杀父娶母命运的伦理选择引发了伦理上完全相反的结果，导致伦理悖论的生成。

“伦理两难”概念的提出建立在“两难”（dilemma）与“道德两难”（moral dilemma）的基础上。“两难”指前提之一是一个相悖陈述（disjunction）的论证或论证形式[12]，在哲学中指涉二难推理的过程，由两个假言判断和一个选言判断构成，且两个假言判断之间相悖。“道德两难”则是指代理人（agent）有从两种都不能被推翻（overridden）的选择中选取一项的强烈道德义务或要求，但代理人又不能同时选择这两项的一种处境（situation）[13]。前者强调逻辑上的推论过程与悖论的存在，后者则强调道德上代理人的困境。文学伦理学批评综合了二者，并将“相悖陈述”替换成“伦理悖论”，认为“伦理两难由两个道德命题构成，如果选择者对它们各自单独做出道德判断，每一个选择都是正确的，并且每一种选择都符合普遍道德选择。但是，一旦选择者在二者之间做出一项选择，就会导致另一项违背伦理，即违背普遍道德原则”[14]。这一定义将伦理两难限定在对同一伦理悖论的肯定与否定的反应之中，在文学中常常表现为“做”与“不做”之间的关系[15]，譬如安提戈涅举办葬礼还是不举办等等。需要注意的是，“两难”（dilemma）是“困境”（dilemmas）的单数形式，伦理两难是一种特殊伦理困境，特指必须在两个相互冲突的道德原则或选择之间作出决定的情境，伦理困境则更加复杂，不一定局限于两个选项，可能包含多种选择或涉及伦理上一些模糊地带，在具体情境中二者可能产生交叉。

从狭义的伦理两难定义来看，伦理悖论与伦理两难是同一个道德命题的不同表现，伦理悖论侧重表现这个道德命题内部的矛盾，伦理两难强调其对选择主体产生的影响。一旦人物判断自己的伦理选择可能会造成善恶并存的结果，人物即陷入伦理两难，所以“悖论进入伦理选择的过程后即转变为伦理两难”[16]，即人物预判这一伦理选择的行为会导致悖论性的后果，因而陷入“做”与“不做”之间的两难。从逆推的角度来看，当人物陷入“做”与“不做”的两难困境后，如果他作出任何非此即彼的选择，则选择本身也成为一种伦理悖论。狭义的“伦理两难”建立在一个具有伦理悖论属性的道德命题之上，且只要作出伦理选择就会导致双重后果，所以“伦理两难即伦理悖论”[17]，另有学者也认为伦理两难中包含悖论[18]。需要注意的是，伦理悖论因此具有双层含义，第一层是具体情境中因伦理之间的冲突导致的伦理悖论；第二层则是解决伦理两难导致的逻辑悖论。以哈姆雷特的复仇为例，他为父报仇的道德命题因触犯不可杀人与弑父的伦理禁忌、僭越国家伦理规范，具有伦理悖论的属性。相应的，不复仇也必然是一个伦理悖论，因此他的伦理两难建立在对复仇这一伦理悖论的接受与拒斥之中。但是二者在本质上仍有区别，伦理悖论是针对道德行为的判断，形容具体道德行为的属性；伦理两难强调伦理选择主体所面临的困境，虽然二者可以指涉同一事件，但是使用时仍需依据具体的语境进行取舍，不能简单等而论之。

此外，文学作品中的伦理问题丰富而多元，伦理层面上的两难不止这一种极端情况，应在更宽泛的意义上来探讨相关现象。将伦理两难局限于对一个伦理悖论的反应本质上是对两难问题的简化。文学作品中特殊的伦理环境使个体可能陷入另一种伦理两难：所有的选择似乎都会导致某种程度上违背伦理规范，需要在不理想的状态下作出合适的判断与选择。伦理两难建构于个体衡量自己能否接受道德上不利后果的过程之中，广义上的伦理两难指个体面对的两个道德选项都会引发合伦理与不合伦理的双重后果，这两个选项不一定互为对立，但是个体需要在其中作出选择，且一旦作出选择一定会造成道德上不利的后果。

在这一定义下，伦理悖论与伦理两难不再是同一道德命题的两面。伦理悖论必然会引发伦理两难，但不是所有伦理两难都由伦理悖论导致，且并非所有两难都表现为“做”与“不做”之间的冲突，两难困境主要表现为对不利的两种结果的预测，其核心是选择的困难性而不是非此即彼的对立性，两种选择之间的关系也不一定是“等值矛盾式”[19]。如《安娜·卡列尼娜》中，列宾面临的伦理两难是俄罗斯传统伦理与现代化之间的冲突，他需要在一系列复杂的伦理关系中寻找平衡，而不是将其简化为接受现代化或不接受现代化的二元对立式矛盾。

伦理悖论与伦理两难之间是一种相互阐发与相互深化的关系。一方面，伦理悖论指涉伦理自身的局限与矛盾，从本体论与认知论两个层面对伦理两难进行阐发。世界上不存在绝对正确的普遍性伦理，鲍曼指出“几乎没有什么选择……是毫不含糊的‘善’”[20]，德里达也认为“任何伦理的一般性都已经陷入了亚伯拉罕的悖论”[21]，因此伦理两难在本体论上是一种必然会出现的客观存在，不以人的主观意愿为转移。在此基础上，伦理悖论从思维层面挑战了伦理规范的逻辑和一致性，强调伦理自身造成的冲突，揭示伦理两难的复杂属性，凸显了伦理选择的代价与牺牲。另一方面，伦理两难也会揭示出潜在的伦理悖论，要求读者在人物的内心冲突中进一步反思看似正确的选择可能会造成的不良后果。如《克拉拉与太阳》中克拉拉面对的编程指令与情感之间的两难冲突，揭示出人工智能道德责任的悖论，进而引发对当前人类社会科技伦理的反思。伦理悖论与伦理两难之间的互动关系意味着需要以一种更加有机的整体视角来分析文学作品中的相关现象。

二、文学伦理学批评话语体系中的三元结构与主体范畴

文学伦理学批评以“伦理选择”为核心构建整体的话语体系，串联起“伦理两难”与“伦理悖论”，既是对文学作品中这类现象的总结，也为从互动的角度解读文本中伦理选择、伦理悖论与伦理两难三者提供了思路。换言之，文学伦理学批评话语体系不仅强调要以联系的观点看待伦理悖论与伦理两难之间的相互影响，还强调要以伦理选择为基点，探究二者的差异。

伦理悖论和伦理两难皆与伦理选择有紧密联系，且二者的侧重点不同。当二者共同作用于伦理选择时，会使伦理选择内部产生一种张力，三者形成一种三元结构，共同构成从伦理层面解读人物行为的横切面，使读者产生具身体验。

伦理悖论与伦理选择密切相关，伦理悖论是对伦理选择的批判性反思。一方面，人物对伦理选择的预判会使人物敏锐地意识到伦理悖论的存在，反思自身伦理环境的多样性与复杂性，在不同原则和价值观之间进行权衡和取舍，这种权衡的过程势必影响人物的心理与行动机制。哈姆雷特为何延宕是文学史上一个经典的议题，聂珍钊教授从伦理悖论的角度重新解读了哈姆雷特的延宕，这种视角综合了哈姆雷特所处伦理环境的主客观原因，将哈姆雷特的延宕解读为其伦理决策的过程，丰富了哈姆雷特作为人文主义代表的立体形象。另一方面，作为结果的伦理悖论揭示了伦理问题的复杂性。伦理选择与伦理悖论的关系不能简单归结为因果关系，伦理悖论是伦理选择与伦理本身模糊性、不确定性在特定的社会、文化、历史背景下综合作用的结果。伦理悖论是“某种超越了原因的结果”[22]，映射出人类的认知困境：合伦理的动机可能会导致合伦理与反伦理的双重后果，作善不一定尽善还有可能作善造恶，这种悖反破坏了大部分人对伦理原则与伦理规范的认知与认同。如《悲惨世界》中冉阿让为了救助幼女珂赛特，不得不逃避警察的追捕，他拯救他人的动机却使自己违背了伦理与法律。伦理规范是伦理实体共同认可的道德行为准则，旨在引导成员的行为，促进人与人之间的和谐关系，维护社会秩序，增进人类的福祉，但是伦理悖论的存在颠覆了这种认知。由个体的道德选择衍生至群体的道德选择，群体寻求发展与群体进步的行为同样也会导致伦理悖论，较为典型的如生态伦理悖论、科技伦理悖论、经济伦理悖论等。伦理悖论因此成为一种思维模式，启示人类以更加辩证的视角看待伦理本身以及伦理与人类活动之间的关系。

伦理两难则更加强调具体的情境，以及人物对自身处境的权衡，并将结果以伦理选择的形式表现出来。伦理两难的处境提醒人物需要作出伦理选择来摆脱这一困境，并使人物内在的选择活动影响外在的选择活动。“伦理选择活动分为两种形式，一种是外在的选择活动，一种是内在的选择活动。”[23]人物对伦理两难的权衡需要分别评

估两个选项的不利道德后果，进行自己可接受程度的排序，这种权衡的过程是人物内在的选择活动。内在的选择活动将直接影响人物外在的选择活动，推动人物作出伦理选择。

伦理悖论侧重伦理内部的局限与冲突，指出人物伦理选择的悖论属性，伦理两难则侧重人物对情境的感知，召唤人物作出伦理选择。二者在相互影响、相互深化的动态关系中共同作用于人物的伦理选择活动，使人物一方面感受到伦理选择的悖论性对自身的压迫，警示自己要慎重作出伦理选择；另一方面感受到解决两难困境的紧迫感，时刻处于心理斗争之中，不断提醒自己作出伦理选择。人物的心理在这种双重作用力下时刻处于紧绷的状态，产生一种伦理层面的张力，使读者具身地感受到人物的伦理选择内部的矛盾与冲突，是“理性与感性的统一”以及“肯定与否定的统一”[24]。这种张力的存在使伦理悖论、伦理两难与伦理选择三者融为一体，在文学伦理学批评话语体系中形成一个三元结构。

文学伦理学批评理论体系强调以“伦理选择”为核心，构建与完善自身的话语体系，研究“伦理选择的内涵与外延，伦理选择的主体、客体、过程、价值标准和价值判断等”[25]，这种理论进路要求以一种系统的眼光来审视整体中的部分。“伦理两难”与“伦理悖论”属于伦理选择的主体讨论范畴，强调了对人物精神与意识领域的探索，将人物对伦理的认知与作为外部环境的伦理在文本中紧密关联，进而挖掘人物心理面对伦理的运作机制，为从伦理视角解读文本中的非理性行为提供可能性。

悖论通过正确的前提与正确的推理过程，揭示现存观念中隐藏的矛盾，伦理悖论揭示的是道德原则与伦理规范中隐藏的矛盾。两难强调人无法两全，因此伦理两难表征的是人物自身理性的局限与行为的受限。以二者交互的视角来审视伦理与伦理选择，一方面不断提示研究者始终采取辩证而动态的眼光看待文本中的伦理秩序与伦理规范，抓住其内部的矛盾甚至错位，并在伦理智慧的引导下解决伦理两难；另一方面它强调关注人物在伦理选择过程中的挣扎与转变，为解读人物看似非理性的行为提供新的空间。前者如海斯特·白兰与安德洛玛克等以巧妙的方式化解了自己的伦理两难，后者较为典型的如迪伦马特剧作《罗慕路斯大帝》这一类怪诞剧，罗慕路斯非理性的行为本质是对他拯救文明的伦理诉求的践行。

文学伦理学批评将伦理悖论与伦理两难统一在以“伦理选择”为核心的框架内，意在揭示伦理两难的产生原因、解决方式以及伦理悖论的生成过程。伦理悖论与伦理两难都根源于不同伦理并置时产生的不确定性、模糊性甚至对抗性。伦理两难是一种选择方向的对立，但也是一种统一。无论是“两善冲突”还是“两恶冲突”，其结论不是简单的“做”或者“不做”，伦理选择介入了这种对立之中，将伦理悖论与伦理两难串联起来。文学伦理学批评的话语体系借助这种三元关系以及自身的理论体系探索并拓宽了伦理悖论与伦理两难的阐释空间，强调既不可忽视伦理悖论与伦理两难共同作用于伦理选择产生的张力，也不可将人物的精神世界与外部伦理世界割裂。

三、构建多维批评路径

伦理悖论与伦理两难之间的相互作用使它们在理论构建与文本批评中不断提出新

的问题，文学伦理学批评话语体系的理论进路解释了为什么要以联系的视角观照文本中的伦理悖论与伦理两难。但是如何在文学批评的过程中把握二者的动态关系，仍然是一个值得探讨的问题。伦理悖论与伦理两难在部分文学作品中体现出异构同质的特征，人物预判悖论后的困惑与迷茫与面对两难的心理挣扎相互作用，很难辨析二者在人物的伦理选择过程中分别起到什么作用。面对这种现状，需要结合伦理悖论与伦理两难各自的特点建构多维批评路径。

首先，在历时性层面探讨伦理悖论的原因，在悖论视角下重审人物的伦理选择。伦理形成于长期的历史演变过程中，当社会制度、科技、文化等领域发生变革时，原有的伦理规范可能无法适应新的情境，产生滞后性。个人价值观念的转变可能与社会的伦理观念不完全同步或一致，一方面，部分人物的价值观可能超前于群体伦理观，追求更为成熟或理想的道德理念与行为；另一方面，部分人物的伦理观可能滞后于群体伦理观或者缺乏道德意识，于是在思想与行为上以自我为中心，违背伦理规范。前者如易卜生《玩偶之家》中的主人公娜拉，娜拉试图借钱救助自己丈夫的动机与挪威当时的伦理及法律相抵触，所以她发现“国家的法律跟我心里想的不一样，可是我不信那些法律是正确的……我不信世界上有这种不讲理的法律”[26]。法律的落后反映出当时伦理规范的不完善，娜拉想要解决这个问题的动机使自己借钱的伦理选择带有伦理悖论的属性。而伦理观滞后的人可能对他人造成伤害，导致他人面临的情境发生变异，使伦理选择成为悖论。拉辛悲剧中的安德洛玛刻被俘后身陷囹圄，因爱比尔国王皮罗斯的威胁，她需要在自己的忠贞和儿子的性命中做出选择，无论选择改嫁还是选择拒绝都会产生伦理上相互矛盾的两种结果。

价值判断的复杂性则是指判断标准本身的多元与复杂，不同的判断标准之间也会产生冲突造成伦理悖论。人处于不同的伦理实体之中，与之相对应，主体面对不同的伦理关系承担不同的伦理身份，需要遵循相应的伦理秩序。不同的道德原则与伦理规范在不同的历史语境中生成，分别强调不同的价值判断取向，但是它们的起源与传承会影响人物对它们的认同程度，进而影响个体的认知与判断。如古希腊时期索福克勒斯的经典戏剧《安提戈涅》中，安提戈涅的哥哥波吕涅刻斯因攻打忒拜城与自己的兄弟厄忒俄克勒斯互相残杀而亡，新王克瑞翁下令使其暴尸街头，不许埋葬，违令者严惩，神律与法律产生冲突。她最终选择“我要埋葬哥哥。即使为此而死，也是件光荣的事；我遵守神圣的天条而犯罪”[27]，表现出她对二者的判断与价值排序不等值，需要考察神律与法律的文化起源与传统来解读安提戈涅的伦理选择。

其次，结合伦理悖论的特性，在共时性层面上分析伦理两难的表现与特点。伦理两难在文本中的表现比较明显，可以作为一个切入点深入分析人物的伦理选择，而借助伦理悖论的机制可以探究伦理两难相较于普通伦理困境的特征及其化解方式。

文本通过直接与间接模式表现人物的伦理两难困境。其中直接模式是指人物直接通过独白表现自己面对两难时的内心挣扎，如哈姆雷特、麦克白等人物的独白。间接模式则是通过反讽、隐喻、象征等艺术手法暗示人物的两难处境。如《红字》中借助丁梅斯代尔在绞刑架上的言语反讽，间接表现出他面对两难激烈的内心冲突。通过对文本中伦理两难的总结与分析，可以进一步挖掘伦理两难的特性。

伦理两难区分于普通伦理困境的特征之一就在于面对伦理两难，人物会产生一种负罪感。即人物的伦理选择可能会导致自己触犯道德原则和伦理规范，完成伦理启蒙的个体在无意识的情况下违背伦理时尚且会陷入迷茫，那么明知犯禁却仍然要去作出选择在伦理层面会使个体产生更强烈的道德负罪感，其重点在于人物是否能够承担这种负罪感。个体一旦作出选择就会使自己造成伦理上的过失，这是伦理两难化解机制中的悖论，但不作出选择虽然无法摆脱困境，但自己不会主动触犯伦理禁忌，因此哈姆雷特的延宕是一种无法承担后果的选择。另外通过极端的方式如自杀来化解伦理两难，也是无法承担后果的选择。对伦理两难的化解关键不在于如何使自己的获得救赎，而在于如何接受自己犯错，承担自己犯错的后果。如萨特《苍蝇》中的俄瑞斯忒斯，同样面临复仇与道德原则之间的两难冲突，但是最终选择为父报仇，杀死克吕泰涅斯特拉与埃癸斯托斯，并承担自己行为的后果，带着象征罪恶感的苍蝇离开阿尔戈斯。萨特的存在主义思想探讨了人的自由意志与个人责任之间的关系，并且强调了在没有绝对道德标准的世界中作出选择的必要性。人物面对伦理两难需要作出伦理选择，这并不意味着人物要保持自己在道德层面的纯净无瑕，因为这必然是个不可化解的逻辑悖论，只能通过死亡来终止。相反，个体需要作出的伦理选择是进行权衡并承担选择的不利后果。

人物通过逃避或接受道德责任化解了伦理两难的困境，但这是否意味着人物解决了伦理悖论呢？安提戈涅选择埋葬了兄弟波吕尼刻斯，以神律解构法律对自己的要求。但这一选择并没有解决信仰、家庭伦理与国家法律之间的冲突，最终依然导致悲剧性的结局。导致伦理两难的悖论性因素本质上是两种或多种道德原则和伦理规范之间的冲突，人物所解决的具体情境中的伦理两难可能只是其中一个切面，悖论是否得到解决仍然是一个悬而未决的开放性问题。在没有确切答案的情况下，对伦理悖论的研究可能会为阅读生发出更多的问题，而不是提供一种结果。

最后，需要综合这两种视角，在历时性的层面将文本放置于文学史中，探究文本与其他文本之间的互文性，进而挖掘其中的伦理悖论与伦理两难是否成为一种原型或母题；在共时性的层面考察文本借由伦理悖论与伦理两难所反映出的社会现实，挖掘文本的深度模式。如《城堡》中 K 寻求身份确证的过程，使其成为后现代式的荒诞英雄，如同找不到归途的奥德修斯，只能在伦理追寻的过程中不断漂泊。K 寻求的不只是自我的伦理身份，更是个体如何解决个人追求与社会规范的冲突、自由与伦理的对立等哲学与社会学问题。在此基础上亦要结合文学伦理学批评回到伦理现场的要求与强烈的社会责任感，建构一种动态的伦理观，摒弃绝对化与二元对立的思维方式，在求异的过程中进行伦理反思。

结语

伦理悖论与伦理两难都揭示了伦理自身的局限性与矛盾性。悖论的思维方式意在找出人类认知中的缝隙，伦理悖论吸收了这种批判性与预见性的思维方式。伦理悖论与伦理两难在推论的过程中互相阐发、互相深化，且文学作品的丰富多元揭示了更广泛意义上伦理两难的存在。在此基础上，文学伦理学批评话语体系则揭示了为什么要以联系的视角，结合伦理选择观照文本中的伦理悖论与伦理两难，将伦理悖论与伦理两难统一在以“伦理选择”为核心的理论框架内，探索并扩展了二者的阐释空间以及批评路径。

文学伦理学批评对历史现场的强调以及对伦理选择主体性范畴的挖掘，以一种相对性的视角考察了历史与当下语境中伦理问题的复杂性与多元性，并试图结合具体情境分析一些看似违背伦理的行为中的伦理意蕴，意在立足于文本，回归伦理批评的独特性与具体性。

* 本文系国家社科基金重大项目“文学伦理学批评的理论资源与对外传播研究”(21&ZD264)的阶段性成果。

注释：

[1] 聂珍钊：《伦理选择概念的两种涵义辨析》，《外国文学研究》2022年第6期，第15～25页。

[2] 德里达针对亚伯拉罕的两难，提出一种“无责任化”的伦理，指涉一般责任与绝对责任之间悖论性的矛盾。参见[法]雅克·德里达：《赠予死亡》，王钦译，西安：西北大学出版社，2018年，第79页。

[3] 参见聂珍钊：《文学伦理学批评导论》，北京：北京大学出版社，2014年，第254～256页，第262～263页。

[4] 参见王芳实：《伦理两难的构成条件及解决路径》，《华中学术》2019年第4期，第10～17页。

[5] 参见段波：《忠诚还是背叛——论库柏〈领航人〉中的伦理两难及其历史隐喻》，《外国文学研究》2013年第5期，第101～110页。

[6] 参见宋铮：《〈水浒传〉的忠义伦理悖论及其悲剧性》，《文艺评论》，2011年第12期，第94～96页。

[7] R. Audi ed., *The Cambridge Dictionary of Philosophy*, New York: Cambridge University Press, 2015, p.755.

[8] 聂珍钊：《文学伦理学批评导论》，北京：北京大学出版社，2014年，第254页。

[9] 聂珍钊：《伦理选择概念的两种涵义辨析》，《外国文学研究》2022年第6期，第15～25页。

[10] [苏]巴赫金：《巴赫金全集》第1卷，晓河、贾泽林，等译，石家庄：河北教育出版社，1998年，第55页。

[11] 罗念生：《序》，[古希腊]索福克勒斯：《索福克勒斯悲剧五种》，罗念生译，上海：上海人民出版社，2015年，第14页。

[12] R. Audi ed., *The Cambridge Dictionary of Philosophy*, New York: Cambridge University Press, 2015, p.272.

[13] R. Audi ed., *The Cambridge Dictionary of Philosophy*, New York: Cambridge University Press, 2015, p.685.

[14] 聂珍钊：《文学伦理学批评导论》，北京：北京大学出版社，2014年，第262页。

[15] 王芳实：《伦理两难的构成条件及解决路径》，《华中学术》2019年第4期，第10～17页。

[16] 聂珍钊：《文学伦理学批评导论》，北京：北京大学出版社，2014年，第255页。

[17] 聂珍钊：《文学伦理学批评导论》，北京：北京大学出版社，2014年，第262页。

[18] 王芳实：《伦理两难的构成条件及解决路径》，《华中学术》2019年第4期，第10～17页。

[19] 廖昌胤：《西方文论关键词 悖论》，《外国文学》2010年第5期，第108～115，159页。

[20] [英]齐格蒙特·鲍曼:《后现代伦理学》,张成岗译,南京:江苏人民出版社,2003 年,第 14 页。

[21] [法]雅克·德里达:《赠予死亡》,王钦译,西安:西北大学出版社,2018 年,第 101～102 页。

[22] [斯洛文尼亚]斯拉沃热·齐泽克:《事件》,王师译,上海:上海文艺出版社,2016 年,第 4 页。

[23] 聂珍钊:《伦理选择概念的两种涵义辨析》,《外国文学研究》2022 年第 6 期,第 15～25 页。

[24] 苏晖:《伦理智慧与伦理选择——关于文学伦理学批评核心范畴的思考》,聂珍钊、傅修延、刘建军,等:《文学伦理学批评与文学跨学科前沿(笔谈)》,《华中师范大学学报》(人文社会科学版) 2022 年第 2 期,第 102～105 页。

[25] 苏晖:《文学伦理学批评理论资源研究的问题域》,《华中学术》2022 年第 4 期,第 1～12 页。

[26] [挪]易卜生:《易卜生戏剧集》第 2 卷,潘家洵译,北京:人民文学出版社,2006 年,第 88 页。

[27] [古希腊]索福克勒斯:《索福克勒斯悲剧五种》,罗念生译,上海:上海人民出版社,2015 年,第 24 页。

【文艺学研究】

图像学中的世界观及其阐释的可能性：从曼海姆到潘诺夫斯基

刘云飞

（华中师范大学文学院，湖北武汉，430079）

内容摘要：世界观是图像志演变为图像学的催化剂，它作为一个核心概念出现在了潘诺夫斯基的意义层次系统中，成为他的艺术阐释的重要目标。在潘诺夫斯基所宣扬的人文主义艺术史观中，此概念也为打开一种全景视野提供了理论支持。潘诺夫斯基的意义层次系统和对世界观的阐释均与曼海姆的社会学理论有着密不可分的联系，而在曼海姆之前的德国思想家们已经赋予这一概念以无意识和前理论特征。这些特征经过曼海姆在社会学和艺术史两方面的举证和辨析，最终为潘诺夫斯基所吸收，而他又进一步通过扩展具体历史条件中的“消除区隔”与“精神习性”等概念，相对完整地勾勒出了艺术家的世界观面貌。

关键词：曼海姆；潘诺夫斯基；世界观；精神习性

卡尔·曼海姆是20世纪上半叶德国著名的社会学家，而潘诺夫斯基是与他同时代的艺术史家，两人的研究领域看似相距甚远，但实际上他们不仅互相阅读并引用对方的著作，在对方的学术道路上留下了深刻的印记，甚至还启发了对方新的研究思路。此二人的思想联系及其原因近年来得到了学界的重视，例如，琼·哈特认为，在上世纪20年代的德国，艺术史家和社会学家之间的交流互动并不罕见，而这正是因为他们都认为“文化研究，尤其是语文学理论和实践比自然科学的理论和实践更有价值”[1]。文化研究很容易让我们想到诞生于德语学术体系内的“文化科学”（Kulturwissenschaft）和“精神科学”（Geisteswissenschaft）等概念，在20世纪初这些概念中的人文内涵形成了一种凝聚知识分子的向心力。正是这种文化整体的观念让潘氏将自己的艺术史研究纳入一个更为广阔的文化研究视野当中，并从曼海姆的著作中汲取养分。“世界观”（Weltanschauung）由此成为连接艺术与文化这两个大写标题的关键标点。对这一概念进行考察和梳理，将会有助于进一步明确图像学的基本任务和思想史定位。

一、世界观的概念发展：无意识与前理论特征

“世界观”是人文学科中最常见的词汇之一，它表示人们对客观世界的整体看法，“世界观”中的“世界”既包括自然界和人类社会，同时也包括人内心的思维活动。在日常生活中，世界观往往被当作某种思想存在的前提条件而与“理念”或“视角”等词汇等同。但在人文学科研究中，当阐释活动开始前，研究者们则会反复诘问这种前提存在的合理性，例如，人们是否能利用零碎的经验和知识形成一个统一的世界观，需要统一到何种程度才能形成一个群体的世界观等等，由此形成了关于世界观的理论。当“世界观”（Weltanschauung）一词出现在康德的《判断力批判》中时，它并没有成为一个特定的哲学概念，其实质如同“审查与思考世界”（Weltbeschauung）、“沉思世界”（Weltbetrachtung）、“世界观点”（Weltansicht）等其他复合词一样表达了人们对世界的感性知觉。

然而，经过费希特、谢林等人的使用之后，世界观开始成为一个正式的，甚至核心的哲学概念，它的无意识特性从而得到哲学家们的重视。谢林认为有一种理智的形式是“隐含在世界观之中的有创造性的无意识，在创造理想的世界时，无意识就会上升为意识”[2]。海德格尔在回顾世界观概念发展史时提出，正是谢林将世界观由感性观察转为“无意识的心智”才造就了通常哲学概念中的世界观，也就是“以一种自身实行的、创生性的、因而也是有意识的方式统握并解说存在者全体”[3]。海德格尔将“世界观”的有意识和无意识两种特征统一在一起，无意识是因为世界观是一种“属于直观的独立构型过程”[4]，也就是具备所谓“创生性”，而有意识是因为创造理想世界是一种有意识地应用世界观的理智行为。换言之，因人有理解能力而其“世界观”具备有意识特征，因人有直观能力而其“世界观”具备无意识特征。在19世纪黑格尔、施莱尔马赫等人的著述中，世界观的内涵得到进一步拓展，其理解和直观和对象不仅仅是客观的自然界，而且还包含了“人的此在的意义和目的”[5]，因而世界观也具备了道德、宗教和历史含义。但是这种意义上的世界观往往是被培养和塑造的，而不具备前面所说的“创生性”。但海德格尔认为这些“文化世界观”都从“自然世界观”中生成的，因而再次明确了世界观直观和无意识特性的基础地位。

虽然德国浪漫主义哲学中有对于世界观的丰富论述，但却是语言学家威廉·洪堡特将此概念推向文化史或“文化科学”领域，进而与艺术阐释关联在一起。洪堡特对于世界观运用也处于有意识和无意识之间，这体现在他对于“世界观”（Weltanschauung）和“世界观点”（Weltansicht）的交替使用上[6]，这两者的异同让后世学者和译者感到棘手。在反复争论中，丹尼斯·图瓦尔（Denis Thouard）的解释最能够体现洪堡特在此概念上与哲学界的联系，也最具说服力。图瓦尔认为洪堡特对于“世界观”的界定十分明确，即一种“人们为了发展自己理智的力量并实现一种关于世界的概念而创造语言的需要，这是一种需要人们在与他人的对话中澄清自己思想的过程”，而“世界观点”则处在一个更为基础的认识层面上，它指的是“人对现实世界的首次感官接触”，“世界观点”并不阐释世界，但它能够先于语言而使人在直观上把握外在世界[7]。

经过图瓦尔的解释我们不难看出，洪堡特刻意区分这一对同义词，实际上正是对谢林所论世界观有意识和无意识的双重特性的回响，“世界观点”发挥着一种类似“无意识的心智”的作用，而“世界观”则体现了有意识的创造过程。当然，与谢林明显不同的是，洪堡特的世界观概念坚持着一个基本前提，“个人更多地是通过语言而形成世界观”，这是由于“词汇借助自身附带的意义而重新成为心灵的客观对象”[8]，因此，我们理解世界的前在支点以及我们通过直观能力建构世界的过程都已被语言形式所包裹。但这并不能改变世界观的无意识特性，即如舍勒所说“通过反思也不一定能被意识到和认识到”[9]的特性。这一点体现在洪堡特对语言最初构型过程的论述中，他认为“具体的感性的世界观”是精神创造力的源泉，这“世界观”指的就是一种直观认识能力，它“无一遗漏地囊括起被观察事物的所有方面，并且把事物的各个具体环节明确区别开来”，在此基础上再用语词的屈折形式将区分表达出来[10]。正是由于这种精神能力的直接作用，洪堡特用“仿佛是自动生成”[11]这样的词语来形容语词的最初构型，而不是从语词所代表的观念出发，去推导人在意识中对其进行逻辑组织的过程。这也是为什么洪堡特说：“语言宁可说是从人的本性之中独立自主生成的，而不是由人的本性随意创造出来的。”[12]从另一方面来说，在洪堡特那里，语言也成为连接世界观有意识和无意识特性的纽带。虽然，使语言最初成型的精神力量是无法通过经验了解的，但是人们可以用已经成型的语词去表达一种新的精神力量，这两种力量就如同民族特性与个人气质一样是互相交织的。

洪堡特的世界观概念对于理解艺术创造或艺术表达过程具有十分重要的参考价值。如果我们将上述精神力量从语音和语法层面转移到视觉形象和风格层面上，那么“世界观点”所影响的就不是“自动生成”的屈折形式而是一般性的再现模式，而世界观影响的也不是句法结构而是具体的风格特征。这种语言和形象的可比性早已被卡西尔所关注，他认为沃尔夫林（Heinrich Wölfflin）在艺术领域所进行的“形式科学”实验实际上已经进入了语言学领域，沃尔夫林力图建构的再现模式，并不仅是单纯依靠眼睛的观看模式，还表达了“眼睛的某一种精神调度”“一定的整体取向”，不同的“取向”和“调度”所涉及的不仅仅是个人趣味，更包含了“既富于决定性而另一方面又被决定地包含了一个民族的整个世界观点的基础”[13]。沃尔夫林的“世界观点”虽与洪堡特的不完全相同，但卡西尔认为，它们至少都表达了“思想与表象的独特发展方向”[14]。不过，沃尔夫林虽然承认精神对于风格的影响，但仍将艺术史家的本职要务限定在了艺术的“内部”研究，即形式根源之内。

经过此番梳理，则很容易理解为什么曼海姆在阐释文化产品的社会意义时，会反复强调包含着“世界观”的“记录意义”与艺术家的主观意图无涉，而“只有对接受者和观看者来说它才是一个目标对象”[15]。无目的、无意识的“记录意义”或“世界观”起着一种基础性作用，它决定了艺术作品客观意义和表达意义的范围和构成方式。无独有偶，潘诺夫斯基对于“一种终极本质意义”的定义是“一种对于世界的基本态度无心地和下意识地自我揭示，这既是个体创造者的特征也是某一时代的特征，既是个人的特征也是某一文化社群的特征”[16]。这一定义则说明，这种起着基础作用的无意识世界观将个人与集体、时代联系在了一起，进而具备超越个体甚至超越艺术门类的普遍性。因此，如果想要在随着个性、时代、民族、地域、媒介等因素转变的艺术现象中把握本质，则必须依卡西尔所言“事先于‘存在’中找到一定的立足点和支撑点”[17]。这也是潘氏在每一个版本的图像学意义层次中都强调的：图像学的目的不在于“艺术家所展示（parade）的东西”而在于他“所泄露（betray）的东西”[18]，即无意识的世界观。

世界观的无意识特征与其前理论特征紧密相连，海德格尔坚称：“世界观并非理论知识的事情，无论就其本源而言还是就其运用而言，均非如此。”[19]世界观在直观中整体地把握外在世界，它是一种前在条件，在逻辑上先于理性分析。由于黑格尔的历史哲学中存在着一个与世界观类似的预设前提——“绝对精神”，他以此为核心力图发展出一整套包罗万象的世界历史，用曼海姆的话来说，“形成了一个未经批判的混合体”[20]。在19世纪为了与这种“不成熟的综合”相对抗，一种专门化的分析盛行开来。这种专门化具备着两个思考维度：一方面是将不同的文化领域区隔开来并单独进行研究，比如针对科学、艺术、宗教等领域各有专门史；而曼海姆所关注的是另一方面：“这些从文化整体中分裂出来的独立领域，并没有像它们出现在前理论（pre-theoretical）经验时那样被看成一个整体，而是受制于各种抽象的作用，从不同的理论视点出发而形成。”[21]在艺术史和美学领域，风格样式分析或纯形式分析就体现了这第二种维度。专家们用越来越精密的方法论、越来越严谨的抽象概念来对形式因素条分缕析，如同进行外科手术般剖解艺术作品。在此过程当中，他们也在建构着自己的研究对象，将所有与形式或风格无关的作品要素统统排除在外。但即使是这样的分析，也并不能完全取消前理论整体的预设，在对一件作品、一位艺术家、一个流派乃至一个时代艺术风格的形式特征进行分析前，他们实际上就已经完成了对以上各个层次整体的直观体验。

与分析相对的是综合，而与以上方法相对的就是图像学方法，潘诺夫斯基的图像学本质上就是“图像志的综合”，它所要求的一种“综合直觉能力”，这种能力“在一个才华横溢的外行身上会比在学识渊博的学者身上可以得到更好的发展”[22]，这句话也表明他的学术理想，即以具备前理论特征的世界观为阐释目标，把握历史中的文化整体，这是一种不为学科壁垒所限的自由趣味。有两位先贤在此方面为潘氏树立了榜样，在潘氏文中始终能寻到他们的印记，一位是先前已经提到过的瓦尔堡，另一位则是布克哈特。卡西尔将布克哈特的历史综合方法称为“全相观解”[23]（Zusammenschau，或译为统观活动），此方法并不是一种归纳法，它表达的不是“存在”上的共性而是“方向”上的共性，也就是指处在某一特定历史阶段的整体精神趋向。如果将由此方法得出的“文艺复兴人”观念等同于自然科学归纳法所得出的类属概念，那么我们会发现有该历史时期的若干个人都不具备“文艺复兴人”的特征。卡西尔的总结是：在人文学科概念中，特殊以某种方式被“安放”（einordnen）在普遍之中，而不是被“收蓄”（unterordnen）在普遍之下[24]。也就是说，这种综合既与分析相对，也与归纳不同，它作为一种人的阐释活动只描述个体的本质特征，而不规定这些个体，世界观、“艺术意志”（Kunstwollen）、“时代精神”（Zeitgeist）这些综合得出的概念不能被当成一种外在于个体的决定性因素。

正如世界观的有意识性和无意识性是共存的，在理解世界观的载体（如艺术作品）时需要对两者加以综合考虑，世界观的前理论性和与其相对的理论性也是共存的，任何对于前理论整体的综合如果离开专门化的理论分析都容易变成一种猜测，反之，如果理论分析不顾及世界观或文化整体也至多是一种无结果的偏执。曼海姆阐述世界观的前理论特征的目的并不是要回到黑格尔的“时代精神”上去，而是强调理论分析需要和“时代精神”这类概念所折射出的“全相观解”思维产生互动协作。同样，潘诺夫斯基的图像学也并不是要完全抛弃形式分析，而是要重新利用它，并为其确立一个新的方向。

二、曼海姆对于世界观的阐释——在理性主义与非理性主义之间

既然世界观具备无意识和前理论特征，那么世界观能否被阐释，如何阐释，就成为一个难题。在这一问题上存在着理性主义和非理性主义的两种不同倾向，在理性主义者的视野中，某个时代或某一创造性个体的世界观完全包含在它们的哲学和理论表述之中，仅需搜集这些表述并用一种模式来编排它们，则自然把握了一种世界观。而以狄尔泰为代表的非理性主义则强调世界观的前理论甚至非理论属性，他认为，世界观作为一种“基本实体”（fundamental entity）是所有宗教、习俗、艺术、哲学等文化客体的基础，而如果将这些文化客体按照其与世界观距离来排序，那么理论性越强的就离“基本实体”越远。曼海姆的立场则处于这两者之间，他通过对此二者的批判反思得出了自己的结论。

首先，世界观固然具有前理论性质，但我们可以将其转译为理论语言，只不过这种转译过程并不是只有借助哲学理论才能完成。人的审美经验与世界观一样也是非理性的，但这并不意味着我们无法用理论范畴去分析它们。曼海姆认为理论思考的本质是在经验之上叠加一个逻辑的、理论的范式（pattern），而审美经验或世界观在此之前就已经给经验提供了另一种独有的范式。虽然两种范式截然不同，但只要存在范式，我们就可以对其进行反思和重塑（re-patterning）并将其转译成理论[25]。但这种转译过程必然是不充分的，因为理论范畴显然无法穷尽非理论的经验，更不能替代它，转译过程必然会切碎直接经验的完整性乃至扰乱直接经验的本真性(authenticity)。曼海姆在阐释世界观的问题上既维护又否定了理性主义。

其次，既然世界观在有限范围内可以转译为理论语言，那么紧接着就需要去解决如何转译的问题，曼海姆认为哲学只是世界观的表现之一，而要想“勾勒出了潜藏的世界观的统一整体”则需要拓宽文化研究的领域，并对这些领域加以综合，这些领域包括“造型艺术、音乐、服饰、风俗和习惯、仪式”，甚至人的“生活节奏、表情动作、行为举止”[26]。曼海姆所说的综合并不仅仅在整理、排序、分析之后用理论话语加以总结，更主要是指从“非推论性的形式因素”角度来进行观察。所谓非推论性的(non-discursive）指的就是直觉性的（intuitive）[27]，卡西尔曾提醒我们，概念是以推论的方式表达直觉到的内容，而透过直觉得来的知觉或实在是以一种“根本上不容许生硬分野的整全姿态”给予我们的[28]。曼海姆的综合方法正是以捕捉这种“整全姿态”为首要目的，进而诉诸人基本感性能力的直观综合。也正是出于这个目的，他在

意义层次中最先解释停留在感知层面的客观意义。我们也可以据此来理解潘氏在图像学意义层次中不断强调却又不加解释的综合直觉能力，他所指的应当是一种迅速把握视觉艺术特征的洞察力和准确离析一般视觉形式的抽象能力。

曼海姆假设一个人参与艺术家生活的方方面面，时刻不离其左右，那么他多少都会对艺术家的世界观有些了解。当然，这种情况不切实际，于是曼海姆只能回到艺术对象化过程中，即回到选择、再现主题的方式和塑造物质媒介的方式上。他所谓的“表达意义”（expressive meaning）就是通过考察以上方式得出的，但“记录意义”并不一定要像前者一样对作品整体进行考察，“一种有特点的线条处理方式、空间结构、色彩布置”[29]都能传达“记录意义”（documentary meaning），这与社会史中与文献记录（document）、残篇断章的意义功能有可类比之处。不过，如此得出的“记录意义”仅是社会心态与文化习俗的一个剖面，想要获取完整的世界观则需要将某一艺术家的全部作品和全部对象化领域纳入考察范围，并且将从此范围内收集到的意义碎片拼接起来。这种拼接过程并非用一块碎片去简单接合另一块碎片，而是用其中一块所展现的“记录意义”去证实另一块也具有类似的意义。

马克斯·德沃夏克是曼海姆最欣赏的艺术史家之一，德沃夏克在格列柯的画作中看到了“垂直的节奏”取代对称构图，并由此描绘出一个超越艺术家个体的普遍世界观，即“一个非现实的梦幻的世界”意欲突破“常规观察的限制”，正是表征了精神力量对于感官经验的超越。德沃夏克没有将追寻世界观的脚步停留在艺术家个体的范围内。他将格列柯放在了艺术家个人的历史境遇中，通过对米开朗基罗和丁托列托进行类似的解读，德沃夏克确认了格列柯的这种“非现实的、梦幻般的世界”正是源于两位文艺复兴大师反自然主义的实践。艺术中非个人的反自然主义思潮仍不是最终的世界观，德沃夏克号召我们进一步“放开眼界”，将米开朗基罗和丁托列托的作品与宗教改革所引发的社会思潮联系起来，这些作品所表达的东西“并不限于艺术，而是成了他们那个时代的评判准则”[30]。这一思潮又分裂为两种倾向，一种注重再现客观现实，一种注重表现主观体验。这两种倾向自 16 世纪开始在文学和艺术甚至自然科学中都有体现，其影响波及 19 世纪。经过跨历史年代、跨艺术门类、跨民族国家的总体倾向论述之后，德沃夏克又回到了格列柯身上，他作品中那些瘦削苍白、彼此类似的人物面孔正是精神生活情感体验溢出客观现实的征兆。纵观德沃夏克的这一艺术史名篇，他从“闪烁的微光和朦胧感”等客观细节出发，逐步扩大阐释范围，逐步通约阐释意义，但他得出的世界观并非一个时代全部社会表象的最大公约数，他的目的也不是用一两个术语概括艺术发展阶段或社会思潮，而是要在更深层、更普遍的意义求证之后回归到创作主体身上。

曼海姆明确支持德沃夏克的上述方法，他认为，通过搜集“记录意义”的不同义项而获得的世界观是一种支配一切的一般性概念，并不只限于一个特定的历史主体。“歌德风格”或“莎士比亚风格”这类名称并非一定对应的是歌德或莎士比亚本人的风格，而是一种他们作品中所浓缩的“理想的本质”（ideal essence）。换言之，世界观并不限于某个具体历史人物。那么这种历史主体是否只是我们为了方便对其进行意图分析而假设的一个“意义结构的参照点”？在世界观层面真实的历史主体还存在吗？

在长达两页的注释中，曼海姆简略回答了这一关于“我”在阐释过程中遭遇其他主体（other subject）或他者（other self）的问题。当时存在对于他者的两种极端看法，一种看法是：如果依照结构分析的方法，不管是记录的还是表达的阐释中所涉及的主体最后都会被分解为意义之间的联系，唯有以此非现实的意义结构为中介我们才能了解他者的心灵存在（psychic existence）。另一种是：如果要确认“世界观”的主体是真实的，只有完全依赖于某种直接的体验，而不借助任何可以被阐释的客观表象或主观经验。如果我们要真实把握一个艺术家的心灵存在只有和他面对面，而他画作中的色彩线条和他的回忆录、传记等等都只能作为中介而导向意义阐释。曼海姆再次于两者之间进行折中，他认为理解他者应以意义结构为起始点，而不能以其为终点，除了通过意义层次之外我们没有理解其他主体的途径，但意义层次无法以一种“心灵存在”来把握主体，这只有通过“一种无中介的直观行为”才能达成[31]。曼海姆在提出世界观不能限定于单个特定历史主体内的同时，也认为世界观的主体不能被等同于某些集体范畴，例如作为人类学范畴的种族和作为社会学范畴的阶层。在阐释文化产物的“记录意义”时，我们会掌握一些作为集合主体的特征，但是这些集合主体是我们针对文化产物的阐释结果，而种族、阶层等范畴是探索完全不同的问题所归纳出来的概念，因此在两者之间必须进行严格区分。

三、潘诺夫斯基对于世界观的阐释——“消除区隔”与“精神习性”

曼海姆建构意义层次的目的是说明任何一件文化产品在当时已经非常成熟的形式分析和心理学分析结果之下还有一层社会学意义，且这种社会学意义是由独立于行为主体之外的客观知识所构成的，它起着最基础的支配作用。潘氏作为一名艺术史家当然承担着与曼海姆不一样的任务，在早期理论文章中，他试图确立一种针对艺术作品“内在意义”的科学有效的阐释方法，试图完整描述“艺术意志”。然而，潘氏为何要牺牲艺术的绝对自律性，将艺术作品当成一种文化产品来看待，进而从曼海姆的著作中汲取营养呢？潘氏的思考路径是这样的：

> 正如艺术科学证实了在某种艺术表象之内所有的艺术问题都以同一种方式被解决，那么人文科学在整体上可以试图证明：在某种文化中（这种文化本身必须将时代、地域和人群考虑在内）包含艺术问题在内的所有知识问题也都以同一种方式被解决。尽管人们不能忽视实际运用这种比较方法时的内在危险，现今这种方法频频得到运用（揭示相似性的努力容易导致人们以一种随意的和鲁莽方式来阐释以上所说的现象），但是人们不能否认其正确合理的纯理论基础。[32]

潘氏所理解的“艺术意志”是决定某个时代造型原则的先验的、本质的力量，它“既不是感觉因素的总和也不是风格标准的集合”，而仅仅是指“既在造型原则之中又在造型原则之上的统一体”[33]，也就是说它是一个时代所有造型原则的共性，他体现了不同的艺术家针对不同的“艺术问题”在解决方法上的共同点。既然通过“艺术意志”能够把造型艺术无数繁杂的表象都围绕一个中心点来梳理、排序，那么在音乐、诗歌等其他艺术门类中，甚至在艺术门类之外的现象中，是否也存在着一个类似的“艺术意志”，一个类似的中心点？正是出于这样一种思考，潘氏试图在文化整体的范围内去俯瞰艺术问题，从艺术的外部来推导艺术作品的本质特性，因此，他在曼海姆的知识社会学中获得了启发。

在潘氏图像学的意义层次中，现象意义建立在沃尔夫林为代表的形式分析基础上，内容意义建立在经瓦尔堡完善后的图像志分析基础上，而真正反映了潘氏图像学本质特征的是和最后一层内在意义或“记录意义”，潘氏认为达到这一层是“阐释的最终任务”[34]。在潘氏看来，“记录意义”之所以被称为“记录意义”就是因为从这一角度出发各种各样的艺术媒介是一种世界观的“记录”（documents）。这样一来，艺术阐释的真正目标则既不是再现模式也不是移情心理，而是艺术家的“世界观”。

前文所提到的德沃夏克式洞察力或者潘氏所说的综合直觉能力当然是艺术史家完成此项工作的重要条件之一，但更为重要的是，艺术史家还需要将此能力与人文主义学识结合。依照曼海姆对世界观的理解，学识不仅仅是寻章摘句、考订文字的功夫，更是对各个文化领域进行形式观察和理论分析。潘氏更进一步提出，人文学者之所以能够在文学、艺术、宗教和哲学等各个文化领域之间进行综合，不仅仅是因为他们在主观上试图串联起一个文化整体，获得一个统一的世界观，更重要的是因为在某些历史阶段文化在客观上就是作为一个整体出现的，并作为一个整体作用于艺术家精神世界，而艺术家自己或许并没有意识到这种作用。在这些历史阶段中最具典型性的莫过于文艺复兴。

“文艺复兴是一个‘消除区隔’（decompartmentalization）的时代。”[35]这一观点是潘氏阐释文艺复兴时期世界观的前提，也是潘氏将图像学当作文化史事业的证明。“消除区隔”在艺术中体现为：在中世纪被分裂开来的古典形式与古典主题在文艺复兴艺术家的手中得到复合，但这种恢复已有的整体的意图并不只出现在艺术领域，而是遍布整个文化宇宙，其最重要的两种表现形式是新柏拉图主义和“自由七艺”（Liberal Arts）。潘氏将新柏拉图主义比作一种“不稳定的化合物”，因为其试图“调和所有不可调和的东西”[36]，它将哲学、宗教甚至魔法都融合在一起，更消除了不同哲学、不同宗教和秘仪之间的边界，赫尔墨斯神智学（Hermeticism）、俄耳甫斯秘仪（Orphism）、犹太神秘哲学（Cabala）甚至古代埃及和印度的神秘知识都被整合在一起，因此它必然会遭到17世纪学者的攻击，并最终瓦解。不过，潘氏认为“混乱是秩序的先决条件”，这种不加辨别一概吸收的态度实际上对于后世却存在着重要意义：人们在多种柏拉图主义思想中区分出了本源和支流，在泛灵论中获得了使自然科学前进的动力。潘氏认为，新柏拉图主义漫无边际的综合所引起的混乱恰好可以被再次获得统一的“自由七艺”解决，中世纪将“自由七艺”分为理论性的和实用性的两类，前者代表的是纯粹的理智而后者代表的是感官知觉和手工技艺，而文艺复兴则清除了这二者之间的壁垒。理论与实践、知识与技艺由此统一在一起，既推进了科学的进步也使艺术中的自然主义上升到一个新的层次，例如画家对于几何学的掌握促使绘画中透视结构的变革，而插图版画对于解剖细节的重现也推广了解剖学。因此，“消除区隔”不仅是学科间的融合，更是理论与实践的融合，乃至思想家与工匠、科学家与艺术家之间身份的融合，这也决定了在解释艺术家作品的时候需要将作者的多重身份和多重意图考虑在内。

“消除区隔”作为一种历史背景为潘氏的世界观阐释提供了保障，不同学科之间的融合意味着可以将作品置于一个跨学科的文化语境之中，而理论与实践的融合则意味着艺术家的实践过程可能体现着他对理论的关注，作品的形式因素作为实践的结果也就有了与文化理念进行连接的可能。为了实现这种可能，潘氏与德沃夏克一样需要从抽象的视觉形式出发。圆与椭圆是两个最基本几何形状，潘氏却在其中看到了手法主义对文艺复兴的反叛，天文学与造型艺术的联系，宇宙论与审美趣味的一致。在《作为艺术批评家的伽利略》一文中，潘氏提出文艺复兴时期的大师们拒绝让椭圆形出现在他们的作品中，它直到16世纪初手法主义兴起时才出现在部分建筑设计和绘画中。椭圆作为圆的变形是手法主义惯用的“图像变形”（anamorphoses）的一种，而“图像变形”不仅出现在绘画中，在文学中也有特定的表现形式，即类似于《被解放的耶路撒冷》的寓言诗。“图像变形”意图造成的效果是：从正面观看是一个不规则的形体、杂乱线条和色块，但是如果从一个特定的视角去观察，这些不可理喻的形状则变成了一个我们所熟悉的事物。潘氏在阅读伽利略的《思考塔索》后发现，这位科学家将所喜爱的《疯狂的奥兰多》与盛期文艺复兴艺术等同，而将他所厌恶的《被解放的耶路撒冷》与手法主义对应。塔索的寓言诗充满了隐含的寓意，“滥用一些荒诞、奇异、多余的虚构之物来阻断叙事进程”，如果将阿里奥斯托清晰、直接的叙事方法比作正面观看，那么塔索隐晦、曲折的寓言则好比一种斜向观看[37]。在潘氏看来，最重要的是这种文学与绘画之间的类比来自一位科学家，潘氏的目的不是比较两种艺术门类，而是提取出各个文化领域所共有的世界观。于是他提出：“如果伽利略的科学态度会影响他的审美判断，那么他的审美判断同样也会影响他的科学信念，更确切地说：作为一位科学家和一位艺术批评家，他遵循的是同一个主导意向。”[38]这个主导意向在他的诗画比较中表现出来，就是对于一种形式上完美秩序的崇拜。因此他只能接受体现完善性的圆，而排斥椭圆，因为后者是“由于直线性入侵”使得圆的完美秩序被扰乱而出现的结果，在伽利略的力学体系中圆周运动是一种均速和永恒的运动，而在他的天文学体系中，他拒绝承认开普勒发现的天体椭圆形运动轨道。

伽利略对于圆形的执着是一种“主导意向”的反映，经院哲学对于系统性的强调则渗透到了“精神习性”当中。在《哥特建筑与经院哲学》中，属于伽利略个人的世界观被扩展到整个中世纪。潘氏在伽利略的科学论述中发现作为一种直观形式的圆，他同样也在经院哲学的理论中抽取出了一种结构性图式。潘氏将经院哲学的基本要求归结为无所不包的完整性，分门别类的系统性，以及各部分间严密的逻辑关系。潘氏将逻辑上的结构与空间上的结构对应，他将经典罗曼式建筑欧坦（Autun）大教堂西门门楣中心（tympanum）上的雕刻，与作为哥特式建筑范例的巴黎圣母院正门雕刻进行了比较。前者虽然精美但结构却不甚清晰，后者门楣上方的三角形结构则被清晰分为三层，最上面一层是耶稣基督、圣母玛利亚和施洗约翰，中间一层是接受审判后等着上天堂或下地狱的众人，第三层是耶稣复活的故事，而十二使徒分列大门两侧象征十二种美德[39]。这恰好体现了对教义内容列举、对上下层次划分以及信仰、审判和救赎之间的相互联系，类似的清晰结构还出现在但丁的《神曲》中。在哲学、建筑和文学所共享的结构特征背后是一种共有的精神习性（mental habit），潘氏在肯定精神习性的同时却也否定了哲学理念对于建筑或文学无条件的直接作用。首先，哲学对于艺术的影响是以历史时间作为限定条件的，这是二者之间进行比较的前提，经院哲学之所以能够影响哥特建筑是因为在12世纪初至14世纪中这段时间内，经院哲学有着强大而广泛的影响力，而到了1340年前后随着奥卡姆的威廉（William of Occam）的学说被普遍接受，神秘主义和唯名论逐渐取代盛期经院哲学，哥特建筑也走向衰落；其次，哲学对艺术的影响往往是间接的，教堂的设计者和工匠们不一定读过托马斯·阿奎那的《神学大全》，但经院哲学的思想并不一定只靠书本来传播，参加辩论、聆听布道和接受教育都有机会接触到经院哲学，在一个教会主导社会生活的方方面面的时代，人们往往是潜移默化地受到了影响。

通过以上“消除区隔”到“精神习性”的论述，潘氏试图一步步描绘出世界观相对完整的面貌，但同时不容忽视一点是，他并不以绝对的完整性作为阐释目标，世界观的完整性是相对于将环境、心理或视觉形式等因素作为艺术阐释的唯一决定条件而设立的。此外，潘氏的艺术阐释也并没有将世界观当作一个同质和均一的精神整体，而只是从中抽取了一个具有代表性的部分，因此，潘氏的阐释目标是否完全朝向一种“独立的超越个体的精神存在”或者决定文化各种面貌的“一个关键性原因”[40]，值得进一步详察。

四、余论

世界观的背后是一种全景式的文化视野，以及对艺术作品在各个维度上的立体式把握。这是潘诺夫斯基在追求艺术阐释的科学性和有效性过程中一个重要阶段，此新阶段与曾经的道路一脉相连，其表现就是：指向世界观的“记录意义”必须以“现象意义”和“取决于内容的意义”为前提。潘氏在曼海姆的意义层次中找到了理论上的支撑，从而填补了感官知觉和理性概念之间的裂缝，而曼海姆的对于世界观的看法，则启发潘氏将各个文化领域交织在一起形成一个历史语境，并借助这一语境分析艺术作品中视觉因素与精神因素的结合方式。潘氏的“综合直觉”在这一过程中不仅抽象出视觉形式与理论结构，还在创作者心灵中将其合二为一。然而，不可回避的一点是：相比于心理学意义上的普遍性，潘氏相信几何学或数学意义上的普遍性更为可靠。不管是欧几里得对于古代透视法的意义，还是伽利略对于手法主义图像变形的意义，简化至极端的抽象图式成为通向科学有效的世界观的必经之路，似乎唯其如此才能抵挡来自历史主义和欣赏主义的诱惑。这种悬置艺术家主观意图，并将观看者一般化和标准化所获得的全景视野，更像是一种“全景监狱”的视野，这也是图像学持续受到批判的原因之一。

＊本文系教育部人文社会科学研究项目青年基金“潘诺夫斯基图像学的理论语境研究”（20YJC760063）的阶段性成果。

注释：

[1] J. Hart,"Erwin Panofsky and Karl Mannheim: A Dialogue on Interpretation", *Critical Inquiry* 19,1993,p.535.

[2] [美]大卫·诺格尔:《世界观的历史》,胡自信译,北京:北京大学出版社,2006年,第65页。

[3] [德]海德格尔:《现象学之基本问题》,丁耘译,上海:上海译文出版社,2008年,第5页。

[4] [德]海德格尔:《现象学之基本问题》,丁耘译,上海:上海译文出版社,2008年,第6页。

[5] [德]海德格尔:《现象学之基本问题》,丁耘译,上海:上海译文出版社,2008年,第6页。

[6] 在译为英法中等其他语言时,这两个概念都被并为一个,在英文中都是worldview,在法文中都是la vision du monde,一般均译为世界观,此处为论述需要而刻意加以区分。

[7] J. Underhill, *Humboldt, Worldview and Language*, Edinburgh: Edinburgh University Press, 2009, p.18.

[8] [德]威廉·冯·洪堡特:《论人类语言结构的差异及其对人类精神发展的影响》,姚小平译,北京:商务印书馆,2002年,第72页。

[9] [德]舍勒:《哲学与世界观》,曹卫东译,上海:上海人民出版社,2003年,第26页。

[10] [德]威廉·冯·洪堡特:《论人类语言结构的差异及其对人类精神发展的影响》,姚小平译,北京:商务印书馆,2002年,第187页。

[11] [德]威廉·冯·洪堡特:《论人类语言结构的差异及其对人类精神发展的影响》,姚小平译,北京:商务印书馆,2002年,第187页。

[12] [德]威廉·冯·洪堡特:《论人类语言结构的差异及其对人类精神发展的影响》,姚小平译,北京:商务印书馆,2002年,第47页。

[13] [德]卡西尔:《人文科学的逻辑》,关子尹译,上海:上海译文出版社,2013年,第88页。

[14] [德]卡西尔:《人文科学的逻辑》,关子尹译,上海:上海译文出版社,2013年,第87页。

[15] K. Mannheim, *Essays on the Sociology of Knowledge*, Trans. Paul Kecskemeti, London: Routledge & Kegan Paul Ltd., 1952, p.55.

[16] E. Panofsky,"On the Problem of Describing and Interpreting Works of the Visual Arts", Trans. Jaś Elsner and Katharina Lorenz, *Critical Inquiry*, 3, 2012, p.479.

[17] [德]卡西尔:《人文科学的逻辑》,关子尹译,上海:上海译文出版社,2013年,第84页。

[18] E. Panofsky,"On the Problem of Describing and Interpreting Works of the Visual Arts", Trans. Jaś Elsner and Katharina Lorenz, *Critical Inquiry*, 3, 2012, p.480.

[19] [德]海德格尔:《现象学之基本问题》,丁耘译。上海:上海译文出版社,2008年,第6页。

[20] K. Mannheim, *Essays on the Sociology of Knowledge*, Trans. Paul Kecskemeti, London: Routledge & Kegan Paul Ltd., 1952, p.34.

[21] K. Mannheim, *Essays on the Sociology of Knowledge*, Trans. Paul Kecskemeti, London: Routledge & Kegan Paul Ltd., 1952, p.34.

[22] [美]欧文·潘诺夫斯基:《图像学研究:文艺复兴时期艺术的人文主题》,戚印平、范景中译,上海:上海三联书店,2011年,第12页。

[23] [德]卡西尔:《人文科学的逻辑》,关子尹译,上海:上海译文出版社,2013年,第101页。

[24] [德]卡西尔:《人文科学的逻辑》,关子尹译,上海:上海译文出版社,2013年,第99页。

[25] K. Mannheim, *Essays on the Sociology of Knowledge*, Trans. Paul Kecskemeti, London: Routledge & Kegan Paul Ltd., 1952, p.39.

[26] K. Mannheim, *Essays on the Sociology of Knowledge*, Trans. Paul Kecskemeti, London: Routledge & Kegan Paul Ltd., 1952, p.40.

[27] 在卡西尔著作中 discursive 是与 intuitive 相对的概念，关子尹译为“曲行的”，牟宗三译为“辩解的”，沉晖译为“曲折的”，关子尹在译注中对两个概念做出了详细辨析，详见：[德]卡西尔：《人文科学的逻辑》，关子尹译，上海：上海译文出版社，2013 年，第 118 页；[德]卡西尔：《人文科学的逻辑》，沉晖、海平，等译，北京：中国人民大学出版社，1991 年，第 123 页。

[28] [德]卡西尔：《人文科学的逻辑》，关子尹译，上海：上海译文出版社，2013 年，第 118 页。

[29] K. Mannheim, *Essays on the Sociology of Knowledge*, Trans. Paul Kecskemeti, London: Routledge & Kegan Paul Ltd., 1952, p.56.

[30] [奥]德沃夏克：《作为精神史的美术史》，陈平译，北京：北京大学出版社，2010 年，第 147 页。

[31] K. Mannheim, *Essays on the Sociology of Knowledge*, Trans. Paul Kecskemeti, London: Routledge & Kegan Paul Ltd., 1952, p.59.

[32] E. Panofsky, "On the Relationship of Art History and Art Theory: Towards the Possibility of a Fundamental System of Concepts for a Science of Art", Trans. Katharina Lorenz and Jaś Elsner, *Critical Inquiry*, 35, 2008, p.65.

[33] E. Panofsky, "On the Relationship of Art History and Art Theory: Towards the Possibility of a Fundamental System of Concepts for a Science of Art", Trans. Katharina Lorenz and Jaś Elsner, *Critical Inquiry*, 35, 2008, p.66.

[34] E. Panofsky, "On the Problem of Describing and Interpreting Works of the Visual Arts", Trans. Jaś Elsner and Katharina Lorenz, *Critical Inquiry*, 3, 2012, p.479.

[35] E. Panofsky, "Artist, Scientist, Genius: Notes on the 'Renaissance Dämmerung'", *The Renaissance: Six Essays*, New York: Harper & Row, 1962, p.128.

[36] E. Panofsky, "Artist, Scientist, Genius: Notes on the 'Renaissance Dämmerung'", *The Renaissance: Six Essays*, New York: Harper & Row, 1962, p.128.

[37] E. Panofsky, *Galileo as A Critic of the Arts*, Dordrecht: Springer Science+Business Media, 1954, p.17.

[38] Erwin Panofsky, *Galileo as A Critic of the Arts*, Dordrecht: Springer Science + Business Media, 1954, p.20.

[39] [美]欧文·潘诺夫斯基：《哥特式建筑与经院哲学》(上)，陈平译，《新美术》2011 年第 3 期，第 4～15 页。

[40] [英]贡布里希：《理想与偶像：价值在历史和艺术中的地位》，范景中、杨思梁译，南宁：广西美术出版社，2013 年，第 50 页。

“以禅喻诗”理论前缘问题辨析

刚祥云

（安徽师范大学文学院，安徽芜湖，241002）

内容摘要：“以禅喻诗”理论的提出、深化及其经典化，是前期多支流汇聚、交互、映发的必然结果。在历史中，它至少存在着四股力量前后助推作用：一，自中唐以降“禅艺双修”现象盛行以来，禅僧的士大夫化，士大夫的禅化，禅门内部扩大化的偈诗与禅理诗创作刺激；二，以皎然、贯休、齐己为代表的唐五代僧人诗论家的理论推动；三，禅门之外，唐宋文人“禅理诗”的持续创作与宋人“不谈禅无以言诗”观的直接催化；四，南宋严羽在《沧浪诗话》中融贯“识”“妙悟”“第一义”重新对“以禅喻诗”理论进行有效提纯与系统总结，之后得到了历代诸多诗论家（尤其明清诗论家）的批评、继承、阐释与推扬，最终使其走向经典化之路。足见，这一条理论线极为复杂，实有一个缓慢发展的历史过程，而且生出许多新的间性问题。唐代可谓是萌芽期，五代是理论阐发期（尤其重视齐己贡献），宋代是深度创作与理论提纯期，宋以后是不断被阐释、论争和经典化时期。这一反思既可补证对“以禅喻诗”理论之理解的某些偏失，又可拓宽对唐宋之际禅艺互动关系的新认识。

关键词：偈诗；禅理诗；以禅喻诗；《沧浪诗话》

平心而论，任何一种新命题的孕育、掘出与发展，皆离不开时代气候的推波助澜。“在佛教的诸多分支中，禅宗是一种美的宗教、艺术的宗教，在中国这个追求人与自然相统一，并善于从自然中体悟无限诗意的国度，禅宗以青山为道场的修行方式使其与中国艺术精神有了契合的可能；而被它以‘万法皆空’过滤后的山水，则显现出更加纯净、更加唯美的特征。这种特征正是它在唐代以后对中国文学艺术形成巨大影响的原因所在。”[1]在诸多影响之内，“以禅喻诗”理论的提出、发展与完善是一个重要结晶。自南宋严羽在《沧浪诗话》中融贯“识”“第一义”“妙悟”“兴趣”“镜花水月”诸说对“以禅喻诗”理论进行有效提纯和系统总结之后，这一命题在中国古代诗学史上也一直焕发着生机。它在后世的传播与接受过程中，既有受到苛刻的批评之声，也有来自真挚的赞美与辩护之声。如宋人刘克庄；明人陈继儒、胡应麟；清人钱谦益、王士祯、冯班、沈德潜、钱振鍠；今人郭绍虞、钱锺书、敏泽、张少康、蔡镇楚、周裕锴、吴言生、张伯伟、蒋寅、蒋述卓、络礼刚、邓国军、叶维廉以及国外汉学家林理彰、宇文所安等重要学者也相继加入了这场具有历史性的批判与反批判的论争之中。在诸多的“论争”之列，问题的焦点主要集中在对严羽个人禅学常识的批评、对“以禅喻诗”理论提出的合理性和基本内涵的辨析，以及它在后世接受状况的反思上。相反，有关严羽之前，这一理论的历史孕育过程和动力前缘之探讨，虽有涉及，但仍然显得不够。基于此，本文尝试深入历史，结合禅门内外相关历史文献，予以综合辨析，从中凸显晚唐五代的独特贡献。

一、“以诗寓禅”：禅门偈诗与禅理诗的盛行

回顾偈诗之创作，它在中国化佛教内部的传承有着悠久的历史。至唐代，进入了“诗的国度”，“全面生活的诗化”（闻一多语）时代，加之禅宗在此一时期的兴盛与壮大，内外机缘，共同助推了禅门偈诗的发展。这一点可在五代泉州招庆寺静、筠二禅师所编的《祖堂集》以及宋人辑录的《五灯会元》《宋高僧传》中得以窥见。唐人刘禹锡在《秋日过鸿举法师寺院便送归江陵（并引）》中曾云：“自近古而降，释子以诗名闻于世者相踵焉。因定而得境，故翛然以清。由慧而遣词，故粹然以丽。”[2]通过对此一时期禅门语录和相关文献的梳理发现，自六祖以后禅门偈诗虽有增多，但至中晚唐五代走向创作高峰。之所以如此，一方面得益于中唐以降禅门教义的日趋极简化、生活化、世俗化、艺术化之脉动；另一方面困于社会的动荡和精神的迷茫，僧家与文士的双向交友活动频繁，习诗谈艺、游山悟道、谈禅品茗、作课清供，“禅僧的士大夫化”和“士大夫的禅化”[3]现象明显。对此，日本著名宗教学者柳田圣山指出：“马祖以后，禅的特色是最具有强烈的生活意味。这是在辽宽广漠的中国大地上诞生的人文主义宗教。……这期间的禅语录中，（随处）可以听到牛马的嘶叫，嗅到豆腐和酱油的气味。”[4]

历史进入晚唐五代，分灯禅（即沩仰宗、临济宗、曹洞宗、云门宗、法眼宗）兴盛，各宗为了接引学人、测试悟性、言说机锋，大多采取“绕路说禅”和“以诗寓禅”的策略。如此情境和现实需要，它一定程度上为禅门偈诗在题材、技法方面的提升与拓展，创造了千载难逢的机遇，也顺便带动了禅门中人创作禅理诗的扩大化。例证是，不少意境优美的偈诗和禅理诗（句）面世。如布袋和尚《悟道偈》，“我有一布袋，虚空无罣碍。展开遍十方，入时观自在”，以及农田《悟道诗》，“手把青秧插满田，低头便见水中天。心地清净方为道，退步原来是向前”。从空阔的田间插秧中悟得“退即是进”的道理，为时人称颂，清空深邃。再如船子德诚和尚《拨棹歌》：“千尺丝纶直下垂，一波才动万波随。夜静水寒鱼不食，满船空载月明归。”此偈诗读来格调清新、意境宏阔，借景示法，以钓鱼来拟喻求道之艰难，在士林中传响很大。曹山本寂《悟道偈》：“焰里寒冰结，杨花九月飞。泥牛吼水面，木马逐风嘶。”[5]“焰里寒冰”“杨花九月”，超脱时空，和禅门与诗家之间流行的“红炉飞雪”同妙。另有著名僧家诗人寒山、拾得、灵澈，作偈和诗亦颇多。《寒山子诗偈》300余首，不乏清丽典雅之作，如“闲游华顶上，日朗昼光辉。四顾晴空里，白云同鹤飞”。文人评其诗曰：“有自然界的意境，有诗人的性情，一点不觉得枯淡，字里行间处处显出一种高远空灵的情趣。”[6]再如临济宗解说“四料拣”、云门宗释义“云门三句”（即“涵盖

乾坤、截断众流、随波逐浪”）、曹洞宗论述“功勋五位”（向、奉、功、共功、功功）、法眼宗作“华严六相义颂”以及禅门生活中场景性的机锋应答，皆用诗体。

这里也可能会引发学人质疑：诗与偈的界限在哪里？偈诗和禅理诗创作的扩大化，多大程度上与后来“以禅喻诗”理论的出现存在关系？这种隐秘关系，或许可从三个方面分析。

第一，在当时，文人诗和禅门偈的界限是比较暧昧的。在不少唐人眼里，偈与诗之间似乎并没有严格的界限，至少在部分慕禅诗人和僧人诗家看来是如此。如祖师开悟偈、永嘉玄觉《证道歌》、石头希迁《参同契》、丹霞天然《玩珠吟》、布袋和尚《悟道偈》等等，它们皆被时人当作偈亦当作诗来读。中唐诗人拾得说：“我诗也是诗，有人唤作偈。诗偈总一般，读时须子细。”[7]寒山子自道曰：“我诗合典雅。”“家有寒山诗，胜汝看经卷。”[8]

第二，禅门作偈的目的主要是更好地“绕路说禅”“诱人悟道”，但因禅理的不可直言性，大多采取“留余意”“参活句”的方式，即通过象征、拟喻、暗示的言说方式和话语体系来寄寓禅理。它和唐人诗歌创作中追求的“不落言筌”“尚含蓄”“留余意”“重练字”“求意境”在技法和立意上是同妙的。德山缘密禅师上堂示法曰：“但参活句，莫参死句。”[9]晚唐五代文偃禅师创立云门宗时，也推扬“一字禅”“一字诗”和“参活句”的诗偈创作法，对后来宋诗中“炼字”和“诗眼”追求有一定影响，甚至“参活句”升格为宋代诗学“以禅喻诗”中一条重要理论。

第三，唐代著名僧家诗人不断涌现（如寒山、拾得、护国、法照、皎然、灵彻、贯休、齐己等等）起助推作用。禅门诗人的涌现，偈诗和禅理诗创作的扩大化、趋雅化与风格上的近体诗化，二者向外流溢共同刺激着不少诗人开始尝试以作偈的方式来深化写诗和以写诗的方式来升华作偈，它促使作偈与写诗在观念、技法、构思方面有了进一步融通互补的可能。禅门偈诗中所传达出的“妙”“悟”“空”之义理和境界，向外呈现的空灵澄澈之美，生机勃然，成为诗人们争相模仿的理念，暗地推动着“援禅入诗”的脉搏。这期间，不可忽视的一个重要现象是，随着社会时局的动荡，诗人们因疏解内心苦闷而纷纷游走于山寺空门之中，表达了对禅门净土的留恋。所谓“已知世路皆虚幻，不觉空门是寂寥”（张乔《赠头陀僧》），“不向禅门去，他门无了因”（姚合《寄郁上人》），“我来问道无余说，云在青天水在瓶”（李翱《赠药山高僧惟俨》），等等。在与禅师的深度交往之后，诗人容易被有趣的公案话头所吸引，疗养身心，得其“妙”义，同时也锻造着自家的“性情”“灵感”和“诗境”。对此，钱锺书先生指出：“唯禅宗公案偈语，句不停意，用不停机，口角灵活，远迈道士之金丹诗诀。词章家隽句，每本禅人话头。”[10]这种习风状况，入宋之后，随着文字禅和颂古评唱的盛行，“上堂示法如文场，参禅好似学赛诗”，出现了著名的雪窦重显、丹霞子淳、惠洪觉范、天童正觉等诗僧名家，提倡“以诗作偈”，创作了大量颂古偈诗与禅理诗。以上这三种关系，无论在质量，还是数量上，多多少少前后影响和刺激到唐代禅门内外诸多诗人和诗论家将参禅作偈与品诗写诗自觉对接与深入探讨，为“援禅入诗”和“以禅喻诗”现象的早期萌芽提供了现实土壤以及优越的创作大背景，同时诱发禅门内部诸如皎然、贯休、齐己等三位“诗囊”的新动向。

二、"学禅不废诗"：皎然、贯休、齐己的自觉探讨和示范带动作用

皎然、贯休、齐己三者被誉为中晚唐至五代最为著名的三诗僧。他们以自己的亲身创作和理论探索，参与了早期诗禅关系的讨论，鼓吹"学禅不废诗"和"吟疲即坐禅"，社会起到了推波助澜与示范带动作用。

首先，诗僧皎然（约720—803）。唐人于頔为皎然诗集《杼山集》作"序"曰："释皎然，字清昼，康乐（即谢灵运）之十世孙，得诗人之奥旨，传乃祖之菁华，江南词人，莫不楷范。"[11]皎然一生结交名流，游走于权贵之门，与当时诸多有名诗人唱和往来，在谈禅论诗和烹茶品茗中获得较高人气。《宋高僧传》载："昼生（皎然）常与韦应物、卢幼平、吴季德、李萼、皇甫曾、梁肃、崔子向、薛逢、吕渭、杨逵，或簪组，或布衣，与之交结，必高吟乐道。道其同者，则然始定交哉。"[12]《唐才子传》卷四亦称皎然的诸多唱和诗文结集后曾被集贤殿御书院收藏之，足见上流社会对其重视。在诗文创作及诗学理论造诣上，皎然不仅被视为僧家作诗的"江南楷范"，更以其所撰述的诗歌理论专著之《诗式》闻名于世。在《诗式》一书中，他自觉将禅学思想引入诗论探讨之中，并提出了"取境"与"造境"等重要诗学理论主张。如其讲"取境"高者举体高，"取境"逸者举体逸，并要求作诗者要有一定的胆识和识见，这些观点助推了唐代"意境"理论的发展。皎然之后，刘禹锡提出了"境生于向外"（《董氏武陵集记》），而晚唐司空图直接发明"思与境偕"（《与王驾评诗书》），将意境理论顺之推向纵深处。此外，作为著名诗僧，皎然不仅创造了意境优美的禅理诗如《闻钟》，更以"论诗诗"的方式较早地探讨了诗禅关系。如《酬崔侍御见赠》："市隐何妨道，禅栖不废诗"[13]；《支公诗》"山阴诗友喧四座，佳句纵横不废禅"，以及"诗情聊作用，空性惟寂静"（《答俞校书冬夜》），"诗情缘境发，法性寄筌空"（《秋日遥和卢使君游何山寺宿敭上人房论涅盘经义》），等等。仔细分析这几首诗歌，有一个共同的寓意指向，即流露出在诗歌意境的创构过程中欲将写诗与参禅、诗境与禅境合二为一的旨趣。

其次，僧人贯休（832—912）。贯休者，字德隐，俗姓姜，金华兰溪人。七岁投和安寺出家，于圆贞禅师处受戒，后干谒权贵，足迹遍及江浙、巴蜀之地。他于天复三年入蜀，受蜀主王建礼遇，赐紫衣，奉为上宾。贯休一生为人多才多艺，诗书画兼善，以释子之身行诗人之"吟癖"，与吴融、陈陶、胡玢等诸多文人唱和，闻名于丛林与士林。据史载，他一生"苦吟成癖"，创诗有700余首，近乎"诗匠"，其诗被弟子昙域结集《禅月集》刊刻流传于世。贯休间接谈到诗禅关系的诗句有如"山色园中有，诗魔象外无"[14]（《秋晚野居》），"经传髻里珠，诗学池中藻"（《上顾大夫》），"天地事须归橐籥，文章谁得到罘罳"（《赠杨公杜之舅》）。此外，贯休在结合皎然和唐代诸人探讨"意境"理论的基础上提出了"至境心为造化功"的观点，强调在融通禅境与诗境问题上，凸显"心"的圆融作用。如《上卢使君二首》之一，"心染烟霞新句出""禅抛金鼎药，诗和玉壶冰"（《春晚寄卢使君》）等。诗友吴融评其诗曰："上人之作，多以理胜，复能创新意。其语往往得景物于混茫自然之际，然其旨归必合于道。太白、白乐天既殁，可嗣其美者，非上人而谁。"[15]虽有溢美之嫌，但贯休

诗才，实非同一般。

最后，至为重要的齐己（约860—937）。齐己，俗姓胡，名得生，从小家贫，寄宿于大沩山同庆寺以牧牛为生，自小常于牛背上习诗作书，待其成年受戒后，曾游走于洞庭、衡岳、钱塘、荆楚等地。齐己一生写诗数量和质量不逊于贯休，为唐代之最，自道约有千余首，现存800余首，风格古雅，人称“诗囊”。现存《白莲集》十卷、《风骚旨格》一卷。生活中，齐己与皎然、贯休一样，乐于结交权贵豪士，善于求教文人诗家。诗人郑谷与齐己相交甚欢，你来我往，唱和诗作颇多，并留有影响士林深远的“一字师”[16]之典故（陶岳《五代史补》）。随着二人交往的深入，齐己在《寄郑谷郎中》和《喻吟》中不仅率先提出“诗心何以传？所证自同禅。觅句如探虎，逢知似得仙”[17]和“日用是何专，吟疲即坐禅”等观点，接续皎然、贯休多角度多方位思考诗禅关系。

深入考察《白莲集》（亦可参阅由王秀林所整理的《齐己诗集》），论到有关诗禅关系的诗句内容较多，大致可概括为三点：①正确对待参禅与写诗之间的矛盾冲突。作为禅门中人，理应遵守“不立文字”“以心传心”为基本教义，专注于禅修，但现实中“诗魔”来时内心却也无法遏止。所谓“正堪凝思掩禅扃，又被诗魔恼竺卿”（《爱吟》）。那么，怎么办呢？既然不可止，不若以“平常心是道”待之，随缘化用。“何妨继余习，前世是诗家。”（《寄怀江西僧达禅翁》）“诗同李贺精通鬼，文拟刘轲妙入禅。”（《酬湘幕徐员外见寄》）②习禅实质上有益于“作诗”“评诗”“论诗”。“未能精贝叶，便学咏杨花。”（《寄怀江西僧达禅翁》）其中，“贝叶”喻指佛经，“杨花”暗喻诗情，两者禅理不废诗韵。再如“诗在混茫水，难搜到极玄”（《寄谢高先辈见寄二首》），“禅玄无可示，诗妙有何评”（《逢诗僧》），“月华澄有象，诗思在无形”（《夜座》），“禅关悟后宁疑物，诗格玄来不傍人”（《道林寺居寄岳麓禅师二首》）“禅言难后到诗言，坐石心同立月魂”（《酬光上人》），等等，都在说作诗与参禅。③作诗品诗和参禅悟道还需要“虚”“寂”“空”“静”“闲”“悟”等心理状态。所谓“禅心静入空无迹，诗句闲搜寂有声”（《寄蜀国广济大师》），“一炉薪尽室空然，万象何妨在眼前。时有兴来还觅句，已无心去即安禅”（《山中寄凝密大师兄弟》），以及“闲想似禅心”（《戊辰岁湘中寄郑谷郎中》）而“诗思在无形”（《夜坐》），等等。可见，以上这些零星“论诗诗”，已巧妙地点出了禅境与诗境、禅理与诗情、禅语与诗品、参禅与作诗之间的某些耦合与相通关系，比皎然、贯休更进一步，掘出“空”“寂”“静”“悟”“搜”“觅”“凝照”与锤炼诗情、诗性、诗境之间的微妙关系。正如释慧皎曰：“禅也者，妙万物而为言，故能无法不缘，无境不察。然缘法察境，唯寂乃明。其犹渊池息浪，则彻见鱼石；心水既澄，则凝照无隐。”[18]禅之妙趣，有助于促成诗之妙境。此外，值得注意的是，齐己还有一个值得关注的身份是仰山慧寂的弟子。我们知道“仰山门风”，喜欢发明“若干势”以开悟学僧。“势”理的发明又被齐己自觉借鉴和引入自家诗论《风骚旨格》的撰写之中，借“势”喻诗，从而提出了所谓的“诗有十势”之说[19]，其如“狮子返掷势”就来源于禅门话头。

于此可断，随着偈诗、禅理诗创作的扩大化和趋雅化，去偈颂之体而日益朝向近体诗化，禅门内部已开始将参禅、悟禅、说禅、作偈与写诗、论诗、品诗在形式与内容上的自觉对接，这实质对诗禅关系的进一步深化探讨是有促进作用的。尤其在晚唐五代禅僧与士人频繁交往密切的语境中，它是长期隐藏在禅门内外一股不可小觑的现实催动力量。这种力量和影响，待进入北宋之后，释文兆仍在接续齐己大讲“诗禅同所尚”，如净禅师甚至直接提出“借诗说教（禅），要与衲僧点眼”[20]的诗歌理论主张。返回现实中，皎然、贯休、齐己三人也的确影响到了南宋严羽，或者说作为慕禅者的严羽本人至少对三人的诗歌和诗论有一定了解。例证如严羽在《沧浪诗话·诗评》中对三人之诗中肯评鉴曰：“释皎然之诗，在唐诸僧之上。唐诗僧有法震、法照、无可、护国、灵一、清江、无本、齐己、贯休也。”[21]

三、文人禅理诗的创作与宋人“不谈禅无以言诗”观

除禅门之内偈诗、禅理诗以及僧家皎然、贯休、齐己等三人的推波助澜，禅门之外，也存在着几股力量在士人群体之中发生交互影响。

其一，唐宋诗人群体中禅理诗的持续创作、扩大化及其对诗禅关系的相关探讨。禅理诗（或言“佛理诗”）的创作，可回溯至六朝。佛教自汉代传入中土，至魏晋南北朝蔚然成风，陶渊明、谢灵运等人曾引佛理入诗，创作了一些佛理诗。公元618年，历史进入唐代之后，禅宗的兴盛，以王维、孟浩然、柳宗元、白居易为代表的诗人，扩大了禅理诗的创作。这其中，在士人群体中影响较大者当属王维。他创作了如《山居秋暝》《鹿砦》《竹里馆》《鸟鸣涧》《辛夷坞》《终南别业》《过香积寺》等一系列著名诗篇。在这些诗篇中，很能体会到“诗即禅”“禅即诗”的优美境界。如《竹里馆》，“独坐幽篁里，弹琴复长啸。深林人不知，明月来相照”；《鸟鸣涧》，“人闲桂花落，夜静春山空。月出惊山鸟，时鸣春涧中”；等等。这些诗歌在造境、写景和表达诗意方面达到前所未有的高度，能将禅理、禅趣与诗意、诗境很好地水乳交融、巧妙贯通，呈现出一种无比空灵、澄澈、静谧、清幽、淡远的诗歌美感，在文人群体中被广泛传唱，而王维自己也被誉为“诗佛”。王维虽较少有直接涉及诗禅关系的诗句，但稍后的戴叔伦诗中就有明确表述：“律仪通外学，诗思入禅（玄）关。”（《送道虔上人游方》）元稹《见人咏韩舍人新律诗因有戏赠》：“轻新便妓唱，凝妙入僧禅。”白居易《自吟》：“白衣居士紫芝仙，半醉行歌半坐禅。”可见，随着禅理诗创作的扩大化，很多文人对诗禅关系已有深切体会和论述。这其中，另一位值得提及的是，晚唐诗人兼诗论家的司空图。他不仅写禅理诗，尤重王维，并著有诗论《二十四诗品》。在这部诗论著作中，司空图接续皎然，进一步提出了诗歌创作中要追求“象外之象”“味外之旨”“韵外之致”的观点，丰富和拓展了“意境”理论。譬如，其在《二十四诗品》中解释“雄浑”曰：“超以象外，得其环中。”释“冲淡”云：“遇之匪深，即之愈稀。”释“含蓄”说：“不著一字，尽得风流。”[22]这些表述，很明显带有禅宗语汇和禅宗义理的色彩。

公元907年，唐朝覆灭后，历史转进五代十国。割据战争不断，士人大多陷入学习贾岛的“苦吟”诗风中，但也有杨凝式、郑谷、唐求等人作禅理诗。五代徐寅《雅道机要》称：“夫诗者，儒中之禅也。一言契道，万古咸知。”公元960年，后周大将赵匡胤发动陈桥兵变，黄袍加身，将历史推向了赵宋王朝。宋人因外境的变化，与唐

人奔放、热情的性格有很大不同，逐渐显露出一种内敛、自省的特征。这种性格特征也许来源于禅宗和外境，但也许本身就与禅宗的发展及参禅的心理状态达到了某种契合，促使宋人习禅和谈禅成风，一度流入“近来朝野客，无座不谈禅”（司马光《戏呈尧夫》）的境地。当宋人谈禅之风的盛行，使得中国文化的骨髓由对“天人”关系的探讨转进到了“心物”关系的内索。禅门典籍中更多语汇如“清空”“心性”“空灵”“淡远”“虚静”“妙悟”“正法眼藏”“境界”等也被全面带入“艺术界”，升格为艺术批评的术语。这其中，以王安石、苏轼、黄庭坚、陈师道、叶梦得为代表的诸多重要诗人群体，一方面借助禅理诗的创作，表达自家的禅悟境界；另一方面，接续前人继续探讨诗禅之关系。如苏轼讲：“暂借好诗消永夜，每逢佳处辄参禅。”[23]“欲令诗语妙，无厌空且静，静故了群动，空故纳万境。”（《送参廖诗》）我们知道，苏轼在宋代才高而名气甚大，个人禅悟境界又极高，与著名禅师交往频繁。他以亲身实践经验告诫人们要以“空”且“静”的参禅心理来揣摩写诗之妙，以便融通禅趣与诗趣的目的。与苏轼为师友的黄庭坚，则是江西诗派的开创者。江西诗派中多数成员是“慕禅者”，如黄庭坚、陈师道、僧祖可、吕本中、韩驹等。他们一方面重视诗法复古，讲究以才学为诗，主张无一字无来处，成为严羽批评的对象。另一方面，也扩大禅理诗的写作，讲究“援禅入艺”，重视“悟”，在宋代影响极大。宋人曾季貍讲：“后山（陈师道）论诗说换骨，东湖（徐俯）论诗说中的，东莱（吕本中）论诗说活法，子苍（韩驹）论诗说饱参。入处虽不同，然其实皆一关捩，要知非悟入不可。”[24]（《艇斋诗话》）

其二，南北宗与大小乘言诗说，成为宋人“不谈禅无以言诗”观的表现之一。唐代因禅门判教，分出以渐修为重的北宗禅和以顿悟为主的南宗禅。这一门庭分宗，被接引化用，进入文艺领域，有了所谓的文分南北和诗分南北宗。如贾岛《二南密旨》曰：“论南北二宗：宗者，总也。言宗则始南北二宗也。南宗一句含理，北宗二句显意。南宗例：如《毛诗》云：‘林有朴樕，野有死鹿。’……如钱起诗：‘竹怜新雨后，山爱夕阳时。’此皆宗南宗之体也。北宗例：如《毛诗》云：‘我心匪石，不可转也。’……如左太冲诗：‘吾希段干木，偃息藩魏君。’”[25]之后，诗僧虚中《流类手鉴》继续讲：“诗有二宗：第四句见题是南宗，第八句见题则是北宗。”[26]这一动脉，连同大小乘论诗说，一同接续至北宋。宋人韩驹讲：“诗道如佛法，当分大乘、小乘，邪魔、外道，惟知者可以语此。”[27]南宋后，刘克庄《茶山诚斋诗选》亦言：“比之禅学，山谷（黄庭坚）初祖也，吕（居仁）曾（几）南北二宗也，诚斋（杨万里）稍后出，临济德山也。”[28]于此差不多同时，严羽在《沧浪诗话》中申辩反驳道：“禅家者流，乘有大小，宗有南北，道有邪正。学者须从最上乘，具正法眼，悟第一义。若小乘禅，声闻、辟支果，皆非正也。论诗如论禅，汉魏晋与盛唐之诗，则第一义也。大历以还之诗，则小乘禅也，已落第二义。晚唐之诗，则声闻、辟支果也。”[29]当然，这一诗禅比拟，因常识问题，也引来后人诸如刘克庄、冯班等人批评。

其三，“学诗浑似学参禅”系列“论诗诗”的出现，成为宋人“不谈禅无以言诗”观的表现之二。“论诗诗”派作家中，不少人信奉江西诗法，注重参禅，并将参修、悟入、得妙的独特方法用于论诗，吸引了诸多诗人的效仿，成为接通前人以禅论诗和刺激南宋严羽进一步将“以禅喻诗”理论系统化的重要桥梁。著名者有吴可、龚相（圣任）、赵藩、韩驹、曾几、李处权、葛天民、戴复古、李之仪等等。其中吴可，备受苏轼赏识，他有《学诗诗》三首。其一曰：“学诗浑似学参禅，竹榻蒲团不计年，直待自家都了得，等闲拈出便超然。”一旦豁然贯通，由渐修而入悟得，走向超然。又言：“学诗浑似学参禅，头上安头不足传。跳出少陵窠臼外，丈夫志气本冲天。”（参阅魏庆之《诗人玉屑》）这里“头上安头”和“丈夫志气本冲天”出自黄檗希运语和同安察禅师《十玄谈》。吴克在自己所撰的《藏海诗话》解释曰：“凡作诗参禅，须有悟门。少从荣天和学，尝不解其诗云：‘多谢喧喧雀，时来破寂寥。’一日于竹亭中坐，忽有群雀飞鸣而下，顿悟前语。自尔看诗，无不通者。”[30]吴克的《学诗诗》流传后，引起韩驹、龚相、赵藩等人的前后附和，而龚相一人就有《学诗诗》三首。这些“学诗诗”，以禅语评诗，讲究“活法”与“圆成”。葛天民在《寄杨诚斋》甚至讲：“参禅学诗无两法，死蛇解弄活鲅鲅。”（南宋）戴复古《论诗十绝》继续吟咏：“欲参诗律似参禅，妙趣不由文字传。”到李之仪，直接变成“说禅作诗，本无差别”（《与李去言书》）。

其四，南宋严羽对“以禅喻诗”的提纯与融创。严羽的《沧浪诗话》分《诗辨》《诗体》《诗法》《诗评》《考证》五部分，并附有《答出继叔临安吴景仙书》，是一部有系统的重要诗歌理论批评著作。其中，《诗辨》是整本诗话的纲领；《诗体》是对历代诗歌体制、风格、流派的述评；《诗法》则是诗歌创作和批评的法则；《考证》是针对某些诗篇文字撰写年代的考辨。从诗歌本质、体制流派、创作法则，再到年代考辨，形成了一个前后一贯、相对完整的诗论体系。这其中，严羽在前人基础上融合“识”“第一义”“妙悟”和“兴趣”等诸多禅门语汇来提纯和总结“以禅喻诗”理论内质部分，主要集中在《诗辨》一节。按其行文的内在逻辑理路，它与过去简单的“援禅入诗”和“以禅论诗”相比，独创性至少有三点：①学诗者要以“识”为先，以汉魏、盛唐诗歌创作为法。《沧浪诗话》的开篇即言：“夫学诗者以识为主，入门须正，立志须高。”②要重视“活参”和“妙悟”。“大抵禅道惟在妙悟，诗道亦在妙悟……惟悟乃为当行，乃为本色。”[31]③具体到如何“妙悟”，如何“以盛唐为法”时，一方面需要反复涵泳盛唐诗歌经典；另一方面要自家明了诗之本质在“吟咏性情”和表现“兴趣”（即兴象和趣味）。在严羽看来，盛唐之诗最大的特点，恰恰在于“不落言筌”和“吟咏性情”，表现的是“盛唐诸人兴趣”和“活泼泼”的情感意象世界，属于“透彻之悟”，故能“言有尽而意无穷”。

总之，关于“以禅喻诗”的理论前缘，需要回归历史，重视禅门内外偈诗、禅理诗的创作，皎然、贯休、齐己的理论推动，以及“南北宗”和“论诗诗”的催化。正是借由禅理诗、偈诗、诗禅关系的微妙契合，以及僧家和士人的深度交往，加之宋代禅宗义理的日益世俗化、生活化、心性化、艺术化，禅才真正广泛进入了宋人的生活世界和“艺术界”。这一过程中，有人重视禅趣与诗趣，有人在意禅理与诗理，更有人倾向于禅法与诗法，各有侧重点。而南宋严羽正是立足上文三点的重要融创，拓展和深化了前人对“以禅喻诗”理论的初步探讨，建立了学术话语权，之后得到历代诗论家的推崇（抑或论争），最终使其走向经典化之路。

*本文系安徽省哲学社会科学规划项目“五代书画美学中的范畴与命题研究”（AHSKQ2022D159）的阶段性成果。

注释：

[1] 刘成纪：《青山道场——庄禅与中国诗学精神》，北京：东方出版社，2005年，第165页。

[2]（唐）刘禹锡：《刘禹锡集》，北京：中华书局，1990年，第394页。

[3] 这一提法，刘方的《中国禅宗美学的思想发生与历史演进》（人民出版社2010年版）和葛兆光的《增订本中国禅思想史：从六世纪到十世纪》（上海古籍出版社2008年版）中也有相关论述，可供参阅。

[4]［日］柳田圣山：《禅与中国》，毛丹青译，北京：生活·读书·新知三联书店，1988年，第138页。

[5]（宋）普济：《五灯会元》，北京：中华书局，1984年，第787页。

[6] 刘大杰：《中国文学发展史（上）》，天津：百花文艺出版社，1999年，第351页。

[7]《全唐诗（增订本）》卷八〇七，北京：中华书局，1999年，第9189页。

[8] 项楚：《寒山诗注》，北京：中华书局，2000年，第794页。

[9]（宋）普济：《五灯会元》，北京：中华书局，1984年，第935页。

[10] 钱锺书：《谈艺录》（修订本），北京：中华书局，1984年，第226页。

[11]（清）董诰编：《全唐文》卷五四四，北京：中华书局，1983年，第5520页。

[12]（宋）释赞宁：《宋高僧传》，北京：中华书局，1987年，第729页。

[13]（五代）释皎然：《杼山集》，上海：上海古籍出版社，1992年。下文凡引皎然诗，皆出此本，仅标诗名。

[14] 陆永峰：《禅月集校注》，成都：巴蜀书社，2012年。下文凡引贯休诗，皆出此本，标诗名。

[15]（清）董诰编：《全唐文》卷八二〇，北京：中华书局，1983年，第8643页。

[16] 傅璇琮：《五代史书汇编》第5册，杭州：杭州出版社，2004年，第2509页。

[17] 王秀林校注：《齐己诗集校注》，北京：中国社会科学出版社，2011年，第151～152页。下文凡引齐己诗，皆出此本，仅标诗名。

[18]（梁）释慧皎：《高僧传》卷十一，北京：中华书局，1992年，第426页。

[19] 尹楚彬：《湖湘诗僧齐己与沩仰宗》，《湖南大学学报》（社会科学版）2001年第4期，第22～27页。

[20]《如净和尚语录》卷上，《大正藏》第48册，124页中。

[21] 郭绍虞：《沧浪诗话校释》，北京：人民文学出版社，1961年，第188页。

[22] 祖保泉：《二十四诗品校注译评》，芜湖：安徽师范大学出版社，2018年，第42～96页。

[23]（宋）苏轼：《苏轼诗集》，北京：中华书局，1982年，第1616页。

[24] 丁福保：《历代诗话续编》，北京：中华书局，1983年，第296页。

[25] 张伯伟：《全唐五代诗格汇考》，南京：凤凰出版社，2002年，第375页。

[26] 张伯伟：《全唐五代诗格汇考》，南京：凤凰出版社，2002年，第418页。

[27] 吴文治：《宋诗话全编》第9册，南京：江苏古籍出版社，1998年，第9012页。

[28] 曾枣庄、刘琳：《全宋文》（第329册），上海：上海辞书出版社，2006年，第157页。

[29] 郭绍虞：《沧浪诗话校释》，北京：人民文学出版社，1961年，第11页。

[30] 丁福保：《历代诗话续编》，北京：中华书局，1983年，第340～341页。

[31] 郭绍虞校释：《沧浪诗话校释》，北京：人民文学出版社，1961年，第1～12页。

艺术自律论与现代中国

李桂全

（苏州科技大学文学院，江苏苏州，215009）

内容摘要：艺术自律论发源于西方，当这一理论遭遇中国问题时需要重新认识。原因在于艺术自律论的生成、发展、演变等根植于现代性语境之中，中国作为后发现代性国家，现代性具有独特性。因此，研究中国艺术自律论需要关注中国现代性的地方经验和特征。以西方艺术自律论的历史脉络为参照，以艺术自律论之审美解放的价值论设为立足点思考中国的艺术自律论问题，呈现出几点特征：第一，引入过程中呈现出与西方发端时启蒙的类同性；第二，发展过程中遭遇他律力量的分解；第三，价值指向从审美救人转向审美救亡。考察20世纪上半叶中国艺术自律论的历史轨迹，有助于丰富对中国审美现代性乃至中国现代性的认识。而对这些问题的阐释不仅丰富了对中国审美现代性的理解，还提供了对艺术自律论理解的地方性经验。

关键词：艺术自律论；审美解放；现代中国

艺术自律论作为美学命题被称为审美现代性的第一原理，其理论的生成、发展、扩容、演变等深深根植于现代性的语境中。在艺术自律理论的发展过程中，一个引人注目的现象是对审美自由地位的不断强化：它从康德对审美自由的分析上升为对人自由的评价尺度乃至整个社会的评价尺度。自由、解放成为该理论价值论设的核心组成部分。在此意义上，艺术自律论不仅是一种艺术理论的美学表述，还是一种社会理论的价值陈述。中国作为后发现代性国家，现代性的历史进程与西方呈现出诸种差异，这导致艺术自律论在中国的展开、表达、指向等方面呈现出一系列的地方性特征。从中国本土经验出发考察艺术自律论是理解中国审美现代性的首要依据。为此本文以艺术自律论的一般理论谱系为参照，以中国本土经验为立足点，以其价值论设的审美解放为切入口，厘清20世纪上半叶中国艺术自律论的历史脉络，试图通过对这一具体问题的探讨，理解中西审美现代性乃至现代性的共性与差异。

一、出场：启蒙与启蒙的类同

艺术自律论可以理解为，艺术始终不把艺术以外的环境当成自身，而是从其内在的因素及其变动探索发展自身或更新自身的可能，最终走向一种绝对的自我指涉，从而保持自身的独立性和自足性。但是，一个不可忽视的问题是，不管多么强调自我立法、自我指涉、自我生产、自我参照，艺术自律论仍然镶嵌于社会文化制度之中。那么我们需要追问，艺术自律论与现代社会文化制度的实质关系是怎么样的。如果从社会实证还原的角度来看，艺术自律论从一种关于艺术独立的观念不断地被接受、被论证、被推崇一直发展成现代性社会语境中的普遍信念，某种程度上符合认同该理论群体的普遍利益。那么，我们需要进一步追问，艺术自律论的什么品质符合如此广泛的诉求，一个重要的维度是艺术自律论的价值论——审美自由。这种审美自由状态被思想家们升级为人之自由展开的评价尺度。审美自由来自艺术形式因素的确定。于是，为艺术的形式化论证即为艺术的自律性论证，为艺术的自律性论证即为人的自由论证。但是，任何自由不可能超脱历史性，任何自由都是历史之中具体人的自由。在这种意义上，审美自由也内在于历史之中。这种历史之中、具体的人，他的阶层属性是不可忽视的，于是最初持审美自由心性品质人的阶层与社会文化制度的关系成为理解艺术自律论与社会文化制度关系的切入点。事实上，不论是西方还是中国，艺术自律论的开端都是以历史中新兴崛起的阶层为主导的。

在西方，艺术自律论是启蒙运动在文化艺术场的具体表现形式。启蒙运动时期，康德把人的先验自由和美的艺术结合起来，并以艺术形式的独立性作为艺术的自律性基础，从此艺术自律成为人性自由展开的重要方式。康德的理论无疑契合新兴资产阶级的政治诉求。冯黎明说："艺术自律论的合法化依据即审美伦理隐含着一种市民社会的政治诉求，这一政治诉求恰恰是启蒙运动的思想主题——人性解放——在艺术场域里的打开方式。"[1] 在此意义上，为艺术自律论证就是为启蒙论证。康德论述了审美的无功利性，事实上，正是这种无功利性美学使其在历史语境中被新兴的资产阶级代表的市民阶层当成与贵族阶层争夺政治权力的思想武器，此时初具学理的艺术自律论发挥着启蒙——抵抗贵族政治的美学功能。

在中国，艺术自律论虽是西学东渐的结果，但同样以启蒙的方式展开。如果说晚清时期的王国维因为西方美学的引入而提出反传统的文学自主论是个人知识学层面的探讨。那么五四新文化运动伴随着西方艺术自律论思想资源的广泛引入，这一时期的艺术自律论则是以启蒙的姿态进入历史的眼帘。如，陈独秀的"文学革命"、周作人的"人的文学"、郭沫若的"无功利"、郁达夫的"自我表现"、成仿吾的"文学的全（perfection）与美（beauty）"、田汉的"生活艺术化"、王独清的"纯诗（Poesiepure）"等这些艺术自律性的追求最终都是导向个人自由，即把人从传统的礼教中解放出来。"五四"的一些知识分子甚至认为个体的自由是政治社会现代化的前提，如胡适认为："社会国家没有自由独立的人格，如同酒里少了酒曲，面包里少了酵，人身上少了脑筋。那种社会国家决没有改良进步的希望。"[2] 在此背景下，启蒙成为知识分子的重要任务。带有西方思想的艺术自律论在汉语思想语境中，由于其自由解放的价值论设无疑被赋予启蒙武器的角色。在此种语境下，艺术自律论在文学领域的表达如文学自主论、文学革命论、人的文学等相关概念不仅仅是文学的学科概念，还是一个政治概念。余虹在论述"五四"文学时所言："文学自主论是以政治思想上的个体自由论为前提的。文学自主的问题其实就是一个政治思想自由的问题，是现代生存中个体自由的权力问题，正因为如此，文学自主论者从来就是专制统治的敌人。"[3] 可见，艺术自律论在中西方开端时都呈现出启蒙类同性。

由于艺术自律论之自由解放的价值论设，在中西现代性开端的时候，面对古典社会的整一性力量，艺术自律论天然地被赋予启蒙的功能。在此种情况下，作为艺术自律论的审美现代性与启蒙现代性是互融互合、相得益彰的。在这种意义上，西方启蒙运动时期康德的审美无功利性因启蒙的视域而具有了功利性，中国“五四”时期创造社的“为艺术而艺术”因启蒙的功能成了为人生的艺术。但是，由于中国现代性的后发性和文化经验的地方性使其呈现出与西方的诸种差异。

第一，从发生学上，艺术自律论在西方是一种内生性的理论，它发生的根源在于市民社会的产生，代表了市民阶层在文化领域的政治表达[4]。而在古典时代的中国，虽有一些艺术自律性的因素，如刘旭光指出的“舞雩之乐”与“清风明月之境”[5]，但是没有完备的艺术自律体制。现代社会以来，中国市民社会基础薄弱，缺乏艺术自律论的内生性土壤，伴随着西方艺术思潮的涌入，艺术自律论是作为被引入的思想话语在中国现代社会展开的，而不是内生的。

第二，从知识学上，艺术自律论在西方发端便开启了审美伦理和形式化逻辑两条路径的学理论证程序，经过康德的论述，逐步走向完备，最后使艺术能够走向绝对的自我指涉，为后来的唯美主义、批判理论、先锋艺术等提供了重要的思想资源。艺术自律论在中国展开的时候，对审美价值的关注远远超过对艺术形式化逻辑的关注，在很大程度上审美自由的价值论设又使其被放在工具论层面，也就是说，艺术自律论在中国展开的时候，没有经过结合本土语境的形式化自律论证程序，而是把西方的成果当成一种理论话语直接在中国现代性语境中发挥作用。

第三，在历史逻辑上，在西方，作为艺术自律论的审美现代性与启蒙现代性从融合状态很快走向分化。随着启蒙运动、宗教改革、法国大革命的完整，西方逐渐完成了从贵族政治控制的全能国家向市民社会宪政国家的转型。市民社会与贵族政治全能国家的对抗关系因国家的转型而消失了，艺术自律论的启蒙功能失去了社会结构基础，同时随着启蒙的绝对性胜利，启蒙现代性造成的现代性之隐忧逐渐暴露出了，艺术自律论的审美解放转过头来开始对启蒙现代性进行批判、救赎。于是作为审美现代性的艺术自律论开始与启蒙现代性分道扬镳。在中国，艺术自律论的理论资源既吸收了启蒙时期康德艺术自律论的美学思想，还吸收了后来的浪漫主义、唯美主义等众多思想资源[6]。事实上，浪漫主义和唯美主义的美学在很大程度上是对启蒙现代性的反叛。而中国在“五四”启蒙时期，知识分子对这些思想并没有进行学理化的辨析。“五四”时期的中国，现代国家尚未建立，中国的艺术自律论者把西方如浪漫主义、唯美主义等对启蒙现代性的反叛的文艺思潮吸纳到启蒙现代性之中。另外，启蒙任务还没有完成，革命和救亡的主题又逐渐压倒启蒙。因此，此时中国的艺术理论在很大程度上又逐渐与革命和救亡融合。

二、展开：自律与他律的差异

艺术自律论在西方的历史脉络大体是明晰的。艺术自律论开启于现代性的分解，艺术试图以美定义自身来摆脱宗教上帝伦理的规约，查尔斯·巴托提出的“美的艺术”成为以美取代上帝定义艺术的先声。而美直接指向人的一种感性存在状态，如夏夫兹伯里以“无利害的热情”进行审美观照，杜博、哈奇生等人以“趣味”指称审美，鲍姆嘉通以“感性学”定义美，可以说从艺术自律的萌芽阶段，艺术就指向人的审美自由。艺术自律论成形于启蒙时期的康德美学，康德论证了审美的无功利性，审美来源于艺术形式，于是从可靠的艺术形式中解析出人的自由状态。这种自由状态在后来的浪漫主义表现为放荡与叛逆，正如盖伊所述，启蒙之后，在接下来的法国大革命以及几十年的浪漫主义思潮中，浪漫派为叛逆定下基调，如拜伦、雪莱和司汤达都表达出了某种放荡不羁的精神[7]。不过浪漫主义者过于偏重主体情感的抒发而忽视了对艺术形式化的探索，于是主体的自由解放就显得有点空洞。艺术自律论完善于审美场域的主体化论证。最能代表这一时期的是唯美主义。唯美主义的核心观点便是“为艺术而艺术”。唯美主义者高度重视艺术的形式，在他们看来形式就是一切，艺术作品的力量全部来自内在所有材料的形式。除此之外，唯美主义还依靠从稳固的艺术形式中产生的审美进一步推升到生存论层面——审美伦理，并以此作为最高的伦理指导生活，正如他们的口号“艺术高于生活”。艺术自律论扩张于现代性之隐忧的爆发。如果说在唯美主义那里，艺术自律论仍然是一种个体生存论上的艺术理论，那么到了法兰克福学派那里，艺术自律论则升级为一种社会理论。法兰克福学派面对启蒙理性的绝对性胜利，如理性对感性的压制，他们试图建构审美的乌托邦，不过他们的审美依然建立在艺术形式之上。考察西方艺术自律论的历史轨迹，我们可以得出，艺术自律的根源来自艺术形式，艺术自律的价值指向便是人的自由。这种自由在艺术自律论开启的时候可以描述为感性的崛起，在成形时候可以描述为人的主体性确立，在完善的时候可以描述为一种新主体“美学人”的诞生，在扩张的时候可以描述为“大写的人”[8]的理论担当。而这种主体性的自我确证都来源于艺术自律论之形式逻辑和审美自由。

与西方相比，中国的艺术形式化逻辑和自由解放语境情况更为复杂，艺术自律论在中国呈现出他律性的因素。主要表现在艺术形式化因素的不足和审美自由遭遇中国现代性社会结构的挤压。具体原因如下。

第一，中国汉字符号的象形特征和中国形象的思维方式导致中国艺术自律形式化因素的缺席。中国语言文字最大的特点是方块象形，这种象形特征直接决定了汉字没有脱离原始物象，于是，汉字符号系统就无法切断与外界诸“场”千丝万缕的联系，这样，依靠语言自由实现的文学艺术就无法建立绝对独立、自我指涉的形式化逻辑系统。如果说语言是形式化逻辑的阻碍，那么思维方式同样如此。当然，语言和思维本身就有千丝万缕的联系，正如维特根斯坦一贯主张的语言的边界就是逻辑的边界，逻辑的边界就是世界的边界。形式化思维也是艺术自律的基石，中国具有高度发达的形象思维传统，建构了丰富的审美意象，如唐诗中的各种自然意象，但是这些意象不是形式化的，这种审美意象虽然丰富了中国的审美内涵，却无益于中国艺术形式化的发展。这种传统在中国现代艺术转型的过程中依然发挥着强大的力量。

第二，中国人追求自由解放的社会历史语境极为复杂。艺术自律论的深沉主题是人的自由问题[9]。在艺术自律论者看来，自由的实现途径便是审美。但是这种从艺术形式中解析出的自由状态在历史语境之中的效力如何成为一个不可忽视的问题。在中国，五四新文化运动以来，阻碍国人自由的情况极其复杂。错综复杂的封建主义、官僚资本主义、帝国主义三座大山成为中国人自由解放的主要障碍。如果说新文化运动是解除封建主义对个人束缚的启蒙运动，作为“文学革命”的艺术自律还能发挥些许的效力，但到了从军阀割据到官僚资本主义的阶段，审美所释放出的解放状态无疑会被强大的社会现实击得粉碎。在这种情况之下，革命成为解放中国人民最有效的路径。而革命是改造社会规则的集体解放，于是，作为追求个体自由的艺术自律论在一定程度上被裹挟到追求集体解放的革命之中。而艺术自律论一旦被裹挟到革命之中，革命战争无疑挤压了审美自主的空间，艺术的自律性边界自然遭遇消解。而中国的艺术自律论本来就是外来的理论，还没有完成自律性的论证。这种情况之下，艺术自律性论证不断被削弱。于是，中国的艺术自律力量被他律的力量左右，也就是审美现代性被革命现代性左右。当然这一时期，中国也并不是没有自律性的艺术，而是中国的审美现代性开始分化，形成自律与他律多元竞生的格局。五四新文化运动之后，有继续启蒙的、有革命的、有唯美的、有浪荡的等多种艺术形态。

以形式论和审美解放为逻辑框架回顾发生在中国文学艺术领域的艺术自律论现象，这些文艺现象就像一个多声部的和声，围绕这自律论涌现出各种他律的声调，构成了中国审美现代性极其复杂的思想谱系。如果说陈独秀提出的“文学革命”是艺术自律论的序曲，那么创造社“为艺术而艺术”的宣言则是艺术自律论在中国的正式出场。遗憾的是从序曲到开端，对艺术独立功能价值的关注远远超过形式逻辑的关注，如陈独秀对“文学革命”的提倡最终是为了启蒙的需要，而不是纯粹论证文学自身的独立性。创造社的“为艺术而艺术”因最后的落脚点还是为人生而并未对艺术形式做出过多的探索。在这种意义上，艺术自律论在中国的开场是以西方审美话语的方式展开，而不是从中国本土知识学上展开。创造社很多成员在五卅运动之后，就开始向革命文学转变，在这种意义上，艺术自律论在形式和审美自由之间，不是从形式中解析出审美，而是以审美自由作为最高要求可以忽略艺术形式。这种在一定程度上抽离了形式独立的艺术自律论的最终结果是，艺术的自律性被他律性取代。

继创造社之后，新月派的格律化在一定程度上促进了艺术的形式化发展，如饶孟侃在《新诗的音节》中对音节的探讨，陈梦家对形式的推进，但是他们最终还是侧重于内容。同样在“纯诗运动”中的王独清、穆木天、梁宗岱、何其芳、金克木等人也因为时局的变化放弃纯诗的幻想。深受唯美主义影响的邵洵美也曾大力倡导诗的形式化，但是他的诗歌之中又充满了上海十里洋场的“纸醉灯谜”。这种把审美解放置换成了在都市商业消费中身体欲望的放纵，审美的自律性消融在商业消费之中。在风云动荡的现实语境中，中国审美现代性逐渐分化，而真正为艺术自律性论证的力量越来越弱。

三、指向：救赎与救亡分野

艺术自律论的核心目标在于促进人的自由、解放。人的解放又分为个人的解放和集体的解放。

在西方现代社会开端的时候，资产阶级的个人解放和集体解放是同时展开的。按照西梅尔对新兴资产阶级的理解："集体规模的扩大与集体内部成员的个体化和独立化齐头并进。"[10]围绕着人的解放，从启蒙思想家那里就展开了对人类社会的总体设计，霍布斯的《利维坦》意识到了绝对国家是怪兽，提出了君主立宪的方案。洛克为了限制国家权力提出主权在民，具有了宪政国家的特征。孟德斯鸠设想三权分立，把国家的权力运作分解成立法、司法、行政三个部分，这成为解除国家权力整一性的重要思想。随着现代性进程的逐渐展开，西方各个国家也逐渐走向了现代国家的共同体形式。而完成建立现代国家的任务之后，集体解放相对不再是现代国家的首要议题，思想家们主要的思考也就转向个人自由的问题。

就个人的自由解放而言，具体在文学艺术领域，西方三百年来经历了一系列的程序论证。文艺复兴时期，伴随着商业的发展产生的人文主义，艺术界以"杰出人物"为艺术家的主体性正名，成为艺术主体摆脱宗教束缚的开端。启蒙运动时期，伴随着资产阶级的壮大，面对全能贵族国家的控制，康德把审美注入艺术之中，并通过审美的无功利性、艺术形式的独立性的论证，从艺术中解析出人的自由，艺术被新兴崛起的资产阶级当成摆脱全能贵族政治国家的文化手段。随着启蒙运动、法国大革命、宗教改革运动等一系列社会运动的推进。上帝所统治的整一性社会不仅被瓦解分化，上帝也被宣告死亡——"上帝死了"。从此个人生活的彼岸世界被删除，当没有了彼岸世界上帝对此岸世界的规定，人如何安放自己？艺术由于审美自由的功能又被论证为具有在人类社会中发挥救赎个体灵魂的功能。正如席勒对审美的论述："审美的创造冲动给人卸去了一切关系的枷锁，使人摆脱了一切被称为强制的东西，不论这些东西是物质的，还是道德的。"[11]随着现代性的推进，现代性之隐忧逐渐暴露出来，正如霍克海默等所揭示的："随着资产阶级商品经济的发展，神话昏暗的地平线被计算理性的阳光照亮了，而这阴冷的光线背后，新的野蛮种子正在生根结果……"[12]这种野蛮种子所结出的苦果，如"'异化'、'物化'、'非人'、'单面人'、'拜物化'、'技术人'、'空心人'、'沉沦'、'货币永动机'、'能指拜物教'、'幻想式生存''消费化分解'，一直到'人的终结'等等"[13]。面对这种情况，法兰克福学派又把艺术自律论提升到审美救世的理论高度。自此，艺术自律论形成了从审美救人到审美救世的救赎理论。但是这种救赎理论的最终落脚点还是救人的问题。路径就是从艺术形式中解析出审美自由，并用这种自由抵抗现代性不同阶段对人造成的各种压制。

与已经走向现代国家的西方相比，中国从古典封建王朝向现代国家转型过程则是一部悲情历史。从1840年中英鸦片战争开始，中国就走向了被侵略、被割地的半殖民、半封建社会。当传统的"家、国、天下"的共同体结构面对列强入侵的时候，无法进行有效抵抗，于是，也就无法为共同体内部的成员提供有效保护。面对这种历史语境，强国也就是中国人的集体解放，成为中华民族现代性的重要主题。从晚清洋务运动的"师夷长技以自强"这一口号就可以看出中国现代性的这一主题。在这种意义上，中国人的解放又出现了个人解放还是集体解放的优先性问题。个人解放与集体解放交织呈现在中国现代性的历史进程之中，按照李泽厚的说法便是启蒙与救亡的双重变奏。在五四新文化运动前后，启蒙当时成为社会的重要主题，正如钱理群的解读：

“‘五四’的典型观念是：先有了个人的解放，然后才会有社会（国家、民族）的解放。因此，代表‘五四’启蒙意识的基本口号无疑是‘救出你自己’。”[14] 所以反封建、反专制成为五四运动的重要组成部分，作为导向个体自由的艺术自律论之“文学革命”“为艺术而艺术”等被广泛传播正是在这种背景下发生的，即作为个体解放的启蒙高过作为集体解放的救亡。但是，这并不意味着没有救亡。在国家共同体危机始终存在的情况下，救亡也一直以或隐或显的方式存在，正如李泽厚在评价新文化运动时期的陈独秀一样：“当把这种本来建立在个体主义基础上的西方文化介绍输入，以抨击传统打倒孔子时，却不自觉地遇上自己本来就有的上述集体主义的意识和无意识，遇上了这种仍然异常关怀国事民瘼的社会政治的意识和无意识传统。”[15] “五四”时期的重要口号之一便是反对帝国主义，这就包含了救亡的内容。艺术自律论在中国的发展正是根植于个人解放和集体解放的交织之中。随着中日矛盾的加深，尤其是1937 年“七七事变”中国抗日战争的全面爆发，民族矛盾成为中华民族的主要矛盾。此时中华民族的救亡即中国的集体解放占据了绝对的优先权，作为审美个人解放的艺术自律论也就必须在救亡的叙事话语下展开。但是，艺术自律论的核心理论是从艺术形式中解析出个体审美自由，而不是从艺术形式中解析出国家自由，所以个人解放的艺术自律论很难在逻辑上导向国家解放。但是审美却可以为国家救亡服务，于是，审美不得不放弃自律性转向为国救亡的他律性。

自律性的艺术在中国的出场在很大程度上就被植入救亡的内容。“为艺术而艺术”的创造社成员郁达夫 1923 年在《艺术与国家》中曾言：“国家因为要达到兵强国富的目的，就不惜牺牲个人，或牺牲一群人……所以在国家之前，个人就不能主张他的权力。”[16] 纯诗代表穆木天到 1937 年宣称：“抗战时期的文艺，应有它的独特的样式。文艺的作品，要忠实地表现社会，要彻底地尽他的社会机能，是不待言的。”[17] 同样倡导纯诗的何其芳、金克木等诗人，在抗战爆发后也都转向，逐渐放弃了纯诗的幻想。倡导“格律化”的新月派代表闻一多、潘光旦等迁移西南昆明转向为救亡奔走呐喊。中国最纯美的诗人邵洵美，1932 年面对“一·二八”日本侵略中国，他随即出版抗日宣传小报《时事日报》[18]。1937 年抗日战争的全面爆发使个人解放的诉求在国家救亡面前变得微不足道。审美救人彻底转向救国。在优先建设现代民族国家的现代性工程下，自律性艺术逐渐失去了审美实践的空间。

结语

艺术自律论在中国的展开经历了中国现代性从启蒙到革命，从革命到救亡的阶段性主题的特征，在这一过程之中，艺术自律论的性质已经发生变化，逐渐从自律转向他律，从救人转向救国。当然，唯一没有变的是中国人民对自由的追求，对解放的渴望。当只有实现国家解放才能实现个人解放的时候，中国的审美现代性不再是从现代性场域分解出的一个独立的场域，而是融入现代中国救亡的第一主题之中。于是，审美救人被升级为审美救国。考察艺术自律论在中西方表现的类同与差异，有助于从整体上理解中国艺术自律论的特征。艺术自律论在中国的历史轨迹既构成了中国审美现代性的历史遗产，也是现代中国对整个世界审美现代性所能提供的独特的经验视野。

从现代中国的发展情况来看，艺术自律论遭遇了地方经验和本土文化特征的挑战、调校、变形。既显示出艺术自律论在不同民族国家发展的普遍性特征，又显示出地方经验对艺术自律论的改造，形成艺术自律论的审美意义全球性与地方性的关联与分离。

＊本文系教育部人文社会科学研究青年项目“中国唯美主义文艺思潮研究（1919—1937）”（22YJC751014）的阶段性成果。

注释：

[1] 冯黎明：《艺术自律与审美伦理》，《文艺研究》2018年第11期，第29～38页。

[2] 胡适：《易卜生主义》，《新青年》1918年第6期，第7～25页。

[3] 余虹：《革命·审美·解构——20世纪中国文学理论的现代性与后现代性》，桂林：广西师范大学出版社，2001年，第92页。

[4] 冯黎明：《艺术自律与市民社会》，《文艺争鸣》2011年第17期，第6～12页。

[5] 刘旭光：《赫连勃勃：在儒家美学中植入审美自律性的可能与路径》，《孔学堂》2021年第3期，第40～52页。

[6] 胡有清：《中国现代的纯艺术文论与其西方渊源》，《文艺研究》1997年第5期，第8～16页。

[7] ［美］彼得·盖伊：《浪漫派为什么重要》，王秋燕译，南京：译林出版社，2023年，第23页。

[8] 吴兴明：《美学如何成为一种社会批判？——从哈贝马斯的省思看批判理论价值论设的失落》，《文艺研究》2006年第12期，第18～28页。

[9] 韩清玉：《艺术自律性研究》，北京：人民出版社，2019年，第120页。

[10] ［德］格奥尔格·西梅尔：《货币哲学》，于沛沛、林毅、张琪译，北京：中国社会科学出版社，2007年，第877页。

[11] ［德］席勒：《审美教育书简》，冯至、范大灿译，北京：北京大学出版社，1985年，第151页。

[12] ［德］马克斯·霍克海默、［德］西奥多·阿道尔诺：《启蒙辩证法：哲学片段》，渠敬东、曹卫东译，上海：上海人民出版社，2003年，第29页。

[13] 吴兴明：《美学如何成为一种社会批判？——从哈贝马斯的省思看批判理论价值论设的失落》，《文艺研究》2006年第12期，第18～28页。

[14] 钱理群：《精神的炼狱——中国现代文学从“五四”到抗战的历程》，南宁：广西教育出版社，1996年，第98页。

[15] 李泽厚：《中国现代思想史论》，北京：生活·读书·新知三联书店，2008年，第6页。

[16] 郁达夫：《艺术与国家》，《创造周报》1923第7期，第1～4页。

[17] 穆木天：《抗战声中的文艺样式》，《国民（上海1937）》1937年第15期，第348～349页。

[18] 盛佩玉：《我和邵洵美》，《湖州师专学报》1985年第2期，第10～18页。

【古代文学文献学研究】

重论赋名之本末与赋体之确立

马卓骥

（南京大学文学院，江苏南京，210023）

内容摘要： 以“赋”名体，当属假借。赋之本字当作“尃”，其本义乃是“铺陈叙说”，故其用于称引可成“赋诗言志”，施于创作即为“赋法”。赋法之用不主一格，故此文体未立之时“赋无定体”。赋的成熟，主要是在俳词优语的基础之上，经由文学侍从对文本的辞章化与典雅化而实现的。汉世赋家为了洗刷赋体的俳优底色并提升其品格，一方面开启了对赋作的经义化，另一方面又重构赋源，再塑赋谱，使之与士人文化隔代相承。这种构建使赋源问题更加纷繁复杂。厘清赋本，便可对赋史作出新的梳理。

关键词： 尃；赋源；赋无定体；《神乌傅》

关于赋源，前人所论实夥，归纳起来主要有“古诗之流”“纵横别派”“赋源于隐”“辞赋合流”“俳优说”以及“综合论”等说法，此外更有侧重于巫祝传统、礼乐制度、政治文化等文学外部因素的研究[1]。论家之言虽已兼备，而赋源之争愈觉纷杂。有鉴于此，本文拟返其本，从赋名入手，综合运用传世与出土两种文献，并辅以文字学与文体学的研究成果，追寻赋之立名、成体的关键。其源既明，便可对相关的文学现象作出重新认定。至于其说之正误，笔者亦不敢自必，仅以其言，就正方家。

一、“赋”之初文与本义

“赋”的本字，古之论家鲜有正面述及。近年来，多有学者将赋体之“赋”，看作由贡赋制度引申而来的[2]。这种解读，使赋源过早地染上了政教色彩。其实，这是一种误解。古人用字，例多假借，欲究原义，务须先定本字。循名责实，以“赋”名“体”，名实难副。《说文解字》：“赋：敛也。从贝武声。”[3]据此可知，“赋”为形声字，其本义当与作为义符的“贝”即财货有关，而古籍中多用作“赋敛”“赋税”等。显然，以“赋”指代文体，与其本义相差甚远，故知其必为同音假借。但借用既久，传布渐广，遂致本字湮废，后世蔑闻。发明此理，殊觉豁然，但旧惑虽释，新疑复生：作为文体的“赋”，其本字究竟为何？

1993年东海县尹湾村汉墓出土的简牍载有《神乌傅》一篇，其文体为通俗故事赋，整理者指出，“傅”当通“赋”[4]，其说甚确。但是，这一“傅”字的启发意义则尚未得到充分的利用。考古勘定，《神乌傅》所出之墓的下葬时间为西汉晚期，故知作品的写定不晚于此时。赋之篇题用工整的汉隶写就，运笔一丝不苟。文献既早，题写亦工，如此用字，自不可忽。

征之传世文献，“傅”“赋”相通，亦有其例。《论语·公冶长》“可使治其赋也”一句，陆德明《经典释文》曰：“赋，梁武云：‘《鲁论》作傅。’”[5]孙星衍校注《尚书·皋陶谟》“惟帝时举，敷纳以言”一语时云：“‘敷’一作‘傅’，亦作‘赋’。”[6]

传世文献中也能找到将“傅”作为文体之名的痕迹，《汉书·淮南王传》记述淮南王刘安之事云：“使为《离骚传》，旦受诏，日食时上。”[7]其他记载情节类似，但“传”多作“赋”，如荀悦《汉纪·孝武皇帝纪》：“初，安朝，上使作《离骚赋》，旦受诏，食时毕”[8]；高诱《淮南子叙目》：“孝文皇帝甚重之，诏使为《离骚赋》，自旦受诏，日早食已”[9]；刘勰《文心雕龙·神思》亦曰：“淮南崇朝而赋《骚》”[10]。对此，王念孙以为：“（《离骚传》）‘传’当为‘傅’，‘傅’与‘赋’古字通”，并解释说：“使为《离骚傅》，使约其大旨而为之赋也。……若谓使解释《离骚》若《毛诗传》，则安才虽敏，岂能旦受诏而食时成书乎？”他还找到了文献依据：“《太平御览·皇亲部十六》引此作《离骚赋》。”[11]传、傅二字繁体形近[12]，此说颇有启发性。但是，余嘉锡又据“《离骚经章句》”之语，反驳王氏所论[13]，此后两种意见相持不下。《神乌傅》的出土，显然右袒王说。倘若跳出文献的纠葛，从文字的角度思考这个问题，又能有何收获？

在训释文学之“赋”时，古人常常会用到“铺”“敷”等以“甫”为偏旁的字，如《周礼·大师》郑玄注曰：“赋之言铺，直铺陈今之政教善恶”[14]，再如刘熙《释名·释典艺》：“敷布其义，谓之赋”[15]，又如刘勰《文心雕龙·诠赋》：“赋者，铺也。铺采摛文，体物写志也”[16]。如此一致的用字规律，固然与声训有关，但也暗示其背后必然存在着更深层的原因。

考之字形，“傅”“铺”“敷”等字中，“甫”为声符。前人已经证实，声旁偶兼表义之用[17]。细究其理，“甫”即如此。凡从“甫”之字，大多或隐或显地含有摊开、铺陈之意，如铺、脯、敷、溥、薄等，这一共性比较明显，无须赘述。“甫”的甲骨字形作，从中从田，乃“苗圃”之“圃”的初文[18]，《诗经·甫田》：“无田甫田”，传云：“甫，大也”[19]，此一用法，接近本义，而“铺陈”之义，或属引申。“尃”字从“甫”，常被用指语言的展开，毛公鼎铭即有“出入尃命于外”等语[20]。或以为“尃”即古“布”字，如《史记·司马相如列传》：“尃结缕，攒戾莎”，《史记集解》云：“徐广曰：‘尃，古“布”字，一作“布”。’”[21]而布字亦有“铺陈”“叙述”之义，如“宣布”“布告”等。总之，“尃”字用于言辞，既与作为表现手法的“赋”相一致，又与赋体铺张扬厉的特点相对应。由此推知，尃，即“赋”之本字。

裘锡圭早已指明了这一点，只是，由于学科间的隔膜，其说未被广泛重视：

> 用来表示诗赋之“赋”这个词的“赋”字或“傅”字，不消说都是假借字。

其本字大概是《说文》训为“尃”的“尃”字。……“尃”训“布”，“布”有陈述之义。不论是“赋、比、兴”的“赋”，还是“诗赋”的“赋”，本字都应是“尃”，所取的都应是“陈述”“铺陈”一类意义。所以不用“尃”而用“傅”“赋”，可能是由于“尃”义引申之后声调发生变化的缘故。[22]

此论实已探得赋体之关键，笔者仅于裘先生尚未展开之处，略做补充如上。根据此说，将“赋”当作“赋体”的本字来探析其渊源与实质的前代旧法，如刘熙载《赋概》云：“赋从贝，欲其‘言有物’也；从武，欲其‘言有序’也。《书》：‘具乃贝玉。’《曲礼》：‘堂上接武，堂下布武。’意可思矣”[23]，以及今人类似的说法，肇端已失其本。至于释“赋”为“敛”，进而将其与赋体由“外放”到“内敛”的转向相关，其失愈远。

有意思的是，以“尃”名体，还有一个意外的收获，那就是此字恰可尽包“赋兼才学”这一观念。这是因为，从“寸”之字常有法度寓焉，如段玉裁释“尃”云：“凡敷施，必有法度而后行，故从寸”[24]，而这恰能与另一个部件——“甫”形成一种张力，二者一起彰显了赋体创作的两种要求：言辞上的铺采摛文与形式上的章法井然。不过，这只是一种巧合，因为在金文中，“尃”字不从“寸”而从“又”[25]，“又”乃“右”之初文，其改而从“寸”，实属讹变。

二、赋之草创

辨明“赋”之本字，便可跳出政教阐释的牢笼以及援后释前的附会，转而从本源入手，追溯赋之缘起。

与“尃”对应的文学手法，便是《诗》之“六义”中“敷陈其事而直言之者”的“赋”[26]，本文将其称为“赋法”。赋法行用甚早，但其初尚未独立成体，而是作为“六义”之一被周知，诗与赋的最初纠葛，即根源于此。不过，赋法之用，不限于《诗》，而是具有很强的普适性，可施用于多种文体。后来，随着文本篇幅的膨胀，赋法的应用越来越突出，最终，以其为主要表现手法的辞章逐渐形成了一系列较为稳定的表演模式乃至文本格式，便“因事立名”，命之曰“赋”。就这样，“赋”从一种表现手法发展成了一种，或者更准确地说，一类文体。

从“赋法”已兴到“赋体”甫立的文体发生期，赋还没有完成体制的“自觉”，这就导致了一种特殊的文学现象——“赋无定体”。已有学者指出，“赋体文学的实质，在于写作的方法而不在于体裁，可以说赋体文学的本质在于有定法而无定体”[27]，其论与本文相近。“赋无定体”的一个重要表现，便是体式的多样性。早期的赋包括隐语性的荀赋、楚辞体的骚赋、俳词式的嫚戏赋等多种体式，但其共同点是皆以铺陈之法行之。引发“赋无定体”这一现象的因素主要有三点：

第一，“赋”起初只是一种表现手法而非一定的体制格式，这就从根源上决定了赋在体制上不具有排他性，而是可以兼容多种体式。赋体的多样性、模糊性乃至生命力，都与此有着莫大干系。

第二，文体的认定，本来就是一个追溯过程。当其处于发展阶段时，作者更关心的是如何将其导向更高阶的形式，而非对其进行总结、界定，这就使方兴未艾的文体充满了变数。具体到赋，汉人更重视的是“赋用”而非赋体[28]。实际上，直至皇甫谧《三都赋序》，学者对赋体的定义才开始清晰起来[29]。而即便元明之世，对于“七体”“新文赋”等是否可以划归赋作，仍有争议。

第三，在赋的发轫期，其他文体也在酝酿中，彼此间的界限本就十分模糊。以《汉书·艺文志》（下文简称《汉志》）的著录为例，章太炎《国故论衡》云：“《七略》分诗赋者，本孔子删诗意：不歌而诵，故谓之赋；叶于箫管，故谓之诗。其他有韵之文，汉世未具，亦容附于赋录。”[30]大抵汉人对诗与赋的划分，主要基于表现模式：诗入乐可歌，赋“不歌而诵”[31]。至于其他有韵之文，起先只是笼统地划入赋类。

总之，“赋无定体”，是文体发生期的特殊现象，但体式的“多元”只是表象，其根源乃是赋体尚未成熟，这种不确定性正彰显了其在初兴时的生命力。认清“赋无定体”这一现象，有助于对赋史的梳理。既然早期赋作皆因文学手法而得名，那么，其内部的各种体式之间应该是一种平行关系，而非前后相承的线性联系。因此，在探寻赋源时，单独举出任何一种体式，都是不可取的。实际上，早期赋作的各种雏形乃至其他文体，都是后世赋作借鉴的资源。换而言之，赋一定是多源的。这并不是一种新的综合论，而是从赋法出发的本质论。不过，在赋的各个发展阶段，每种因素所起作用不尽相同。纵览赋史，赋之成熟，当以汉大赋的出现为标志。因此，相对于细辨赋源，更关键的问题或许是，汉赋最直接的源头是什么？

三、赋体之确立

从“赋无定体”，到体制宏阔的大赋，有其必然性，这可以从“不歌而诵”这一赋的“准定义”说起。所谓的“不歌而诵”，其实就是以声音的方式把赋作呈现出来。“不歌”是为了适应铺叙的需要，放弃了对句式与韵脚的严格限制，故而难以入乐，只能以诵为主。这又反过来推动了赋体的发展：由于弱化了对音乐的要求，故此赋作可以在篇幅上尽情扩展。散体大赋的“散”与“大”，离不开“不歌而诵”这一特性。

对“不歌而诵”更准确的表述，或许是“不拘歌诵”，诵者可在“歌”与“诵”之间自由切换。诵赋现场虽已无法还原，但赋作文本中，仍保留了一些痕迹，例如，即便是散体大赋，其篇末或分章处往往有“乱曰”甚至歌诗。这样的结构安排渊源有自，《史记·滑稽列传》所载优孟讽谏楚庄王之事[32]，君臣二人的对话，其实就是赋作的“主客问答”——这是一种极高明的设置，其实质是通过巧妙地布置，让历史人物在不知不觉中扮演了“客”的角色。而文末的优孟之歌[33]，便相当于赋末的“乱曰”之辞。

大赋的创立虽有必然性，但其实现过程仍然离不开具体因素的刺激，那么汉赋最直接的渊源是什么？

“登高能赋”之说，影响甚大，《汉志》：“传曰：‘不歌而诵谓之赋。登高能赋，可以为大夫。’言感物造端，材知深美，可与图事，故可以为列大夫也。古者诸侯卿大夫交接邻国，以微言相感，当揖让之时，必称诗以谕其志，盖以别贤不肖而观盛衰焉。”[34]既然“登高能赋”与“大夫”相关，那么它必然属于政治传统或者礼乐文化，章太炎即云：“‘登高’孰谓？谓坛堂之上，揖让之时。”[35]但春秋以降，世道凌夷，礼崩乐坏，该传统未能延续，因此，它无法与汉大赋产生直接的联系。实际上，这里的“赋”为动词，泛指铺叙，而所赋的内容，可以为诗，可以为赋，可以是称引，可以是自创，正如郑玄云：“凡赋诗者，或造篇，或诵古。”[36]

由于赋与多种文体皆有纠葛，故而采用从前往后的正向追寻，很难作出准确判断，而倘若反向追溯，即从大赋的文本特征及作者身份出发，寻找其与前代事物的关系，反而更容易看清这个问题。冯沅君根据汉大赋的谀辞、体物、讽喻、嫚戏、散文化、问答体等文体特点，结合赋家宋玉、枚皋、东方朔的身份特征，得出了“汉赋乃是‘优语’的支流”的论断[37]。任半塘亦以为：“赋出于俳词。”[38]其实，大赋直绍俳词的根本原因，在于其与政治的密切关联——这决定了它只能采取近似俳优的姿态。

若所论不误，便有必要对从俳词到大赋的发展过程作出简要回顾。一般认为，最早以赋名篇的是荀子，《文心雕龙·诠赋》：“于是荀况礼智，宋玉风钓，爰锡名号，与诗画境，六义附庸，蔚成大国。遂客主以首引，极声貌以穷文，斯盖别诗之原始，命赋之厥初也。”[39]《荀子》有《成相篇》《赋篇》，后者含《礼》《智》《云》《蚕》《箴》五首“隐”及一首《佹诗》[40]。虽然，篇目冠名未必始于荀子，但荀赋确已具备了铺写、体物、讽谏、问答等大赋的主要体制特征。而廋词隐语，乃是俳优表演的一种，《汉志·诗赋略·杂赋》含“《成相杂辞》十一篇；《隐书》十八篇”[41]，此等作品当与荀赋同源。不过，荀作以治乱立意，以《礼》《智》为名，显然是站在儒家立场对俳词的改造与利用。荀作或为俳词雅化的最初成果。

荀赋虽然雏形已具，却铺陈不足，且未成风气。嗣后，宋玉接续优语，兼用楚骚，继续为赋体“拓宇”。秦世不文，颇多杂赋，今虽不存，但方士造语，必多虚诞。汉统初建，文章未振。贾谊南谪，再兴骚体。但降及景帝，仍“不好辞赋”。梁王筑苑，招揽豪杰，文辞之士，从而至焉。诸贤为宾大国，歌赋助兴，赋体大盛。但枚乘《七发》，或本《反淫》[42]；相如《子虚》，仍多俚字。俗赋底色，尚未褪尽。其后，淮南刘安，博雅好古，《招隐》之作，承续屈骚。孝武其人，好大喜功，兼嗜辞赋，遂使诸侯宾客，尽归都下，“朝夕论思，日月献纳”[43]。方朔诙谐，犹可自诵其作，而相如口吃，或当假力于人，故知其时之作者与表演者业已分工。至此，娱人誉世的赋作终于经由文学侍从之手，发展成了“体国经野”的大赋。

显然，对大赋贡献最多的是言语侍从这一群体。他们的参与，使文学传统中的其他资源，如歌诗、楚辞、纵横文风乃至儒家经典，被逐步整合到赋作传统，使赋体扩展为鸿篇巨制，并终臻成熟。

四、赋源之重构

赋家的身份特征及其历时演变，在很大程度上决定了赋体的发展进程。紧扣赋家身份梳理赋史，有助于廓清诸多疑问。言语侍从在身份上具有双重属性：一方面，他们具有士人身份，故而也有士人的政治理想与身份认同；另一方面，他们为君主所赏识的，主要是其文学才能而非理政手段，故而其与君主的关系，起初只是一种私人间的恩宠而非公事上的委任。《汉书·严助传》云：

> 上令助等与大臣辩论，中外相应以义理之文，大臣数诎。其尤亲幸者，东方朔、枚皋、严助、吾丘寿王、司马相如。相如常称疾避事。朔、皋不根持论，上颇俳优畜之。[44]

颜师古曰："中，谓天子之宾客，若严助之辈也；外，谓公卿大夫也。"[45]东方朔、枚皋、司马相如皆为汉赋大家，另外二人吾丘寿王与严助，其作品著录于《汉志·诗赋略》，分别归于"屈原赋之属"及"陆贾赋之属"[46]。显然，诸人皆是以辞赋见知的"天子之宾客"，他们与外朝的公卿大夫，有着"中外"之别；而作为士人，他们又有相当的淑世精神，可以在蒙恩受宠之际与外朝抗衡。但是，"天子之宾客"的角色，以及赋体的俳优底色，又使他们的身份有了些许"弄臣"的色调。因此，言语侍从虽然得到了帝王的恩宠，但很难避免被"俳优畜之"的命运。东方朔、枚皋的持论"不根"，未必不是认清现实后的自我放逐，而司马相如的"称疾避事"，与《史记·司马相如列传》"称病闲居"[47]一脉相承，两个"称"字，暗示了这位赋家的清醒与无奈。

随着体式的膨胀，大赋对学识的要求越来越高，因此，不同于前代的"天才"作家，后出的赋家，如扬雄、班固、张衡等，往往还是著名的学者。汉武以还，儒术渐盛，儒学占据了主导性话语。在这样的环境下，赋体的俳词渊源，以及前代言语侍从的恣肆言行，给扬班诸人带来了严重的"身份焦虑"，并促使他们对赋体的价值作出了深刻反省，扬子的"雕虫"之悔[48]，即源于此，而其《自序》更云："又颇似俳优淳于髡、优孟之徒，非法度所存，贤人君子诗赋之正也，于是辍不复为。"[49]显然，他对汉赋的俳优渊源有着清楚的认识。不过，作为一位成名的赋家，扬雄并未就此否认赋作的全部价值，而是努力为其寻求新的突破，他以为，"诗人之赋丽以则，辞人之赋丽以淫"[50]，作为"辞人之赋"对立面的"诗人之赋"，究竟是指什么？是《诗经》？屈骚？还是泛指诗人之作？其实，这不是一个历史概念，而是扬雄为赋作设置的一个"价值坐标"，因此它没有现实对应物。"丽以则"的行文规范，以及"将以风"的用途限定，是扬雄为赋体探明的向上之路。

相较于扬雄，班固（或本刘歆）的做法更进一步，《汉志·诗赋略序》云：

> 传曰："不歌而诵谓之赋，登高能赋可以为大夫。"言感物造端，材知深美，可与图事，故可以为列大夫也。古者诸侯卿大夫交接邻国，以微言相感，当揖让之时，必称诗以谕其志，盖以别贤不肖而观盛衰焉。故孔子曰"不学诗，无以言"也。春秋之后，周道浸坏，聘问歌咏不行于列国，学诗之士逸在布衣，而贤人失志之赋作矣。大儒孙卿及楚臣屈原离谗忧国，皆作赋以风，咸有恻隐古诗之义。其后宋玉、唐勒，汉兴枚乘、司马相如，下及扬子云，竞为侈丽闳衍之词，没其风谕之义。[51]

此论将古人的多种论“赋”之说汇于一处，以期完成对赋谱的重构。《汉志》先引“不歌而诵谓之赋”之说，从汉人区别歌诗与赋体的方式入手分析，意在引发时人的认同感。随后，班固笔锋陡转，以“登高能赋”为佐证，将赋源搭接到士大夫阶层的政治文化，意在实现赋作地位与赋家身份的双重拔高。但这与汉人鄙薄赋作的时代语境不合，因此，“江河日下”的谱系勾勒就成了必然。于是，就有了从“诸侯卿大夫”的“称诗”到“布衣”的“贤人失志之赋”再到辞人“没其风谕之义”之赋这种递降式的叙述。此说看似完成了对古诗、楚辞、大赋三者的串联，但实质只是基于作者身份的勾连，至于文体本身，则未尝发生关联。

这种构建还不算完满，因为它尚未实现对《诗经》与赋作的直联[52]。于是，在《西都赋序》中，班固将赋源直接上溯至《诗经》，实现了二者的直承：“或曰：‘赋者，古诗之流也。’……或以抒下情而通讽谕，或以宣上德而尽忠孝，雍容揄扬，著于后嗣，抑亦雅颂之亚也。”[53]

扬班二人在赋源分析上，皆有“舍近求远”的特点——菲薄近世赋家，希望远绍“诗人”，这种做法本身便从反面暗示了大赋的近亲其实是俳词。不论是扬雄对赋作的反思，还是班固对赋源的重塑，都是为了洗刷赋体俳优底色，都体现了赋家的认同“焦虑”，都属于赋体的“自赎”。实际上，这种提升赋体品格的努力，不是他们的个体行为，而是汉代赋家在经学语境中的集体选择，是文学侍从向治世能臣发起的身份突围。

扬班的论赋之语，成了后世赋论的“基点”。后人探讨相关问题，往往都处于扬班的延长线上。但实际上，二人所论并非历史性的，而是实用性的，是面向未来的规划，而非针对过去的考订，因而不能当作“信史”。可惜后人往往不能体会扬班之苦心，而是直接将其言论当作史实，或加利用，或以弥合，这就使赋源问题愈加纷杂。其实，后人误信此论，并非出于对前代典籍的盲从，而是因为他们与汉人有着共同的价值取向。换而言之，这是一种源于价值观的“遮蔽”。当然，也有一些人能洞察实相，如王安石云：“当时赐帛倡优等，今日论才将相中。”[54]

赋家还在实践中对赋体加以改造。在尊崇儒术的时代背景下，他们所用手段主要有三种：一是强化讽谏传统，增加赋作的现实关怀性。二是强调“丽以则”的体式特征，保持其“丽”，并约之以“则”，为铺张到极致的大赋增加了内敛的一面。三是开启赋作的经义化，熔经于赋，借助儒家的话语体系改造大赋的声色体貌。但不论怎样改造或重塑，汉赋“侈丽闳衍”的文体特点，以及“润色鸿业”的政治功用，决定了它一定会是“劝百讽一”的。而相对于两汉，后世大赋的现实针对性更弱，往往只停留于虚陈大义而略无直谏。反而是私人的抒情小赋，颇能符采相胜。

余论

从远古迄于近世，赋体的发展大致经历了以下过程：从“娱神”的巫祝，到“娱人”的俳词，再到“娱君”的大赋，继而又以经义“去娱”，终臻“自娱”的抒情小赋乃至新文赋。“娱”，是赋作一以贯之的关注点。“娱神”阶段，主要属于幽邈的祭祀文化，其时之文体意识相对淡薄。从“娱人”向“娱君”的转变，才是赋体确立的关键。魏晋以还，大赋在“铺采摛文”的特点之外，又开启了“征实”与“尚玄”两种看似矛盾却并不对立的倾向，其在形式上，又产生了“诗化”的特点[55]。前人论述“赋的诗化”，多着眼于同时期的诗、赋互渗。不过，赋之雏形便有“歌谣体俗赋”，故知诗、赋之交涉，在畛域未判的文体发生期就已非常普遍。“赋的诗化”，其实还是一种回归，即赋体成熟之后，反过来从原初状态抑或同时期的俗赋中，汲取营养进而焕发新生的现象。

赋是一种生命力极强的文体，大赋、骈赋、律赋、新文赋等，各种体式移时迭现，未尝稍歇。其根本原因仍在于，“赋”的本质只是一种创作手法，故而可以不断地融合各种新的技法与形式。在“立”与“破”之间的轮回，正是这一古老文体经久不衰的关键。

注释：

[1] 20 世纪以前的研究成果的总结，参见陶秋英：《汉赋研究》，杭州：浙江古籍出版社，1986 年，第 6～21 页；郭维森、许结：《中国辞赋发展史》，南京：江苏教育出版社，1996 年，第 5～12 页。近年的研究成果主要有：钱志熙：《赋体起源考——关于“升高能赋”、“瞍赋”的具体所指》，《北京大学学报》2006 年第 3 期，第 59～64 页；赵逵夫：《论瞍矇、俳优在俗赋形成中的作用》，《陕西师范大学学报》2009 年第 2 期，第 58～63 页；傅刚：《论赋的起源和赋文体的成立》，《北京大学学报》2018 年第 5 期，第 82～94 页；易闻晓：《赋本义与名物推类铺陈》，《武汉大学学报》2023 年第 5 期，第 89～98 页；葛刚岩：《解释学视野下的赋体原始》《清华大学学报》2023 第 3 期，第 50～60 页。

[2] 前人论赋大多皆作此解，详参注释[1]所引诸作。

[3]（汉）许慎撰，（清）段玉裁注：《说文解字注》六篇下，影印经韵楼刊本，上海古籍出版社，1981 年，第 282 页。

[4] 连云港市博物馆，等编：《尹湾汉墓简牍》，北京：中华书局出版社，1997 年，第 71～73 页（图版），第 148～150 页（释文）。

[5]（魏）何晏注，（宋）邢昺疏：《论语注疏》卷五，影印《十三经注疏》，北京：中华书局，2009 年，第 5378 页。

[6] 参见（清）孙星衍：《尚书今古文注疏》卷二，北京：中华书局，2004 年，第 109 页。

[7]（汉）班固：《汉书》卷四四，北京：中华书局，1962 年，第 2145 页。

[8]（汉）荀悦：《汉纪》，北京：中华书局，2017 年，第 205 页。按：点校者已据《汉书》改“赋”为“传”，不妥，已改回。

[9]（汉）高诱：《淮南子叙目》，（汉）刘安编，何宁撰：《淮南子集释》，北京：中华书局，1998 年，第 5 页。

[10]（梁）刘勰撰，范文澜注：《文心雕龙注》下册，北京：人民文学出版社，1958 年，第 494 页。

[11]（清）王念孙：《读书杂志》，北京：北京市中国书店，1985 年，第 58 页。

[12] 传，繁体作“傳”，故与“傅”形近。

[13] 余嘉锡：《目录学发微》卷二，成都：巴蜀书社，1991 年，第 35～37 页。

[14]（汉）郑玄注，（唐）贾公彦疏：《周礼注疏》卷二三，影印《十三经注疏》，北京：中华书局，2009 年，第 1719 页。

[15]（汉）刘熙撰，（清）毕沅疏证，（清）王先谦补：《释名疏证补》卷六，北京：中华书局，2008 年，第 213 页。

[16] (梁)刘勰撰,范文澜注:《文心雕龙注》上册,北京:人民文学出版社,1958年,第134页。

[17] 沈兼士:《右文说在训诂学上的沿革及其推阐》,《沈兼士学术论文集》,北京:中华书局,1986年,第91页。

[18] 徐中舒主编:《甲骨文字典》,成都:四川辞书出版社,2006年,第355页。

[19] (汉)郑玄笺,(唐)孔颖达正义:《毛诗正义》卷五,影印《十三经注疏》,北京:中华书局,2009年,第747页。

[20] 中国社会科学院考古研究所编:《殷周金文集成(修订增补本)》,北京:中华书局,2007年,第1534页。

[21] (汉)司马迁:《史记》(修订本)卷一一七《司马相如列传》,北京:中华书局,2013年,第3640～3642页。

[22] 裘锡圭:《〈神乌傅(赋)〉初探》,《裘锡圭学术文集·简牍帛书卷》,上海:复旦大学出版社,2012年,第269页。

[23] (清)刘熙载著,袁津琥笺释:《艺概笺释》卷三,北京:中华书局,2019年,第503页。

[24] (汉)许慎撰,(清)段玉裁注:《说文解字注》三篇下,影印经韵楼刊本,上海古籍出版社,1981年,第121页。

[25] 董莲池编著:《新金文编》上册,北京:作家出版社,2011年,第374～375页。

[26] (宋)朱熹:《诗集传》卷一《周南·葛覃》,北京:中华书局,2017年,第4页。

[27] 钱志熙:《汉魏六朝"诗赋"整体论抉隐》,《文学遗产》2019年第4期,第29～39页。

[28] 参见许结:《赋学讲演录》,北京:北京大学出版社,2009年,第44～45页。

[29] (晋)皇甫谧:《三都赋序》,(梁)萧统编,(唐)李善注:《文选》卷四五,上海:上海古籍出版社,2019年,第2076～2079页。

[30] 章太炎:《国故论衡》中卷,北京:商务印书馆,2017年,第122～123页。

[31] (汉)班固:《汉书》卷三〇《艺文志》,北京:中华书局,1962年,第1755页。

[32] (汉)司马迁:《史记》(修订本)卷一二六《滑稽列传》,北京:中华书局,2013年,第3862页,标点有调整。

[33] 延熹三年所立《楚相孙叔敖碑》亦录优孟之辞,胡怀琛以为此乃后出之作,参见胡怀琛:《中国文学辨正》,北京:商务印书馆,1927年,第15页。

[34] (汉)班固:《汉书》卷三〇《艺文志》,北京:中华书局,1962年,第1755～1756页。

[35] 章太炎:《国故论衡》,北京:商务印书馆,2017年,第123页。

[36] (汉)郑玄注,(唐)贾公彦疏:《周礼注疏》卷九,影印《十三经注疏》,北京:中华书局,2009年,第870页。

[37] 冯沅君:《汉赋与古优》,《冯沅君古典文学论集》,济南:山东人民出版社,1980年,第75页。

[38] 任中敏编著:《优语集》卷一,南京:凤凰出版社,2013年,第5页。

[39] (梁)刘勰撰,范文澜注:《文心雕龙注》上册,北京:人民文学出版社,1958年,第134页。

[40] (清)王先谦:《荀子集解》卷一八,北京:中华书局,1988年,第456～484页。

[41] (汉)班固:《汉书》卷三〇《艺文志》,北京:中华书局,1962年,第1753页。

[42] 北京大学出土文献研究所:《北京大学藏西汉竹书　肆》,上海:上海古籍出版社,2015年,第119～136页。

[43] (汉)班固:《西都赋序》,(梁)萧统编,(唐)李善注:《文选》卷一,上海:上海古籍出版社,2019年,第3页。

[44] (汉)班固:《汉书》卷六四,北京:中华书局,1962年,第2775页。

[45] (汉)班固:《汉书》卷六四,北京:中华书局,1962年,第2776页。

[46]（汉）班固：《汉书》卷三〇，北京：中华书局，1962年，第1747～1753页。

[47]（汉）司马迁：《史记》（修订本）卷一一七《司马相如列传》，北京：中华书局，2013年，第3675页。

[48]（汉）扬雄撰，汪荣宝注疏：《法言义疏》，北京：中华书局，1987年，第45页。

[49]（汉）班固：《汉书》卷八七，北京：中华书局，1962年，第3575页。

[50]（汉）扬雄撰，汪荣宝注疏：《法言义疏》，北京：中华书局，1987年，第49～50页。

[51]（汉）班固：《汉书》卷三〇，北京：中华书局，1962年，第1755～1756页。

[52] 汉宣帝即有“辞赋大者与古诗同义”之语，但尚乏论证。参见（汉）班固：《汉书》卷六四，北京：中华书局，1962年，第2829页。

[53]（汉）班固：《西都赋序》，（梁）萧统编，（唐）李善注：《文选》卷一，上海：上海古籍出版社，2019年，第2～3页。

[54]（宋）王安石：《详定试卷二首·其二》，（宋）李壁笺注，（宋）刘辰翁评点：《王安石诗笺注》卷二九，北京：中华书局，2021年，第1065页。

[55] 程章灿：《魏晋南北朝赋史》，南京：江苏古籍出版社，2001年，第230～244页。

论建安文学之底色及其文人之超越性选择

高　玮

（三峡大学文学与传媒学院，湖北宜昌，443002）

内容摘要： 建安文学素以“慷慨悲凉”为其特色，虑及建安时期世积乱离、风衰俗怨特别是疾疫频发的背景，则可更深刻地把握“悲凉”何以成为建安文学的底色。而在此底色之上的“慷慨”则是建安文人基于现实又超越现实、与自身价值观和人生观密切相关的超越性选择。“宴会”则因其经常上演聚散无常的戏码，成为建安文人直面悲凉、进行超越性选择的情绪中转站与信念支持系统。

关键词： 建安文学；疾疫；悲凉；慷慨；宴会

“疾病”与人类相生相伴，对其的文字记载亦源远流长。《淮南子·修务训》云：“古者，民茹草饮水，采树木之实，食蠃蛖之肉，时多疾病毒伤之害。”[1]《韩非子·五蠹》亦云：“民食果蓏蚌蛤，腥臊恶臭而伤害腹胃，民多疾病。”[2]疾疫亦早见于文献记载，《礼记·月令》载：“孟春行秋令，则其民大疫。”[3]《史记·天官书》云：“氐为天根，主疫。”[4]先秦由于文献记载的缺失以及隔离的生活状态，疾疫造成的破坏力或许不及战争。秦汉时疾疫流行的频次渐高，疫情范围及时间不断扩大延长，如公元前163年春三月，汉文帝下诏曰：“间者数年不登，又有水旱、疾疫之灾，朕甚忧之。”[5]足见瘟疫与天灾一道给社会安定带来极大的破坏。

东汉末至西晋，疾疫到达高峰。据史书记载，汉献帝建安年间便有七次瘟疫：十三年，“公烧其余船引退，士卒饥疫，死者大半”；同年，“时大军征荆州，遇疾疫，……颇复疾疫”；十四年辛未月，“自顷以来，军数征行，或遇疫气，吏士死亡不归，家室怨旷，百姓流离”；十六年，“关中乱……后有疫病，人多死者”；二十年，“从攻合肥，会疾疫”[6]；二十二年，“大疫”[7]；二十四年，“荆州大疫”[8]。东汉张仲景《伤寒杂病论》序云：“余宗族素多，向余二百。建安纪年以来，犹未十稔，其死亡者，三分有二，伤寒十居其七。”[9]所涉及区域之广泛、人员之众多、破坏之严重，较前代为甚。

疾疫造成巨大的社会影响和心理创伤。据《王粲传》记载，仅建安二十二年建安七子便因疾疫折损过半，令曹丕伤痛不已：“文帝书与元城令吴质曰：‘昔年疾疫，亲故多离其灾，徐、陈、应、刘，一时俱逝。’”“帝初在东宫，疫疠大起，时人雕伤，帝深感叹，与素所敬者大理王朗书曰：'……疫疠数起，士人雕落，余独何人，能全其寿？'"[10]贵族阶层尚且如此脆弱，普通百姓更难阻厄运。曹植《说疫气》一文描述疾疫对社会全体成员的伤害之大："建安二十二年，疠气流行。家家有僵尸之痛，室室有号泣之哀。或阖门而殪，或覆族而丧。"[11]疾疫肆虐下的惨状触目惊心，难以言表。

汉哀帝时谏议大夫鲍宣上疏称："今民有七亡：阴阳不和，水旱为灾，一亡也……盗贼劫略，取民财物，七亡也。"[12]将"水旱为灾"这种天灾排在第一位。天灾常以其突然性和巨大破坏性令受灾者要同时承受集体性惨痛、惊恐、无力、茫然等多层次的创伤。疾疫作为天灾的一种，因其产生形式的隐匿、传播时间的绵长、与社会关系的紧密等，让人们眼睁睁地看着一波一波带走患疫者的生命，死亡近在眼前、生命的无常之感尤其痛切。

一、悲凉的底色

人从诞生之日起便踏上走向死亡之途，只是早晚而已。这便塑形了人类普遍具有的悲凉意识。悲凉与悲伤、悲痛等有所不同，它更像人生画布上的底色，稳定、持久、永恒地存在于人生画卷中。

这种渗透在集体潜意识中的广泛性悲凉，在建安文人作品中得到多方体现，具有独特的价值。刘勰《文心雕龙·时序》云："观其时文，雅好慷慨，良由世积乱离，风衰俗怨，并志深而笔长，故梗概而多气也。"[13]其"乱离"之苦正是建安文学悲凉的两大来源：战争与瘟疫造成的生离死别。建安文人虽有不少战争题材的作品，如曹操《却东西门行》："长与故根绝，万岁不相当。奈何此征夫，安得去四方！戎马不解鞍，铠甲不离傍。冉冉老将至，何时返故乡？神龙藏深泉，猛兽步高冈。狐死归首丘，故乡安可忘！"[14]描写因战士伤亡、生灵涂炭、行军艰难等引发的悲凉，但更多的是要建功立业实现理想的慷慨激昂。与此不同，其疾疫作品则变慷慨为悲凉。"技能、知识和组织都会改变，但人类面对疫病的脆弱，则是不可改变的。先于初民就业已存在的传染病，将会与人类始终存在，并一如既往，仍将是影响人类历史的基本参数和决定因素之一。"[15]疾疫引发的悲凉，是一种让人深深体味到丧失主动权、完全听天由命、并与人类广泛性悲剧遥相呼应的情绪体验。如果说"诗人是灵心锐感的文学家，对世界与人生采取的是感受、观照与品味的参与角度，迥异于学者面对现象界时进行综合归纳的理论性思辨，以及政治社会等实务家切就现实需要而擘画经营的企图，因此多以流连光景、徘徊哀思的情感表露为满足"[16]，那么集官僚贵族、疾疫亲历者乃至受害者于一体的建安作家们所体会、刻画的悲凉之底色则呈现出别样况味。

三曹七子居于社会的顶端，往往能从更高层面看待疾疫，了解其伤害、影响，从而提出方案以应对疫情。曹氏父子常以心忧天下的强烈责任感将百姓凄惨生活景象记录在诗中。如曹操的《蒿里》呈现战争、疾疫造成的凄惨景象："淮南弟称号，刻玺于北方。铠甲生虮虱，万姓以死亡。白骨露于野，千里无鸡鸣。生民百遗一，念之断人肠。"[17]面对瘟疫带来的乱亡，曹丕亦借助诗歌记录现实，抒发忧民之情，如《令诗》："丧乱悠悠过纪，白骨纵横万里。哀哀下民靡恃，吾将以时整理。复子明辟致仕。”[18]七子亦常聚焦于此，王粲《七哀诗》：“出门无所见，白骨蔽平原。路有饥妇人，抱子弃草间。顾闻号泣声，挥涕独不还。未知身死处，何能两相完？驱马弃之去，不忍听此言。南登霸陵岸，回首望长安。悟彼下泉人，喟然伤心肝！”阮瑀《怨诗》：“民生受天命，漂若河中尘。……犹获婴凶祸，流落恒苦辛。”面对瘟疫等灾祸，底层民众缺乏防御能力，是最易被攻破的脆弱环节。建安文人将普通百姓的悲剧诉之于诗，虽然试图借助理论性思辨去改变这悲剧局面，然而在疾疫频发、战争频仍的时代，其有心无力感充盈作品，形成了建安诗歌的悲凉底色。

而作为灵心锐感的文学家，当广泛性悲凉与锐感诗人相遇时，疾疫带来的突如其来的离别和死亡让人束手无措，惊恐难状。如阮瑀在《七哀诗》中已经预感到死亡的恐惧：“丁年难再遇，富贵不重来。良时忽一过，身体为土灰。冥冥九泉室，漫漫长夜台。身尽气力索，精魂靡所能。嘉肴设不御，旨酒盈觞杯。出圹望故乡，但见蒿与莱。”不久便被瘟疫带走。孔融《杂诗·其二》：“远送新行客，岁暮乃来归。入门望爱子，妻妾向人悲。闻子不可见，日已潜光辉。孤坟在西北，常念君来迟。褰裳上墟丘，但见蒿与薇。白骨归黄泉，肌体乘尘飞。生时不识父，死后知我谁。孤魂游穷暮，飘摇安所依。人生图嗣息，尔死我念追。俯仰内伤心，不觉泪沾衣。人生自有命，但恨生日希。”[19]死亡是如此的触手可及，至亲的早殇让孔融悲痛而无奈。于是敏感的曹丕在《与吴质书》中反复咀嚼着死别之殇：“昔伯牙绝弦于钟期，仲尼覆醢于子路，痛知音之难遇，伤门人之莫逮。诸子但为未及古人，自一时之俊也，今之存者，已不逮矣。后生可畏，来者难诬，然恐吾与足下不及见也。”《短歌行》痛悼父亲早亡：“仰瞻帷幕，俯察几筵。其物如故，其人不存。神灵倏忽，弃我遐迁。靡瞻靡恃，泣涕连连。……长吟永叹，怀我圣考。曰仁者寿，胡不是保。”进而由悲痛产生了对自己生命长度的怀疑甚至是恐惧：“疫疠数起，士人凋落，余独何人，能全其寿？”

无论是阮瑀的惊怖、孔融的激恨，还是曹丕的伤痛担忧，疾疫的巨大伤害力激起锐感文人的复杂情绪。而被这些情绪反复刺激后，也只能无奈接受无常的命运。曹操《精列》认为这是造化之安排：“厥初生，造化之陶物，莫不有终期。莫不有终期。圣贤不能免，何为怀此忧？……周孔圣徂落，会稽以坟丘。会稽以坟丘。陶陶谁能度？君子以弗忧。年之暮奈何，时过时来微。”曹丕《大墙上蒿行》先是对此种无常提出疑问：“零落若何翩翩，中心独立一何茕！四时舍我驱驰，今我隐约欲何为？人生居天壤间，忽如飞鸟栖枯枝。我今隐约欲何为？”其《善哉行》又不得不承认：“忧来无方，人莫之知。人生如寄，多忧何为？今我不乐，岁月如驰。”最终化为《丹霞蔽日行》的一声叹息：“孤禽失群，悲鸣云间。月盈则冲，华不再繁；古来有之，嗟我何言！”曹植《吁嗟篇》“吁嗟此转蓬，居世何独然！……流转无恒处，谁知吾苦艰！愿为中林草，秋随野火燔。糜灭岂不痛？愿与株荄连”，与阮瑀《失题诗三则》“常恐时岁尽，魂魄忽高飞。自知百年后，堂上生旅葵”亦传达出无可奈何的接受与叹息，展现出疾疫肆虐下人生更深层次的悲凉。

因此，以慷慨悲凉为特征的建安文学整体建立在悲凉的底色之上。悲凉与人类永恒的死亡焦虑相关，与东汉末年的乱世背景相关，而建安二十余年频现的瘟疫在这底色中更添加了浓重色彩。瘟疫加重了死亡的不确定性，增添了人的无力感，加深了人的孤独感。建安文人所感受到的悲凉，不仅来自对个人生命长度失控的无力，对多重悲凉味道的咀嚼，更有面对芸芸众生悲惨境遇的深刻同情。

二、慷慨是一种选择

当文人面对生命的悲凉无常时，可以做出多样的选择。建安作家在诗文中直抒胸臆、坦诚地表达着他们的悲凉、无力甚至绝望的同时，又决不臣服沉沦于悲凉，而集体选择了自我救赎的道路。

信仰是人类痛苦的救赎。若灵魂永生，则肉体不过是灵魂的寄居处。明白此理，肉体的病痛折磨甚至消亡就变得较易接受。建安文人的游仙诗就是这一思想的产物。建安游仙诗问题非常复杂，涉及道教信仰、上古神话传说、屈原《离骚》《远游》以及汉乐府游仙诗等的影响。但结合建安疾疫频仍的背景，就能理解其游仙诗中那些想象、求列仙之趣的深长意味。如曹操《精列》在游仙中求终极解脱："厥初生，造化之陶物，莫不有终期。莫不有终期。圣贤不能免，何为怀此忧？愿螭龙之驾，思想昆仑居。思想昆仑居。见期于迂怪，志意在蓬莱。"曹植《飞龙篇》通过获得长生药增加生命的长度："晨游太山，云雾窈窕。忽逢二童，颜色鲜好。乘彼白鹿，手翳芝草。我知真人，长跪问道。西登玉堂，金楼复道。授我仙药，神皇所造。教我服食，还精补脑。寿同金石，永世难老。"以及曹操《气出唱》通过冥想神游、与天地同在的高频状态抵抗现实的冷酷："东到海，与天连。神仙之道，出窈入冥，常当专之。心恬澹，无所愒。欲闭门坐自守，天与期气。"物质世界的残缺，可以通过精神世界进行弥补与超越。在疾疫肆虐的现实世界里，生命脆弱而无力；但在游仙世界里，灵魂不但可以永生，且能远离痛苦喧嚣，获得永久和平喜悦。

曹丕《典论·论文》在中国文学理论批评史上具有划时代的意义，是走向"文学自觉"时代的标志。"帝初在东宫，疫疠大起，时人雕伤，帝深感叹，……故论撰所著典论、诗赋，盖百余篇，集诸儒於肃城门内，讲论大义，侃侃无倦。"[20]从某种意义上言，建安疾疫直接促使了该文论的产生。曹丕第一个将文章事抬至"经国之大业，不朽之盛事"的高度。青木正儿有言："至于脱离儒家迷信之牵制，觉醒于文学之独立自主，从游戏的习气转变到文艺至上之唯美思想，乃是曹魏以后之事。"[21]曹丕认为："年寿有时而尽，荣乐止乎其身，二者必至之常期，未若文章之无穷。是以古之作者，寄身于翰墨，见意于篇籍，不假良史之辞，不托飞驰之势，而声名自传于后。故西伯幽而演《易》，周旦显而制《礼》，不以隐约而弗务，不以康乐而加思。……融等已逝，唯干著论，成一家言。"曹操有类似观点："心常叹怨，戚戚多悲。幸甚至哉！歌以咏志。"人会承受痛苦悲哀，但可以歌来涵咏、表达其志意。这种思想在曹植的《薤露行》也有体现："孔氏删诗书，王业粲已分。骋我径寸翰，流藻垂华芬。"受三曹影响，建安文人景从云集，如王粲《咏史诗》认为："黄鸟作悲诗，至今声不亏。"而阮瑀、应玚则在各自的《文质论》中加以响应。毫无疑问，他们在文学上追求不朽是成功的。因此，对三曹七子的创作，只有置于大疫年代的悲凉背景中，才可真正领悟其文学理论和创作实践的价值。文学发展的规律、文学史上最杰出的文人与现实的需求在这个节点上完美地契合共振，成就了建安文学的万丈光芒。“文学不朽”成为绝境中的文人不屈的呐喊，抵抗无常的精神武器，而此前还无人做过如此尝试，是为慷慨。

文人士大夫追求现世功业都几乎是必然的选择。然而当疾疫频发、生命受到严峻挑战时，人之幻灭感放大，传统价值被质疑。这也是凡天灾人祸流行或世道衰微之时，出世之宗教的影响力就会增强的原因。人们会质疑现世功业的意义，重新思考人生的价值，寻找适宜的生活方式。这在汉末《古诗十九首》中得到多方呈现：在面对各种“推移的悲哀”时，有要奋力一搏的，如“人生寄一世，奄忽若飙尘。何不策高足，先据要路津。无为守穷贱，轗轲长苦辛”；有质疑信仰的，如“人生忽如寄，寿无金石固。万岁更相送，贤圣莫能度。服食求神仙，多为药所误。不如饮美酒，被服纨与素”；有求声名不朽的，如“人生非金石，岂能长寿考。奄忽随物化，荣名以为宝”；更有提倡及时行乐的，如“斗酒相娱乐，聊厚不为薄。驱车策驽马，游戏宛与洛”；以及“生年不满百，常怀千岁忧。昼短苦夜长，何不秉烛游！为乐当及时，何能待来兹。愚者爱惜费，但为后世嗤。仙人王子乔，难可与等期”[22]。

对此，三曹七子则给出了自己的答案。曹操《善哉行》其二：“我愿何时随？此叹亦难处。今我将何照于光曜？释衔不如雨。”虽然无法排解壮志难酬的心中郁结，却愿将光芒普照世间。曹丕直抒胸臆：“在昔周武，爰暨公旦。载主而征，救民涂炭。彼此一时，唯天所赞。我独何人，能不靖乱。”为靖乱救民甘愿赴汤蹈火；“丧乱悠悠过纪。白骨从横万里。哀哀下民靡恃。吾将以时整理。复子明辟致仕。”直面生民涂炭，展现自己承担责任的坚定意志。曹植《薤露行》展现辅佐明君的愿望：“天地无穷极，阴阳转相因。人居一世间，忽若风吹尘。愿得展功勤，轮力于明君。怀此王佐才，慷慨独不群。鳞介尊神龙，走兽宗麒麟。虫兽岂知德，何况于士人。”在《杂诗·仆夫早严驾》中明确表态：“愿欲一轻济，惜哉无方舟！闲居非吾志，甘心赴国忧。”刘勰对此称赞道：“至于魏之三祖，气爽才丽，宰割辞调，音靡节平。观其北上众引，秋风列篇，或述酣宴，或伤羁戍，志不出于淫荡，辞不离于哀思。”[23]建安七子亦不甘人后，王粲《登楼赋》：“惟日月之逾迈兮，俟河清其未极。冀王道之一平兮，假高衢而骋力。惧匏瓜之徒悬兮，畏井渫之莫食。”唯恐自己无法实现抱负；陈琳《游览之二》：“骋哉日月逝，年命将西倾。建功不及时，钟鼎何所铭？收念还房寝，慷慨咏坟经。庶几及君在，立德垂功名。”刘桢《赠从弟其三》：“凤皇集南岳，徘徊孤竹根。于心有不厌，奋翅凌紫氛。岂不常勤苦？羞与黄雀群。何时当来仪？将须圣明君。”钟嵘谓其诗具有“真骨凌霜，高风跨俗”之气概。建安作者既各具特色，但因处于战争与疾疫的相同环境，其共性亦十分鲜明，即对现实苦难有着强烈深刻的感受，具有政治抱负，有经世济民之心，不同程度表现出昂扬奋发的进取精神，所谓“慷慨有悲心，兴文自成篇”（曹植《赠徐干诗》）。

在大疫时代的悲凉底色中，精英贵族们往往更有选择及时行乐的条件，但建安文人却愿意承担贵族的职责，在一场此生看来必输的战役中，慷慨激昂地选择追求功业、信仰、文学的不朽。曹氏作为实际统治者，在乱世积极进取，体现出高素质、责任感；围绕在三曹周围的七子亦充满慷慨激昂的进取精神，试图以追求不朽来对抗生命的无常。而除曹操稍年长外，其他人都年轻气盛，正是向往功名的热血时期，更易做出蓬勃向上的选择。欧丽娟在《唐诗的乐园》序云：“归根究底，要看到泥泞还是星辰，都是自己的选择。倘若能兼容泥泞与星辰的同时俱在，并且不因星光闪烁而晕眩，也期待着泥泞可能会长出花朵，那么飞翔与蛰伏、仰望与俯视，都可以十分充盈美好。”[24]对于建安文人来说，他们蛰伏在瘟疫时代深昧悲凉，又飞翔在宗教的世界里超越现实，于文学的星空下仰望不朽，又俯视众生悲悯苍凉，呈现出多层次的悲凉与慷慨，这正是对这段话最好的注脚。

三、关于宴会的隐喻

在慷慨与悲凉间，宴会似乎是一个不和谐的音符。一般认为，宴饮是贵族公子铺张奢靡消磨时光的方式，或是上流社会交际逢迎的聚会场所。若结合瘟疫流行的背景，则又隐含文人时不我待及时行乐的人生选择。当此种观念渗透进文学史的写作中，就容易产生这样的看法：建安后期文学创作的主流由“梗概之气”一变为“怜风月，狎池苑，述恩荣，叙酣宴”之风，是开启后世华靡诗风的恶源。

如此看来，宴饮诗似乎成了建安作家们人格分裂的佐证，并导致文学呈现出某种倒退。但宴会与慷慨悲凉一定是对立的吗？其关系究竟如何？打破非黑即白的二元对立思维定式，重回宴饮诗描写的现场一探究竟，当是解惑的有效方式。

宴饮原因各不相同，或是重大节庆日的例行宴会，如曹植《元会》，“初岁元祚，吉日惟良。乃为嘉会，讌此高堂。尊卑列叙，典而有章。……笙磬既设，筝瑟俱张。悲歌厉响，咀嚼清商。俯视文轩，仰瞻华梁。愿保兹善，千载为常。欢笑尽娱，乐哉未央。皇室荣贵，寿考无疆。庄严肃穆，典而有章”；或因狩猎聚会，如曹植《名都篇》，“名都多妖女，京洛出少年。宝剑直千金，被服丽且鲜。斗鸡东郊道，走马长楸间。……我归宴平乐，美酒斗十千。脍鲤臇鲐鰕，炮鳖炙熊蹯。鸣俦啸匹侣，列坐竟长筵。连翩击鞠壤，巧捷惟万端。白日西南驰，光景不可攀。云散还城邑，清晨复来还”，弥漫少年意气的飞扬和朋友相聚的快意；或一般节日相聚，如阮瑀《公讌诗》，“阳春和气动。贤主以崇仁。布惠绥人物。降爱常所亲。上堂相娱乐，中外奉时珍。五味风雨集，杯酌若浮云”，曹丕《戒盈赋》，“避暑东阁，延宾高会，酒酣乐作，怅然怀盈满之戒，乃作斯赋。惟应龙之将举，飞云降而下征。资物类之相感，信贯彻之通灵。何今日之延宾，君子纷其集庭。信临高而增惧，独处满而怀愁。愿群士之箴规，博纳我以良谋!”饮酒作乐，宾主尽欢；或送行宴会，如曹植《送应氏其二》，“清时难屡得，嘉会不可常。天地无终极，人命若朝霜。愿得展嬿婉，我友之朔方。亲昵并集送，置酒此河阳。中馈岂独薄？宾饮不尽觞。……山川阻且远，别促会日长。愿为比翼鸟，施翮起高翔”，离情别绪，婉转悲凉；或君臣相聚，把酒言欢，如曹植《公宴》：“公子敬爱客，终宴不知疲。清夜游西园，飞盖相追随”，《箜篌引》，“置酒高殿上，亲交从我游。中厨办丰膳，烹羊宰肥牛。秦筝何慷慨，齐瑟和且柔。阳阿奏奇舞，京洛出名讴。乐饮过三爵，缓带倾庶羞。主称千金寿，宾奉万年酬”，等等。

梳理建安时期众多的宴饮诗发现，无论何种宴饮，都具有相似的元素：参与者都是具有高度知识文化修养的建安作家们，皆为“穆穆众君子”；宴饮时不可或缺佳肴美酒、歌舞助兴，使用的乐器涉及古琴、长笛、古筝、瑟等等，“弦歌奏新曲，游响拂丹梁”，“悲弦激新声，长笛吹清气”，“秦筝何慷慨，齐瑟和且柔”；音乐的风格皆发清音“管弦发徽音，曲度清且悲”，闻之有振奋人心、感人肺腑的效果，“余音赴迅节，慷慨时激扬”，“弦歌感人肠，四座皆欢悦”，“殷怀从中发，悲感激清音”，属于孔子提倡的“雅乐”；伴随着音乐，会饮者或“罗缨从风飞，长剑自低昂”，或“起舞娑盘”，或“辨论释郁结，援笔兴文章”，或“永日兴游戏”，其宴饮诗或对人生进行哲理思索，抒发感慨：“冲静得自然，荣华何足为。”“谦谦君子德，磬折欲何求。惊风飘白日，光景驰西流。盛时不再来，百年忽我遒。生存华屋处，零落归山丘。先民谁不死，知命复何忧?”或赞颂功业的不朽：“古人有遗言，君子福所绥。愿我贤主人，与天享巍巍。克符周公业，奕世不可追。”但他们又不拘囿于头脑，而是身心敞开，与环境氛围保持顺畅的联结，甚至展现出敏锐的感知力：“寥寥高堂上，凉风入我室。”“秋兰被长坂，朱华冒绿池。潜鱼跃清波，好鸟鸣高枝。”“齐举金爵翠盘，手形罗袖良难。腕弱不胜珠环。坐者叹息舒颜。”“玄鹤浮清泉。绮树焕青蕤。”“曲池扬素波，列树敷丹荣。上有特栖鸟，怀春向我鸣。”“辇车飞素盖，从者盈路傍。月出照园中，珍木郁苍苍。清川过石渠，流波为鱼防。芙蓉散其华，菡萏溢金塘。灵鸟宿水裔，仁兽游飞梁。华馆寄流波，豁达来风凉。生平未始闻，歌之安能详? 投翰长叹息，绮丽不可忘。”只有安于内在，才能保持身心状态的敞开，实现与宴会的声、光、影、动植物、参与者都保持良好联结的状态。对建安作家而言，其联结自然顺畅，和谐美好。

对个体生命而言，在瘟疫肆虐的年代，苟活是一种不可承受之重。建安文人既要体味悲凉，又要做出慷慨的选择，需要有强大的支持系统配合完成。宴会就是其重要支持系统。聚会宴饮给予人面对悲凉的勇气，音乐歌舞可以抒发其内心悲凉郁结的情绪，谈诗论道帮助作者提升对于悲凉的感受；宴会上亦提供了经过人工雕塑后的优美环境，此时山与水不都是不可控的灾难主体，飞禽走兽也不再是与人类抢夺生存资源的竞争对手。所以宴会的美好环境让人暂时远离人间灾难和生命的困境，沉醉于人为制造出来的曼妙无比的氤氲氛围中，享受当下片刻的欢愉。

宴会总会散去。宴饮过后，瘟疫仍然横行，甚至参加宴会的人都因为瘟疫而在减少。人与自然的关系依然充满紧张与斗争，生命无常的剧情日日上演。所以宴会提供的支持系统是慷慨与悲凉之间多么重要的环节，唯有用时不时的欢聚抵抗孤独，如《当来日大难》：“日苦短。乐有余。乃置玉樽办东厨。广情故。心相于。阖门置酒。和乐欣欣。”便是借助与友人的联结感以增强信念；“生平未始闻，歌之安能详。投翰长叹息，绮丽不可忘。”唯有饮酒歌诗才使文人能直面悲凉人生，跳出生活的舒适圈而选择慷慨悲歌，“比翼翔云汉，罗者安所羁”，成就更高层面的不朽：“飘摇放志意，千秋长若斯。”刘勰将建安文人的宴饮诗准确地概括为“并怜风月，狎池苑，述恩荣，叙酣宴；慷慨以任气，磊落以使才”[25]，可谓异代知音。

宴会是关于人生的一种隐喻。在疾疫肆虐的背景下，宴会更能淋漓尽致地将无常人生的感受浓缩。瘟疫带给人还没来得及体味人生真谛便可能要匆匆离去的极致孤独、遗憾和恐惧，而精英文人们依然追求一场生如夏花的盛宴，宴会就是在残缺现实中营造理想宫殿的一次次尝试。故建安文人如此眷念宴会，如曹丕《又与吴质书》："昔年疾疫，亲故多离其灾，徐、陈、应、刘，一时俱逝，痛可言邪！昔日游处，行则接舆，止则接席，何曾须臾相失。每至觞酌流行，丝竹并奏，酒酣耳热，仰而赋诗。当此之时，忽然不自知乐也。"陈琳《游览诗二首》："投觞罢欢坐，逍遥步长林。萧萧山谷风，黯黯天路阴。惆怅忘旋反，歔欷涕沾襟。"他们怀念的不只是某次宴席上的美食、美人或美篇，而是由各种因素组合而成就的美好的时光，是萦绕于心间的美好感受。唯有这种感受才会让自己了然：这一场人生是否值得。

聚散离合是人生不断搬演的戏码，建安文人的人生是在悲凉与慷慨之间反复起飞降落。而宴会便是他们起降的盘旋处。唯此盘旋，才反复发酵、体味各种层次的情感，"兼容泥泞与星辰的同时俱在"，故飞翔与蛰伏，仰望与俯视，悲凉与慷慨，才可以"十分充盈美好"。

结语

建安文学的特质向为后世人所推重。南朝刘勰《文心雕龙》专篇谈论风骨；钟嵘《诗品》将风力、骨气与建安文学相提并论；初唐陈子昂《修竹篇序》，"文章道弊，五百年矣。汉魏风骨，晋宋莫传，然而文献有可征者。……明公咏孤桐篇，骨气端翔，音情顿往挫，光英朗练，有金石声。遂用洗心饰视，发挥幽郁。不图正始之音，复睹于兹，可使建安作者，相视而笑"；李白则更是对建安文学推崇备至，"蓬莱文章建安骨"，"自从建安来，绮丽不足珍"；杜甫《戏为六绝句》用对比手法反证建安文学的历史功绩，"纵使卢王操翰墨，劣于汉魏近风骚"[26]；张说亦在《齐黄门侍郎卢思道碑》中道出建安作家们的文坛地位，"……魏有曹、王、徐、陈、应、刘，……皆应世翰林之秀者也。吟咏性情，纪述事业，润色王道，发挥圣门，天下之人谓之文伯"[27]；南宋严羽《沧浪诗话》提出建安风骨之说，极力推崇建安气象等等，不一而足。

然而也正因一直被推崇，故后世评论建安文学的特点时，多是归因于东汉末年士风衰、战乱频繁等，而很大程度忽略了疾疫对其的影响。近年的新冠肺炎疫情虽然是人类历史上又一次大灾难，但从另一个角度来看，也让我们在经历瘟疫之后，得以更客观、更深地去思考建安文人描写的疾疫对于中国文学史有何意义，其体味的悲凉究竟层次几何，才能更深刻理解其选择的慷慨之力量为何可以"携风力"，穿越千年激荡人心。正如吉川幸次郎所云："每当后世的诗歌失却了热情之际，以曹操为中心的建安诗人们，常常被当作热情的源泉受到回顾。陶渊明在枯燥的哲学诗盛行之后，李白、杜甫在空疏的修辞文学盛行之后，以及明代诗人反拨喜好说理的宋诗时，他们回顾诗歌的热情的故乡，建安诗人至少是其中之一。"[28]

注释：

[1] 何宁：《淮南子集释》卷十九，北京：中华书局，1998年，第1311页。

[2]（清）王先慎撰，钟哲点校：《韩非子集解》卷十九，北京：中华书局，1998年，第442页。

[3]（元）陈澔注：《礼记集说》卷三，上海：上海古籍出版社，1987年，第85页。

[4]（西汉）司马迁撰：《史记》卷二十七，北京：中华书局，2016年，第1297页。

[5] (宋)司马光编著,(宋)胡三省音注:《资治通鉴》卷十五,北京:中华书局,1956 年,第 503～504 页。

[6] (晋)陈寿撰,(宋)裴松之注:《三国志》卷四十七、十四、一、十一、五十五,北京:中华书局,1959 年,第 1118、450、32、363、1295 页。

[7] (宋)司马彪撰,(梁)刘昭注补:《后汉书》志第十七,北京:中华书局,1965 年,第 3351 页。

[8] (晋)陈寿撰,(宋)裴松之注:《三国志》卷四十七,北京:中华书局,1959 年,第 1121 页。

[9] (东汉)张仲景:《桂林古本伤寒杂病论》卷一,北京:中国中医院出版社,2014 年,第 5 页。

[10] (晋)陈寿撰,(宋)裴松之注:《三国志》卷二十一、二,北京:中华书局,1959 年,第 602、88 页。

[11] (三国)曹植著,赵幼文校注:《曹植集校注》,北京:中华书局,2016 年,第 262 页。本文所引曹植诗歌内容,均据此版本,为避繁复,不一一注出。

[12] (宋)司马光编著,(宋)胡三省音注:《资治通鉴》,北京:中华书局,1956 年,第 1100 页。

[13] (梁)刘勰著,周振甫注:《文心雕龙注释》,北京:人民文学出版社,1981 年,第 478 页。

[14] (三国)曹操:《曹操集》,北京:中华书局,1974 年,第 19 页。

[15] [美]威廉・麦克尼尔:《瘟疫与人》,余新忠、毕会成译,北京:中信出版集团股份有限公司,2018 年,第 237 页。

[16] 欧丽娟:《唐诗的乐园意识》,北京:北京大学出版社,2020 年,第 1 页。

[17] (三国)曹操:《曹操集》,北京:中华书局,1974 年,第 6 页。本文所引曹操诗歌内容,均据此版本,为避繁复,不一一注出。

[18] 夏传才、唐绍忠校注:《曹丕集校注》,石家庄:河北出版传媒集团,2013 年,第 10 页。本文所引曹丕诗歌内容,均据此版本,为避繁复,不一一注出。

[19] 俞绍初缉校:《建安七子集》,北京:中华书局,2005 年,第 86、162、160、2 页。本文所引建安七子诗歌内容,均据此版本,为避繁复,不一一注出。

[20] (晋)陈寿撰,(宋)裴松之注:《三国志》,北京:中华书局,1959 年,第 88 页。

[21] [日本]青木正儿:《中国文学思想史》,郑樑生、张仁青译,台北:台湾开明书店,1947 年,第 36 页。

[22] 逯钦立辑校:《先秦汉魏晋南北朝诗》,北京:中华书局,2017 年,第 330、332、329、333 页。

[23] (梁)刘勰著,周振甫注:《文心雕龙注释》,北京:人民文学出版社,1981 年,第 65 页。

[24] 欧丽娟:《唐诗的乐园意识》,北京:北京大学出版社,2020 年,第 3 页。

[25] (梁)刘勰著,周振甫注:《文心雕龙注释》,北京:人民文学出版社,1981 年,第 49 页。

[26] (清)彭定求,等编:《全唐诗》卷八十三、十七、一百六十一、二百二十七,北京:中华书局,1960 年,第 895、1809、1670、2452 页。

[27] (清)董诰等编:《全唐文》卷二百二十七,上海:上海古籍出版社,1990 年,第 1011 页。

[28] [日本]吉川幸次郎:《中国诗史》,章培恒等译,合肥:安徽文艺出版社,1986 年,第 151 页。

史家自觉与撰述取径：论魏末至唐对魏晋嬗代史的书写

丁　宁

（南京大学文学院，江苏南京，210023）

内容摘要： 从魏末到唐初，魏晋嬗代的历史被不断地书写与重修，这些记载各有其撰写情境，史文间的因革损益体现出史家的构思与撰述取径。作为当代史，王沈《魏书》、鱼豢《魏略》以及取材于二书的《三国志》，在材料来源与操作倾向上已见差异。在晋史中，嬗代史以创业史的面貌出现，而颇有回护之笔。此后孙盛、习凿齿对近代史进行又一次搜罗与改作，表现出对其时代的回应。在前代晋史的基础上，唐修《晋书》对文献加以吸纳与整合，形成三祖叙事的又一种文本，但史臣疏于材料的比勘推究，在沿袭晋人书法的同时，对异闻杂说进行了简单的糅合处理；唐初的时代环境，也影响到史臣对材料的剪裁与取用。在魏晋嬗代史三百余年的撰作与流衍中，其书写展现出丰富的层次。

关键词： 史家撰述；魏晋嬗代；《三国志》注；唐修《晋书》

汉魏以降，在《史记》《汉书》确立的史著典范之下，史学逐步取得独立的地位，官修国史的制度渐次演进，私家纂述亦蔚为大观，而后者尤以汉末至两晋为最盛。与其他类型的文献相比，史书的修撰尤需借重可靠而翔实的信息源，故而史家撰作往往是一个“前有所因，自为义例，镕铸众说，成一家言”的“编述”过程[1]。在后世所称二十四史中，《史》《汉》《三国志》及南北朝诸史，其记载下限均与史家身处的时代相去不远，其中较为特殊的是《晋书》，它编纂于唐初，与其记叙的历史之间跨越数个朝代，并且以官方修撰的传播优势后来居上，在“十八家晋史”亡佚之后，成为迄今可见的两晋唯一全史。自唐修《晋书》撰成以来，学者对其史料采择与编撰过程就屡有讨论[2]，这种审视将人们的目光引向唐代以前的文献图景，但由于魏晋南北朝史籍的缺佚，其间脉络并不易作清晰的呈现。

在晋史中，魏晋嬗代史的历史记述提供了较多可供追溯的线索。唐修《晋书》之外，相关史料散布于陈寿《三国志》、裴松之注所引诸书之中。这些引书来源庞杂，形成于不同的历史场域：从时人对魏末史事的当代记述，两晋史家对本朝创立的追加书写，到后人对前代故事的整齐编排，旁及相当数量的家传、别传、州郡地志及轶事小说，分别归属于不同时代、立场和体裁的官修史书与私人撰述，唐修《晋书》告成之时，有关两晋的撰述史已延续三百余年。因其记载多歧，传闻杂驳，研究者对此亦颇具备自觉的史料批判意识[3]。本文的关注点不在于这段政局变迁的历史本身，而意在从史家撰述与史学演变的视角，梳理魏晋嬗代史的书写在魏末至唐初这一长时段中生成、承袭与改撰的过程。依据如今尚可获见的文献材料，追溯史家撰述的历史语境，寻绎其叙事的形成与流变，当有裨于展现这段历史书写内在的丰富性。

一、诸家魏史的撰作倾向

从司马懿发动高平陵政变控制曹魏朝政，到司马炎受禅于魏之间的十六年史事，在时人的撰著中即有所涉及。就曹魏官修史著而言，王沈于魏嘉平年间参修魏史，正元中与荀顗、阮籍等续撰国史，其后独力将《魏书》编定，于魏末历史有详细记载[4]。时人撰述的魏氏别史，还有鱼豢的纪传体史书《魏略》，刘知幾称其"事止明帝"，然而据裴松之注所引内容，其中对正始及嘉平年间事亦颇有记述[5]。陈寿《三国志》成书在后，王、鱼二书是其重要的取材对象，从其对前史的斟酌损益中，亦可见陈寿的取材考量与撰史特质[6]。对于嘉平年间李丰案件及司马师废齐王曹芳事，王沈《魏书》、鱼豢《魏略》均有遗文可见，此节便以此二事为例，加以分疏，以见三家各自的撰述特点。

曹魏嘉平六年二月，中书令李丰与皇后父光禄大夫张缉策划推翻司马师，立太常夏侯玄为大将军辅政，这一行动被司马师预先察觉，牵连此事的大臣均遭祸难，其后张皇后、曹芳亦相继被废。对于此事，王沈《魏书》的记载大致可分为三个部分：①李丰身处机密，与皇室有姻亲之结，深恐为司马师所不容，有意与政治失意之夏侯玄、张缉合作起事；②李丰与其子李韬密谈，让其联系张缉。李韬见张缉密谈，决定发动政变；③李丰与黄门监苏铄密谈，计划在典礼之时联合魏帝发动禁军诛杀司马师[7]。

其中，《魏书》对参与者的私人谈话几乎全篇照录，极类司法案件的审理记录，其材料所据，应即当时魏廷所藏之司法案卷[8]。李丰案发后，涉事人员如夏侯玄、张缉、苏铄、乐敦、刘贤等皆被收送廷尉[9]。《世语》载夏侯玄不肯供词，案件不能了结，钟毓只好"夜为作辞，令与事相附，流涕以示玄"[10]，可见只有在案词提供证据充分的情况下，案件才能够被最终审判定谳。由此，王沈《魏书》对此事的记叙，可视为魏廷对李丰案件最终的审理结论。

鱼豢《魏略》为李丰等设立专传，备录其生平事迹，对此事的记载与王沈《魏书》颇为不同：①正始年间，李丰常托病，依违于曹、马之间无所作为，但内里有谋划；②李丰后为中书令，深惧司马师威胁，频繁与魏帝私下谋议，事泄被杀；[11]

据《隋志》注文，鱼豢曾任曹魏郎中，与李丰同朝为官。他写李丰正始年间在曹、马二方中的依违两可，以及后来与司马师之间的紧张关系，当是一个朝廷中层文官对当时形势的闻见与判断。在这篇为李丰撰写的个人传记中，鱼豢选择以旁观者的视角，将自己的耳闻目见如实记录下来。

对于李丰案件，当时远在蜀地的陈寿并未亲历其事。《三国志·夏侯玄传》记述此事，主要据王沈、鱼豢二书转述改写，以事实的客观陈述为主，展露出对前史勒成删定之“后来之笔”的特质[12]。其中，对于王沈《魏书》所录密谈，《三国志》大幅删落，仅采纳其基本事实而加以描述性的转写，而在最后载录一篇廷尉公卿的会议奏报，以见当时的审理结果。李丰让李翼入朝内应及与苏铄等人的密语，今不见于王、鱼二书，或系陈寿据其他材料补入，其弃“卿等皆当封侯常侍也”之功利诱惑，而取“张当可以为诫”的处境告诫，对苏铄等人配合李丰的动机揭示得更为深刻。

再如司马师废齐王曹芳事，《魏略》记载其党郭芝对太后语：“今大将军意已成，又勒兵于外以备非常，但当顺旨，将复何言！”[13]则齐王之废，是司马师武力逼迫的结果。至于王沈《魏书》，则谓司马师召公卿大臣会议，群臣推之以伊尹、霍光之例，司马师流涕无奈，方承担起“权定社稷以济四海”的重任，历数曹芳的放诞行径，领衔上奏，其意在为司马氏的废立之举强作解释[14]。陈寿《魏书·三少帝纪》载录此事，则按照时间顺序，将李丰等谋废易大臣事、司马师废立皇后事及废齐王芳事依次记录，仅作事实的陈述，而诸事之间的内在关联自然显现[15]。司马师奏疏对曹芳失德之事的冗长论列，陈寿亦全部舍弃，只记载一篇文辞笼统的太后诏令以见当时情形。检今《晋书·景帝纪》，其对此事的叙述即承袭自王沈《魏书》[16]。唐修《晋书》纪事往往承袭前代晋史，则王沈此段为司马氏虚饰的文字，有可能被后来的晋史撰人采入了史书。

王沈、鱼豢与陈寿三人皆为魏晋易代亲历者，对于当时情形应比后人更为了解。与另外二书相较，王沈《魏书》在文献资源方面最具优势，有大量诏令奏议、官修文书及起居注等可供凭依，其记叙也应该最为翔实。但《魏书》的纂修有其特殊使命，司马氏“营立家门”的种种举措都经过史臣的着意处理，失实之处甚多，不能不审慎辨析。鱼豢在易代之后，未再出仕，《魏略》系其私撰之书。鱼氏身非著作而独撰国史，除吸纳民间杂传佚闻外，或与曹魏国史资料有所接触[17]。其另一重价值在于，鱼豢身为朝廷中层官员，并未涉入当时的政治斗争之中，其旁观者式的记述可以展现与官修《魏书》不同的历史面向，如丁谧、李胜与司马懿龃龉之由、桓范“太傅图逆”之语，即是《魏略》的独家记载。高似孙《史略》列举五家魏氏别史可与陈《志》参考而互见，独称鱼豢此书特有笔力[18]。陈寿由蜀入晋之后，对汉末三国历史重加整理，《魏书》便是对前有魏史的重新撰定。在魏末史事的撰写上，陈寿一方面存有实录之旨，另一方面又因时势而不能不书写谨慎，遂选择了一种“为时忌以减少析论，而突出让史实说明真相”的叙述方式[19]，从前史中铨择材料而加以精心编撰，简洁委婉地反映出当时的实情。综言之，这些成文于魏末晋初的嬗代史记叙，已然呈露出作者不同的材料来源与撰作倾向。作为这段历史的上游文本，它们被后世史家视为可供采择的前代史料，以不同的方式重现于后来的历史书写中。

二、两晋史家笔下的本朝故事

对西晋王朝而言，魏晋嬗代的历史理应以本朝创立的视角加以呈现。经过司马懿父子三人的接续经营，司马炎完成嬗代已属水到渠成。在魏晋禅让的易代模式下，新朝权力的取得在名义上来源于世代积累的功业与德行。武帝受禅后，即追尊父祖为宣、景、文三帝，又令傅玄据汉时短箫铙歌之乐，改作二十二篇鼓吹歌辞。其中《灵之祥》到《惟庸蜀》的十篇，依次叙述宣帝佐魏诛孟达、抵御诸葛亮、讨灭公孙渊、拨乱反正（高平陵之变）、征讨孙吴，景帝“赏顺夷逆”开创洪基，文帝掌权、平定蜀汉、复五等爵制诸事，可谓司马氏“以功德代魏”的创业史诗。作为西晋王朝权力合法性的重要构建，国史记述中的“创业史”部分，与国家祭祀仪典中对先祖功业的追述承担着类似的功能，具有相当程度的同构性。

晋史中的晋三祖事迹书写，以陆机所撰《三祖纪》为最早。元康八年，陆机转任著作郎，始撰《三祖纪》[20]。其撰写体例，今仅见于陆机《晋书限断议》被《初学记》引录的残文：“三祖实终为臣，故书为臣之事，不可不如传，此实录之谓也。而名同帝王，故自帝王之籍，不可以不称纪，则追王之义。”[21]陆机实际上是以人物列传的形式载录司马懿父子事迹，而不像帝王本纪那样予以编年，这表面上是对三祖“为臣”之实与“追王”之名的调和处理，背后则隐含了他浓厚的家国观念：陆机身为吴人，不愿在晋史中将故国置于“伪朝”的名义之下，故要自司马炎灭吴之后，方才承认晋帝名位之实，兼并之前的三国遂各为鼎峙一方的偏霸之国[22]。《晋书·周处传》载晋人平吴后，面对王浑“诸君亡国之余”的讥讽，周处回击道：“汉末分崩，三国鼎立，魏灭于前，吴亡于后，亡国之戚，岂惟一人！”[23]可见这种“三国皆亡于晋”的观念并非陆机一人的独创，而是当时吴地士人在故国情结与自我防卫需要下出现的群体思想。陆机《晋纪》，《隋志》、两《唐志》皆有著录，然而在现存的东晋南朝文献中却未曾留下痕迹，连搜罗靡遗的《三国志》裴注、《世说新语》刘注也未尝引用，则陆机的晋三祖事迹书写，虽为晋史修撰的起始之作，却因为中朝丧乱的灾厄，中断了它在江左晋史追叙中本应起到的影响[24]。

晋史在江左的重新修撰，始于王导的提议。东晋朝廷于此时建立史官、追述“宣皇帝廓定四海，武皇帝受禅于魏”，意在为司马睿宣示正统，干宝领修《晋纪》，即以宣帝为起始编年记事。但从《文选》所载《晋纪论晋武帝革命》《晋纪总论》两篇文字来看，干宝将晋室代魏的合法性归于“天符人事”，让天命所归决定于现实中权势的转移，并无意为晋室受命作积德修仁的修饰。在追溯西晋衰落覆亡的源流时，干宝更是直言司马懿父子多所诛伐，逼魏禅让，“创基立本，异于先代”[25]。在东晋朝廷对史官“弱干预”的环境下，东晋人修国史普遍无所避忌[26]；但另一方面，晋史中对本朝创立故事的回护之笔也并不少见。除干宝《晋纪》外，尚有王隐、虞预、朱凤的数家纪传体《晋书》，后来臧荣绪《晋书》多从中取材[27]，今存唐修《晋书》又以臧荣绪《晋书》为蓝本而撰成[28]。清儒王鸣盛已指出《晋书·宣帝纪》中司马懿大破诸葛亮之语不实，原因在于臧荣绪和唐代史臣都照录前代晋史记载，将晋人于国史中的虚饰之词也一并沿袭下来[29]。今人亦指出晋代史官有意构建曹、马之间长期对立的历史叙事，“从侧面为司马氏代魏之举开脱责任”[30]，习凿齿《晋承汉统论》所言“宣皇帝官魏，逼于性命，举非择木，何亏德美”，即以此为论证前提[31]。在另一些场合，撰史者则有意在重要关节处有所回避，如魏明帝临终顾命之事，《晋书·宣帝纪》记载此事谓司马懿受诏飞驰入都，得受曹叡辅政之托[32]。此事又见《三国志》及裴注所引《魏略》《世语》《汉晋春秋》，诸书所载虽有细节上的差异，但均提及明帝罢免原初属意之曹宇、曹肇，急召司马懿入都，是在中书官员刘放、孙资的劝说下作出的决定。据郭颁《世语》，刘放、孙资与曹肇、曹献素有嫌隙，若如此，则二人劝明帝速召手握重兵的司马懿入京，当有借其权势制衡曹肇等人的考虑[33]。习凿齿作《汉晋春秋》，更据传闻之词，极言刘、孙二人构陷之事[34]。反观《晋书·宣帝纪》，在此紧要处竟罕见地以司马懿个人的限知视角进行叙述，其间曲折遂都得以回避不书。

与上述东晋初年的史著相较，孙盛《魏氏春秋》、习凿齿《汉晋春秋》更为后出，是在前史基础之上，对魏晋之际史事进行的又一次改作。前人论《汉晋春秋》，常常注意到其记述直率无隐的特质[35]，然而这种曲笔、直书的二元分判，也容易将视角局限于史家个人的道德勇气，从而忽略对其他因素的考量，因此有必要结合其撰述的具体情境，再作讨论。孙盛、习凿齿诸人对近代史的重撰，有桓温欲效仿魏晋故事，渐次以功业代晋的时代背景。檀道鸾《续晋阳秋》："（凿齿）在郡著《汉晋春秋》，斥温觊觎之心也。"[36]权臣进逼的紧张情势，是当时士人借史学撰作以正名教的直接动因，故孙盛载曹丕受禅，"舜、禹之事，吾知之矣"[37]，揭示汉魏禅让之实质；习凿齿亦直书"司马昭之心，路人所知也"[38]。这些记载颇有后人悬想渲染的成分，不可全信以为真，却切实地表露了史家试图通过近代史的重新书写，以警示权臣、裁正世风的热忱之心。

此外，《汉晋春秋》的记叙特别强调司马懿对于蜀兵的畏惧心理。诸葛亮与司马懿对垒渭滨之事，《晋书·宣帝纪》与《汉晋春秋》所记多有相同，不妨对比参看：

> （帝）与之对垒百余日，会亮病卒，诸将烧营遁走，百姓奔告，帝出兵追之。亮长史杨仪反旗鸣鼓，若将距帝者。帝以穷寇不之逼，于是杨仪结阵而去。……时百姓为之谚曰："死诸葛走生仲达。"帝闻而笑曰："吾便料生，不便料死故也。"[39]
>
> 杨仪等整军而出，百姓奔告宣王，宣王追焉。姜维令仪反旗鸣鼓，若将向宣王者，宣王乃退，不敢逼。于是仪结陈而去，入谷然后发丧。宣王之退也，百姓为之谚曰："死诸葛走生仲达。"或以告宣王，宣王曰："吾能料生，不便料死也。"[40]

《宣帝纪》所称"帝以穷寇不之逼"，显是晋人回护笔法的遗留，习凿齿叙写此段时，特意改写前人曲笔。又"死诸葛走生仲达"语，据刘知幾之说，首出于习凿齿笔下，则《宣帝纪》此句当是据《汉晋春秋》所记加以编入的。这种对司马懿畏惧蜀兵、不愿与之交锋的渲染，雷家骥指出其背后当蕴有"裁正桓温之意"[41]。彼时桓温正务以北伐作为增益个人声势，从而获取中枢政柄的手段，并非真正立志收复中原，故其用兵务求持重，长安咫尺而不渡灞水，卒取败于前秦便是其例，当时士人对此有目共睹。加之桓温常以司马懿一类人物自我期许[42]，则习凿齿如此记述，确是有感于现实情势而发。然而，东晋史家书写篡夺政治的无所避忌，无疑是对晋室"以功德代魏"叙事的一种偏离。尤其对直面魏晋嬗代史的习凿齿而言，西晋承统的正当性需要被重新解释。《晋书·习凿齿传》载录习氏的临终上疏及其《晋承汉统论》，向来广受注意。文中力主晋朝当“越魏继汉”，而《汉晋春秋》即为其正统观念在史著上的落实：“于三国之时，蜀以宗室为正，魏武虽受汉禅晋，尚为篡逆，至文帝平蜀，乃为汉亡而晋始兴焉。”[43] 习氏此论颇有罔顾事实、强饰其说之嫌，前人辨之已审[44]。然而在贬魏于闰位的主张背后，是习凿齿试图进一步对此指导国史修撰之意识形态，作一根本上的改变，此史学意图于《晋承汉统论》中表露得非常清晰：

> 除三国之大害，静汉末之交争，开九域之蒙晦，定千载之盛功者，皆司马氏也。而推魏继汉，以晋承魏，比义唐虞，自托纯臣，岂不惜哉！……若以晋尝事魏，惧伤皇德，拘惜禅名，谓不可割，则惑之甚者也。……即情而实，取之而无惭，何与诡事而托伪，开乱于将来者乎？[45]

在此前的晋史记叙中，“比义唐虞，自托纯臣”是三祖创业叙事的主流基调，习凿齿言其为“诡事而托伪，开乱于将来”，正表露出对这种处理方式的不满。而在其“三祖寓于魏室”的理论体系之下，不仅曹魏篡汉的事实可被明白揭出，更能让史家在魏晋之际的具体叙写中卸下“惧伤皇德”的顾忌，从而直接指向嬗代史的重新书写。习氏被征召典国史之时，适以病重将卒，临终前尤且顾念将其构想上疏朝廷，似有不得亲身行诸国史的遗憾，从这个角度来说，《晋承汉统论》实是习凿齿为东晋的国史修撰提出的一套理论构思。

三、唐修《晋书》的三祖叙事与材料删改

关于晋三祖的创业过程，唐修《晋书》三帝纪是如今可见最为完整的系统记述。在此之前，南朝齐处士臧荣绪已括东、西晋史为一书，晋代已有首尾完具的一家之史[46]，然而《修晋书诏》历数前代诸家晋史之不足，认为旧晋史“十有八家，虽存记注，而才非良史，事亏实录”[47]，计划重新修撰一个官方的定本。对繁杂的前史记述加以整齐铨次、重新写定，是唐修《晋书》一开始就已明确的任务。贞观二十年唐太宗下《修晋书诏》，二十二年即告成，前后历时不到三年[48]。经过臧荣绪、唐初史臣的两次整合与删改，过去不同时地形成的文本，在唐修《晋书》中糅杂而结构成一篇新的历史叙事。由于前代文献大多散佚，史料采择的具体情况已难以详知，然而根据如今残存的吉光片羽，尚可窥见后世史文中层累堆叠的文献样貌。

唐修《晋书》三帝纪的主体内容承袭自东晋史家，晋人书法的遗留往往可见，上文对此已言及数例。《晋书·景帝纪》述司马师废齐王事，几乎全据王沈《魏书》删写而来；述高贵乡公之立，其文曰“天子受玺惰，举趾高，帝闻而忧之”，又详细载录司马师的两篇训导之词[49]，很可能与前文同出于王沈《魏书》，只是裴松之在辨析后未加引录而已。李世民对司马氏代魏之举多有轻视，太宗君臣决无为司马氏回护的理由，《晋书》本纪如此行文，只能是唐初史臣成事仓促，而疏于推究比勘的表现。

时至后世，史料渐出，后出之作往往较前史更为详赡。孙盛《魏氏春秋》、习凿齿《汉晋春秋》多有前史不载的内容，晋史撰人为求详备，亦采摭其言，故习凿齿

“死诸葛走生仲达”之谚、孙盛“致巾帼妇人之饰”之言，也一并载入了唐修《晋书》。将《宣帝纪》高平陵事变部分与《三国志》裴注所引诸书对读，可知《世语》《晋纪》《魏氏春秋》乃至小说意味甚浓的《魏末传》所载，皆辗转进入了唐修《晋书》的叙事之中。然而裴松之注《三国志》，自谓“奉旨寻详，务在周悉，上搜旧闻，傍摭遗逸”[50]，意在存录众说，故罔不毕取，其照录王沈《魏书》，是因为司马师之上疏也是一则重要史料，有助于补史证史的缘故。而唐初史臣既追求内容的翔实，又不能对前史重新下考辨剪裁之功，于是在《晋书》的叙事中，诸家旧史记叙皆被视为可供采撷连缀、使史文更加详赡可观的材料断片，它们在其各自史著中的原有语境也因而隐没不见。

再者，传闻轶事之间常见抵牾，需要整理者排比众说，考辨铨择。王隐《晋书》载录司马懿托病拒绝曹操征辟事，《宣帝纪》文字与之情节有异，内容也有所增补：

> 魏武帝辟高祖，（高祖）以汉祚将终，不欲屈节于曹氏，辞以风痹，不能起居。魏武遣亲信令史，微服于高祖门下树阴下息。时七月七日，高祖方曝书，令史窃知，还具以告。乃重遣辟之，敕行者曰：“若复不动，便可收之。”高祖惧而应命。[51]
>
> 汉建安六年，郡举上计掾。魏武帝为司空，闻而辟之。帝知汉运方微，不欲屈节曹氏，辞以风痹，不能起居。魏武使人夜往密刺之，帝坚卧不动。及魏武为丞相，又辟为文学掾，敕行者曰：“若复盘桓，便收之。”帝惧而就职。[52]

与轶事性质浓厚的王隐《晋书》相比，唐修《晋书》不取密探识破司马懿装病的情节，而采纳“帝坚卧不动”的故事版本[53]，同时将两次征辟的具体内容穿插进“宣帝拒辟”的叙事格套中。《晋书·宣穆张皇后传》载有一个类似的故事：

> 宣帝初辞魏武之命，托以风痹，尝暴书，遇暴雨，不觉自起收之。家惟有一婢见之，后乃恐事泄致祸，遂手杀之以灭口，而亲自执爨。帝由是重之。[54]

传闻轶事往往衍生出许多情节相异的版本，张春华杀婢灭口一事无疑也是这个叙事套路的衍生品。司马懿曝书为婢女所见的桥段，恰与王隐《晋书》所载“令史窃知，还具以告”的情节发生了冲突，唐修《晋书》采纳“坚卧不动”之说，或许正是为了弥合不同记载之间的矛盾。唐初史臣将客观事实之记载，与传闻轶事相嵌套混杂，亦可见其只顾及文辞通顺、内容详备，而于史料叙事的信实程度则未加措意。

最后，《晋书》修撰所处的时代环境，亦在悄然影响史臣对前代史料的剪裁与取用。日本学者清水凯夫曾通过考察陆机、陶潜和王羲之的三篇传记，分析太宗意图对史臣材料取舍所起到的影响[55]。同样地，唐修《晋书》在《孝愍帝纪》后的史论中引录干宝《晋纪总论》而略有删弃，其中一部分属于文词的精简，但另有数处改动，当出于史臣的特殊考虑。以下加着重号文字，为《文选》存录而被唐修《晋书》所删者[56]：

昔高祖宣皇帝以雄才硕量，应运而仕……故能西禽孟达，东举公孙渊，内夷曹爽，外袭王陵。神略独断，征伐四克，维御群后，大权在己。屡拒诸葛亮节制之兵，而东支吴人辅车之势。世宗承基，太祖继业。军旅屡动，边鄙无亏，于是百姓与能，大象始构矣。[57]

史臣引录时有意挖除后半部分，对司马懿对抗吴、蜀之事只字不提。观李世民为《宣帝纪》所撰史论，可知史臣回避的缘由所在：

观其雄略内断，英猷外决，殄公孙于百日，擒孟达于盈旬，自以兵动若神，谋无再计矣。既而拥众西举，与诸葛相持。抑其甲兵，本无斗志，遗其巾帼，方发愤心。杖节当门，雄图顿屈，请战千里，诈欲示威……良将之道，失在斯乎！[58]

在他眼中，司马懿西征意在建立功名以自张权势，并无争战攻掠之心，所以才常常观望不前、贻误战机。史臣既知其意，有意避免干宝与皇帝的意见发生冲突。再如《总论》检讨宣、景创业翦除异己，及惠帝时八王之乱事：

武皇既崩，山陵未干，杨骏被诛，母后废黜。朝士旧臣，夷灭者数十族。寻以二公、楚王之变，宗子无维城之助，而阏伯、实沈之郤岁构。师尹无具瞻之贵，而颠坠戮辱之祸日有。……宣、景遭多难之时，务伐英雄，诛庶桀（《晋书》作“庶孽”）以便事，不及修公刘、太王之仁也。[59]

所删字句，皆关乎司马懿父子伐除英豪、惠帝时旧臣夷灭及宗室手足相残之类，而颇与唐初情形有所牵涉。李唐初立扫除群雄，自属“伐英雄”而创基之一种。李世民杀兄逼父取得皇位，十七年后太子李承乾又预有相似之举，“阏伯、实沈之郤”在代与代之间反复重现。而《晋书》修撰告成前数年间，先是功臣侯君集、张亮等均坐罪而死，后有李君羡涉妖被杀之事，旧臣陵夷，于斯可见。联系近事，《总论》中的这些字句极易让人从晋事联想及当下的纷争，所以史臣在转引时才有此自觉删弃之举，唐修《晋书》注意自我审查、回避时忌的性格亦借此而显现。

结语

魏晋之际这段特定的历史，自魏末以来便被不断地书写与重修，由于史料文本辗转承袭的性质，这些不同层次记载间的异同增损，正为我们提供了观察史家个性与其史著性格的适宜切口。史家以其个人裁识从事编述之间，又时而与时代相呼应，在历史记述中不断加入新的成分，从而作用于后人的认知与再撰。至唐初重修晋史，已有百川入海之势，诸家所载皆纳入其中，然而由于史臣铨综未当，虽然融汇众流，却有时依然淄渑可辨。

士人私家撰史风气的兴盛，是魏晋南北朝史学最引人注目的特征。由本文的探讨可见，当时士人将修史视为自身的名山事业，其著作常富个人的史学构思和主体表达，已非原初的史学意义所能涵盖。这种众声喧哗的活跃状态，在整个中国史学的发展历程中也是非常特殊的。其时王朝正史尚未被朝廷所垄断，士人并不认为朝代史撰修只能是官方的专属权力，永嘉渡江后王隐、虞预等人见晋史未成，有意裁成一代之史，想要借此获得个人声名之不朽，便是这一意识的体现。若唐修《晋书》不曾编撰，那么如今借晋史修撰留名后世之人或许就是臧荣绪。南朝梁阮孝绪《七录》记传录国史类收录史籍216种，举凡家国之史皆囊括在内，亦无后来官修朝代史与士人著述间的明显分判。在官方认可的正史意识出现之前，有志于此的史家都可以凭借自身的史学撰述在某一领域取得一席之地，在这个意义上，私人撰史的活力和官修史权威垄断的缺位是密不可分的。

唐修《晋书》是晋史纂修的终章，也是朝廷官修前代史的开场，唐前晋史记述复杂的文献状况，对这部史书的纂修产生了质料上的影响，又因其集体编撰的官方性质，出现了沿袭前史、取择不精及政治避忌等诸多问题。唐代以后，官方为前朝修正史成为固定模式，朝代史纂修也进入了新的历程。正史纂修主体从私家到官方这一重心转移的过程，此前大多是史学史层面的宏观论述，本文通过考察魏晋嬗代史之记述在数百年间的撰作与流变，以展现这段书写丰富的历史层次，亦冀为这段史学变迁过程提供一个文本观察的具体样例。

注释：

[1] 张舜徽：《广校雠略》，北京：中华书局，1963年，第8页。

[2] 自刘知幾《史通·采撰》发端以来，《旧唐书·房玄龄传》《四库全书总目》等对此均有论及，近年来对唐修《晋书》史源的讨论，参聂溦萌：《晋唐间的晋史编纂——由唐修〈晋书〉的回溯》，《中华文史论丛》2016年第2期。

[3] 孙正军《魏晋南北朝史研究中的史料批判研究》（《文史哲》2016年第1期）对此有详细评述。就魏晋嬗代史而言，仇鹿鸣《魏晋之际的政治权力与家族网络》（上海：上海古籍出版社，2012年）、权家玉《魏晋政治与皇权传递》（北京：社会科学文献出版社，2019年）、胡以存《"司马懿擒孟达"历史叙事流变探微》（《社会科学动态》2022年第2期）等，均对文献的源流所自与其形成环境予以充分注意；于溯《中朝往事——文献环境与司马氏创业史的形成》（载《中国中古史研究·第八卷》，上海：中西书局，2020年）则着重探讨文献环境对这段历史书写的影响。

[4] 相关考证参牛润珍：《汉至唐初史官制度的演变》，石家庄：河北教育出版社，1999年，第91～92页；朱维铮《王沈〈魏书〉的考证》，《复旦学报》2013年第2期。

[5]（唐）刘知幾撰，（清）浦起龙通释：《史通通释》卷十二《古今正史》，上海：上海古籍出版社，2009年，第322页。

[6] 对于《三国志》的史源问题，聂溦萌分析诸书的篇目设置情况，判断《三国志》首先以王沈《魏书》为蓝本，而与《魏略》差异较大，见聂溦萌：《中古官修史体制的运作与演进》，上海：上海古籍出版社，2021年，第12～15页。

[7]（晋）陈寿：《三国志》卷三十五《诸葛亮传》，北京：中华书局，1982年，第926页。

[8]《汉书·杨恽传》所载杨恽案奏文与此相似，可印证此点。见（汉）班固撰：《汉书》卷六十六，北京：中华书局，1962年，第2893页。

[9] (晋)陈寿:《三国志》卷九《夏侯玄传》,北京:中华书局,1982 年,第 299 页。

[10] (晋)陈寿:《三国志》卷九《夏侯玄传》,北京:中华书局,1982 年,第 302 页。

[11] (晋)陈寿:《三国志》卷九《夏侯玄传》,北京:中华书局,1982 年,第 301 页。

[12] (晋)陈寿:《三国志》卷九《夏侯玄传》,北京:中华书局,1982 年,第 299 页。

[13] (晋)陈寿:《三国志》卷四《三少帝纪》,北京:中华书局,1982 年,第 130 页。

[14] (晋)陈寿:《三国志》卷四《三少帝纪》,北京:中华书局,1982 年,第 129～130 页。

[15] (晋)陈寿:《三国志》卷四《三少帝纪》,北京:中华书局,1982 年,第 128 页。

[16] (唐)房玄龄,等:《晋书》卷二《景帝纪》,北京:中华书局,1974 年,第 27～28 页。

[17] 参[日]津田资久《〈魏略〉の基础的研究》,《史朋》1998 年第 31 号,第 10 页。

[18] (宋)高似孙:《史略》卷二,杭州:浙江古籍出版社,2015 年,第 276～277 页。

[19] 雷家骥:《中国古代史学观念史》,北京:北京师范大学出版社,2018 年,第 604 页。

[20] (唐)刘知幾撰,(清)浦起龙通释:《史通通释》卷一《本纪》,上海:上海古籍出版社,2009 年,第 34 页。

[21] (唐)徐坚:《初学记》卷二十一,北京:中华书局,2004 年,第 503 页。

[22] 李德林《答魏收书》已点出陆机此意。见(唐)魏徵等:《隋书》卷四十二《李德林传》,北京:中华书局,1973 年,第 1196～1197 页。

[23] (唐)房玄龄,等:《晋书》卷五十八《周处传》,北京:中华书局,1974 年,第 1570 页。

[24] 西晋束皙亦撰《晋书》帝纪、十《志》,遇乱亡失。(唐)房玄龄,等:《晋书》卷五十一《束皙传》,北京:中华书局,1974 年,第 1432～1434 页。

[25] (南朝梁)萧统编:《文选》卷四十九,上海:上海古籍出版社,1986 年,第 2186 页。

[26] 于溯:《中朝往事——文献环境与司马氏创业史的形成》,《中国中古史研究 · 第八卷》,上海:中西书局,2020 年,第 46 页。

[27] 臧荣绪《晋书》借鉴旧晋史的情况,参王超:《臧荣绪与〈晋书〉研究》,山东师范大学硕士学位论文,2015 年。

[28]《唐会要》"修前代史"述《晋书》史源:"以臧荣绪《晋书》为本,捃摭诸家及晋代文集。"(宋)王溥:《唐会要》卷六十三,北京:中华书局,1960 年,第 1091 页。

[29] (清)王鸣盛:《十七史商榷》卷四十四,北京:中华书局,2010 年,第 493 页。

[30] 仇鹿鸣:《魏晋之际的政治权力与家族网络》,上海:上海古籍出版社,2012 年,第 62～66 页。

[31] (唐)房玄龄,等:《晋书》卷五十二《习凿齿传》,北京:中华书局,1974 年,第 2156 页。

[32] (唐)房玄龄,等:《晋书》卷一《宣帝纪》,北京:中华书局,1974 年,第 13 页。

[33] (晋)陈寿:《三国志》卷十四《孙资传》,北京:中华书局,1982 年,第 460 页。

[34] (晋)陈寿:《三国志》卷三《明帝纪》,北京:中华书局,1982 年,第 113～114 页。

[35] 见(唐)刘知幾撰,(清)浦起龙通释:《史通通释》卷七《直书》,上海:上海古籍出版社,第 180 页。(清)章宗源:《隋书经籍志考证》,《二十五史艺文经籍志考补萃编》第 14 卷,北京:清华大学出版社,2012 年,第 38 页。

[36] 余嘉锡:《世说新语笺疏(修订本)》卷上之下,上海:上海古籍出版社,1993 年,第 258 页。

[37] (晋)陈寿:《三国志》卷二《文帝纪》,北京:中华书局,1982 年,第 75 页。

[38] (晋)陈寿:《三国志》卷四《三少帝纪》,北京:中华书局,1982 年,第 144 页。

[39] (唐)房玄龄,等:《晋书》卷一《宣帝纪》,北京:中华书局,1974 年,第 9 页。

[40] (晋)陈寿:《三国志》卷三十五《诸葛亮传》,北京:中华书局,1982 年,第 927 页。

[41] 雷家骥:《中国古代史学观念史》,北京:北京师范大学出版社,2018 年,第 335 页。

[42] (唐)房玄龄,等:《晋书》卷九十八《桓温传》,北京:中华书局,1974 年,第 2569 页。

[43]（唐）房玄龄，等：《晋书》卷八十二《习凿齿传》，北京：中华书局，1974年，第2154页。

[44] 参雷家骥：《中国古代史学观念史》，北京：北京师范大学出版社，2018年，第346～351页。

[45]（唐）房玄龄，等：《晋书》卷八十二《习凿齿传》，北京：中华书局，1974年，第2155～2157页。

[46]（南朝梁）萧子显：《南齐书》卷五十四《臧荣绪传》，北京：中华书局，1972年，第936页。

[47]（宋）王钦若，等编：《宋本册府元龟》卷五五六，北京：中华书局，1989年，第1571页。

[48] 岳纯之：《唐朝初年重修〈晋书〉始末考》，《史学史研究》2000年第2期，第38页。

[49]（唐）房玄龄，等：《晋书》卷二《景帝纪》，北京：中华书局，1974年，第28～29页。

[50]（晋）陈寿：《三国志·上注表》，北京：中华书局，1982年，第1471页。

[51]（宋）李昉，等编：《太平御览》卷三十一，北京：中华书局，1960年，第149页。

[52]（唐）房玄龄，等：《晋书》卷一《宣帝纪》，北京：中华书局，1974年，第2页。

[53]《宣帝纪》采用的故事版本又见《晋阳秋》。（宋）李昉，等编：《太平御览》卷七四三，北京：中华书局，1960年，第3300页。

[54]（唐）房玄龄，等：《晋书》卷三十一《宣穆张皇后传》，北京：中华书局，1974年，第948页。

[55]［日］清水凯夫：《唐修〈晋书〉的性质》，南京大学中国语言文学系主编：《魏晋南北朝文学论集》，南京：南京大学出版社，1997年，第50～80页。

[56]《晋书》字句与《文选》所引有细节上的不同，为避繁琐，此处以《文选》为本，仅就删改内容作大致标示。

[57]（南朝梁）萧统编：《文选》卷四十九，上海：上海古籍出版社，1986年，第2175～2177页。

[58]（唐）房玄龄，等：《晋书》卷一《宣帝纪》，北京：中华书局，1974年，第21页。

[59]（南朝梁）萧统编：《文选》卷四十九，上海：上海古籍出版社，1986年，第2179～2186页。

穿越地狱之门

——鲁迅与罗丹创作的图文互动关系

李金燕

（复旦大学中文系，上海，200433）

内容摘要：西方绘画、雕塑艺术对鲁迅的创作产生过重要影响。鲁迅最早创办《新生》杂志的名称及其封面插图《希望》显示了鲁迅与但丁“地狱书写”的相遇。而“地狱书写”作为鲁迅小说的重要内容，与罗丹的雕塑《地狱之门》在生命体验上又具有图文互动关系，但丁的“地狱书写”在这里成为二人间的一座桥梁：一方面，罗丹的雕塑《吻》取材自但丁《神曲》的地狱篇，成为《地狱之门》浮雕中的原型和主题；另一方面，《地狱之门》与鲁迅小说《伤逝》具有潜在情境与精神互文性特征。鲁迅与罗丹创作上的图文互动关系是以往研究所忽视的，因此，本文将“地狱书写”作为鲁迅小说叙事与罗丹创作主题间的关键连接点，从这一角度切入，探讨鲁迅文学创作与罗丹雕塑艺术之间的互文性，进而剖析鲁迅小说的审美艺术特质与思想来源。

关键词：鲁迅；罗丹；但丁；地狱书写；图文互动

在鲁迅创作中，“地狱书写”是其重要内容，其魅力主要表现在思想的深刻和艺术形式的独特上。这不仅因其根植于深厚的中国文化土壤，还多方面吸收了西方的文化艺术养料，具有跨文化的感染力。从某种程度上说，鲁迅笔下的地狱及其对地狱景象的描写，已经穿越了中西文化，融入世界文艺的大潮中，具有世界性和人类共同性的特征。本文认为，这一书写尤其在与罗丹雕塑艺术的图文互动中有较为突出的表现，然而在以往的研究中，此问题还未得到充分关注，究其原因在于人们通常只是习惯从精神和思想内容方面来考察他们的关系，而较少从不同艺术类型的相互影响中研究其共通之处[1]。本文将“地狱书写”作为鲁迅小说叙事与罗丹创作主题间的关键连接点，从这一角度切入，研究鲁迅文学创作与罗丹雕塑艺术之间的互文性。探究鲁迅创作的这一重要特点，有助于理解鲁迅作品的审美艺术特质及其思想渊源。

一、地狱洗礼：《新生》与乔治·瓦兹的画作《希望》

鲁迅在创作生涯中，一直对西方文学艺术保持高度的兴趣，先后接触到乔治·瓦兹（George Watts）、奥古斯特·罗丹（Auguste Rodin）、文森特·凡·高（Vincent van Gogh）和凯绥·珂勒惠支（Kathe Kollwit）等艺术家的作品，从中吸取了很多艺术养料与活力，并把它们灌注到自己的文学创作中。这在鲁迅的“地狱书写”中有多方面的体现。

19世纪以来西方文学艺术开始大量传入中国，使鲁迅能够接触到一些西方文学艺术作品，特别是在留日期间，他开始接触到大量西方著名画家的画作，并从中获取了很多思想与艺术资源。例如，鲁迅对于英国画家瓦兹的油画就情有独钟，对此，周作人曾提及，鲁迅还专门购买一册《瓦支画集》[2]。在瓦兹的画作中，最有代表性的就是《希望》，鲁迅后来筹划创办《新生》杂志时，就曾打算将《希望》作为杂志封面。

“希望”与“新生”是相通的，鲁迅拟办的《新生》杂志的名称及其封面插图《希望》，或隐或显地表现了鲁迅与但丁“地狱书写”的相遇及其关联。首先，《新生》杂志的命名沿用了但丁诗集《新生》的名字。鲁迅留日时期就购买了但丁的《〈新生〉和但丁抒情诗歌总集》[3]，据周作人回忆，鲁迅《新生》杂志的名字取自于但丁此书：“鲁迅的文艺运动的计划是在于发刊杂志，这杂志的名称在从中国回东京之前早已定好了，乃是沿用但丁的名作《新生》，上面并写拉丁文的名字。”[4]但丁在《新生》中主要抒发自己对恋人贝阿特丽切（Beatrice）的纯真之爱及因其溘然长逝而产生的悲痛心情，此书的写作既是对贝阿特丽切的悼念，也是但丁对自身如坠地狱般悲恸心境的一种自我纾解。其次，但丁对贝阿特丽切的爱终身不能忘怀，并深刻影响其后续创作，具体而言，其早年《新生》的创作实际上为晚年所写的《神曲》提供了重要的素材和情感积累。在《神曲》中，诗人维吉尔在贝阿特丽切嘱托下，引领但丁经过了痛苦的地狱、炼狱，终于在炼狱山顶见到贝阿特丽切，但丁在她的引导下，进行忏悔，并忘却以往的过失，最终在天堂中获得新生。地狱和炼狱是但丁迈向新生的必经之途，如果说，但丁的创作是一个脱胎换骨的过程，包含着一种从“旧我”到“新我”的转变，那么，但丁正是通过《神曲》并“穿越地狱”完成的。

《新生》既是但丁的，也是鲁迅的。《新生》杂志的概念来自但丁，表现了但丁贯穿于《新生》《神曲》中的一种艺术理念和文学理想，即人的灵魂只有历经地狱、炼狱的磨炼后才可以成为一个新的生命。这也是鲁迅对《新生》的理解，他论及《新生》杂志的命名时说：“名目是取‘新的生命’的意思，因为我们那时大抵带些复古的倾向，所以只谓之《新生》。”[5]鲁迅此时意识到，要想将人们思想中的恶念和痼疾清除，获得新生，其灵魂必须经历一番地狱的洗礼。所以，鲁迅把刊物取名《新生》，拟将瓦兹的画作《希望》作为《新生》封面，这表明了《希望》和《新生》之间的内在关联。在《希望》中，有一个女子坐在球面上，身体紧贴古琴，似乎在聆听琴声。据说，这个形象源自希腊神话中的海神，她的音乐源自波光粼粼的大海。如今，这位孤独的女神尽管身处困境，内心充满悲伤，但是并没有放弃自己对理想的渴望，依然怀抱着希望，继续自己的艺术追求。鲁迅之所以对这幅画如此喜爱，在于其拨动了自己的心弦。此时，他站在刚刚向他开启的现代社会大门前，一方面受到新文化和新社会的感召，内心滋生了新的理想；另一方面，渴望从世界新的文艺中获得力量，冲破旧有的传统文化的制约，在精神上获得新生。

然而《新生》没有办成，这幅名为“希望”的画没有派上用场，但可以肯定的是，“希望”和对“新生”的渴望已深深扎进鲁迅的心灵，催他奋进，引他反思。最明显的例子就是，多年之后，在心境最为悲观、沉浸在一种地狱般氛围中时，鲁迅又想起了瓦兹的画作《希望》，并提笔写下《希望》一文，表达内心的挣扎和渴望。在这篇散文诗的结语中，鲁迅引用裴多菲·山陀尔（Petöfi Sándor）的同题诗作《希望》的名言：“绝望之为虚妄，正与希望相同。”[6]尽管鲁迅没有把自己感受全部诉诸笔墨，但是透过艺术创作中的图文互动现象，可以更为深刻理解鲁迅此时的心情，“希望”不仅表现在现实的追寻中，而且植根于人类共通的艺术理想中。这里的“图”泛指包括绘画、雕塑、装置等美术创作，而“文”是指文学，即用语言文字作为介质的艺术创作。显然，在人类艺术史上，“图文互动”是一种普遍现象，是根植于人类不同感官之间的通感和联动活动，在艺术创作中生发诗与画、视觉意象与文学意象，乃至听觉意象、触觉意象间的相互触动、激发和综合延展的审美效果。在鲁迅文学创作中，则突出表现在其对西方绘画雕塑艺术创作的借鉴，鲁迅不仅从中获得审美享受，而且得到艺术启迪甚至精神启发，并将其融进自己的文学创作中，实现了不同艺术间的互动和通感。

二、鲁迅与罗丹：在《地狱之门》前相遇

就鲁迅“地狱书写”的西方文化渊源来说，罗丹的影响也是无法忽视的。作为19世纪艺术领域的开创者和现代艺术的奠基人，罗丹独异的艺术思想和风格为人类的艺术创新提供了源源不断的创作灵感。鲁迅历来注重译介外国美术思潮，在自己创办的刊物上，刊登有关介绍西方艺术研究的文章。尤其是，鲁迅很早就关注罗丹的艺术，并表现出极大的兴趣，是较早将罗丹的作品及艺术思想引介入中国的作家之一。他推介过不少与罗丹有关的研究著作，让中国读者了解罗丹的艺术创作和美学思想。据日记所载，鲁迅1925年2月3日购买了《罗丹的艺术》一书[7]，此后对于罗丹的兴趣就一直不减。例如，1928年，鲁迅在《奔流》杂志上刊登了有岛武郎《叛逆者——关于罗丹的考察》一文。这篇文章此前鲁迅就翻译过，但是没有译完，按照他自己的说法是：“作者的文体，移译颇难，又念中国留心艺术史的人还很少，印出来也无用，于是没有完工，放下了。”[8]后来鲁迅得知金溟若翻译了此文，表达了赞赏，且很快将其拿来刊出。同时，为了引起人们对罗丹的关注，鲁迅还向读者推介两本容易买到又价格便宜的外文书：*The Art of Rodin*（《罗丹之艺术》）和*Rodin*（《罗丹》）[9]。1929年，鲁迅曾计划通过朝花社出版《罗丹雕刻全集》，作为“引入世界上的灿烂的新作”推出，并在外国美术丛书《艺苑朝华》中刊登了广告，可惜，由于朝花社的停办，此计划最终没能实现[10]。

鲁迅对于罗丹所表现出的浓厚兴趣是值得关注的，这不仅表现在鲁迅的文学思考与罗丹艺术创作的共情与共鸣上，也表现在罗丹艺术创作与鲁迅“地狱书写”的关联上。

这里，也许首先要提到的是罗丹那件伟大的雕塑作品《地狱之门》。显然，鲁迅

之所以如此心仪罗丹，与罗丹艺术创作所表现出的人生感受和苦难精神相关，他从中不仅感受到了深刻的“人间苦”，而且获得了一种穿越地狱的生命体验——这最明显地表现在罗丹那件震撼人心的作品上——1880年罗丹受邀，为将成立的卢森堡博物馆创作一件巨型雕塑以装饰大门。罗丹最终将此创作定题为《地狱之门》（图1）[11]。这是一件无与伦比的精美艺术品，对于鲁迅来说具有特殊的意味。罗丹创作这一作品时，刚年满40岁，比鲁迅创作《狂人日记》时大3岁。年岁相近，这或许是鲁迅与罗丹产生心灵共鸣的一个因素。从文化意义层面上来说，如果说，罗丹创作《地狱之门》意味着一次对于人生永恒价值的悲剧性体验的话，那么，鲁迅创作《狂人日记》也是一次穿越地狱的文化探寻，他在这种地狱般的感受与体验中，发现了中国历史上的和现实社会中的“吃人”本相。

图1 ***The Gates of Hell***
（《地狱之门》）

与鲁迅创作《狂人日记》时期的状态类似，罗丹创作《地狱之门》也经历了艰难的过程。当时罗丹虽然在艺术创作上已取得一定成就，其作品在社会上引起很大反响，但仍要面对传统道德思想和艺术准则的制约和质疑，特别是当时社会主流学院派人士，他们坚持古典主义为正统，以模仿古希腊古罗马风格为尺度，对于新兴的、具有创造性的艺术创作持反对和压制态度，所以，有人极力反对接受罗丹的作品。因为罗丹的艺术主张恰恰与他们相悖，他主张艺术家要敢于面对社会和生活中的真实，艺术之美就是要传达出人心内在的真实，他说：

> 在一个名副其实的艺人面前，自然中的一切都是美的，因为他的眼睛能接受所有的外表的真，并能如在一本开展的画卷中，读到它所有的内在的真。
>
> 他只要一望人的脸孔，便可看到一个灵魂，没有一种神情可以蒙蔽他，矫伪或真诚，他都看得一样明白。[12]

正是出于这种艺术追求，1880年当罗丹接受卢森堡博物馆邀请之后，一反常规，拒绝了所有虚假、装腔作势的艺术风格，确定以“地狱之门”为题，通过刻画人类在地狱中的呼号与煎熬，来展示人性的真实及其灵魂的挣扎，突破了当时艺术观念中既定的美与丑的界限。巧合还在于，博物馆是历史记忆的储存地，走进博物馆，就意味着走进历史，而罗丹的《地狱之门》所呈现的就是“走进历史”的路径；而鲁迅的《狂人日记》也是在一种类似历史“博物馆”的文化语境中展开的，所呈现的正是一种历史的真相。作品中所写的狼子村，就是一种地狱的象征，狂人所经历的正是一次走进历史的文化体验。在这种体验中，鲁迅写下了如此震撼人心的文字：“古来时常吃人，我也还记得，可是不甚清楚。我翻开历史一查，这历史没有年代……满本都写着两个字是‘吃人’！”[13]

显然，通过罗丹《地狱之门》与鲁迅《狂人日记》的对比阅读，能够更深刻地理解鲁迅的用意。《地狱之门》是一件宏大的雕塑作品，它由186个人物组成，通过人物的裸露的身体及其复杂肢体语言，真实传达了人类的恐惧、痛苦、情欲、希望、绝望和死亡等种种复杂情感。里尔克就指出，罗丹创造了“无数的躯体”：“有些互相交接和扭作一团，像一些相咬的野兽般捆在一起，终于像一件物一般降到无底深渊里……有些身躯成串的、成圈的、成球的，像累累的葡萄般，里面流通着从痛苦的根儿升起的罪恶的甘液。”[14]同样，鲁迅《狂人日记》中先后出现的很多人物形象都生活在一种“吃人”氛围中，充满地狱中的鬼影魍魉，犹如群兽般扭咬在一起，传达了鲁迅对于中国社会中人的生存状态的真实感受。在这种情境里，四周布满了地狱的陷阱，死尸的冷笑，没有丝毫的生气，“我”所看到的尽是“青面獠牙人的笑”，这些人“话中全是毒，笑中全是刀。他们的牙齿，全是白厉厉的排着，这就是吃人的家伙”，到处闪烁着吃人和准备吃人的“鬼眼睛”[15]。这样恶狼一样的眼睛在《阿Q正传》的篇尾再次出现，“又凶又怯，闪闪的像两颗鬼火”，似乎要“穿透了他的皮肉”，进而“连成一气”并“咬他的灵魂”[16]。这种地狱般的氛围在小说《药》中也有描述，在一个漆黑的夜晚，华老栓的灵魂在阴惨惨的气氛中战栗，“许多古怪的人，三三两两，鬼似的在那里徘徊”[17]，充满阴曹地府的气氛。在这里，我们真切感受到坟场和地狱的氛围，体验到一种来自地狱世界的恐怖感。

三、但丁《神曲·地狱篇》：连接鲁迅与罗丹的一座桥梁

在这里，出现了但丁的魅影，他是连接鲁迅和罗丹的一座桥梁。

鲁迅未在作品中直接提及自己受到罗丹的影响，也没有谈论自己对《地狱之门》的感受，但是透过他对有关罗丹作品的搜集、介绍及翻译的情况，可以断定其对《地狱之门》并不陌生。从1928年9月所写的《〈奔流〉编校后记》就能看出，鲁迅对罗丹的作品，及其在世界范围内的传播与影响非常熟悉。在文中，鲁迅特别介绍了罗丹对世界艺术发展所产生的重要影响，指出很多别国的艺术家都争相学习罗丹，争取成为罗丹的第二人；他还指出，尽管罗丹在世界范围内产生了如此不同凡响的影响，但是在中国影响甚微。其实，在这之前，鲁迅通过书籍已对罗丹及其艺术创作有较全面的了解。鲁迅所购《罗丹的艺术》（*The Art of Rodin*）一书中有对罗丹艺术思想及其作品的详尽介绍，尤其是对《地狱之门》的评介：

> 在《青铜时代》《亚当》《思想者》和《地狱之门》中，罗丹揭示了自己被他如此尊崇的生命的神秘所迷惑。……沉思的“思想者”，当他坐在地狱之门上时，他那庞大的身躯，因为他的困惑而紧张。在那里，男人和女人的痛苦形象在被称为生活的狂热斗争的折磨中扭动着。[18]

而且，此书还附有罗丹为《地狱之门》创作的多尊雕塑，如《思想者》《吻》《亚当》《夏娃》等等。

在鲁迅译介的作品中，也有一些论及罗丹艺术的作品，其中就包括板垣鹰穗的《近代美术史潮论》。此书于1928年2月11日译完，其中有对罗丹的艺术风格深入的分析和阐释，还特别介绍《地狱之门》创作的来龙去脉：

> 奥古斯德罗丹（Auguste Rodin）从写实主义，取了他的悠久而多作的生涯的出发点。……这就是见于一八七五年以来所开手的《地狱之门》……《地狱之门》是从但丁的神曲得到设想，……从他的若干大作品——《亚当和夏娃》，《接吻》，《保罗和法兰希斯加》……和大铺排的浮雕所合成的大规模的构想，计画起来的。[19]

由此看来，鲁迅不仅对罗丹《地狱之门》相当熟悉，而且对于罗丹与但丁的关系也不陌生，尤其是对但丁的《神曲》与罗丹的《地狱之门》之间的关联，鲁迅有深刻的了解。这不仅为我们提供了连接鲁迅与罗丹心灵相通的一座桥梁，也成为进入和理解鲁迅“地狱书写”的一条路径。

正如板垣鹰穗所言，罗丹《地狱之门》艺术创作的一个重要来源就是但丁的《神曲》。显然，这也是鲁迅与罗丹艺术创作中发生共情和共鸣的一个来源，因为在鲁迅的“地狱书写”中不但可以发现罗丹的影子，而且能够感受到但丁对于他们两人的影响。鲁迅在留日期间就接触到了但丁，随后还收集了一系列有关但丁的书籍，不但熟悉但丁的创作史和研究史，而且在创作和翻译中常常提到他。例如，在《摩罗诗力说》中，鲁迅在引出摩罗诗人的概念前就先提到了但丁，他虽然未将但丁放于摩罗诗人之列，但鲁迅认为他身上具有摩罗诗人的精神。摩罗也就是撒旦，是生活在地狱的魔鬼。鲁迅与但丁在地狱的边缘相遇，在精神上有很强的共感和共情。

由此，但丁成了一个连接东西方不同文化语境的纽带，而但丁的《神曲·地狱篇》则成为对罗丹和鲁迅都产生深刻影响的重要西方文学作品，而且也是艺术交流中连接鲁迅与罗丹的一个中介。据史料所示：“罗丹为《地狱之门》做准备的研究确实是惊人而极其彻底的，超过了19世纪其前辈和同代人对但丁文本的兴趣。……他对但丁的兴趣大部分是集中在地狱的主要情节。”[20]事实也是如此，罗丹在着手准备《地狱之门》之初，就花了大量时间研究这本书，他曾说：“我有整整一年泡在但丁的书里，把他写的八层地狱一一画出来。”[21]可以说，但丁的《神曲》是罗丹《地狱之门》的文学底本，而罗丹的《地狱之门》则是《神曲》雕塑的某种呈现。

罗丹从《神曲》中获取了很多灵感。在《地狱之门》中，就展现了《神曲》中的一些重要人物和场景，深刻触动了罗丹的心灵，从但丁作品中罗丹领悟到一种深邃的悲剧精神，在对于历史和现实的反思中，形成了一种对人性及其存在状态的新认识。也许正因为如此，当有人质疑罗丹雕塑的裸体，与但丁《神曲》中“对恋人在陆地上拥抱的描述”不一致时，学者格夫罗伊（Geffroy）就为之辩护道：“这对雕像不是但丁的字面的说明，而是对故事‘永恒真理’的唤起。”[22]这里所说的“永恒真理”就是但丁在《神曲》中所表现的对于人性堕落的永恒救赎。

罗丹对于但丁的痴迷与鲁迅有一段时间痴迷《玉历宝钞》有点类似，鲁迅曾到处寻找《玉历宝钞》的版本，一次又一次描摹地狱中无常鬼的图像。无常鬼是一个频繁出现在鲁迅笔下的形象，也是绍兴民间目连戏中一个重要角色，在这部讲述目连到地狱救母的戏剧中，无常是一个追求正义，敢于下地狱的文化英雄[23]。因此，鲁迅对无常鬼不断地书写和描绘，同样寄托了他对某种潜在的永恒价值的精神追求。当然，鲁迅对但丁的《神曲》也深有感触，尤其对于炼狱中的异端，具有一种感同身受的地狱体验。鲁迅说过：“那《神曲》的《炼狱》里，就有我所爱的异端在；有些鬼魂还在把很重的石头，推上峻峭的岩壁去。这是极吃力的工作，但一松手，可就立刻压烂了自己。”[24]可见，鲁迅的“地狱书写”与但丁的《神曲》存在许多共通之处。

四、穿越地狱之门的救赎：从《吻》到《伤逝》的图文互动

关于鲁迅“地狱书写”与但丁《神曲》的互文性，我们通过对于罗丹雕塑《吻》在跨界语境中影响的分析会有更细致的了解。罗丹的雕塑《吻》（图 2）[25]取材于《神曲》中的两个人物保罗·马拉泰斯塔（Paolo Malatesta）与弗朗切斯卡·达·里米尼（Francesca da Ravenna）的故事。这是一对敢于冲破世俗束缚的情侣，弗朗切斯卡是拉文纳城主奎多（Guido da Polenta）的女儿，其父亲为了巩固政权，为其安排了政治联姻，将她许配给意大利里米尼城主马拉泰斯塔（Malatesta da Verucchio）之子乔凡尼·马拉泰斯塔（Giovanni Malatesta）。乔凡尼外貌丑且身患残疾，为了获得婚姻，他让弟弟保罗冒充自己去与弗朗切斯卡约会，获其芳心。当弗朗切斯卡发现自己被骗后，仍暗中与保罗约会。可乔凡尼得知后，就暗中谋划在弗朗切斯卡与保罗约会时，将这对正在热吻的爱侣杀死。这一爱情悲剧在但丁《神曲》中得到了展现，成为后来众多艺术家表现的主题。

图 2 *The Kiss*（《吻》），1888—1889. Marble，183.6×110.5×118.3cm. Musée Rodin，Paris.

显然，这是一种富有同情心，但却依然难逃宗教审判的悲情展现。这对情侣最终被打入地狱，灵魂在地狱中继续忍受巨大的痛苦。在《神曲》中，“我”在凄惨中听完弗朗切斯卡的诉苦后，这样说道：

> 我不由得把头低低垂落，
> 这时，诗人对“我”说：“你在想什么?”
> 我答道：“唉！多么缠绵的情思，
> 多么炽烈的欲火，
> 这使他们犯下惨痛的罪过！”[26]

罗丹据保罗与弗朗切斯卡的原型，不但创作了那尊名为《吻》的大理石雕塑，而且在《地狱之门》的左侧以浮雕的形式展示这对恋人炽热的禁忌之爱（图 3）[27]。有研究者就指出，“像《吻》这样的作品，罗丹用他自己的术语，实现了雕塑美的重新定义。……《吻》揭示了美与灵魂并不排斥生命的表达，这种批判性价值的结合和重新定位，为罗丹的艺术感染力提供了基础和实质”[28]，它传达了一种跨越不同艺术界别的美的思考，通过图文互动呈现出一种新的艺术模式和理念。

图 3 《吻》浮雕来自《地狱之门》（局部）

与但丁的《神曲》不同，罗丹的《地狱之门》表达了对

弗朗切斯卡与保罗爱情遭遇的同情，并着重表现了他们的爱欲渴望及肉体魅力，不论对于“缠绵的情思”还是“炽烈的欲火”，罗丹皆无意进行宗教道德上的审判。也就是说，这种不可避免的悲剧，在罗丹看来，并非来自致命的拥抱和接吻，而是另有缘由。从这个意义上来说，罗丹对地狱情景的呈现，不仅超越了但丁式的妥协与平衡，而且突破了对人性善恶所作的传统的二元论断，对于人类原罪的救赎观念进行了新的思考，一定程度上弥合了人类灵魂与肉体分离的鸿沟。

无疑，这种对爱欲的压抑和灵肉分离的痛苦，也是 20 世纪初的鲁迅所面对的现实乃至切身体会，而对于爱欲的渴望与其所面对的强大的旧道德壁垒，则是每一个被新思想唤醒的知识者难以摆脱的梦魇。这在鲁迅的小说《伤逝》中就有深刻的揭示：《伤逝》中子君和涓生的故事所表达的灵肉结合的人性渴求及其悲剧结局，与来自《神曲》的保罗与弗朗切斯卡的遭遇相似，具有跨文化的相通性。在《伤逝》中，子君和涓生真心相爱勇敢冲破家庭樊笼走到一起，为此，他们承受了来自传统道德观念的压抑和诋毁，“时时遇到探索，讥笑，猥亵和轻蔑的眼光”[29]，而亲人的劝告与疏离，友人的隔绝与嫉妒，还有众多的流言，几乎把他们推上了社会传统道德的审判台，使他们的生活陷入了绝境。

在鲁迅曾阅读过的《罗丹的艺术》一书中，维因伯格（Weinberg）有一段关于罗丹雕塑《吻》的评论：“在《巴尔扎克》之前不久完成的《吻》中，他表现了人体精致的外表，所有一切都随着温柔的情人的颤抖而颤动。”[30]书中还有对罗丹情侣雕塑所展示的强有力的生命状态进行的细腻评赏：“尽管思想者有所怀疑，但那充满青春活力的情人却抓住了似乎赋予生命意义的短暂时刻。他们的爱慕，他们的拥抱，他们对生命的渴望，他一次又一次地在萨提尔（satyrs）的异教徒的自由放纵中，疯狂地亲吻，大笑……”[31]事实上，罗丹当时的一些自由、大胆表达爱情的艺术作品在社会上招来不少攻击和谩骂，甚至有人给他的雕塑贴上“色情”“淫秽”的标签，也因此引来不少为其辩解的声音。史蒂文森（Stevenson）就曾为其辩护道：“罗丹绝对没有任何虚假迎合的伎俩，他的雕塑只是对爱之美的简单表达。……罗丹就像惠特曼（Whitman）在他的《草叶集》中一样，打开了通向爱情主题的艺术之门，就像辛劳、叛逆、战争和死亡的主题一样，以坦诚而虔诚的态度来对待它。”[32]

这本书对鲁迅的影响是明显的。鲁迅是在 1925 年 2 月 3 日购买《罗丹的艺术》一书的，几个月后（10 月 21 日）鲁迅就创作了《伤逝》，《伤逝》有罗丹及其雕塑《地狱之门》的影子。作为《伤逝》创作思想的来源之一，这个重要的细节在以往的研究中往往被忽视了。

但丁在《神曲》的《地狱篇》中所描绘的弗朗切斯卡所在的惩罚生前犯淫欲罪者的第二层“地狱”，是一个“连光线也变得喑哑的地方”，是一个“哭声震天之境”，地狱有“始终吹个不停”的“狂飙”，罪恶的亡魂随风“上下旋转，左右翻腾，苦不堪言”[33]。而在《伤逝》中，鲁迅也为我们描画了一幅地狱图景。

虽然《伤逝》中子君和《吻》中的弗朗西斯卡都是因爱而亡，但子君的痛苦更甚于弗朗西斯卡。与弗朗西斯卡在爱人的怀抱中死去不同，子君的死更为惨烈——她沉默决绝地走向“连墓碑也没有的坟墓”[34]，独自一人面对死亡，面对爱人的自私、懦弱与背叛，尤其是面对这个广大、空虚、冷酷的无爱人间世，这座活地狱。她死时没有人陪伴，更没有人送别，她的沉默即是她最凄厉的呼喊。

地狱处境不仅指子君所处的现实，那个“无爱的人间世”，也指子君死后涓生身心所堕入的地狱般的痛苦，如但丁在《神曲》中所写：“没有比在凄惨的境遇之中，回忆幸福的时光更大的痛苦。”[35]纵观全文，涓生的内心有着一个向着地狱坠落的旅程，子君死后，涓生才真正感受到了什么是“广大的空虚”和“死的寂静”，看到了“眼前的黑暗”，听到了“一切苦闷和绝望的挣扎的声音”[36]。这座“地狱”更深印在涓生的灵魂深处——面对子君的死，似是而非的忏悔或是自我辩解并不能减轻涓生的罪恶感，他明白只有“穿越地狱之门”，直面灵魂深处的拷问，经受地狱中“孽风”与“毒焰”的煎熬和洗礼，通过忏悔并乞求子君的宽恕，才能实现自我救赎：

> 我愿意真有所谓鬼魂，真有所谓地狱，那么，即使在孽风怒吼之中，我也将寻觅子君，当面说出我的悔恨和悲哀，祈求她的饶恕；否则，地狱的毒焰将围绕我，猛烈地烧尽我的悔恨和悲哀。[37]

他的审判不是来自现实，而是来自他的罪感，来自但丁式的地狱深处，或者说只有走过但丁的那片“幽暗的森林”，穿越罗丹的那座“地狱之门”，才能到达救赎的彼岸，感受到良知的召唤和内在道德的觉醒。但丁式救赎的方式也意味着涓生的未来难以避免成为一出不折不扣的悲剧——时时品味“抉心自食”的酷烈创痛，时时忍受阿鼻地狱的熬煎，这种在地狱中悲恸煎熬的情景，在《野草》中也历历在目：“我梦见自己躺在床上，在荒寒的野外，地狱的旁边。一切鬼魂们的叫唤无不低微，然有秩序，与火焰的怒吼，油的沸腾，钢叉的震颤相和鸣……”[38]

所谓“地狱书写”并非指涉鲁迅小说中对地狱意象的直接呈现，也包括对小说中那地狱般的情境和氛围的渲染，这种来自地狱的“鬼气”和“阴气”广泛存在于鲁迅的小说文本中，不仅有《伤逝》，还包括上文所论述的《狂人日记》以及《阿Q正传》《祝福》《药》《孤独者》《在酒楼上》等小说，均充满着一种地狱气息。我们能够从中感受到鲁迅这些作品与但丁、罗丹作品之间的心灵对话，以及某种或隐或显的图文互动效应。

结语

可以说，鲁迅创作的独特艺术魅力，很大程度上来源于不同艺术间的互动效应，使其作品不仅拥有隽永、生动的意味，而且具有强烈的视觉冲击力，尤其在那些表现地狱景象的书写中，某种独特的画面感常常被声情并茂地展现出来。如果从一种跨界语境进行分析，在这些视觉影像中，鲁迅、但丁和罗丹似乎云集在一起，他们虽然处于不同文化时空中，却共同面对着地狱的深渊，分别用小说、诗歌和雕塑一起拨动了艺术的琴弦，奏响一曲人类共同的生命之歌，哀悼同时又歌吟着人类渴望灵肉合一的苦痛或欢欣。

其实，这种图文互动现象，在较早的西方艺术创作和批评中就引起了关注。早在

17世纪，贺拉斯说过的“画如此，诗亦然”就被文学界普遍认可，而“诗人们尽量要将他们的诗写得像绘画那样具体、逼真”[39]，“如画的诗”亦成为诗人技巧达到顶峰的表现。莱辛的《拉奥孔》就是针对这种情形而写成的，他力图从理论观念上厘清文学与绘画的界限，因此《拉奥孔》扉页以《论绘画与诗的界限》为其副标题[40]。可是，尽管莱辛的论说精彩绝伦，但并未能在诗与绘画之间划定一条明确的界限，反而促使了造型艺术与语言艺术之间更为紧密的互动，使得绘画和诗歌艺术得到了更为广阔的相互彰显的空间。显然，罗丹的艺术创新也融入了图文互动的效应，这在他对但丁《神曲》的感悟和借鉴中不难得到印证。在创作中，罗丹受到了语言形象的启发，把但丁笔下的地狱场景融入雕塑之中，用一种视觉和触觉方式呈现出来，在诗与画（雕塑）的互动中创造了艺术奇迹。而鲁迅的“地狱书写”同样表现出了一种与罗丹艺术创作相关的图文互动效应，在文字叙述中充满动态的视觉，甚至声觉意象，为读者提供了多种艺术手法互渗融通的审美范例。

＊本文系国家社科基金项目“‘文心’嬗变及其文化审美机制研究”（19BZW025）；中国博士后科学基金第74批面上资助（2023M740737）的阶段性成果。

注释：

[1] 如崔云伟《人在世界中——关于鲁迅与罗丹的生存论思考》一文论述了鲁迅和罗丹之间的精神联系，值得借鉴，但对作为一种不同艺术类型的互动现象，还有待进行深入研究。参见崔云伟：《人在世界中——关于鲁迅与罗丹的生存论思考》，《鲁迅研究月刊》2013年第4期，第45～54页。

[2] 参见周作人：《新生》，《周作人散文全集》第11卷，桂林：广西师范大学出版社，2009年，第550页。

[3] 参见姚锡佩：《鲁迅探求的意大利文学新源》，《鲁迅研究月刊》1991年第4期，第59～61页。

[4] 周作人：《再是东京》，《周作人散文全集》第12卷，桂林：广西师范大学出版社，2009年，第615页。

[5] 鲁迅：《呐喊·自序》，《鲁迅全集》第1卷，北京：人民文学出版社，2005年，第439页。

[6] 鲁迅：《希望》，《鲁迅全集》第2卷，北京：人民文学出版社，2005年，第182页。

[7] 参见鲁迅：《日记十四（1925年2月3日书账）》，《鲁迅全集》第15卷，北京：人民文学出版社，2005年，第551页。

[8] 鲁迅：《〈奔流〉编校后记》，《鲁迅全集》第7卷，北京：人民文学出版社，2005年，第174页。

[9] 参见鲁迅：《〈奔流〉编校后记》，《鲁迅全集》第7卷，北京：人民文学出版社，2005年，第174页。

[10] 参见鲁迅：《〈艺苑朝华〉广告》，《鲁迅全集》第7卷，北京：人民文学出版社，2005年，第481～482页。

[11] R. M. Rilke, *Auguste Rodin*, New York: Parkstone Press International, 2011, p.14.

[12] [法]奥古斯特·罗丹口述，保罗·葛塞尔执笔：《罗丹艺术论》，傅雷译，上海：上海译文出版社，2019年，第25页。

[13] 鲁迅：《狂人日记》，《鲁迅全集》第1卷，北京：人民文学出版社，2005年，第447页。

[14] 参见[奥]里尔克：《罗丹论》，梁宗岱译，刘志侠校注，上海：华东师范大学出版社，2016年，第33页。

[15]鲁迅:《狂人日记》,《鲁迅全集》第1卷,北京:人民文学出版社,2005年,第446～448页。

[16] 鲁迅:《阿Q正传》,《鲁迅全集》第1卷,北京:人民文学出版社,2005年,第552页。

[17] 鲁迅:《药》,《鲁迅全集》第1卷,北京:人民文学出版社,2005年,第464页。

[18] L. Weinberg, *The Art of Rodin*, New York: Boni and Liveright, INC, 1918, p.29.

[19] [日]板垣鹰穗:《近代美术史潮论》,北京鲁迅博物馆编:《鲁迅译文全集》第3卷,鲁迅译,福州:福建教育出版社,2008年,第366页。

[20] A. Audeh, *Rodin's Gates of Hell and Dante's "Divine Comedy": An iconographic study*, The University of Iowa Ph.D.Dissertation, 2002, p.76.

[21] [法]比奈:《罗丹:激情的形体思想家》,周克希译,上海:上海译文出版社,2002年,第38页。

[22] D. G. Rosenfeld, *Auguste Rodin's Carved Sculpture* (Volumes Ⅰ-Ⅲ), Stanford University Ph.D. Dissertation, 1993, p.532.

[23] 参见李金燕:《目连戏:观照鲁迅创作与思想的一面镜像》,《湖北民族大学学报》(哲学社会科学版)2023年第4期,第131～138页。

[24] 鲁迅:《陀思妥夫斯基的事:为日本三笠书房〈陀思妥夫斯基全集〉普及本作》,《鲁迅全集》第6卷,北京:人民文学出版社,2005年,第425页。

[25] R. M. Rilke, *Auguste Rodin*, New York: Parkstone Press International, 2011, p.82.

[26] [意]但丁:《地狱篇》,《神曲》,黄文捷译,南京:译林出版社,2005年,第45页。

[27] R. M. Rilke, *Auguste Rodin*, New York: Parkstone Press International, 2011, p.19.

[28] D. G. Rosenfeld, *Auguste Rodin's Carved Sculpture* (Volumes Ⅰ-Ⅲ), Stanford University Ph. D. Dissertation, 1993, p.94-96.

[29] 鲁迅:《伤逝》,《鲁迅全集》第2卷,北京:人民文学出版社 2005年,第117页。

[30] L. Weinberg, *The Art of Rodin*, New York: Boni and Liveright, INC, 1918, p.31.

[31] L. Weinberg, *The Art of Rodin*, New York: Boni and Liveright, INC, 1918, p.34.

[32] L. Weinberg, *The Art of Rodin*, New York: Boni and Liveright, INC, 1918, p.35.

[33] [意]但丁:《地狱篇》,《神曲》,黄文捷译,南京:译林出版社,2005年,第42页。

[34] 鲁迅:《伤逝》,《鲁迅全集》第2卷,北京:人民文学出版社 2005年,第130页。

[35] [意]但丁:《地狱篇》,《神曲》,黄文捷译,南京:译林出版社,2005年,第45页。

[36] 鲁迅:《伤逝》,《鲁迅全集》第2卷,北京:人民文学出版社,2005年,第131页。

[37] 鲁迅:《伤逝》,《鲁迅全集》第2卷,北京:人民文学出版社,2005年,第133页。

[38] 鲁迅:《失掉的好地狱》,《鲁迅全集》第2卷,北京:人民文学出版社,2005年,第204页。

[39] 范大灿:《德国文学史》第2卷,南京:译林出版社,2006年,第175页。

[40] 见《拉奥孔》一书的扉页。参见[德]莱辛:《拉奥孔》,朱光潜译,北京:人民文学出版社,1984年。

《聊斋志异》与“鲁迅气氛”
——鲁迅小说的精神内面

于浩男

（陕西师范大学文学院，陕西西安，710119）

内容摘要：“鲁迅气氛”在文中用以指涉鲁迅小说中弥漫着的某些浓厚气氛，此种气氛不仅与《聊斋志异》深度关联，而且彰显了鲁迅小说的某些精神内面，这包括：死亡带来的极致寂静；情感失衡带来的多重痛苦；天涯沦落的宿命之悲；死亡逼视下的压抑与精神折磨等。鲁迅的小说通过为“鬼”立传以唤醒人的生命意志，这种由死知生的思想理路显示了鲁迅生命认知的生成逻辑。“鲁迅气氛”与“《聊斋》气氛”或“狐鬼气氛”具有明显的内在一致性，或者可以说，鲁迅和蒲松龄的创作之间有着一定程度上的精神互文性。因此，通过对《聊斋志异》和鲁迅创作文本的关联的细察，我们得以另辟蹊径重新体味鲁迅创作的情感逻辑、命运体验和死亡意识。从某种意义上，我们可以将“鲁迅气氛”作为探寻鲁迅思想的重要原点。
关键词：鲁迅小说；“鲁迅气氛”；《聊斋志异》；“狐鬼气氛”

在鲁迅的创作生涯中，不仅多次提及《聊斋志异》（以下统称《聊斋》），还多次购买此书[1]，其文学作品中也不乏《聊斋》的影子。鲁迅和蒲松龄有着诸多深刻的精神关联，可以说，二者的小说在人物、情境和思想上具有对话性的特点。因此，讨论鲁迅小说和《聊斋》的关联性乃至精神互文性，不仅是可行的，也是鲁迅小说研究绕不开的一个话题。

在现有的研究中，对于两者的关联性问题，多从题材、人物、主旨、艺术流变和语言等角度展开阐述，或仅就某一体裁和单篇作品将两者进行对比研究[2]。以往的研究主要采用宏观视角，止步于理论层面的概括而疏于对文本间具体关联的系统梳理。因此，本文以鲁迅小说为中心，尽可能发掘文本中与《聊斋》相近的篇目，细察两者在文本细处的关联和互文性，并以此为基础尝试对鲁迅小说进行新的解读，以彰显其小说先锋性与独创性。

本文认为，鲁迅小说在气氛的营造上与《聊斋》有着内在的一致性，甚至以《聊斋》为其创作资源。基于此，本文采用了“鲁迅气氛”的概念。“鲁迅气氛”的概念最早由周作人提出[3]，钱理群第一次阐释了其内涵，认为“所谓‘鲁迅气氛’，主要是指鲁迅的精神气质在小说里的投射”[4]。正如周维东所言：“对于‘鲁迅气氛’这样极度感性的概念，很难说哪一种说法代表了它的全部内涵。”[5]因此，本文所讨论的“鲁迅气氛”主要是与《聊斋》有着深度关联的鲁迅小说的一种浓厚气氛。事实上，正是在和《聊斋》的比较中，鲁迅小说中那些值得我们重新体味的精神内面和鲁迅思想的某些样态才得以更为鲜明地彰显，而本文试图发现的“鲁迅气氛”，也可以说是探寻并解析鲁迅小说复杂情感和丰富思想的重要原点。

一、情感体验中的失衡机制：死亡带来的极致寂静

鲁迅小说中的部分人物经历了爱人、亲人和友人的死亡，致使他们因情感需求无法获得满足而陷入情感的失衡和极致的寂静之中。由死亡带来的极致寂静气氛在《聊斋》中也有所体现，这反映了鲁迅和蒲松龄都有着某种失衡的情感体验，也彰显了鲁迅小说在情感逻辑上对《聊斋》的呼应。

鲁迅小说中的部分人物所处的环境，往往是院中长着一棵树（通常是槐树）的荒宅庭院或会馆，这种环境使小说散发着寂静的气氛。如在《呐喊·自序》中，S会馆院子里的槐树上缢死过一个女人，因而无人居住，而“我”就独自寓居在这里抄古碑[6]。这让人很容易想到《狐嫁女》中荒凉寂静的画面：“常见怪异，以故废无居人；久之，蓬蒿渐满……”[7]在《弟兄》中，“他”经过寂静的院落，被邻家古槐在地上的投影加重了阴郁的心情[8]；《狗·猫·鼠》则写到“我”躺在院子中的桂树下，担心桂树上会爬下一匹老虎来，于是“我”进屋去了，这时夜色更加黯然、寂静[9]。其实蒲松龄也经常设置这样寂静的场景：书生往往在一座长满枯木荒草的寂静宅院中与鬼魅遭遇，如《山魈》中孙太白的曾祖寓居在残破的柳沟寺，夜间万籁俱寂，他辗转难眠，忽然房门大开，进来一个身材高大的鬼[10]；《连琐》中的杨于畏移居到旷野旁，书斋墙外有很多古墓，杨于畏在寂静的夜间秉烛独坐，却听到了女鬼吟诗：“玄夜凄风却倒吹，流萤惹草复沾帏。”[11]可见，鲁迅小说和《聊斋》在弥漫着寂静气氛的场景描写上具有一种互文性。

值得注意的是，《伤逝》不仅描写了上述寂静的场景，还呈现了一种闭合回环的行文结构，从而将寂静推向了极致，即人物在寂静中渴望爱人—爱人死亡—极致的寂静。《伤逝》开篇便写涓生感到“会馆里的被遗忘在偏僻里的破屋是这样地寂静和空虚”[12]，于是期待子君的到来，而《聊斋》中的书生也常常是在寂静的宅院中等待花妖狐魅化身的佳人的到来，子君的形象与《聊斋》中散发着翰墨之香的女子有几分相似。在这里，鲁迅显然汲取了《聊斋》乃至中国传统文学中才子期盼佳人场面的描写，也显示了由鲁迅所代表的现代形态的中国文化所具有的“‘古今中外磨合’的特征（其中也包括对中国传统文化的批判继承）”[13]。

子君死后，涓生更是感到一切都是死一般的寂静，只能任凭“死的寂静侵蚀着我的灵魂”[14]，对于涓生而言，无论如何抉择，他与子君之间的感情都使他感到痛苦，子君死后，他更是连忏悔的机会也没有。换言之，死亡意味着失衡的情感是无法弥补的，因此涓生因再无找回爱人的可能，而陷入了一种极致的寂静之中，这和《聊斋》中因爱人离去而陷入寂静的书生十分相似。《荷花三娘子》中的莲女永别后，宗生也

像涓生一样只能独自想象着爱人的幻影却无法实现对话[15]；在《香玉》中，香玉永远地离去了，黄生昼思夜想，却只能“孤灯照晚窗。空山人一个”[16]。这都表明无论是涓生还是《聊斋》中的书生都遭遇着情感失衡的危机，而我们自然无法忽视这种危机与鲁迅-蒲松龄情感体验的联系。我们知道，写作《伤逝》时的鲁迅正面临着爱情的艰难抉择，他对于妻子满是愧疚，对于是否接受许广平也表现出复杂而痛苦的疑虑，涓生不彻底的爱情正是鲁迅情感体验失衡的表现。反观《聊斋》，书生在爱人永别后只能回到孤独和寂静中去，也正是蒲松龄情感体验失衡的反映，他也曾在寂静的书斋中想要佳人相伴，却无法实现。可见，情感失衡所带来的复杂的痛苦已经成了鲁迅小说与《聊斋》精神内面的重要元素。

何止是爱人，亲人和友人的死亡也使小说中的人物陷入极致的寂静。当《药》中的两位母亲在各自的孩子坟前哭泣时，她们周围的一切都是死一般的寂静[17]；宝儿死后，单四嫂子感到屋子变得又静又空，连鲁镇也完全陷入寂静之中[18]；而在魏连殳死后，“我”反复感到“一切是死一般静，死的人和活的人”[19]。永远失去了孩子和友人，使他们陷入了永远的寂静与情感失衡的状态之中，这也可谓是一种情感的悲剧。

友人死亡带来的极致寂静在鲁迅其他文体的作品中也有所体现。如范爱农死后，“我”独坐在会馆里想着他的死因，不禁感叹“旧朋云尽散，余亦等轻尘”[20]；《影的告别》中影子临行前的告别话语中无疑弥漫着极致的孤独和寂静气氛[21]，这也与《梦别》中的临别对话形成了呼应。在《梦别》中，玉田公在友人的梦中向其道别，并说自己要去很远的地方，于是便进入了石缝之中[22]。显然，两篇小说在对告别时机（睡到不知道时候的时候/梦）、告别者（影子/作为挚友的玉田公）、去向（远行）、目的地（黑暗里/幽暗的石壁裂罅里）的描写上，都高度相近。但更能引起人情感共鸣的是蕴藏在两篇小说中的情愫：自己的影子/知己将要永别，临行前来梦中倾诉衷肠，并流露出无尽的孤寂和手足无措。由此而言，“影”的告别就暗含了“劝君更尽一杯酒，西出阳关无故人”的文人话别时的隐痛。同时，在与外部世界的对话方面，鲁迅时常面临情感的失衡，从而陷入没有知音可以倾诉的极致寂静之中，这正是鲁迅心灵的炼狱，也是鲁迅苍凉孤寂的深刻体验。而《聊斋》的创作也是蒲松龄在极致的寂静与情感失衡的状态下进行的，当蒲松龄处在门庭凄寂的境地中时，只能慨叹：“知我者，其在青林黑塞间乎！”[23]我们又一次发现，情感失衡所带来的丰富的痛苦不仅是鲁迅小说的精神内面，也深蕴于《聊斋》的文本肌理之中，鲁迅小说与《聊斋》也由此彰显出深刻的精神关联。

正如蒲松龄一样，亲情、友情、爱情的失衡困扰了鲁迅一生，鲁迅难以找到平衡这些情感的方式，因而导致了他难以逃脱的痛苦。正因如此，当鲁迅将失衡的情感体验投射到作品中的人物身上时，往往将其表现得更为彻底和决绝：鲁迅直接将作品中人物的亲人、友人、爱人推向了死亡，使将死者无路可退，使生者无所寄托，进而陷入极致的寂静，即鲁迅在多部小说中反复提及的“死一般静”。这多少体现了鲁迅在面对死亡和情感失衡时的无奈，因而承认甚至赞颂死亡的自虐心理，有研究者指出鲁迅个性心理中有一种自虐因素，在此可以得到印证[24]。如此看来，无论是鲁迅还是其笔下的人物都只能在极致的寂静中咀嚼因情感的失衡带来的痛苦，小说中极致的寂静气氛因此生成，而他们的内心却根本无法回归平静，这是小说中人物的不幸，更是鲁迅的不幸，而这也正是通向鲁迅思想肌理和小说精神内面的一个通道。

二、永远的游魂：天涯沦落的宿命之悲

鲁迅不仅在死亡和由此带来的情感失衡面前表现得无可奈何，也在不可捉摸的宿命面前体验到了无力感。鲁迅小说中包括“我”在内的人物大多都无法抵抗宿命的安排，因而成为永远的沦落者，文本中也因此弥漫着浓重的宿命之悲。这种来自宿命论的悲剧性同样是鲁迅小说精神内面的重要元素，并显示了鲁迅和蒲松龄的精神关联。

作为知识精英的“我”，是鲁迅小说中的特殊人物，本身就难逃天涯沦落人的宿命。在《故乡》《祝福》《在酒楼上》《孤独者》等小说中，“我”不仅无法解决自我和他人遭遇的困境，而且只能被动接受事件的结果，甚至连自己的出路都无从知晓。诚然，如果仅就某一单篇而论，鲁迅小说结尾中“我”的离去的确蕴含着反抗绝望的意蕴，而当我们把鲁迅多部小说结尾中“我”的离去联系在一起考察时，便会发现“我”对绝望发出抗争的方式就是选择不断地离去，而并未真正实现对自我的突破。换言之，不断地离去表明“我”一次又一次地确证了宿命的不可抵抗，感受到自身对所处环境、所面对的人的无能为力。因此于“我”而言，选择离去也就一定程度上意味着走向天涯的沦落，其中暗含着沉重的宿命之悲。

除了“我”以外，鲁迅小说中的其他人物也遭遇着沦落天涯的宿命，甚至就此死去，这在《白光》中体现得尤为明显。科考落榜是陈士成沦落的开始，来自落榜的打击让他觉得自己的身躯已经涣散，于是责怪考官有眼无珠，愤然地抽出誊真的制艺和试帖，甚至觉得连一群鸡也在笑他[25]。陈士成在科考前想象的高中之时自家的屋宇全变新了的美好前程，此时也显得十分荒诞。这种对科考前后书生情态的描写与《聊斋》的一些篇目不谋而合，如蒲松龄在《王子安》中也用“楼阁俱成”来描写书生得志时的场面，而用“骸骨已朽”“大骂司衡无目……势必举案头物而尽炬之”，以及“想鬼狐窃笑已久”来形容书生的失意情态[26]。鲁迅和蒲松龄同样都通过刻画书生科场失意后财迷心窍的疯狂情态来呈现他们的沦落过程。因落第而近乎绝望的陈士成想起了祖母所说的祖基里埋着很多银子的话，于是燃起了挖掘金钱的欲望。对于这段描写的取材，周作人认为可能是取自新台门的子京掘藏几次终未成功的经历[27]，但我们在《司文郎》中也找到了类似的描写：王平子因科考不顺而穷困潦倒，宋生告知他屋后的地窖中埋着财物，可以挖出来使用，当财物被挖掘出来时王平子发现“盖王祖曾为南部郎……金其所遗也”[28]。在《八大王》中，蒲松龄也描写了冯生在旧宅挖掘财物的场面[29]。这里，鲁迅小说和《聊斋》的互文性再一次显现：陈士成和《聊斋》中的书生显然遭遇了同样落魄的命运，他们在寻不到出路的悲苦中都渴望祖上基业救济，可见四处辗转的鲁迅和一生清贫的蒲松龄都观照了他们这种滑稽无奈的心理。倘若再联想到“窄而霉小斋”中的沈从文、“清贫慰语”的郁达夫、孤身住在亭子间被房东驱逐的左联作家们等等，可以说，鲁迅笔下的书生也正是作为“零余者”的中国文人的典型。于是，对包括鲁迅自身在内的中国文人心灵史、命运史的“同情之理

解”，也就成了鲁迅小说精神内面的一种底色。

在对于死亡的描绘上，鲁迅“表现了一种惊人的爱恋，各种死亡的阴影爬满了他的小说的边缘”[30]。陈士成这一辗转科场的书生的归宿也终于和死亡、死尸联系在了一起，陈士成倾注了无数心血的科考及其背后的意义也在此被全部消解，留下的只有一段落魄书生的沦落史和因死亡而生成的幽暗与悲哀。这样，鲁迅小说中“同情之理解”的悲悯即成为一种无可抗拒的宿命之悲。

鲁迅小说中流露出的宿命之悲不仅体现在陈士成身上，吕纬甫、闰土、孔乙己、魏连殳、阿Q、祥林嫂、子君等人物都遭遇着同样难以逃脱的宿命，他们或是彻底的沦落，或是在沦落中走向死亡，终究都要服从命运的安排——鲁迅在小说中对人物命运的这种安排，的确耐人寻味。而反观《聊斋》，自然也不仅是《司文郎》《王子安》中弥漫着源自宿命之悲的气氛，《素秋》中的书生以落榜后默然死去而告终（正如陈士成）；《宦娘》《张鸿渐》《阿绣》中的鬼魅以独自沦落于天涯的宿命而告终；《叶生》《陆判》《李八缸》中的人物更是直接发出了对不可捉摸的宿命的悲叹。此外，《青梅》《云萝公主》《陈云栖》等篇目也都流露出了沉重的沦落天涯的宿命之悲。可以说，《聊斋》中这些永远沦落着的游魂正是鲁迅小说人物的一个侧影：这是身体的沦落，即身体处在不健康甚至死亡的状态之中，如孔乙己；这更是灵魂的沦落，如涓生、吕纬甫、魏连殳。小说中的人物面对广漠无爱的人世，面对找不到敌人的“无物之阵”，对自身遭遇无力回天，对他人遭遇爱莫能助，可以说，这种浓厚的宿命感、无力感与蒲松龄惺惺相惜。

宿命感像一条毒蛇时时侵蚀着鲁迅的灵魂，鲁迅小说中的宿命之悲来自他的怀疑论，这是一个怀疑论者的悲剧，使得鲁迅无法为其笔下的人物指明方向，而是以死亡、逃离、附就命运等作为小说的结局，这使得这种宿命之悲成为鲁迅小说鲜明的精神内面之一。但我们不能将此理解为鲁迅思想的缺憾，换言之，我们不能苛求鲁迅对这些内心冲突和思想矛盾进行更为理性的思考，以得出“正确”的答案，这并非一个文学话题。而潜藏于其文本背后的“鲁迅气氛”意味着他有着更为丰富复杂的精神世界，这更贴近鲁迅的生命本体和历史真实。有研究者指出，鲁迅想要通过小说来驱逐自身的“鬼气”而不能，因而停止了小说创作[31]，也可以说，鲁迅在面对自我与他人的宿命危机时表现出了手足无措，他可以将内心丰富的痛苦诉诸小说，但却难以在小说中寻求对现实困境的突破。某种程度上来讲，鲁迅停止小说创作意味着宿命之悲对他的吞噬——他需要去探寻新的自我安放和重生的方式，比如用杂文的方式。

三、阴阳两隔的精神折磨：死亡逼视下的压抑

与《聊斋》一样，鲁迅小说中的一些人物也有着与身边的人阴阳两隔的遭遇，他们背负着来自死亡的压抑与精神折磨，死亡的阴影笼罩着人物，也使小说弥漫着死亡逼视下的压抑气氛。鲁迅小说中对死亡及其气氛的书写与鲁迅的死亡意识有关。

死亡带来的压抑与精神折磨首先体现在因男女情爱问题导致的人物的死亡，留给生者的只有无法弥补的忏悔，这在《伤逝》中体现得最为明显。子君的死带给涓生的是无法摆脱的精神折磨，更是一种痛悔与自戕。这样的悲剧在《聊斋》中也有所体

现。如《葛巾》中的常大用对妻子的来历感到怀疑，于是前去察访，妻子得知后与他心生隔阂，毅然离去，常大用妻儿尽散，悔恨不已[32]；《爱奴》中的徐生醉中强行灌酒于爱奴，致其魂飞魄散，爱之反而杀之，哀悔无及[33]；在《冯木匠》中，由于冯木匠对少女的猜疑，导致了少女的永别，而生者也沉溺于无尽的悔恨之中[34]。正如《伤逝》一样，在这些悲剧中生者的悔恨与悲哀都使小说弥漫着死亡逼视下的压抑气氛。

由于不可抗拒的死亡，生者只能独自承受来自死亡威逼下的精神折磨。鲁迅在小说中设置了不少人物对“将死者”“已死者”感知的情节，写出了人物在死亡的逼视下感受到的压抑感。如：《祝福》中“我”的悚然、踌躇、吃惊、胆怯、逃离、不安、诧异、惊惶、负疚等心绪，都是围绕“我”对祥林嫂的发问和对其死去的预感而产生的；祥林嫂从“将死”到死去，都始终在逼视和压抑着“我”的灵魂；《弟兄》中的“他”听到靖甫的不祥之言感到不安，听到阴森古槐上的乌鸦叫而心惊肉跳，思虑后事时听到对面的寓客吟唱诡异而不详的曲子感到失望与愤怒，他因梦见床前站着一个满脸流血的孩子而惊惶，梦见为靖甫收殓背棺材以及孩子的哭嚷而发烦，这些都源自靖甫将死的事实带给“他”的精神折磨和压抑，使人感受到他心灵的疲惫与脆弱。在《药》中，华小栓不断的咳嗽声时刻提示着读者一个幼小生命即将到来的病亡，华老栓买人血馒头的路上感受到各式各样的阴险诡异，华老栓和华大妈从始至终都被小栓将死的阴影折磨着；《药》的文末，两位母亲在孩子坟前哭诉，则是死亡对他们最后的逼视，全文的压抑气氛至此达到高潮，宣告着人在死亡压迫下的弱小和无力。在《在酒楼上》中，弟弟和阿顺的死一直压抑和折磨着吕纬甫，死亡的压抑感更是贯穿于“我”和吕纬甫对谈的全过程；《孤独者》中则是以送殓为始终，祖母的死压抑着魏连殳，魏连殳的死又压抑着“我”。

“将死者”和“已死者”的人物及情节设置，以及由此引发的死亡压抑感，不仅存在于鲁迅的小说中，也存在于《聊斋》的文本中。鲁迅的小说《明天》中，对宝儿从将死到死去的描写使小说弥漫着一种死亡的压抑气氛。特别是宝儿死后，单四嫂子绝望地叫着：“宝儿，你该还在这里，你给我梦里见见罢”[35]；在《聊斋》的《鲁公女》中也有类似情节，张生在死去的鲁公女灵前哭诉：“九泉有灵，当姗姗而来，慰我倾慕。”[36]《明天》中写单四嫂子看见宝儿的鼻翼一放一收地扇动而不知所措，最后只能求救于何小仙[37]；而《聊斋》的《阿宝》中也有孙子楚将要断气，家人在焦急恐惧中想要求仙招魂的场景[38]。这都体现了生者渴求死者或将死者能够复活或康复的心情，这使文本中弥漫着挽歌般的死亡气息。

死亡的阴影以及由死亡带来的压抑气氛时时笼罩着生者，并影响到生者的生活方式。在《祝福》中，死去的孩子和两任丈夫时刻折磨着祥林嫂，并影响了她的行为方式与精神状态。死去的丈夫之所以成为祥林嫂沉重的精神负担，主要是由于她可悲的传统节烈和贞操观念；同样，《聊斋》中的寡妇乔女也难以避免这种贞操观念的禁锢，丧夫后的她虽然对孟生以心许之，却不敢逾矩，更不敢再嫁，而孟生的死无疑使她陷入寡妇再醮的两难处境，备受折磨。在这两个文本中，死者化身传统妇德的载体，压抑着丧夫后的祥林嫂和乔女，死者的幽灵时刻跟随着她们，迫使她们成为活死人——

死者的殉葬品。

显然，鲁迅笔下的死亡通常都以不可抗拒的幽暗力量造成人物的精神折磨，这种写作的偏好与鲁迅的死亡意识相关。鲁迅曾说："真的要死，是连这些想头也未必有的，但究竟如何，我也不知道。"[39]可见死亡是什么，恐怕连鲁迅自己也难以说清，况且鲁迅曾告诫友人少谈他的病，怕因某种不好的暗示对身体产生影响[40]。有学者认为，鲁迅是以对自己的生命意志进行强化的方式，使自己相信自己的生命是疾病和死亡一时无法战胜的[41]，或者说，鲁迅正是在死亡的威逼中体会到了生命的存在和意义。然而这种对鲁迅的死亡意识近乎玄思式的考量，多大程度上贴近了鲁迅的思想和小说文本呢？透过文本的细处，我们充分感受到了小说中的人物以及鲁迅内心深处面临死亡时的无力感、恐惧感，并非毫无畏惧的生命意志。鲁迅用死亡作为人物的结局，显然承受着来自死亡的紧逼和难以抗拒的宿命感和压抑感，小说中的人物以及鲁迅丰富而复杂的痛苦都与此有关。因此，死亡、死亡气氛以及由死亡带来的难以摆脱的阴影，成为鲁迅小说的又一精神内面。

余论：为"鬼"立传与鲁迅生命认知的生成逻辑

在鲁迅的小说中，死亡不仅使人物陷入情感失衡的痛苦，彰显了鲁迅情感体验中的失衡机制，而且加深了小说人物天涯沦落的宿命之悲。死亡书写联结着鲁迅的命运体验，流露出鲁迅的生命意识。与鲁迅小说上述精神内面相伴而生的，是小说中由死亡带来的不可承受之重，及其催生出的极致寂静、宿命之悲和压抑的气氛，这一气氛显示出某种幽深和奇诡，并与《聊斋》形成了密切的呼应。因此，从"鲁迅气氛"中，我们看到了"《聊斋》气氛"或"狐鬼气氛"，如果将其作为理解二人创作的关键，它同时通向鲁迅和蒲松龄的思想深处，"鲁迅气氛"也就成为我们体味鲁迅文学（不仅是小说）、探寻鲁迅思想的重要原点。

我们不禁追问，死亡以如此沉重的幽暗力量渗入了鲁迅小说的精神肌理，究竟体现了鲁迅怎样的死亡认知？进而言之，在死亡之力的威逼面前，鲁迅真就彻底无力了吗？我们不能对这一问题进行简单的判断。1918年，鲁迅刚刚发出"救救孩子"的呼声，仅一年后，他就先后将小栓、宝儿推向了死亡，在其后的作品中，孔乙己、陈士成等人也无一例外地先后走向末路，而此时的鲁迅正处在对启蒙有效性的质疑之中。到了写作《彷徨》的时期，他笔下死亡的阴影越发浓重，而此时的鲁迅不仅陷入了极端的悲观和虚无，同时，连续的发病、咳嗽甚至吐血也使他初步感受到了疾病和死亡的逼视。翻看这一时段的鲁迅日记便可以发现，鲁迅持续发病的时间和他在创作中将祥林嫂、魏连殳、子君、靖甫纷纷纳入死亡行列的时间竟是同时的。可见，鲁迅在进行最为深刻的生命体悟，或感知到自己身体患病、将死时，尤其偏向通过触及有关"死"/"鬼"的话题来叙述自己的笑中之泪，乐中之哀。只是，一方面，无论死亡以何种方式来袭，最终都让他显得那样无能为力；另一方面，原本想对病态加以疗救的鲁迅，却在其小说人物身上一次又一次确证了他们死亡的必然与合理。以至于有研究者认为此时的鲁迅已经陷入了无话可说，也无法通过在小说中分析自己来找回对社会和自我的把握的境地[42]。换言之，当鲁迅发现生者无法救治，疾病与死亡无法直视，自身的存在状态更是无法把握时，他便持续地将笔下的人物推向死亡，使他们成为“孤魂野鬼”。如此说来，鲁迅的部分小说又何尝不是像《聊斋》一样在为“鬼”立传。

也可以说，由自身病痛带来的身体感知，触发了鲁迅的死亡认知乃至生命认知，使其开始思考自我和他人如何存在的问题——这显示了鲁迅生命认知的重要生成逻辑，即由死而知生。如此说来，鲁迅执意要为其小说人物安排死亡的结局，正说明他十分明确，想要唤醒苟活者的生命意志，最佳方式便是将可怖而沉重的死亡摆在他们面前，通过为“鬼”立传，用由死知生的方式使其猛醒。从这种意义上来看，鲁迅不仅写出了国民精神的历史，显示出知识精英的“他审意识”，也对自我的生命有着充分的审视与认知能力，即，这不仅显示了他“创痛酷烈”也要“抉心自食”[43]的“自审意识”，也显示了他“从别国里窃的火来，本意却在煮自己的肉”[44]的勇气，尽管这需要他通过时时咀嚼宿命之悲的人生体验乃至从死亡的角度深味人生的方式来达成。这也意味着，当生者难以疗救，死亡所带给我们的影响和警示作用远比揭出病苦更为深远。

* 本文系国家社会科学基金重大项目“延安文艺与现代中国研究”（18ZDA280）、陕西师范大学研究生领航人才培养项目“现代性境遇中的延安知识分子研究”（LHRCTS23029）的阶段性成果。

注释：

[1] 参见鲁迅：《日记十二(1923 年)》，《鲁迅全集》第 15 卷，北京：人民文学出版社，2005 年，第 464 页。

[2] 相关研究参见吴金梅：《鲁迅与明清小说关系研究》，北京：中国社会科学出版社，2017 年，第 90～93 页；子衿：《鲁迅与〈聊斋〉》，《蒲松龄研究》2006 年第 4 期，第 5～12 页；刘俐俐：《鲁迅〈故事新编〉故事与小说的人类学思考》，《文艺理论研究》2013 年第 2 期，第 103～111 页。

[3] 参见曹聚仁：《北行小语 一个新闻记者眼中的新中国》，北京：生活·读书·新知三联书店，2002 年，第 36 页。

[4] 钱理群：《“最富鲁迅气氛”的小说：读〈在酒楼上〉、〈孤独者〉及其他》，《鲁迅作品十五讲》，北京：北京大学出版社，2003 年，第 59 页。

[5] 周维东：《边缘处的表达：再谈〈在酒楼上〉的“鲁迅气氛”》，《学术月刊》2018 年第 11 期，第 129 页。

[6] 参见鲁迅：《呐喊·自序》，《鲁迅全集》第 1 卷，北京：人民文学出版社，2005 年，第 440 页。

[7] (清)蒲松龄：《狐嫁女》，《聊斋志异会校会注会评本》卷一，上海：上海古籍出版社，2020 年，第 57 页。

[8] 参见鲁迅：《弟兄》，《鲁迅全集》第 2 卷，北京：人民文学出版社，2005 年，第 139 页。

[9] 参见鲁迅：《猫·狗·鼠》，《鲁迅全集》第 2 卷，北京：人民文学出版社，2005 年，第 242 页。

[10] 参见(清)蒲松龄：《山魈》，《聊斋志异会校会注会评本》卷一，上海：上海古籍出版社，2020 年，第 19 页。

[11] (清)蒲松龄：《连琐》，《聊斋志异会校会注会评本》卷一，上海：上海古籍出版社，2020 年，第 359 页。

[12] 鲁迅:《伤逝》,《鲁迅全集》第2卷,北京:人民文学出版社,2005年,第113页。

[13] 参见李继凯:《鲁迅:现代中华民族魂》,《鲁迅研究月刊》2018年第3期,第4页。

[14] 鲁迅:《伤逝》,《鲁迅全集》第2卷,北京:人民文学出版社,2005年,第131页。

[15] 参见(清)蒲松龄:《荷花三娘子》,《聊斋志异会校会注会评本》卷二,上海:上海古籍出版社,2020年,第753页。

[16] (清)蒲松龄:《香玉》,《聊斋志异会校会注会评本》卷四,上海:上海古籍出版社,2020年,第1691页。

[17] 参见鲁迅:《药》,《鲁迅全集》第1卷,北京:人民文学出版社,2005年,第471页。

[18] 参见鲁迅:《明天》,《鲁迅全集》第1卷,北京:人民文学出版社,2005年,第479页。

[19] 鲁迅:《孤独者》,《鲁迅全集》第2卷,北京:人民文学出版社,2005年,第107页。

[20] 鲁迅:《范爱农》,《鲁迅全集》第2卷,北京:人民文学出版社,2005年,第327页。

[21] 参见鲁迅:《影的告别》,《鲁迅全集》第2卷,北京:人民文学出版社,2005年,第167～170页。

[22] 参见(清)蒲松龄:《梦别》,《聊斋志异会校会注会评本》卷一,上海:上海古籍出版社,2020年,第439页。

[23] (清)蒲松龄:《聊斋自志》,《聊斋志异会校会注会评本》卷一,上海:上海古籍出版社,2020年,第3～4页。

[24] 参见吴俊:《暗夜里的过客:一个你所不知道的鲁迅》,上海:东方出版中心,2006年,第81页。

[25] 参见鲁迅:《白光》,《鲁迅全集》第1卷,北京:人民文学出版社,2005年,第570～571页。

[26] (清)蒲松龄:《王子安》,《聊斋志异会校会注会评本》卷三,上海:上海古籍出版社,2020年,第1354～1355页。

[27] 参见周遐寿:《掘藏》,《鲁迅小说里的人物》,上海:上海出版公司,1954年,第125页。

[28] (清)蒲松龄:《司文郎》,《聊斋志异会校会注会评本》卷三,上海:上海古籍出版社,2020年,第1207页。

[29] 参见(清)蒲松龄:《八大王》,《聊斋志异会校会注会评本》卷二,上海:上海古籍出版社,2020年,第952页。

[30] 袁盛勇:《鲁迅:从复古走向启蒙》,上海:上海三联书店,2006年,第111页。

[31] 参见王晓明:《无法直面的人生:鲁迅传》,北京:生活·读书·新知三联书店,2020年,第107页。

[32] 参见(清)蒲松龄:《葛巾》,《聊斋志异会校会注会评本》卷四,上海:上海古籍出版社,2020年,第1574页。

[33] 参见(清)蒲松龄:《爱奴》,《聊斋志异会校会注会评本》卷三,上海:上海古籍出版社,2020年,第1304页。

[34] 参见(清)蒲松龄:《冯木匠》,《聊斋志异会校会注会评本》卷四,上海:上海古籍出版社,2020年,第1578页。

[35] 鲁迅:《鲁迅全集》第1卷,北京:人民文学出版社,2005年,第479页。

[36] (清)蒲松龄:《鲁公女》,《聊斋志异会校会注会评本》卷一,上海:上海古籍出版社,2020年,第319页。

[37] 参见鲁迅:《明天》,《鲁迅全集》第1卷,北京:人民文学出版社,2005年,第474页。

[38] 参见(清)蒲松龄:《阿宝》,《聊斋志异会校会注会评本》卷一,上海:上海古籍出版社,2020年,第255页。

[39] 鲁迅:《死》,《鲁迅全集》第 6 卷,北京:人民文学出版社,2005 年,第 635 页。

[40] 参见冯雪峰:《回忆鲁迅》,《冯雪峰全集》第 4 卷,人民文学出版社,2016 年,第 307～308 页。

[41] 参见吴俊:《鲁迅个性心理研究》,上海:华东师范大学出版社,1992 年,第 195～196 页。

[42] 参见王晓明:《无法直面的人生:鲁迅传》,北京:生活·读书·新知三联书店,2020 年,第 112 页。

[43] 鲁迅:《墓碣文》,《鲁迅全集》第 2 卷,北京:人民文学出版社,2005 年,第 207 页。

[44] 鲁迅:《“硬译”与“文学的阶级性”》,《鲁迅全集》第 4 卷,北京:人民文学出版社,2005 年,第 214 页。

权力表征与空间秩序

——鲁迅小说的舟船空间书写

李卫国

（华中科技大学人文学院，湖北武汉，430070）

内容摘要：鲁迅小说中，舟船一方面是起串联作用的交通工具，为文本提供叙事动力；一方面又是微型空间，其空间体验关联着作者的失父情结与归宁心态，是人物活动、记忆及文化的载体。舟船空间的书写中内蕴着鲁迅对中国社会权力关系与秩序的思考，舟船空间的隐秘和公开性，前、中、后舱的界限和差异，隐含人物身份与命运走向。舟船的往返旅程隐含着启蒙的悖论，在新思潮鞭长莫及的偏远乡村，旧有的乡村权力秩序主宰着人们的行为，与之相应的旧伦理观念仍占据着人们的心灵，舟船的起点也是终点，作为中介的舟船虽航行于城乡之间，但其循环往返并未带来什么改变，仿佛陷入某种永远走不出的怪圈。本文以舟船空间为视点，不仅多维度地揭示了舟船空间的政治隐喻与内涵，也为鲁迅小说的文本解读提供一种新的视角和观察路径。

关键词：鲁迅小说；舟船空间；权力表征；空间秩序；政治隐喻

舟船作为一种物象，反复出现在鲁迅笔下，这与他在绍兴近 20 年的水乡生活和舟船体验有关。少年时他常随母亲乘船归家省亲，离乡求学与异地谋食中也多乘舟船往返，舟船为他提供了日常生活的写作素材和观察视角。舟船是人物活动的空间场域，“一个场景就是一个具体行动”[1]，鲁迅对舟船空间的书写隐含着对空间秩序和权力规训的思考和关注，舟船的形态、速度和空间区隔与人物心境、身份相关，也意味着秩序的构建和伦理分殊，一定程度上阻碍了沟通的对等性，使之呈现悖论和张力。空间构造和“体验空间、形成空间概念的方式，极大地塑造了个人生活和社会关系”[2]，舱内与舱外，前、中、后舱的区隔标识出等级和人物的身份界限。舟船空间兼具公共性与私密性，也具有漂泊感和隐逸感，是游玩、邂逅、密会、革命及文人记忆的载体，也往往与个人命运、乡村秩序等政治隐喻相关。鲁迅小说的舟船空间体验还暗含着他的失父创伤和归宁心态。1919 年他卖掉祖屋乘“两只四道明瓦乌篷船”[3]举家迁到北京后，失根感更甚，舟船是他记忆的停泊所，一叶孤舟航行在“世界”这片各种力量奔腾泛滥的海中，“永远在变动，永远在回潮，往返进退岁月不计其数”[4]。学界对鲁迅小说中的空间如酒馆、茶馆、庙、衙门、刑场、公堂和胡同已有涉及，多置于国民性反思及启蒙视角下，揭示其隐含的文化批判和文明批判，而对舟船空间书写少有关注。本文尝试通过对鲁迅小说舟船空间的分析，挖掘文本背后作者的隐秘心态、政治隐喻及其思想悖论。

一、舟船体验与归宁心态

绍兴水网密集，多水近海的环境使居民出行素以舟船为主，萧山跨湖桥遗址内，曾出土过八千年前的独木舟，足见古绍兴用舟船的历史之久。绍兴水运主要行驶的是曹娥江、浦阳江和三江水系航道，清末民初，绍兴就有专门的木帆船客运线，王天木经营曹娥到西兴的手摇客船业务，总长一百八十公里，船内有“统舱可供旅客睡卧，一次航程需 22 个小时左右”[5]的标示。民国元年，俞襄周和王清夫等人共同成立“越安轮船公司”，经营曹娥到西兴的长短途航运，那时“西兴是钱塘江南岸各市县到杭州的必经之地”[6]。鲁迅日记中常提到他从西兴往返绍兴，如 1919 年 12 月 4 日，他从杭州坐越安轮（木质船体机船）抵绍兴，二十天后又从西兴渡过钱塘江到杭州，转上海南站返北京，走的便是绍兴到两浙门户西兴的水上长途线，即萧绍水道，又名西兴运河。

鲁迅少时常随母归家省亲，《社戏》中称外祖母家是“乐土”，他不仅能得优待还可免于念书。鲁迅外祖父早就去世，外祖母辈分最大，舅舅也宠爱他，对他多听之任之，由于父亲不在此地，少了父权的规训和约束，“使‘子权’获得了较大程度的实现”[7]。但称之为“乐土”也是相对的，当祖父落狱、父亲病重、兄弟俩在此寄食被称为“讨饭”[8]时，他便是“恨这个社会”[9]的心态了。父亲虽然缺位，但父系权威并未消失，鲁迅关于舟船空间记忆的书写关联着他的父亲及父系权威。当父亲在时，子辈急于摆脱父权规训。《五猖会》中，“我”欲乘三明瓦大船去看庙会，父亲却要求背《鉴略》，兴奋的心情因“背不出，就不准去”的命令浇了冷水，以致后来庙会细节全忘了，只剩下“父亲就站在我背后”[10]的感受。对鲁迅来说，父亲既是一种倚靠及安全感的来源，也是一种束缚和威压，他想要自由但又有犯上的顾忌。《社戏》写在外祖母家，那些与自己年纪相仿但论辈分该叫叔或太公的，打闹起来，村里人也绝不会想到犯上，在这里，他的天性可以得到更好地释放。父亲离世后鲁迅有失权感，家族内分房和公议大事时，“这些名分上是长辈的人们，常常讥讽和欺侮鲁迅”[11]，对他呵斥威逼。在异地谋生返乡时，他面对辈分高的本家时变得敏感多疑，言语支吾，行动谨小慎微。因为对父亲的记忆有限，舟船便成了承载鲁迅父亲形象的道具。父权与父爱本来就有交织的一面，他对父亲既敬又畏，情感复杂，总体来看，他在观念上批判父权，情感上却思念父亲[12]。

本文将男女回家省亲、拜访亲友故知，或女子被夫家遗弃后回到娘家过程中发生的心理体验称为归宁心态，这种心态在故事情节中发挥着重要作用。“归宁”一词原通用于男女，到清朝时，用归宁表示“出嫁女子回娘家的用例大量出现”[13]，专指出嫁女回娘家，包括因被夫家遗弃后的被迫归家，本文用归宁心态指涉男性身上表现出的如出嫁女一般谨小慎微的心态。

鲁迅小说中归宁心态背后隐含着父亲的缺位。在有舟船书写的作品中，父亲的形象也多缺席，如《风波》中没有出场的七斤的父亲；《阿Q正传》中的阿Q，连姓都无法确认，更不用论及父亲是谁；《祝福》中的祥林嫂，大概率是童养媳，形同无父；《离婚》中的爱姑，父亲虽然在场，却在慰老爷客厅内几近失言，把决定女儿命运的权力让渡给了七大人，父权臣服于官威。失去父亲庇护后，孤儿寡母的生存空间受到挤压，出现他人代父行使权力的现象，如母亲、兄长和与父同辈的叔伯等族内人，这是“作为父中心‘孝’意识的横向延伸与纵向下衍”[14]，因此，父权的载体绝不仅仅是父亲。《祝福》中“我”虽回乡但故乡已没家了，房子没了，至亲都不在此或都亡故，父亲是缺位的。无家仍回，为的是祭祖，“四叔家里最重大的事件是祭祀”[15]。祭祖时，父亲在处即是自家祭祖处，族内大型祭祀每家都需人来，有父则父去，无父则子代父之责。没亲叔伯，或亲戚都不在此，虽然本家四叔与他的关系相对远些，但对他心态影响却大。鲁迅使用“本家”一词，是“有意识地在男性人物的支系上展开”[16]。“我”住四叔家有寄人篱下之感，处处小心，除和四叔陌生和话不投机外，更在于他比我长一辈，因父亲缺位与父同辈的四叔对我便有训导权，代替父权行事。在此“我”有着强烈的不适感，除拜望几个本家和朋友外，多是待在书房。听到内室有人谈话也不便进去，因为内室是一种界限，相对内室人，“我”仍是外来者，当隐约听到“谬种”等话后感到浑身不安，疑惧是在说自己，后和短工打听才得知是在说祥林嫂。这种小心翼翼和多疑敏感状态，与主人公“我”无家、无父、无根现状有关，类似出嫁女回娘家时的心境。对女子而言，生于父母之家，嫁为人妇后则依托男子之家，再回娘家省亲时便不如做姑娘时那般随性和自由，待太久也会被父母催离，所以需处处小心。而失父寄居在本家的“我”，便有这种女子归宁时的心态。“我”在新年吉庆中，强行压制住了内心的好奇，怕自己想问的事因不吉利而被制止，我不断察言观色，见四叔脸色肃然，又忽疑他嫌我，便说自己要走，趁早宽了他的心。这种紧张状态，是与“本家”间既亲又疏、若即若离的关系造成的。

女性形象的归宁心态则反映在《离婚》中。因丈夫找姘头和小寡妇，爱姑赌气发狠愤愤地说：“总要闹得他们家败人亡！”[17]她父兄为此曾到施家拆锅拆灶，但一晃三年，和不成，离也非所愿，不然慰大人四次说“散了好”也不会引起她的反感。爱姑希望丈夫离开姘头并给自己道歉，回归家庭，她的逻辑是：错在丈夫，自己嫁后很规矩且一礼不缺，丈夫没理由撇掉自己，更不能光明正大地和姘头修成正果。以往研究从妇女解放、反封建及争人权等角度切入，把她的屈服当作“资产阶级的软弱”[18]，属过度拔高，忽略了三年来的归宁心态对爱姑的影响。虽然最终结局是离婚，但闹是为了不离婚，谁知拖了三年丈夫仍不悔改。

三年来的归宁状态对爱姑婚姻结局影响很大。她和夫家闹，事情未解决前住在娘家，当她在慰老爷客厅瞥到了丈夫和公公，二人都“较之半年前偶然看见的时候，分明都见得苍老了”[19]。三年来一直被迫住在娘家，丈夫也不来接，几无联络，归宁令她处境尴尬，闹也不是，和也不行，离还不愿，事情这么悬置着使她想尽快有个结果，也好有个台阶下。僵持中，娘家人也经历了煎熬的心理拉锯。他的父亲庄木三上船时就已疲态毕现，“还是为她。……这真是烦死我了，已经闹了整三年……总是不落局”[20]，他现在只想快点结束此事而不论最终结果如何了。这回由城里七大人主持，爱姑六位兄弟没来，力量大减。跟庄木三一样，他们虽宠爱姑，但也想快点落局，因爱姑归宁后久居娘家，闹得附近村都知道。他们不同去，是因为适逢新年，去的人多了怕激化矛盾，更不易落局。没出发前爱姑就知道这回一定会终局，她虽占理，但裁决者却均站在男权立场，认为男人休妻天经地义，即使错在男方也可用钱弥补。在去庞庄船上，众人在船舱的交流，俨然是缩小版的慰老爷客厅的预演。在船舱中，庄木三颓唐着总共没说几句，见到七大人后更是近于失言，父权让渡于官威，只剩爱姑一人独自奋战。前四次慰老爷的说和都未能实现爱姑的诉求，事件看似在推进，时空上却不断循环并无实质进展。

在鲁迅的小说中，他在现实中的舟船体验和记忆被带入文本，成为场景展开、人物塑造和叙事的动力。舟船背后隐含着人物的归宁心态，这种心态与父亲的缺失相关，并影响着小说中人物的命运轨迹。

二、舟船空间和身份界限

舟船空间具有“结构统一”与“秩序鲜明”[21]的特征，且兼具私密和公开性。在长短途航线中邂逅、发生意外或接收各地消息，无论是私船还是公船，其形态、装饰及船上的空间划分和布局，均可侧面反映人物身份。而舟船空间区隔则暗含权力的运作，也一定程度上与人物命运密切相关。

在结构上，大一点的舟船如三明瓦、乌篷和航船等多有前、中、后舱，前舱和中舱皆可乘人；中舱宽敞可放凳搁几、茶具等，或隔开设有床，供人长途休息和坐卧；后舱则为船家盛物品、做饭或休息处。船舱虽有区隔，但不同空间之间是相通的。一般埠船多是中型船，有三舱可乘约 20 人，小的也可坐 15 人。周作人称，《离婚》中埠船是“白篷的中型的田庄船，两旁直行镶板，并排坐人，中间可以搁放物件”[22]，爱姑坐八三对面，正是如此。《风波》中，帮人撑航船每日往返市镇的七斤所撑的航船也是这种船。《故乡》中，我携母侄离乡时是乘坐的夜航船，它比埠船更大，有两层，分“坐席和卧铺”，傍晚时出发，翌日早晨可达。

《社戏》写“我”随母归省，平桥村很小且多数人不识字，“我”在此享受“客礼”般的待遇，凡事优先，大部分要求都能得到满足，相比成年后在北京看戏无人让座，花重金也无优待，故乡的回忆便更显美好。一番波折后，我们终于借到一条船，伙伴们陪“我”去赵庄看戏。“我”在船上的位置是最好的中舱，双喜和阿发负责前后篙，年幼的陪我坐中舱，较大的在船尾。船上的格局对应了人物身份地位的区分：为保护我的安全，年幼的陪着“我”，相互看着防止乱跑，以免意外落水，双喜还为“我”的安全打了包票，“船又大；迅哥儿向来不乱跑；我们又都是识水性的”[23]；其余的伙伴则去撑篙摇橹。很明显，“我”在这些孩子中处于中心位置，不仅因为我是客人，还因为我是读书人，读书人的优越感在小说中贯穿始终。摇船的粗事轮不到“我”，为满足我看戏的心愿，劳力的是他们，我只负责坐在舱中看风景、听水声，而未觉丝毫不妥。两支橹几人来回换，船已很快，但“我”仍觉得慢，直到他们换了四回手才看见赵庄。

到了戏台下，“我们这白篷的航船”不愿意“和乌篷的船在一处”，因为乌篷船里是“土财主的家眷”[24]。远离乌篷船并非因为“我”把自己当成阿发一样的平民身份，而是因为“我”是读书人，又来自大地方，读书人的优越感和清高，使“我”自认与乌篷船上的人不同。在“财主”前面加“土”字与读书人的“雅”相对，有贬抑之义。可以看出，“我”的观念中有一定程度的社会等级和权力划分的无意识。事实上，“我”和小伙伴们之间，即使同在一条船上，界限和等级也始终存在。在小伙伴心目中，“我”现在虽然还没做官，但将来很可能像六一公公预测的会“中状元”。小伙伴们在船头、船后撑篙摇橹，他们是劳力者，即使现在是伙伴，日后也避免不了分道扬镳，他们也会像成年的闰土一样，对着“我”叫“老爷”。即便日后的“我”会为此悲哀，但阶层的“厚障蔽”是很难打破的，这并非成年之后形成的，早在他们还是童年玩伴时就已埋下了伏笔。总之，“我是读书人”的心理空间，无意中划分了我与小伙伴及土财主的界限，这正如舟船空间的区隔和划分——我在中舱，伙伴们在船头或船后；而在戏台下，我的白篷船会远离乌篷船。

舟船空间的私密与公开性，前舱、中舱与后舱的划分，空间的突破与越界对人物命运有潜在的影响，这表现在《离婚》《祝福》和《阿Q正传》等小说中。《离婚》中爱姑和父亲刚上埠船，随着船里“嗡的一声”，舱内的空间格局被打破和重组，随即“空出四人的坐位来了。庄木三一面招呼，一面就坐，将长烟管倚在船边；爱姑便坐在他左边”[25]。爱姑是女性却坐到一群男人的中间，且是中舱，胖子上岸时是从中舱跳过去的，而前舱有两位拿念珠哼佛号的老女人。这说明原本男女乘客能分开来坐，但爱姑直接随父亲坐了中舱，因为中舱是船中重要的位置，类似于客厅，不仅位置好、空间大，而且私密性比前舱好，前舱则处于半开放状态。浙东风气开化早，但男女之防仍在，乘客们马上让出四个空位，一是因为庄木三进的高门大户有威望；二是因为爱姑是女性，男女得拉开距离。爱姑坐父亲左边，在社交场中“左”的位置重要，历史上尊左和尊右有变化，唐宋明清尊左，秦汉元尚右，《离婚》写的是清末民初的事，左为上位[26]。爱姑直接坐父亲左边，说明她性格粗犷，不拘小节，内心不够看重父权及其等级伦理。船舱中爱姑的空间越界有对男权秩序的挑战意味，不论有心还是无意，她对父亲如此，对丈夫和公公未必不是，后面直呼“老畜生”和“小畜生”便是佐证。

在船中舱，爱姑和八三、汪得贵、蟹壳脸有一番对话，参与过施家拆灶的八三支持“走散”，蟹壳脸说施家去年给慰老爷一桌酒席，意为吃人嘴软，他不看好爱姑此行。只有汪得贵为结识庄木三才支持爱姑，再加上父亲，三比二勉强胜出，她还有些底气。船舱俨然是微小型的慰老爷客厅，人物也大致对位，慰老爷对应八三，七大人对应庄木三，洋学堂少爷对应汪得贵，蟹壳脸对应木棍式男人。但在慰老爷客厅中，庄木三一句话没说等于弃权，与其说是“奴性和愚蠢，造成了农民特有的精神上的伤疤”[27]，不如说是“惟有读书高”的观念作祟，来时的路上魁星阁出现了三次便是暗示。木棍男人和蟹壳脸的突然插话改变了局势，只剩爱姑一人独自奋战，最终三比一败北，也预示了故事的结局。在船中舱，有熟人和庄木三镇场，众人对爱姑在空间上的越界之举基本上是包容的，但她误以为有理就能赢，真到了七大人客厅时，慑于七大人的威严，爱姑却不敢越界了。七大人基于对男权的维护，让女性承担了男子犯错的后果，而爱姑脑中最朴素的理是丈夫出轨应受责难，即使离婚，主动权也应在自己手里，而非被丈夫休掉。慰老爷将是非和伦理搅为一团，强行得出丈夫不对、公婆不喜、走散好的结论。爱姑看似反抗了权威，但她原本的目的是想挽救婚姻，让丈夫离开姘头回归家庭，未料适得其反，闹得个离婚的结局。作者将人物之间的权力及身份等级通过舟船空间的书写进行了揭示，事实上来时船舱的空间布局与人物身份就已暗示了人物未来的命运和结局。

在《阿 Q 正传》中，舟船空间的划分也暗示了阿 Q 的命运走向。辛亥革命余波给乡下带来一阵不安，城中举人三更四点乘大乌篷船来赵府，黎明走时被人看到。大乌篷船的前、中、后舱都宽敞，中舱私密性更佳，船内情形难以知晓。不久这事就被传得沸沸扬扬，夹杂着许多谣言。据赵秀才的邻居邹七嫂推测，来船是举人回乡寄存东西，大概是些破衣箱，里面不知道藏着什么，举人老爷也不知是否在船上。阿 Q 听到此事后，因见举人老爷如此惧怕革命，加上他那天喝了点小酒，便大嚷“造反了”。阿 Q 的命运就此转折，最终因此丢了性命。革命——对于不同的团体和个人来说——对象是不一样的，阿 Q 的革命是传统的造反，秀才和洋鬼子是投机，不同的人各自心怀鬼胎，彼此叠合又冲突，阿 Q 不幸成了牺牲品——革命的好处没得着，苦果却落头上。舟船空间的神秘和公开性隐喻了革命表里的张力，众人只看到革命的船头，舱内如何，甚至来者是谁都不清楚，只被神秘性裹挟着盲从，不仅被愚弄甚至还丢了性命。

《祝福》中的舟船空间书写同样暗示了祥林嫂的命运走向。没被婆家抓走前，在鲁四老爷家帮佣的祥林嫂生活一度平静，口边曾出现过笑影，人也白胖了。祥林嫂是在水边淘米时被婆家人强行抓到白篷船中拖走的，她的命运因此再度转折。抓祥林嫂的船，船篷是全部盖住的，这种白篷船即使是明瓦的也看不清舱里的情况，她像被捆了躺在船板上，遭受了严重的暴力。在这里，密闭昏暗的船舱空间隐喻了她未来的处境——阴暗、逼仄，俨然就是鲁迅笔下的“铁屋子”。她被捆扎了手脚甚或封上了嘴，不得出声也无处挣扎，是待人宰割的牲口。随水漂流的白篷船暗示了她此后的悲惨命运：一个孤单弱势的寡妇，处于社会秩序的底层，无依无靠，只能任由权力所操弄。

三、舟船隐喻与启蒙悖论

鲁迅小说中的舟船空间书写还隐喻着启蒙的悖论。作为中介的舟船航行于城乡之间，也在现实和记忆中重复往返，但表面上的连通并未带来根本性的变化。鲁迅对现实中的故乡并无好感，他怀着改变现状的强烈渴望对乡村大众进行启蒙，但归乡使他醒悟到，与对都市的影响不同，在偏远的乡村，新思潮鞭长莫及，阻碍启蒙的仍是乡村社会的权力秩序和伦理观念。正是这些旧道德旧观念占据着人们的头脑，操控着人们的行为。舟船的起点也是终点，舟船来来往往，循环往复，却是没有更新的往返，像陷入了一个永无止境的走不出的怪圈，正如《在酒楼上》中那个经典的比喻：

蜂子或蝇子停在一个地方，给什么来一吓，即刻飞出去了，但是飞了一个小圈子，便又回来停在原地点，便以为这实在很可笑，也可怜。可不料现在我自己也飞回来了，不过绕了一点小圈子。[28]

从舟船书写的视角切入鲁迅思想中的进化与循环、沟通与隔膜之间的相互交错关系，是考察其精神上的矛盾和启蒙悖论的一种新的尝试。

《阿Q正传》《风波》是与舟船和革命相关的两篇小说。革命打着以新代旧，推翻不合理，追求平等自由和利益重分等旗号，替代和轮换中暗含着进化的逻辑，但“新”胜于“旧”只是逻辑上的推演，对于现实而言却是混沌而复杂的。《阿Q正传》写革命军来了，城中举人乘船到乡下避难旋即又离去，引发一阵骚乱，一时之间各色人等都叫喊着“咸与维新”，不久便平静如旧。知县和带兵的依旧当权，职位改了新名而已，当完成名目革新和利益分配后便不再允许革命，否则便会被镇压和杀头。抢赵家的人打着革命的旗号，但和城里的革命党显然不是同伙。阿Q被兴师动众地抓捕和审讯，应是触及了城中革命党的利益，所以才被灭口，成了双方冲突的替罪羊。革命是启蒙的一个后果，革命的目的是进步和自由，但结果却换汤不换药，暴力失序循环往复，启蒙和进步成了虚妄。美国学者威廉·莱尔称鲁迅的小说往往在“故事开始时，种种人和事纷至沓来，进入行动；故事结束时，又回到原来的静止状态”[29]，亦指的是这种循环重复。在鲁迅笔下，舟船神秘的往返，三更来凌晨去，大乌篷船的船舱密闭，一切都遮遮掩掩，暗示了启蒙、革命和社会未来走向的晦暗不明。

《风波》中，故事以文人在酒船中感叹“田家乐”为开端，暗示“田家乐”只是表象，为稍后的风波埋下伏笔。乡村风波的背后反映的是“城市乱”，因为城市总上演政治闹剧。风波本指水上风浪，后引申为形势动荡或纠纷。《风波》中乡村的波澜是通过舟船带来的，七斤是从城里咸亨酒店得知皇帝又坐龙庭了，他的辫子也是不久前撑船进城被剪的，由此造成了家庭内外的风波。七斤在村里是受人尊重的人，首先，他经济条件不错，三代不摸锄头了，是非农人员；其次，他每日撑航船进城带来奇闻逸事，是村里人了解外界信息的来源之一。象牙嘴白铜斗六尺多长的湘妃竹烟管是他身份的标志，烟管的长短展现身份上的差异，有威望的人和长辈多抽长烟管。辫子风波后，村民对七斤的遭遇幸灾乐祸，因为他往常与人谈论城里新闻时，含着长烟管，模样太骄傲，对村民心理造成了不适。皇帝复辟闹剧只持续了十几天，传到鲁镇已是强弩之末，成了辫子有无的风波，之后七斤依旧撑船，重又得到村人的尊重。一切又回到原点，无论是启蒙，还是割辫子的“革命”，都是一个死的循环，像舟船在两个节点间的循环往复。

《故乡》中，“我”家的老屋已卖给他人，“我”乘船赶来为的是在约定期限内搬离。祖屋被卖后，现实的故乡成了虚指的“幻景故乡”[30]。鲁迅自1919年最后一次回乡后直到去世，整整十七年再未回去过，但去乡的失根感和漂泊感却透过舟船喻象得以寄托。小说以“相隔两千余里”和“别了二十余年”[31]表现时空的苍茫，舟船虽载着肉身回返故土，精神却留在异地扎根。在异地回忆故乡，回到故乡又想逃遁，精神上不断在归与逃间竞力，如同舟船始终是两地的中介，宿命般漂泊。“我”寄希望于儿时的玩伴闰土，试图通过他来缓解对故乡的陌生感，但“我”从他身上看到了他父亲的影子，在他儿子身上又看到他的影子，感到命运的闭环把他们围困在里面，一代代不断重复毫无希望可言。闰土撑船接送“我”时，也努力想与“我”交流，但面对“我”这个从小就是少爷，现在又是城里“老爷”的人，讲述自己的当下处境显得隔膜，所以他沉默片时便只顾吸烟。“我”不懂闰土的养家苦，如同闰土不懂“我”的精神苦，“我”觉得他麻木还崇拜偶像，把握不住自己命运。事实上，闰土自小就知道“我”是少爷，知道我们之间身份地位的悬殊，只是当时是孩子，还未社会化，身份感不强。但成人化的过程也是社会化的过程，很明显，二人经历了不同的社会化过程，多年后相见，昔日的“迅哥儿”已经蜕变为“五四”知识精英，而生活在乡村的闰土已然成为旧道德观念的载体，昔日的少年已经不再，只有地位的悬殊和精神的隔膜。“老爷”这个尊称不仅打碎了“我”有关乡土童年和谐美好的幻梦，也让“我”更深刻地体味到世事的变幻与沧桑，我们之间已经隔着一堵难以跨越的“可悲的厚障壁”[32]了。

童年与成人之间的时空相隔太远了，作为新式知识分子，故乡的人与“我”有着无法打破的隔膜，看似平平常常交往的表面下实际隐藏着难以跨越的鸿沟。乡村的权力结构和秩序是难以撼动的，这也是旧的伦理观念得以维持的基石，是阿 Q、祥林嫂、闰土等农民悲苦的元凶，这些都昭示着作为精英知识分子的“我”所见的启蒙的无力与失效。五四精英面临着的启蒙悖论，启蒙者与民众之间的相互不理解和隔膜，一直是鲁迅在小说中着力书写与思考的问题。在这些小说中，舟船空间与乡村空间往往是同构的，同样的封闭和窒息。对于成年后的闰土和“我”，舟船形成的关联只在当下会面的这一刻，而相对无言的陌生却使遥远的记忆无岸可靠。

结语

列斐伏尔认为，空间是“政治的，意识形态的，它真正是一种充斥着各种意识形态的产物”，它一向“被各种历史的自然的元素模塑铸造”，这一过程也是“一个政治过程”[33]。在鲁迅的小说文本中，舟船空间的区隔往往彰显着人物的身份与权力界限，这些差异对人物的言行和命运产生着重要影响。小说中的人物虽然也有突破界限的尝试和努力，但这种沟通与对话却停留于表面，因为深层的社会权力结构很难改变。无论是城乡之间，还是启蒙者和民众之间，界限隔阂始终存在，权力如毛细血管般运行，这也许就是鲁迅所处那个时代启蒙的悖论与宿命。舟船空间书写之所以反复出现在鲁迅小说中，是因为这关联着他的故乡文化情结及其原初的生命体验，也渗透着他对社会权力问题的关注。而以舟船空间作为观察视角，不仅有助于多维度解读鲁迅小说中有关空间书写的政治隐喻与暗示，也希望通过这一尝试为鲁迅小说的相关研究提供一种新的研究路径和参照。

注释：

[1] [美]利昂·塞米利安：《现代小说美学》，宋协立译，西安：陕西人民出版社，1987 年，第 6 页。

[2] [英]丹尼·卡瓦拉罗：《文化理论关键词》，张卫东，等译，南京：江苏人民出版社，2013 年，第 163 页。

[3] 周芾棠：《北上途中》，《乡土忆录：鲁迅亲友忆鲁迅》，西安：陕西人民出版社，1983 年，第

29页。

[4] [美]斯维特兰娜・博伊姆:《怀旧的未来》,杨德友译,南京:译林出版社,2010年,第28页。

[5] 浙江省上虞县交通局编:《上虞县交通志》,上虞:浙江省上虞县交通局,1988年,第146页。

[6] 蒋林欣:《"江河"体验与鲁迅的文学表达》,《文艺争鸣》2021年第1期,第41页。

[7] 李宗刚:《父权缺失与五四文学的发生》,北京:人民文学出版社,2016年,第229页。

[8] 周作人、周建人:《鲁迅的青年时代》,《年少沧桑:兄弟忆鲁迅(一)》,石家庄:河北教育出版社,2000年,第162页。

[9] 林楚君:《鲁迅热切关怀文艺青年》,薛绥之主编:《鲁迅生平史料汇编》第4辑,天津:天津人民出版社,1983年,第359页。

[10] 鲁迅:《五猖会》,《鲁迅全集》第2卷,北京:人民文学出版社,2005年,第271页。

[11] 刘再复:《鲁迅传》,北京:人民日报出版社,2009年,第19页。

[12] 参见贾振勇:《何谓"父亲"? 为什么要反对"父亲"?:"五四"时代家庭(族)伦理道德及"父权"观念批判再思索》,《社会科学辑刊》2014年第5期,第183页。

[13] 马银琴:《"归宁"释义与"归宁"礼俗的演变》,《清华大学学报》(哲学社会科学版)2020年第4期,第80页。

[14] 王爱松、贺仲明:《中国现代文学中"父亲"形象的嬗变及其文化意味》,《首都师范大学学报》(社会科学版)1999年第4期,第75页。

[15] 鲁迅:《祝福》,《鲁迅全集》第2卷,北京:人民文学出版社,2005年,第16页。

[16] 刘潇雨:《空间政治与权力结构:鲁迅小说中的"本家"问题》,《西南民族大学学报》(人文社科版)2020年第6期,第175页。

[17] 鲁迅:《离婚》,《鲁迅全集》第2卷,北京:人民文学出版社,2005年,第150页。

[18] 吴组缃:《说〈离婚〉》,《中国现代文学研究丛刊》1985年第1期,第111页。

[19] 鲁迅:《离婚》,《鲁迅全集》第2卷,北京:人民文学出版社,2005年,第152页。

[20] 鲁迅:《离婚》,《鲁迅全集》第2卷,北京:人民文学出版社,2005年,第148页。

[21] 李萌昀:《旅行故事:空间经验与文学表达》,北京:人民文学出版社,2015年,第364页。

[22] 周作人:《水乡怀旧》,肖云主编:《周作人文集》,南宁:广西民族出版社,2000年,第198页。

[23] 鲁迅:《社戏》,《鲁迅全集》第1卷,北京:人民文学出版社,2005年,第591页。

[24] 鲁迅:《社戏》,《鲁迅全集》第1卷,北京:人民文学出版社,2005年,第593页。

[25] 鲁迅:《离婚》,《鲁迅全集》第2卷,北京:人民文学出版社,2005年,第148页。

[26] 参见吴桂就:《方位观念与中国文化》,南宁:广西教育出版社,2000年,第255～262页。

[27] 李长之:《鲁迅批判》,北京:生活・读书・新知三联书店,2013年,第67页。

[28] 鲁迅:《在酒楼上》,《鲁迅全集》第2卷,北京:人民文学出版社,2005年,第27页。

[29] [美]威廉・莱尔:《故事的建筑师 语言的巧匠》,尹慧珉译,乐黛云编:《国外鲁迅研究论集(1960—1981)》,北京:北京大学出版社,1981年,第334页。

[30] 参见钱理群:《走进当代的鲁迅》,北京:北京大学出版社,1999年,第10页。

[31] 鲁迅:《故乡》,《鲁迅全集》第1卷,北京:人民文学出版社,2005年,第501页。

[32] 鲁迅:《故乡》,《鲁迅全集》第1卷,北京:人民文学出版社,2005年,第507页。

[33] [法]亨利・列斐伏尔:《空间政治学的反思》,包亚明主编:《现代性与空间的生产》,上海:上海教育出版社,2003年,第62页。

【汉语方言研究】

鄂钢话的语音叠置现象

祝　敏

（湖北科技学院人文与传媒学院，湖北咸宁，437000）

内容摘要： 鄂钢话是半个世纪以来，共时层面上由鄂州话、武汉话等多种方言融合而形成的方言，其形成到发展到式微的过程，是我国新兴工业区语言状态的一个缩影。本文在田野调查的基础上，整理出鄂钢话的音系，并结合其形成背景，分析鄂钢话语音成分叠置现象的类型、叠置路径及其成因，进而探寻黄孝片江淮官话和湖广片西南官话过渡地带方言的语音叠置特点。

关键词： 鄂钢话；语音叠置；鄂州话；武汉话；异读

引言

鄂州市位于黄孝片江淮官话和湖广片西南官话的交界点上，也是江淮官话中少有的位于长江以南的城市。鄂州话[1]因六个调类（去声分阴阳，保留入声调类）而被划归到江淮官话黄孝片，但其语音表现上与典型江淮官话黄孝片有些许差异。比如，几乎没有［ɥ］元音韵母，古全浊声母部分仄声字送气现象残留非常少，仅见于几处（择、泽、侧、族等字）。另外，因其地理位置上与省会武汉毗邻，受武汉话[2]的强势影响，近年来鄂州话有被同化的趋向，尤其是当地一处特别的方言地带——鄂钢及鄂钢话。

鄂钢是鄂城钢铁厂（现更名为“宝武集团鄂城钢铁有限公司”）的简称。鄂钢坐落在长江南岸的湖北省鄂州市，始建于 1958 年，是湖北省地方钢铁骨干企业。随着时代变迁，鄂钢经历与武钢重组等各项改制，于 2018 年 1 月纳入中国宝武一级子公司直接管理。

在相当长的一段历史时期内，与其说鄂钢是一座钢铁厂，不如说是一座钢铁之城。它虽然建在鄂州市城区，但在建成后半个多世纪里，因其自身拥有较为完善的医疗、教育、文娱等配套生活系统设施，职工及家属的工作、学习和生活都相对封闭，在鄂州市形成了独立的小社会，促进了鄂钢话的产生。最多的时候，鄂钢话的使用人口约为 10 万。

鄂钢话是时代的产物，其形成、发展和演变都发生在近半个世纪，且具有典型的鄂州话和武汉话叠置、竞争和变异的特点。因此，鄂钢话是研究黄孝片江淮官话和湖广片西南官话过渡地带方言语音的绝佳语料。我们可以由此窥探两个方言区在接触、融合过程中的反应和变化过程，研究这类过渡性方言的叠置变异特点以及生成新方言的机制和动因。

一、鄂钢话的形成背景及研究现状

（一）鄂钢话的形成背景

上世纪50年代，一大批来自五湖四海的建设者汇集到鄂州市，扎根于此建设鄂钢。南腔北调于此融合，语言接触于此频现，加之生活、工作、学习环境相对封闭，最终形成了明显有别于鄂州话的鄂钢话。由第一批建设者自外地带来的、或彼时出生于鄂钢的“钢一代”，语言上受原生家庭方言影响还比较大；出生于70年代到90年代的“钢二代”“钢三代”们，更多是当年来鄂的年轻建设者们在鄂钢成家的后代，他们的语言面貌相对比较稳定，是鄂钢话的典型代表；而“零零后”的“钢四代”“钢五代”，成长在新时代钢企改革的大背景下，此时的鄂钢，内部相对封闭的环境被打破，医疗、教育等领域逐步完成了与鄂州市相关部门的对接，再加上共同语的强势影响，致使鄂钢话受到不小冲击，鄂钢话目前处于濒危状态。

鄂钢话形成时间短，是共时层面上由方言接触而形成的方言，其形成到发展到式微的过程，也是我国新兴工业区语言状态的一个缩影。因此，对鄂钢话的研究非常适用于我们窥探这类方言的演变机制，挖掘其层次叠置特点。

（二）鄂钢话的研究现状

鄂钢地处鄂州市城区，鄂州话为江淮官话黄孝片，但鄂钢话的归属，因其特殊性，至今没有定性。熊正辉在万幼斌的《鄂州方言志·序》中曾经指出：“湖北省有三种汉语方言：西南官话，江淮官话，赣语。鄂州的地理位置正处于这三种方言的交汇处。这种地区的方言往往有其特殊的研究价值，值得调查。”[3]省会城市武汉距鄂州市仅六七十公里，武汉话隶属西南官话湖广片。因其在省内相对发达的政治、经济、文化地位，武汉话成为除共同语外，影响鄂州话最大的优势方言。鄂钢话正是在鄂州话、武汉话和共同语三者的接触中逐步形成，语音的层次叠置现象在鄂钢话中有明显表现。

鄂钢话目前还没有受到研究者们的关注，未见相关研究成果见诸学术期刊。在两篇论述鄂州方言的相关论著里提到鄂钢话的特殊性。一是万幼斌2000年在《鄂州方言志》中介绍鄂州方言片区时提及：“此外，鄂州还有两个类似方言岛的地方，一个是鄂城钢铁厂，一个是程潮铁矿。这两个地方因组建时从武钢调入大批武汉籍和操武汉方言的其他省地籍职工，使其语言交际偏重于汉腔（即属于西南官话的武汉方言）。”[4]另一个则是刘文攀2014年在《湖北鄂州市区方言词汇调查》中也有一段对鄂钢话的描述：“从经济上看，鄂州是一个重工业城市，鄂钢是湖北第二大钢铁厂（现并入武钢），对鄂州这个小城市来说，吸引许多四面八方的人来工作，许多武汉人过来，加上武汉城市的地位，因而在鄂州城区钢铁厂附近，武汉话，结合本地方言，形成了带武汉话、又不像武汉话的鄂钢话，本地人戏称半吊子武汉话……这不同于鄂州本地方言，可将其看成是一个方言岛。”[5]但是二人对鄂钢话的描述都相当模糊，仅凭听感认为鄂钢话与武汉话有关联，但具体有哪些关联，如何关联，并未进行相关研究。另外，按照游汝杰对方言岛的界定，第一条就是“介于两种或两种以上方言之间的方言不算方言岛”[6]。上述两篇文献中提到鄂钢话的特点，很明显就是介于武汉话和鄂州话之间。所以，本文不认为鄂钢话算方言岛，它应该是语言接触过程中变异和叠置现象导致的语言演变。

本人是上文所提及的“钢二代”，母方言为典型的鄂钢话。本文依托本人的母语语感及 2021 年主持的“中国语言资源保护工程专项任务”之“湖北濒危汉语方言调查·鄂州鄂钢话”课题（YB2109A001）实地调查所得的相关语料，对鄂钢话的音系首次进行全面的描写，同时对方言接触下鄂钢话语音的层次叠置现象进行分析和解释，进而揭示鄂钢话的形成机制。

二、鄂钢话音系

（一）声母 19 个

p	八兵病不	ph	派片爬票	m	麦明忙木	f	飞风副蜂		
t	多东毒灯	th	讨天甜提	l	南年泥老				
ts	早字张竹	tsh	刺草抽茶			s	丝山手十		
								ʐ	热然人日
tɕ	酒装主九	tɕh	清轻全船			ɕ	想谢书县		
k	高共跟改	kh	开课快空	ŋ	熬安我挨	x	好灰活户		
ɸ	问软月药								

音值说明：

边音 l 与齐齿呼韵母相拼时，有时介于 l 和 n 之间，但不区分意义，并且以读 l 为常。故统一记作 l。

（二）韵母 38 个

ɿ	师丝试尺	i	米戏急七	u	苦五骨谷	y	猪雨出局
a	茶塔法辣	ia	牙鸭甲霞	ua	瓦刮花化	ya	抓刷白耍
ə	热北色白						
ɚ	二文儿文耳文						
ɯ	二白儿白耳白						
		iɛ	写接贴节			yɛ	靴月缺绝
o	歌坐过国	io	药学略雀				

续表

ai	开鞋代菜			uai	快拐坏歪		
ei	赔对飞泪			uei	鬼追$_{文}$锤$_{文}$水$_{文}$	yei	追$_{白}$锤$_{白}$水$_{白}$
au	包草劳少	au	笑桥挑要				
əu	豆走六绿	iəu	油酒旧牛				
an	南山半短	ian	盐年浅见	uan	关馆宽款	yan	权远栓专
n	深寸灯争			uən	滚文温横$_{白}$		
		in	心新病星			yn	春$_{白}$顺$_{白}$云熏
aŋ	糖浪上抗	iaŋ	响讲亮杨	uaŋ	王荒闯$_{文}$装$_{文}$	yaŋ	床双闯$_{白}$装$_{白}$
oŋ	东孔风梦	ioŋ	兄用熊永				

音值说明：

（1）老派发音 a 有时舌位靠后，接近 ɑ，但不区分意义，故统一记作 a。新派基本没有这一情况。

（2）o 在零声母 ɸ 拼读时，有时读为 uo，但不区分意义，故统一记作 o。

（3）au 有时读为 ao。

（4）ian 中的 a 受前后 i 和 n 影响，舌位偏高，实际音位为 ɛ，出于与 an、uan、yan 一致性考虑，统一记作 ian。例如：盐、年。

（三）声调 6 个

调类	调值	例字
阴平	33	东该灯风通开天春
阳平	21	门龙牛油铜皮糖红
上声	53	懂古鬼九统苦讨草
阴去	25	冻怪半四痛快寸去
阳去	324	动罪近后卖路硬乱
入声	13	谷哭切六麦月毒白

音值说明：

（1）阴平 33 有时接近 44，受武汉话影响，甚至接近 55。

（2）阳去调调值的稳定性较差，324 有时读为 24 或 34。老派全浊上声归浊去后读为阳去调 324，与清去（阴去调）25 明显对立，例如“动＝洞”，但是“冻≠动，冻≠洞”。但新派受武汉话影响，部分阳去调归入到阴去调，如：“冻＝动＝洞”“化＝话”“汉＝汗”；部分仍保留阳去调，如“近≠进”“拜≠败”。受此影响，部分阳去 324 读为 34 或 35。

（3）阳平 21 有时略有曲折，接近 213。

三、鄂钢话的语音叠置层次

鄂钢话的语音呈现出多层次的特点，其中大量规律性的异读是其明显的表象特征。

杨晋毅通过研究半个世纪以来中国所建设的几百个工业区内的语言状态，将其分为四个类型：普通话状态、当地方言状态、外地方言状态、混合语状态[7]。鄂钢话是典型的混合语。

鉴于上述鄂钢话的形成，我们认为方言接触是其形成过程中最重要的一环，多种方言共时层面的叠置、竞争和变异，共同促成了鄂钢话。那么，鄂钢话的形成是遵循怎样的机制呢？这类混合语的各语音成分之间的竞争和叠置有着怎样的规律和特点呢？江淮官话和西南官话在过渡地带的方言呈现哪些特点呢？

游汝杰“语言接触的三个层次”理论恰是对鄂钢话语音的最好解读。该理论所指的“三个层次”分别是：顶层语音影响、底层语音遗存和旁层语音渗透。其中，“顶层”是社会语言学层面上，社会威望最高的，“中国的顶层语言在古代是雅言或官话，现代称为国语，现在称为普通话”；“底层”是指“甲方言如果是在乙方言的基础之上发展而成的，那么甲方言中就有可能有乙方言的底层”[8]。鄂钢建在鄂州市城区，鄂钢话的形成势必深受鄂州话的影响，鄂州话就是鄂钢话的底层。“旁层”是除底层和顶层语言的影响外，第三方语言对其产生影响，而“对于汉语方言来说，旁层语言影响往往来自当地的优势方言”。据此，就鄂钢话而言，除鄂州话和共同语外，武汉话是对鄂钢话的形成产生重要影响的旁层。武汉市是湖北省的省会城市，其方言优势不言而喻，加之其与鄂州市的直线距离仅 70 公里左右，扎根鄂钢的建设者们很多都来自武汉市。因此，前文万幼斌和刘文攀均提到鄂钢话带有“汉腔”，听感上似武汉话又不是武汉话，可见武汉话对鄂钢话有较强的渗透性，它是影响鄂钢话的旁层语言。

据此，我们认为，鄂钢话的形成是鄂州话的底层遗存，共同语的顶层影响，和武汉话的旁层渗透共同作用的结果。三者的语音叠置现象在鄂钢话里表现都非常明显，有的是声调异读，有的是声母异读，有的是韵母异读，有的是其中两或三个方面都在异读；除了这种纯粹的语音竞争的异读，还有词汇原因的异读。下面从声调、声母和韵母三个层面分析鄂钢话的语音叠置现象。

（一）声调层面

鄂钢话保留 6 个调，调类和鄂州话完全一样，除阳去调外，两者调型也几乎一致，调值略有不同。几乎可以肯定，鄂钢话声调系统受底层鄂州话的影响比较大，是底层方言的遗留。

调类	调值		
	鄂州话[9]	鄂钢话[10]	武汉话[11]
阴平	44	33	55
阳平	21	21	213
上声	42	53	42

续表

调类	调值		
	鄂州话[9]	鄂钢话[10]	武汉话[11]
阴去	35	25	25
阳去	24	324	
入声	13	13	无

虽然大体上鄂钢话有六个调类，但实际发音过程中，部分阳去字和入声字，受武汉话和共同语的影响，呈现出归并到其他四个调类的倾向，具有明显的语言融合特征。因此，本部分重点讨论鄂钢话的入声和阳去两个部分。

1. 入声调类

中古入声在鄂州话里保留了单独的调类，在武汉话和北京话里都已经派入平上去三声。鄂钢话大部分入声字与鄂州话保持一致，但是在三种语言接触融合的环境下，有些常用字出现异读现象，还有些入派三声，应该是受顶层方言北京话或旁层方言武汉话类化的影响。

与鄂州话相比，鄂钢话入声调类相对不太稳定，主要表现在两个方面：一方面，有小部分在鄂州话中保留入声调类的字，在鄂钢话中派入平上去三声；另一方面，部分鄂钢话的入声字存在异读现象，而且多为声韵相同、仅声调异读，呈现明显的声调叠置现象。

入派三声例字如下：

入派阴平：忽 xu33，憋｜先｜鳖 piɛ33；督 təu33；戳 tsho33；焯 tshau33；挖 ɸua33；黢 tɕhy33；

入派阳平：察 tsha21；辖｜峡｜狭 ɕia21；滑 xua21；

入派上声：索 so53；乞 tɕhi53乞讨（在“乞丐”一词中还是读为入声调 tɕhi13）；郝 xau53；笃 təu53；

入派去声：泄 ɕie25；翼｜译 ɸi25；剔｜惕 thi25；戚 tɕhi25；玉｜欲｜域 ɸy25；辟 phi25；沃 ɸo25；式｜饰 sɿ25；拽 tɕyai25；倔 tɕyɛ25；续 ɕy25；酷 khu25；轧 ɸia324；

这些入声字根据它们在武汉话和共同语中的调类，类化成相应的阴平、阳平、上声和去声四个调类，其中，入派去声的情况最为常见。

异读是反映语音层次的典型现象，是不同的层次叠置呈现在某个方言的共时平面上的表现。鄂钢话的入声字常常有异读现象，一方面，保留底层入声调类；另一方面，又受武汉话或共同语的类化影响，派入其他调类。

按异读条件分类，鄂钢话的入声字主要有三类异读：文白异读、新老异读和其他异读。

文白异读体现的是共时异读现象，比如“掐”，白读为 kha13，文读为 tɕhia33，文读声调就是受该字在共同语读为阴平的影响，类化为阴平调。类似的还有“摘”，白读 tsə13，如“摘菜 tsə13tshai25”，但是“摘要”就要文读为“tsai33ɸiau25”；还比如“蓄”，单用的时候表示把东西存放起来，“蓄倒攒着”用白读 ɕiəu13tau0，“储蓄所”“蓄电”等情况下，都读为“ɕy25”。

新老异读主要体现的是历时异读现象，比如“削苹果”，老年人多说 ɕio13phin21ko53，年轻人则习惯说 ɕio33phin21ko53。类似的还有“洛｜络”，旧读为 lo13，新读为 lo324。这类异读不多，因为鄂钢话的形成时间比较短，历时异读现象还不突出。

其他异读包括两种情况。其一，单用和成词的区别，这也是词汇原因导致的异读。比如数字“十”，数数单说的时候多说 sʅ13，成词后读为 sʅ21，如“三十 san33sʅ21”“十个 sʅ21ko25”。其二，文白异读和新老异读的叠加机制导致的异读，比如“屑”，在“纸屑”“头皮屑”这些词中，老年人多读为 ɕie13，年轻人则多说 ɕie25；而在“不屑”这类文读词中，新老派都读为 ɕie25，所以 ɕie25 既是文读音也是新读音。类似的还有“育”，老派习惯读为 ɸiəu13，新派读为 ɸy25。但是在“育人”这样的书面色彩较浓的词汇中，老派也基本读为 ɸy25。但整体来看，老派读 ɸiəu13 的情况还是多数，如“教育”“发育”等口语词。

按异读的语音成分分类，有仅声调异读的，也有声韵调部分或全部异读的。前者比如“忽｜督｜索｜沃｜乞｜挖”，后者比如“续｜育｜摘”等。还有单用与成词有别的。总之，它们既是语音叠置的反映，也有可能是语音自身演变的选择。

2. 阳去调类

江淮官话去声分阴阳（如鄂州话），西南官话不分（如武汉话）。鄂钢话则处于竞争拉锯之中，叠置现象明显。

鄂钢话里的阳去调有小部分类化为阴去调，或与阴去调混读。这一现象与武汉话和共同语去声不分阴阳的特点不无关系。有些人或受家庭中武汉话的影响，或主观上向武汉话语音靠拢，形成系统性去声不分阴阳，或者至少是某些常用去声字不分阴阳的发音现象。这一调类是鄂钢话中最不稳定的，也是听感上区分“武汉式鄂钢话”和“鄂州式鄂钢话”的重要依据之一。同时，这一不稳定特点也造成鄂钢话里部分常用阳去字类化读为阴去字或者两调混用等现象。如聚 tɕy25，tɕy324；艺 ɸi25，ɸi324；校 ɕiau25，ɕiau324；治 tsʅ25，tsʅ324；具 tɕy25（具体、具备）；tɕy324（家具）。再如，“汉、汗”两字在鄂州话调类不同，但是鄂钢话有些读为同音，“进＝近，健＝建，动＝冻”等亦是如此。

由此可见，声调方面，鄂钢话的不稳定性主要体现在入声调和阳去调的保留与归并上：倾向于武汉腔的鄂钢话，这两个调类一般多归并到相应的武汉话调类中；倾向于鄂州腔的鄂钢话，则多单独保留这两个调类。前人研究中所说的半吊子武汉话主要也是这种声调变化带来的听感。

（二）声母层面

底层鄂州话和旁层武汉话的声母系统几无差异。不同的是，有些字的声母在两种方言中的表现不太一样。常见的几类声母异读情况，具体如下：

（1）中古见组拼细音，鄂州话和武汉话今音大部分都读为舌面音 tɕ、tɕh、ɕ，部分常用字如“街”“鞋”“间”（读为 k）等除外。鄂钢话这类字声母表现与鄂州话、武汉话无异，“街”“鞋”“间”等字有文白异读现象。比如常用词“去”，武汉话读为 khɯ25，鄂州话读为 tɕhi25，鄂钢话则有三读，分别是 khɯ25、tɕhi25 和 tɕhy25，很明显分别受鄂州话、武汉话和共同语影响叠置而成。同时，鄂钢话这三读在日常交际中都很常用，尤其是前面两种，使用频率不分伯仲，无论是单用还是成词使用。

（2）共同语读为 ʐ 的中古日母常用字，鄂州话多读为 ŋ，武汉话多读为 l。在鄂钢话中叠置现象较为明显，比如：

热：ʐə13（顶层）；ŋæ13（底层）；lə13（旁层）

人：ʐən21（顶层）；ŋən21（底层）；lən21（旁层）

让：ʐaŋ324（顶层）；ϕyaŋ324（底层）；ŋaŋ324（旁层）

然：ʐan21（顶层）；ϕyan21（底层）；lan21（旁层）

（3）中古照组字拼合口的一些常用字，如“春、床、锤、吹、双、顺”等，共同语读为 tʂ、tʂh、ʂ 的，鄂州话和武汉话大多读为舌面音 tɕ、tɕh、ɕ，鄂钢话则叠置为两读，且均是无条件的混读。

春：tshuən33；tɕhyn33	床：tshuaŋ21；tɕhyaŋ21	锤：tshuei21；tɕhyei21
吹：tshuei33；tɕhyei33	双：suaŋ33；ɕyaŋ33	顺：suən324；ɕyən324

（4）部分疑母开口一二等字，鄂州话读 ŋ，鄂钢话则是 ŋ 和零声母 ϕ 混读。例如：

爱：ŋai25；ϕai25	艾：ŋai324；ϕai324	矮：ŋai53；ϕai53
安：ŋan33；ϕan33	熬：ŋau21；ϕau21	藕：ŋəu53；ϕəu53
咬：ŋau53；ϕiau53	眼：ŋan53；ϕian53	昂：ŋaŋ21；ϕaŋ21
鄂：ŋo13；ϕo13	硬：ŋən324；ϕin324	

这类混读多为受共同语影响的新派说法，老派一般都使用 ŋ 声母，零声母说法应该是受共同语影响产生的异读。

（5）鄂州话有部分中古全浊声母仄声字今读送气音现象，比如“族”“侧”“泽”等，这些字鄂钢话里全部读为对应的不送气声母，与共同语和西南官话平送仄不送的特点保持一致。

（三）韵母层面

鄂钢话韵母与底层鄂州话韵母差异最明显的部分，就是“支微”不再“入鱼”，这也可以说是对江淮官话韵母形式冲击力最大的部分。

“支微入鱼”，字面上指的是中古止蟹摄合口支微韵今读入遇摄鱼韵的现象，是江淮官话黄孝片韵母的主要特征之一[12]。“支微入鱼”后多数方言今读 y。前人对此类现象的讨论多集中于这一音值类型。实际上，“支微入鱼”现象还有 ɿ、ʮ、ʯ 等音值类型[13]。鄂钢话在这方面，表现与鄂州话不同。

其一，鄂州话除拼非组的微韵都读为 ei（“非飞肥微匪尾痱费未味”等字）外，之脂韵拼来母、精组时，今读入遇摄鱼（虞）韵，都读为 i，如：“累(来母支韵)”“垒、类、泪(来母脂韵)”“随、隨、嘴(精组支韵)”“虽、绥、醉、翠、粹、遂、隧、穗(精组脂韵)”等字，与“驴、吕、旅、滤、虑(来母鱼韵)”“缕、履(来母虞韵)”“蛆、徐、序、叙、绪、絮(精组鱼韵)”“趋、须、需、取、娶、聚、趣、续(精组虞韵)”同读为 i。但是，鄂钢话上述例字中，之脂韵的全部读为 ei，鱼虞韵的皆读为 y。

其二，蟹摄合口一等与帮端泥精组相拼时，蟹摄合口三等与精组相拼时，鄂州话也入鱼韵，读为 i。鄂钢话则读为 ei（白读）或 uei（文读），但绝非 i。如：“杯陪胚梅煤倍每背辈配妹(帮组拼蟹合一)”“堆推腿对退队兑(端组拼蟹合一)”“雷内(泥来母拼蟹合一)”“催崔罪碎(精组拼蟹合一)”“脆碎(精组拼蟹合三)”等例字。

总之，鄂钢话将“支微入鱼”特点完全抛弃，止摄之脂微三韵均读为 ei 或 uei，其中拼来母时都读为 ei 而无 uei 的读法，拼精组时分为文白读，区别在于介音 u 的隐现，即白读读为 ei，文读为 uei。蟹摄合一合三拼帮组和泥来二母，均读为 ei；拼精组与止摄三拼精组相同，也分为文白两读。鄂钢话的鱼虞韵皆读为 y。

另外，麻韵二等字和麻韵三等字方面，鄂钢话也舍弃了底层鄂州话的特色，选择顶层或旁层的读法。如麻韵二等字读为 a（顶层/旁层）而非 ɑ（底层），如：“巴、把、马、怕、爬、麻、拿、茶、沙、家、霞、牙、下、瓜、花、瓦”等字。麻韵三等与照组相拼时，鄂钢话读为 ə（顶层）而非 ei（底层），如：“遮、车、蛇、佘、赊、者、扯、社”等字。

四、鄂钢话的语音叠置路径

方言中的语音层次应是不同方言语音系统的叠置，共存于某个方言的共时平面上。瞿霭堂提到语音共存的四种状态为：①一部分人使用未变音，另一部分人使用已变音；②一部分词读已变音，一部分词读未变音；③包含变音的一部分词，在有的情况下读未变音，在有的情况下读已变音；④包含变音的同一个词，任意读未变音或已变音。从理论上来说，所有的语音演变，无论是有条件的还是无条件的，都要经过这四种共存状态[14]。鄂钢话很好地印证了这四种状态。

鄂钢话语音是典型的共时平面叠置的结果，大体上看，其叠置变异的路径大致可以归纳为“两个阶段”“四条叠置路径”。第一阶段是方言接触后，不同方言语音成分经过竞争和选择，有些直接择定强势方言、摒弃弱势方言的语音特征；第二阶段是那些竞争力相当，暂时无法互相取代而需要共存的语音部分，分为地域混读和部分融合两条分支路径进一步演变。

第一阶段的竞争、选择、替换阶段，比较利落干脆。鄂州话、武汉话和共同语三者语音在鄂钢话里接触后，人们倾向性明确，选定某一种读音并淘汰对应的其他两种读法。以底层方言鄂州话为底色，选择性地接纳顶层方言和旁层方言的部分语音成分，替换鄂州话对应的语音成分。比如黄孝片“支微入鱼”有一种情况，即古蟹止摄合口逢三等端系，今白读层读 i 韵母，均读同虞韵端系字。鄂州话的“堆、罪、岁、泪、累、须、取”等字，韵母均读为 i。但是这个语音特征在鄂钢话里被完全抛弃，而是接纳武汉话的韵母读法，分别读为丢掉合口呼韵头的 ei 元音（堆、罪、岁、泪、累）和 y（须、取）。

第二阶段的地域混读是指语言接触后，有些常用字的语音经由不同地域语音混读竞争中不相上下，采取共存模式。鄂钢话主要由鄂州话和武汉话两种地域语音，加之共同语的强势影响，导致有些语音出现两种或三种地域音的混读。混读之后又分两条分支，一条形成自由变读，即任何语境、任意情况下都可以互相变读；另一条是有条件变读，这个条件可能是文白，也可能是某些特定的组词。比如前文说的“催、最、岁”等精组字拼蟹摄合口韵时，其韵头“u”可以无条件隐现，自由混读，武汉话白读音影响，分别读为 tshei33、tsei25、sei25，受共同语影响则分别读为 tshuei33、tsuei25、suei25；还有部分影母字的自由变读，如“爱”可自由变读为 ɸai25 和 ŋai25 等；“春”“睡”等庄组声母，受底层鄂州话或旁层武汉话影响，读为 tɕhyn33 和 ɕyei25，受共同语影响的则读为 tshuən33 和 suei25，也均是无条件变读。另一方面，有些单字语音，其声韵调中的某一部分或某两部分融合了另一语音成分，进而产生新读，同时原有读音也与之共存，形成有条件异读。

第二阶段的部分融合是指语言接触后，有些音节的声韵调的某一个或两个部分向强势方言靠拢，导致音节中部分语音元素发生变化，促使该音节产生新读。有些新读直接取代旧读，而有些新读则与旧读共存，形成异读，之后也与地域混读形成的异读一样，分有条件异读和无条件异读两种情况。

比如“白”在鄂州话中保留入声，读为 pæ13，武汉话读为 pə25，鄂钢话该字择取武汉话的韵母和鄂州话的声调，读为 pə13。这个读音既不是鄂州话，也不是武汉话，更不是共同语，而是语言接触后产生的专属于鄂钢话的新读。这个新读产生后，没有其他共存的异读现象。类似的现象还有“说”，鄂州话读为 ɕyæ13，武汉话读为 so25，鄂钢话则为 so13。

以上四条叠置路径，可以用图示展示如下：

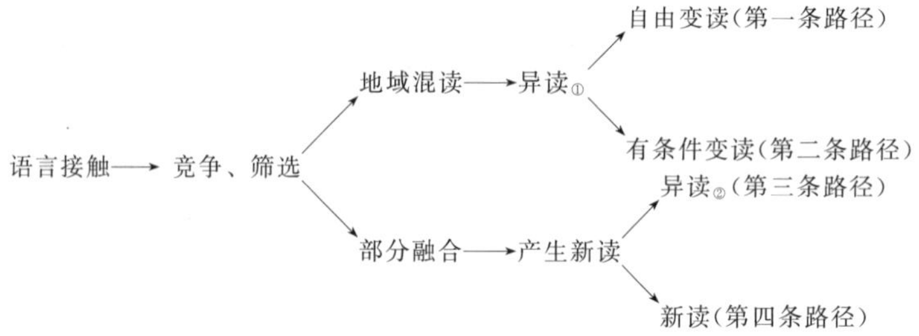

上图从共同的开端“语言接触”到最后四个现象，为四条叠置路径。其中“异读①”指地域混读后产生的异读现象，可以理解为纯粹的共时叠置，如上文的“去”“人”等字音；“异读②”指产生新读后，有些新读音与旧读共存形成异读，可以理解为短时的历时叠置（因为鄂钢话形成的时间不长），如上文所列举的“春”“爱”等字音；第四条路径最后的“新读”则是指新读打败与之竞争的旧读，不与旧读叠置，如上文所列的“白”“说”等字音。

五、鄂钢话的语音叠置特点及原因

（一）鄂钢话语音叠置的特点

地处黄孝片江淮官话和湖广片西南官话过渡地带的鄂钢话，因共时层面的语言接触而形成，其语音特点主要表现在对所接触方言的音类叠置上，即底层鄂州话的遗留、顶层共同语的影响和旁层武汉话的渗透共同作用于鄂钢话。

从鄂钢话声韵调的呈现特点来看，底层鄂州话的遗留主要体现在声调方面。鄂钢话保留了江淮官话六个声调的特点，调类与鄂州话一致，但是在入声和阳去两个调类上，鄂钢话也有摇摆趋势，受武汉话或共同语入派三声和去声不分阴阳的影响比较明显。

声母方面，鄂钢话声母异读比较多，叠置层次丰富，说明语言接触中，鄂州话、武汉话和共同语在声母上面的竞争比较势均力敌，也可能是因为鄂州话和武汉话声母本来差异就不大，因此共存现象偏多，多字出现三读的无条件异读现象。

韵母方面，鄂钢话没有继承江淮官话中的“支微入鱼”等特色音类，而是或向武汉话或向共同语靠拢。

从鄂钢话对底层鄂州话、旁层武汉话和顶层共同语的接纳程度来看，其语音呈现的叠置特点是：当底层和旁层语音具有共性时，鄂钢话基本不受顶层语音影响；当底层语音与旁层或顶层语音有差异时，鄂钢话多倾向于选择旁层或顶层。一句话，底层对鄂钢话是基因般潜在的存在，而一旦面临强势方言与之的巨大差异，鄂钢话对底层鄂州话的依赖又明显动摇。

（二）鄂钢话语音叠置的原因

客观上，工业发展促成了地域方言的接触和交融，鄂钢话就是语言接触过程中各层语音成分的竞争结果。竞争是语言演变的一种动机，共时异读就是这种竞争之后叠置结果的直接体现。方言的文白异读现象是本地土语受外方言，尤其是权威方言的影响形成语音上的叠置而产生的，呈现出方言中不同的语音层次。因此，鄂钢话的语音成分中，明显能看到接触的三方方言叠置、共存甚至竞争拉锯的语音状态，尤其是异读层次。

主观上，语音的竞争实际上是语言使用者对语音的群体选择，方言使用者的语言态度对语音成分的选择表现出重要的倾向性。一方面，鄂钢是工业基地，建设者们方言归属感不强，对接触的多方方言包容度较高，愿意从中自主学习、择取，进而产生某些音类变异，发生语音变化。另一方面，在这一择取过程中，慕强心理驱使着多数鄂钢话使用者优先选择优势方言或权威方言的语音成分，对底层语音成分的主动选择比较少。因此，鄂钢话呈现出倾向武汉话的声韵调特点，但是又未能完全摆脱底层鄂州话的底色，继而演变成当地群众所说的“半吊子武汉话”，这也是对鄂钢话的一种戏谑。

六、结语

鄂钢话是时代的烙印。当前，厂矿企业的附属医院、学校逐渐被剥离到社会，钢铁企业的小社会语言环境已然被打破，从家庭生活到工作环境，共同语的使用面越来越广，鄂钢话也濒临于消亡关头；另一方面，上个世纪八九十年代，鄂钢对鄂州市的经济贡献比较大，而当下，这一经济优势已不复存在，人们也不再以说鄂钢话为荣，进而更愿意选择共同语作为交际手段。

诚然，鄂钢话的形成时间不长，稳定性不够强，未来发展也不容乐观，但也正因为如此，才让我们得以透过它窥探出黄孝片江淮官话和湖广片西南官话过渡地带，探究多地方言在共时层面交融的过程中，其语音叠置、共存的模式、特点和趋势。

*本文系国家社科基金项目“语言接触视野下皖鄂赣交界地带官话与赣语比较研究”（23CYY027）的阶段性成果。

注释：

[1] 本文所指的鄂州话以城关鄂城区所说方言为代表，即黄孝片江淮官话。

[2] 本文所指武汉话以汉口话为代表，即湖广片西南官话。

[3] 熊正辉：《序》，万幼斌：《鄂州方言志》，成都：天地出版社，2000年，第1页。

[4] 万幼斌：《鄂州方言志》，成都：天地出版社，2000年，第4页。

[5] 刘文攀：《湖北鄂州市区方言词汇调查》，《文学教育（中）》2014年第3期，第61～62页。

[6] 游汝杰：《汉语方言岛及其文化背景》，《中国文化》1990第1期，第161～167页。

[7] 杨晋毅：《试论中国新兴工业区语言状态研究》，《语言文字应用》1999年第1期，第8～10页。

[8] 游汝杰：《吴语语法的历史层次叠置》，《语言研究集刊》2005年第31辑，上海：上海辞书出版社，第30～53页。

[9] 谈微姣：《鄂州方言语音研究》，华中师范大学硕士学位论文，2008年。

[10] 依据《中国语言资源调查·湖北濒危汉语方言调查·鄂州鄂钢话》（祝敏，2021年）的调查结论（待刊）。

[11] 依据《中国语言资源调查·湖北汉语方言调查·武汉话》（熊一民，2017年）的调查结论（待刊）。

[12] 虽然大部分汉语方言的中古鱼虞两韵已经合流，但在鱼虞有别的汉语方言中，支脂微等韵派入的是虞韵，而不是鱼虞有别层次上的鱼韵。在汉语方言“支微入鱼”现象中，并入鱼韵的韵摄除了合口的支、微韵，还包括脂韵合口。由于“支微入鱼”一词习用已久，我们仍用这个术语来指称鱼虞不分层次上的相关现象。

[13] 顾黔：《长江中下游沿岸方言“支微入鱼”的地理分布及成因》，《语言研究》2016年第1期，第20～25页。

[14] 瞿霭堂：《语音演变的理论和类型》，《语言研究》2004年第2期，第1～13页。

湖北荆州方言“卯”的多功能用法及其演变

帅凤行

（华中师范大学语言与语言教育研究中心，湖北武汉，430079）

内容摘要： 荆州方言中，“卯”有名词或名词性语素、动词或动词性语素、形容词、副词、介词、连词等用法。文章在考察“卯”的各项功能用法的基础上，分析其语义来源，探讨其表程度增量义、语气加强义和让步标记的动因。“卯”在荆州方言中的语义演变路径可概括为四种。

关键词： 荆州方言；卯；多功能；语义演变

引言

荆州方言中“卯”的用法，学界已有论述（王群生 1994[1]，王群生 2018[2] 等）。然而，以往研究大多是对“卯”的程度大量用法的零星描写，对其多功能的用法关注较少，也不够全面，其语义演变的路径未见阐述，对“卯”的多功能用法及来源更鲜有探讨。

荆州地处湖北省中南部，长江中游两岸，江汉平原腹地西端。据《中国语言地图集》（第 2 版）[3]，荆州方言属西南官话鄂中小片，为笔者母语。荆州方言中，“卯”句法分布灵活，功能多样，本文详细描写“卯”在荆州方言中的多功能用法，梳理其内在语义关联。

一、“卯”的多功能用法

荆州方言中的“卯”作名词或名词性语素时，分别表“毽子”和“悬挂腊肉时用的绳索”义；作动词或动词性语素时，分别表“竭力、拼命”和“报到、出席”义；作形容词有“合不来，有矛盾”义；作副词时表“一直、持续”和“一个劲儿”的程度增量义；作介词时表积极性的“任凭”义，类似于表任凭意义的“随”，但又与“随”不同；作连词用于转折类复句，充当让步转折标记。为便于讨论，将“卯”的上诸用法分别记为“卯$_1$”“卯$_2$”“卯$_3$”“卯$_4$”“卯$_5$”“卯$_6$”。

（一）名词或名词性语素“卯$_1$”

1.“卯”

荆州老派方言的“卯”即毽子，“拐卯”指踢毽子，“卯”（毽子）的命名应源于形状似铜钱且中间留眼的铁皮，荆州方言叫“穿眼钱”。传统手工制作的毽子其底部是以穿眼钱来作为与毽子毛（大多取公鸡毛）绑紧固定的器具，“卯”在句中常作主语和宾语。例如：

（1）迾卯还蛮清爽咧！这个卯还蛮好看呢！

（2）她拐卯好厉害！她踢毽子特别厉害！

据我们调查，在湖北鄂西土家族地区，“毽子”也称作“卯”，用“毽子”进行的游戏活动叫“打卯”。

2.“卯子”

荆州地区在过年前有腌制腊鱼腊肉的习惯，为方便晾晒和风干腊肉，会在腊肉上打孔，并用棕树叶子制成的绳子穿过去进行悬挂晾晒，这种绳子在荆州方言中叫“卯子”。“卯子”在句中常作主语和宾语。例如：

（3）卯子着风吹跑哒！卯子被风吹跑了！

（4）我把卯子搁哒桌子高头滴。我把卯子放在桌子上了的。

（二）动词或动词性语素“卯$_2$”

1.“卯起”

荆州方言中“卯”作动词时表“竭力、拼命”之义。荆州方言中常说“卯起”，也就是“讲狠斗狠”的意思，这与荆州的码头文化密切相关。荆州的沙市在近代历史中曾一度是一个重要的租借城市，先后于1876年《烟台条约》和1895年《马关条约》中被辟为外轮“寄泊港”和“中国最早对外开埠的四大内河港口”之一。荆州独特的地理位置为其孕育码头文化创造了得天独厚的条件。码头文化具有很强的江湖习气[4]，如荆州沙市方言熟语中就有“人怕卯起，树怕倒起”和“阎王怕卯起”的说法。“卯起”在句中主要充当谓语，也具有［—及物］的语义特征，主语多为高生命度的人。比如：

（5）还想跟我斗狠，我今日跟你卯起哒！还想跟我讲狠，我今天就跟你拼命！

（6）就你黄昏，我偏跟你卯起哒！你以为就你糊涂，我偏要和你拼命！

2.“点（个）卯”

荆州方言中的“点卯”或“点个卯”指到约定或规定时间后报到、出席或现身之义，在荆州话中多用于吃酒席的语境，相当于普通话中的“到一下”。此语义源于

“旧时官署例定在卯时开始办公时进行点名报到等活动的代称”[5]。荆州方言中的“点（个）卯”正是这一古义的延续泛化使用。“点（个）卯”在句中主要充当谓语，具有［—及物］的语义特征。“点（个）卯”的主语一般是具有高生命度的人。比如：

（7）明日吃酒你记得去点个卯咧！明天吃酒席的时候你记得到时间了去现个身啊！

（8）我才点哒卯回来。我才报到了回来。

（三）形容词“卯$_3$”

“卯”作形容词表“合不来，有矛盾”，荆州话叫“不对卯”，也叫“不对眼”。主语一般是具有高生命度的人，且必须为复数。“不对卯”在句中充当谓语中心，具有［—及物］的语义特征，仅用于否定句。例如：

（9）她们两个蛮久以前就不对卯哒。她们俩很久以前就合不来了。

（10）看到他们不对卯，她侧过身就走哒。看着他们合不来，她马上就走了。

（四）副词“卯$_4$”

“卯”作时间副词表“一直、持续”义，在句中修饰谓语成分，置于谓语之前。“卯”作副词，语音上常重读，语义上起凸显、强调的作用。这是“卯”在荆州方言中使用得最为频繁的语义功能之一。“卯”所修饰的谓语动词多为单音节，具有较强的［＋持续］［＋自主］的语义特征，构成句法结构“S＋（不）＋卯＋VP”，根据VP的语义类型，可细分为以下类别：

卯＋［行为］义动词，具体又可分为“卯＋［身体行为］义”和“卯＋［动作行为］义”两种：

A_1．卯＋［身体行为］义动词：

（11）迾腰卯佝倒要不得滴。这腰一直佝着对身体不好。

（12）你把脑壳卯昂倒搞么子？你把脑袋一直仰着干什么？

A_2．卯＋［动作行为］义动词：

（13）你不卯哭哒，总会有办法滴。你不要一直哭了，总会有办法的。

（14）你不卯盯倒别个看，把别个脸都看红哒。你不要老盯着别人看，把别人的脸都看红了。

B. 卯＋［言语］义动词：

（15）你不卯说伢儿哒，也分析下自己的问题好啵？你不要一直说孩子了，也分析一下自己的问题好吧？

（16）你卯嚼个么子？你老说个什么？

C. 卯＋［态度］义动词：

（17）小伢不能卯惯。小孩子不能一直溺爱。

（18）你不卯护倒你屋里滴老幺。你不要总是偏袒你家里的老幺。

D. 卯＋［感受］义动词：

（19）你们卯挤个么子？你们一直挤什么？

（20）迥两个小伢卯疯，饭都不想吃哒。这两个小孩一直嬉闹，饭都不想吃了。

E. 卯＋［限度］义动词：

（21）你不卯跑题哒，我们就说么样搞。你不要一直跑题了，我们就是要讨论要怎么做。

（22）你不卯走神唦，我还在跟你讲题目咧。你不要一直走神啦，我还在给你讲题目呢。

F. 卯＋［愿望］义动词：

（23）你卯要别个出力，搞不好滴！你一直要别人付出，是不行的！

（24）你不能卯指望别个，自己也要争气！你不能一直指望别人，自己也要争气！

G. 卯＋［心理活动］义动词：

（25）你不卯怪别个，多在自己身上找哈问题！你不要一直怪别人，多在自己身上找下原因！

（26）你卯张个么子？你总是大惊小怪做什么？

有时，“卯”所修饰的谓语动词的施事主体是具有［＋无生］特征的雨、雪等自然现象。

（27）迥雨卯下，人都下霉哒！这雨一直下，人都要下霉了！

（28）迥雪卯下，不兴住哒！这雪一直下，下不停了！

此外，“卯＋VP”还可以重叠，形成句法结构“S＋（不）＋卯＋VP＋卯＋VP”，一般不跟有后续成分。重叠后仍充当谓语中心，表埋怨和责备的语气和情态义进一步加强。例如：

（29） 卯搞卯搞，哪个还卯等你？你一直搞一直搞，谁还一直等你呢？

（30） 你不卯咽卯咽哒，哪个都受不了。你不要一直讲一直讲了，谁都受不了。

“卯”作副词时，又可表程度增量义，同荆州方言中的“恶奢地”意思相近，相当于普通话中的“一个劲儿地”。此时，“卯”修饰的多为表消极意义的单音节形容词，形成“卯＋A/AP”结构，居回应句的首发位置，是对涉事人某种行为或态度过量的一种回应，强调说话人的主观感受。用于肯定句时，语气中带有对受话人的责备意味；用于否定句时，常与否定词“不”搭配，形成句法结构“S＋不＋卯＋A＋哒”，常跟有后续性话语，语气中带有对受话人的劝慰意味，例如：

（31） 你卯冲个么子？你一个劲儿地生气干什么？

（32） 你不卯急哒，把身体急坏哒划不来！你不要一个劲地急了，把身体急坏了划不来。

极少数情况下，“卯”也可修饰表积极意义的形容词，例如：

（33） 卯年轻不成神仙哒？一直年轻不成神仙了吗？

（34） 她迾么多年都卯不老咧！她这么多年都一直不老呢！

（五）介词“卯$_5$”

作介词的“卯”表积极性的“任凭”之义，构成介词短语，在句中充当状语成分，类似于任凭类“随”字句，例如：

（35） 菜多得很，卯你们选，卯你们带！菜多得很，随便你们选，随便你们带！

（36） 反正我的田地广得很，卯你的席子铺。[6]反正我的田多得很，随你怎么铺席子。

荆州方言中，表“任凭”义的“卯”和“随”存在明显的不同，“卯”仅可用于表积极性的“任凭、任由”之义，而“随”还可用于表消极性，例如：

（37） 随你吵，反正都不得耳你。随你怎么吵，反正都不会理你。

（38） 卯你吵，反正都不得耳你。（＊）

（六）连词“卯$_6$”

“卯”作连词时，荆州方言用“卯起”，常与关联副词“都”“也”“偏”搭配构成转折类复句，“卯起”在句中充当让步转折标记。根据邢福义（2001）[7]对让步句进行的划分，荆州方言中的“卯起”句表忍让，属于忍让性让步句。以 p、q 分别表示复句的前后分句，“卯起”类转折复句的格式有“卯起 p，都 q”“卯起 p，也 q”“卯起 p，偏 q”，相当于普通话中的“宁可/宁愿 p，都 q”“宁可/宁愿 p，也 q”或“宁可/宁愿 p，偏 q”。

A. 条件复句格式“卯起 p，都 q”：

（39）你卯起把它搁烂它，都不把别个吃！你宁可把它放烂，都不给别人吃！

（40）他卯起折本，都不赚黑心钱。他宁愿亏本，都不赚黑心钱。

B. 条件复句格式“卯起 p，也 q”：

（41）他卯起不去，也不想受迾窝囊气。他宁愿不去，也不想受这窝囊气。

（42）她卯起饿，也不吃别个的东西。她宁可饿，也不吃别人的东西。

C. 条件复句格式“卯起 p，偏 q”：

（43）我卯起最后一个上岸，偏不送他银子。[8]我宁愿最后一个上岸，偏不送他银子。

（44）她卯起自己走，偏不搭他的顺风车。她宁愿自己走路，偏不搭他的顺风车。

“卯起 p”在荆州方言中一般有两种语义模式，一种是肯定式，是说话人对事物的消极处置或役使；一种是否定式，是说话人对利益受损的忍让或承受，在句法结构上表现为以下两种形式，即：

卯起$_{肯定}$：S＋卯起＋（把/要＋N/Pron）＋V＋结果补语/Pron，例如：

（45）我卯起把迾豆腐搁臭，都不想吃它。我宁可把这豆腐放坏，都不想吃它。

（46）我卯起把迾游戏机甩它，也不等它耽误你搞学习。我宁可把这游戏机丢了，也不想让它耽误你学习。

卯起$_{否定}$：S＋卯起＋（不）＋V/A，例如：

（47）他卯起不拿奖，也不得去拉票。他宁可不拿奖，也不会去拉票。

（48）他卯起窝哒家里，也不出去打工去。他宁可窝在家里，也不出去打工。

有时，肯定式与否定式可叠加组合，形成结构“S＋卯起＋不＋把/要＋N＋V”，例如：

（49）我卯起不把你吃，也不想听些多话！我宁可不给你吃，也不想听一些闲话！

（50）那我卯起不喊她去，免得她到时候还怪我！那我宁愿不喊她一起去，免得她到时候还怪我！

荆州方言中也可只用前分句“卯起p”来结句，关联副词“都”“也”“偏”均可省略不现，例如：

(51) 那我卯起少赚滴尕。那我宁可少赚点。

(52) 她卯起自己吃亏。她宁可自己吃亏。

二、“卯”的语义演变

“卯”在荆州方言中有多种功能，我们将结合上一节总结出的荆州方言的多功能模式讨论这些功能的演变路径。

(一) 指别＞描述

董秀芳 (2018)[9]概括了两类平行的演变类型，即“名词从指称具体的事物演变为了描述与这种事物相关的性质或状态”和“一些动词从指称具体的动作行为演变为了描述与这种行为相关的性质或状态”。荆州方言中“卯”从名词到形容词，从动词到形容词也经历了这种演变。

1. 具体事物＞与事物相关的性质

“卯”属象形字，许慎《说文》“卯，冒也。二月万物冒地而出，象开门之形”[10]。吴其昌 (2016)[11]《金文名象疏证》：“卯”之本义为刀双并立之形。又有任学礼 (2016)[12]认为，卯取象于“女阴之开启之状”，即本义当为“阴孔”。此三种义源所指示的事物不尽相同，但都指“分开、隔开或开启”的形状。

“卯”与“榫”(也作“笋”) 相对，二者相合，为我国古代建筑、家具等木制器械的主要结构方式“榫卯结构”。榫和卯咬合，起到连接作用。其中，“凹进部分”叫“卯”或“卯眼”；“凸出部分”叫“榫”或“榫头”。由“象开门之形”“刀双并立之形”抑或“女阴之开启之状”到“凹进部分”的“卯眼”，可见“榫卯结构”中的“卯”是由“卯”的本义所象之形的相似性经转喻引申而来的。例如：

(53)“诸称广厚者谓熟材，称长者皆别计出卯。”(宋《营造法式·总例》)

(54)“枕梁、交卯、砖山、省翼、挑坊、挂角、四两千斤，谓之尺经。”(明《物理小识·器用类》)

(55)“程子语录：‘榫，卯员则员；榫，卯方则方。’卯，盖即卯眼。”(清《通俗编·居处》)

由榫卯结构中的“凹进部分的卯眼”经转喻，进而引申出荆州方言中的“卯”(毽子) 和“卯子”(穿腊肉的绳索物)，因为荆州方言中的“卯”(毽子) 的重要制作工具“穿眼钱”中的“眼”与“在腊肉上打眼并穿眼而过的便于悬挂的绳子”均与“榫卯结构”中的“卯眼”之形存在相似性与关联性。

2. 动作行为＞人们认为与该动作相关联的性质状态

将榫和卯拼合连接，此动作在木工中称作“对”或“对卯”，其可进入谓语位置，例如：

(56)“木头栅栏一丈高，二尺宽厚，俱是卯对卯，笋对笋，上有铁活管着，用螺丝上好，坚固异常，风刮人推，俱都不倒。”（清《三侠剑》）

首先，经转喻，“卯对卯”从指称榫卯结构的“拼接、相合”的动作引申出与该动作相关联的状态“相合、相宜”；之后，通过隐喻，从榫卯结构的“相合、相宜”的状态投射到人类的社会行为状态，变为“人与人相处融洽”，即“卯”或“对卯”，可独立充当谓语，被否定副词“不”修饰。例如：

(57)“你们两个不卯，又拿我来作人。”（清《红楼梦》第二十一回）

在荆州方言中也使用否定表达，否定副词“不”前置，“不对卯”充当谓语中心，例如：

(58) 她们两个一直都不对卯。她们俩一直都合不来。

西南官话中，除荆州方言以外，成都方言中“卯”用作补语，也形容“人与人相处时不合”，比如：

(59) 我跟他搞卯了。[13]我跟他闹矛盾了。

贵阳方言中，则用“卯的”，作形容词，同样也是用来形容“人与人相处时不合”，例如：

(60) 他们两个是卯的。[14]他们俩关系不好。

当“卯”“对卯”指榫卯结构“拼接、相合”的动作时，语义是客观的；当其表示基于人类主观认识，与该动作行为相关的社会行为状态“人与人相处有矛盾或不合”时，“卯”就发生了词汇主观化（lexical subjectification），此时“卯”的语义已演变为具有明显评价义的词，这也符合吴福祥（2019）总结的“词汇主观化，最常见的是褒化（amelioration）、贬化（pejoration）等词语内涵义的演变”的观点[15]。

另外，成语“不对卯榫”或“卯不对榫”是用“不相宜、不相合”来比喻话不对题，这也是主观化的表现，例如：

(61)“读者必然以为，这两个红匣子我们也料得到，定是那张雕弓，那块宝砚，岂有何玉凤那等聪明机警女子，倒也想不到此？还用这等左疑右猜，这不叫作不对卯榫了么？”（清《儿女英雄传》）

当“榫头”与“卯眼”脱离，榫卯结构脱离时，这个动作状态叫“脱卯”，后经转喻，引申出“事情发生脱节、漏洞”之义，例如：

(62) 萧让便道：“小生写的字体和蔡太师字体一般，语句又不曾差了。请问军师，不知那一处脱卯?”金大坚又道：“小生雕的图书，亦无纤毫差错，怎地见得有脱卯处?”(明《水浒传》)

荆州方言中将“榫卯结构脱离”称为“脱榫”，与其他方言区中“脱卯”的说法同源，最开始都是指“榫卯结构脱离”。不过，荆州方言中的这一义项并未继续发生演变，而在其他方言中则获得了进一步发展，如吴语上海方言松江话中“脱卯”则可表示“耽误上班时间，脱班迟到”之义，例如：

(63) 今朝开会我脱卯了。[16]今天早上开会我耽搁迟到了。

(64) 今朝堵车堵得厉害，车子开勿快，上班脱卯哉![17]今天早上堵车堵得很厉害，车子开不快，上班都耽搁迟到了。

又如江淮官话合肥方言中有“坏脱卯”的说法，也作“坏到卯”，指“坏到极点”，发展为表程度的增强义。例如：

(65) 这孩子坏到卯了，哪个都不信他。[18]这孩子坏到极点了，谁都不信他。

(二) 动作的持续＞程度的增强＞语气的增强

1. 动作的持续＞程度的增强

“卯”的修饰成分从动词扩展到形容词是“卯”从表动作的持续义演变为表程度的增强义的关键。从动词扩展到形容词，符合人类认知的逻辑顺序，是发生主观化的核心动因。一个动作在保持一直持续的状态后，人的主观感受就会自然地增量凸显，当其与言者的预期和意愿相反时，就会产生不耐烦的催促义，来进一步表达人的主观感受，主观化得以加强。

“点卯”是旧时官署例定在卯时开始办公时进行点名报到等活动的代称。其点名册叫“卯簿”“卯册”[19]。荆州方言中“卯”表动作持续义的用法应是由“点卯”义引申而来的，引申的机制是引喻。一般来说，在卯时报到这一行为活动会因人员和事项的繁多而持续较长的时间，“点卯”与“持续”形成“动作—时间”的认知关系，两者有一定的相关性，因此通过“卯”自然引申到“持续”义。

那么，“卯”用于动词“点卯”中，初现于何时呢？根据目前的语料，动词“点卯”应源于明代，并频繁使用。例如：

(66) 又把城隍、土地，社伯、山神，龙王、河伯，都编写了名字，挂了白

牌，鬼捏诀，一日一遍点卯……（明《醒世姻缘传》）

（67）八戒道：“不羞，不羞，莫说大话！那些妖精点卯也得七八日，怎么就打得罄尽?”（明《西游记》）

例（66）中“一日一遍点卯”可以看出，“点卯”作为一个惯常性行为动作，具有明显的持续性特征；例（67）通过“点卯也得七八日”来描述妖精数量之多，可反映出“点卯”这一活动会因应卯人的数量多而使其持续时间长。

明朝时期，除了动词“点卯”，还可作“打卯”和“画卯”。例如：

（68）西门庆道：“日日去两次，每日坐厅问事。到朔望日子，还要拜牌，画公座，大发放，地方保甲番役打卯。归家便有许多穷冗，无片时闲暇……这连日通辛苦的了不得。”说了半日语，来安儿才拿上茶来。（明《金瓶梅》）

（69）西门庆自从到任以来，每日坐提刑院衙门中，升厅画卯，问理公事。光阴迅速，不觉李瓶儿坐褥一月将满。（明《金瓶梅》）

例（68）和例（69）中“日日”和“每日”反映出“打卯”和“画卯”也是表惯常性的行为动作，因此也具有明显的持续性和反复性特征。

清朝时期，“应名点卯”和“点卯应名”开始作为固定短语出现，表示照例行事，有一定数量的用例，例如：

（70）尤氏虽天天过来，也不过应名点卯，不肯乱作威福。（清《红楼梦》第五十八回）

（71）等到拜过印，升堂点卯，六方书吏只有三个人，差役亦只有五六个。点卯应名都是一个人轮流上来好几趟。（清《官场现形记》）

例（70）和例（71）中“应名点卯”“点卯应名”均是指形式上查点人役，也就是照例行事的意思。其中，例（70）中有“天天”这一时间副词，可以看出“点卯”作为惯常行为，本身就具有持续时间长的意义；而例（71）中“一个人轮流上来好几趟”指出“点卯”活动需要持续较长时间。

同时，清朝时期，“点卯”作谓语动词，其使用更加灵活，中间可插入“个”分开使用，作“点个卯（儿）”，例如：

（72）公子暗忖：靳仁之言，果是不谬！吩咐家人打发报钱，自己走进大奶奶房中，点个卯儿，已是贺客填门，应接不暇。（清《野叟曝言》）

在汉语方言中，至今仍有大量地区保留着“点（个）卯”或“打（个）卯”的说法。如晋北方言可作“打了个卯”，比如：

（73）他今儿上班儿，进办公室打了个卯就走啦。[20]

“卯”在荆州方言中最典型的语用功能之一就是用于说话人催促受话人，这种催促也是因为说话人主观上认为受话人持续某一动作或状态的时间过长而导致的。例如：

（74）你哪么卯磨咧，我们都等了半个多小时了。你怎么一直墨迹，我们都等了半个多小时了。

（75）选个衣服卯选，天都黑哒！选衣服一直选，天都黑了！

2. 程度的增强＞语气副词

当“卯”的修饰对象扩展到形容词时，由状态的持续义，发展出程度增量的用法，主要突出说话人的主观感受和主观情绪。此时，“卯”后形容词多为单音节且表消极或贬义的形容词，语气中的否定、责备和贬斥意味进一步加强，主观化进一步凸显，常用于问句，例如：

（76）你卯□［$tɕ^{h}iau^{213}$］个么子？别个都说哒不是故意的。你这么生气做什么？别人已经说了不是故意的。

（77）你卯犟个么子咧？哪个是吃多了没得事搞？你这么犟干什么？谁是吃多了没事做？

此外，据阮桂君（2014）[21]和张颖（2022）[22]，“卯”在同属西南官话中的湖北五峰和仙桃地区主要用来表示程度之高，但对两地方言中“卯”的语义功能的描写远不及荆州方言中“卯”丰富与灵活。

（三）时间范畴＞让步范畴

从时间到让步，这是一条跨语言反复出现的语义演变路径，Traugott（1985）[23]指出时间词特别是表持续义的时间词是条件句标记的五种来源之一。荆州方言中表让步功能的“卯起”，也与持续性时间词相关，并经过句式糅合而形成。

关于汉语句式糅合现象，沈家煊（2006ab）[24]对糅合的具体过程和原理进行了说明，指出“许多新语法格式的产生是两个已有表达糅合的结果”，并进一步将概念和词语的整合区分为“糅合”和“截搭”两类；江蓝生（2008）[25]以正反同义结构为研究对象，指出“否定式是由语义具有同一性的正反两个概念表达式整合而成的”，并对这类否定式进行了历史溯源。叶建军（2013）[26]指出，“句式糅合”是指两个语义相同或相近的句式A或B，因某种语用目的主要通过删略重叠成分合并成新的句式C的过程，并归纳了句式糅合要遵循的三个基本原则。

“卯”可作为表持续义的时间副词，“起”则是荆州方言中最常见的动态助词之一，常置于单音节持续性动词之后，如“站起”“坐起”，表示一个动作的保持和继续，二者结合成“卯V起”结构，例如：

（78）你迥眼睛卯曲起，不吃亏啊？你把眼睛一直曲着，不累吗？

（79）把菜不卯端起哒，搁桌子高头。把菜不要一直端着了，放在桌子上面。

将源句法结构记作S，糅合（Compounding or Integration）后的句法结构记作CI，“卯起P”的句法结构的形成，大体经历了这样一个糅合过程：

S_1：卯V起

$+S_2$：把/要＋N/Pron＋V＋结果补语/Pron

→CI：卯起＋把/要＋N/Pron＋V＋结果补语/Pron

荆州方言的让步转折句前分句“卯起＋把/要＋N/Pron＋V＋结果补语/Pron”的形成完全符合句式糅合的三个基本条件。首先，句法结构S_1表示使动作持续时间过长，而句法结构S_2表示“消极处置或役使”，也就是使动作持续时间过长而导致的结果，符合句式糅合要遵循源句式语义相同或相近的原则；其次，源句式之一的处置结构S_2是先于糅合结构CI而存在，且另一源句式S_1至少是与糅合结构CI同时存在于荆州方言，符合句式糅合遵循时代先后的原则；最后，糅合结构CI在成分上蕴含了两个源句式S_1、S_2的主要成分，符合句式糅合要遵循成分蕴含原则。

项开喜（2016b）[27]分析了汉语中应急性语言表达一系列的具体现象对构词造句、句式语义衍生、句法结构形式演变的影响，“卯起”常用于说话人表达主观评价，作为回应句的首发词，其形成属于“跨跳”现象，生成动因是让步转折的语用需求和目的。说话人在回应索词时，源句式S_1中“卯”与“起”经过“跨跳”重新整合在一起，并通过删除重复成分，合并同类成分，导致形成糅合句式CI的语义演变现象。在荆州方言中，糅合结构CI中的“卯起”间的语音停顿已经消失，在语音上变为轻读。

如前文所述，“卯起P”一般有肯定式和否定式两种语义模式，即“消极处置或役使”或“利益受损”，二者都与人类主观认识紧密相关，是语义主观化的表现，只是着眼角度的侧重点存在不同。前者着眼于被处置或役使的事物，后者着眼于说话人本身。从主观性上看，对事物“消极处置或役使”说到底也是说话人“利益受损”；从逻辑顺序上看，应是先有说话人对事物的“消极处置或役使”，再有说话人“利益受损”。沈家煊（1999）[28]指出，“衍推义是一种纯逻辑推导义，它是句子固有的、稳定不变的意义成分”，“卯起$_{\text{否定}}$”句的语义模式实际上是“卯起$_{\text{肯定}}$”句语义模式的同义衍推表达。而对于当说话人回应关涉到第三方时的“卯起$_{\text{肯定}}$”与“卯起$_{\text{否定}}$”共现的形式，应是“由语义具有同一性的正反两个概念表达式叠加整合而成的”（江蓝生，2008）[29]。比较“卯起”句的三种形式，含有否定标记的“卯起$_{\text{否定}}$”句、“卯起$_{\text{肯定}}$”与“卯起$_{\text{否定}}$”共现句更突出表达强烈的主观评价感情色彩，三者的语义重点、感情色彩都存在差异，适用语境也有所不同。

结语

荆州方言“卯”兼有名词或名词性语素、动词或动词性语素、形容词、副词、介词、连词等多种功能，“卯”的语义演变路径为：具体事物＞与事物相关的性质；动作行为＞人们认为与该动作相关联的性质状态；动作的持续＞程度的增强＞语气的加强；时间范畴＞让步范畴。这些演变路径均是跨语言反复出现的演变路径。

“卯”表“程度的增强”义和“语气的增强”义均源自“动作的持续义”，当“卯”的修饰对象从动词扩展到形容词是“卯”发生语法化的关键，此时主观化进一步凸显，语气中的否定和责备意味得以加强。同时，从“卯”的“动作的持续义”还可以进一步发展出让步义，经过句式糅合而形成。这也符合 Heine 和 Kuteva (2002)[30]通过跨语言考察所得出的结论，即“时间和空间标记语法化的一个重要目标端为条件连词”。

此外，从使用对象的代际上看，“卯”的多功能用法在荆州老派方言使用者中仍较熟练，而在新派方言使用者中已不够活跃。从使用地域上看，“卯”的部分功能在西南官话、江淮官话、晋语、吴语等方言区均见使用。

＊本文系国家社会科学基金青年项目“语言接触视野下皖鄂赣交界地带官话与赣语比较研究”(23CYY027)、教育部人文社会科学重点研究基地重大项目“汉语方言语法的择点考察与比较研究”(22JJD740027)的阶段性成果。

注释：

[1] 王群生：《湖北荆沙方言》，武汉：武汉大学出版社，1994 年，第 256 页。

[2] 王群生：《荆州方言研究》，武汉：华中师范大学出版社，2018 年，第 330～332 页。

[3] 中国社会科学院语言研究所、中国社会科学院民族学与人类研究所、香港城市大学语言资讯科学研究中心：《中国语言地图集　汉语方言卷》(第 2 版)，北京：商务印书馆，2012 年，图 B1-10。

[4] 汪国胜、赵爱武：《从地域文化看武汉方言》，《汉语学报》2016 年第 4 期，第 59～70 页。

[5] 汉语大字典编辑委员会：《汉语大字典》，武汉：湖北辞书出版社、成都：四川辞书出版社，1986 年，第 311 页。

[6] 王群生：《荆州方言研究》，武汉：华中师范大学出版社，2018 年，第 331 页。

[7] 邢福义：《汉语复句研究》，北京：商务印书馆，2001 年，第 467 页。

[8]《中国民间故事集成》全国编辑委员会、《中国民间故事集成・湖北卷》编辑委员会：《中国民间故事集成・湖北卷》，北京：中国 ISBN 中心，第 117 页。

[9] 董秀芳：《从指别到描述》，《语文研究》2018 年第 3 期，第 1～7 页。

[10] 许慎：《说文解字》，北京：中华书局，2013 年，第 311 页。

[11] 吴其昌：《金文名象疏证》，《国立武汉大学文哲季刊》5 卷 3 号，1936 年，第 563 页。

[12] 任学礼：《汉字生命符号 上 汉字之起源、创造及研究方法》第 1 集，桂林：广西师范大学出版社，2016 年，第 214 页。

[13] 李荣：《现代汉语方言大词典》，南京：江苏教育出版社，2002 年，第 1042 页。

[14] 李荣：《现代汉语方言大词典》，南京：江苏教育出版社，2002 年，第 1043 页。

[15] 吴福祥：《语义演变与主观化》，《民族语文》2019 年第 5 期，第 7 页。

[16] 沈吉明：《南上海方言》，上海：上海文化出版社，2010 年，第 87 页。

[17] 盛济民：《软侬吴语松江好》，上海：上海辞书出版社，2019 年，第 505 页。

[18] 杨永成：《合肥方言研究》，合肥：安徽教育出版社，2017 年，第 203 页。

［19］汉语大字典编辑委员会:《汉语大字典》(一),武汉:湖北辞书出版社、成都:四川辞书出版社,1986年,第311页。

［20］于银如、李青松:《晋北方言所见〈金瓶梅〉词语汇释》,西安:太白文艺出版社,2015年,第70页。

［21］阮桂君:《五峰方言研究》,武汉:华中师范大学出版社,2014年,第241页。

［22］张颖:《仙桃方言程度副词研究》,华中师范大学硕士学位论文,2022年。

［23］E. C. Traugott, *Conditional Markers*, in J. Haiman, ed. *Iconicity in Syntax*, Amsterdam/Philadelphia: John Benjamins Publishing Company, 1985, pp.291-292.

［24］沈家煊:《"糅合"和"截搭"》,《世界汉语教学》2006年第4期,第5～12页。

［25］江蓝生:《概念叠加与构式整合——肯定否定不对称的解释》,《中国语文》2008年第6期,第483～497页。

［26］叶建军:《"X胜似Y"的来源、"胜似"的词汇化及相关问题》,《语言科学》2013年第3期,第235～249页。

［27］项开喜:《应急性表达策略与构词造句》,《当代修辞学》2016年第5期,第72～78页。

［28］沈家煊:《不对称和标记论》,北京:商务印书馆,2015年,第70页。

［29］江蓝生:《概念叠加与构式整合—肯定否定不对称的解释》,《中国语文》2008年第6期,第483～497页。

［30］H. Bernard, T. Kuteva, *World Lexicon of Grammaticalization*, Cambridge: Cambridge University Press, 2012;《语法化的世界词库》,龙海平、谷峰、肖小平译,洪波、谷峰注释,北京:世界图书出版社,2012年,第45页。

淮北方言的"啵"

刘道海

（陕西师范大学文学院，陕西西安，710100）

内容摘要： 淮北方言的"啵［$pə^0$］"可以用作疑问标记、假设标记、话题标记。其中，疑问标记"啵$_1$"可表示询问、测度、反诘三类疑问语义；假设标记"啵$_2$"可标记违实假设分句和可能假设分句，可与体助词或假设连词"要"等共现；话题标记"啵$_3$"可标记体词性、谓词性、介词结构三类话题。"啵$_1$""啵$_2$""啵$_3$"之间的演变关系可表示为：疑问标记"啵$_1$">假设标记"啵$_2$">话题标记"啵$_3$"。

关键词： 淮北方言；啵；疑问标记；假设标记；话题标记

一、引言

淮北位于安徽省北部，地处苏、豫、皖交界处。根据《中国语言地图集·汉语方言卷》（第 2 版），淮北方言属于中原官话徐淮片[1]。疑问标记、假设标记、话题标记一直以来都是学界研究的热点话题，如赵元任（1979）[2]、胡明杨（1981）[3]、吕叔湘（1982）[4]、朱德熙（1982）[5]、陆俭明（1984）[6]、王力（1985）[7]、方梅（1995）[8]、张伯江（1997）[9]、齐沪扬（2002）[10]、江蓝生（2002）[11]、李宇明（2002）[12]、刘丹青（2005）[13]、赵国军（2009）[14]、董秀芳（2012）[15]、邵敬敏（2014）[16]、罗晓英（2014）[17]、邢向东（2020）[18]等。此外，刘丹青（2005）梳理了疑问、假设、话题三类标记之间的关系，即汉语疑问标记和话题标记之间存在一种单项蕴涵关系：疑问标记>话题标记，在演变初期，会伴随着假设语气，不过假设语气会随着语法化程度的不断加强而逐渐消退，进而彻底演变为话题标记[19]。淮北方言的"啵"可以为上述讨论提供新的参考。针对淮北方言"啵"的研究较少，郭辉（2011）认为"VP啵"中的"啵"是否定成分，整个句式表达的是反复问[20]，但事实并非如此，如：

（1）那一滩是你尅的啵那一堆乱七八糟的东西是你弄的吗？

（2）今个不冷啵今天不冷吧？

（3）你有事啵，咱说啥都得伸个手你有麻烦的话，我说什么都得帮一下。

（4）他没下手打你啵，那他还是想跟你过日子他没有打你的话，那他还是想跟你继续过日子。

(5) 恁舅啵，咱也没法说他，净干捅马蜂窝的事你舅实在是没法说他，总干惹祸的事。

(6) 自打他妈死了啵，这孩子就变得不知道啥了自从他妈过世了，这孩子就变得不懂事了。

例（1）—例（6）中的“啵”都不宜分析为否定成分。例（1）、例（2）中的“啵”分布在句末，两个例句都是低降调，如果去掉“啵”，表达的都是陈述语气，另外，例（1）、例（2）一般都可用“是的”“哪是的不是的”进行回答，可见句尾的“啵”表达的是疑问语气，是一个疑问标记[21]。例（3）、例（4）中的“啵”不具备完句功能，其后必须有后续分句出现，并且如果去掉其中的“啵”，例（3）中的“你有事”既可以表示假设情况，前后分句之间具有假设关系，也可以表示现实情况，前后分句之间不具备假设关系，但当“你有事”后出现“啵”，此时“你有事”只能表示假设情况，可见这里的“啵”是一个假设标记，例（4）类同。例（5）、例（6）中的“啵”也不具备完句功能，“啵”主要用来标记并凸显话题性成分，其后都是对话题成分的说明，往往还可以出现指代成分来复指话题，如例（5）用“他”来复指话题“恁舅”。为方便讨论，我们将表示疑问的“啵”记为“啵$_1$”，表示假设的“啵”记为“啵$_2$”，标记话题的“啵”记为“啵$_3$”。

二、啵$_1$

整体来看，淮北方言“啵$_1$”表达的疑问可以分为询问、测度、反诘三种[22]。

（一）表询问

表询问的“啵$_1$”可用于“是……啵$_1$”（例7—例8）、“V了$_1$啵$_1$”（例9—例10）、“VO$_{真}$了$_2$啵$_1$”格式（例11—例12），如：

(7) 这是你尅的啵这是你弄的吗？

(8) 当院里的驾车子是你弄毁的啵院子里的驾车子是你弄坏的吗？

(9) 阿妈走了啵咱妈走了吗？

(10) 肉都买了啵肉都买了吗？

(11) 阿爷上地了啵咱爷爷去地里了吗？

(12) 阿妗子上街了啵咱舅妈上街了吗？

“VO$_{真}$了$_2$啵$_1$”格式中的宾语通常都是处所词，如例（11）、例（12），不能是动量词等准宾语[23]。另外，上述所有例句中的“啵$_1$”一般都可以替换成淮北方言中另一个表询问的疑问标记“嘛［maŋ^0］”，所表达的语义基本也是一样的。

(13) 你妗子一会子来啵你舅妈一会儿来吗？

(14) 你还有东西要买啵你还有什么需要买的吗？

(15) 恁姨今个晚黑来能到啵你姨妈今天晚上能到吗？

(16) 你达身子还好啵你爸爸身体还好吗?

例(13)—例(16)通常并不使用“是的”“哪是的不是的”来回答,如例(13)一般使用“来”“不来”回答,此用法多出现在“V 啵$_1$”格式中。不过,例(13)—例(16)中的“啵”也都可以替换成疑问标记“哝”。值得注意的是例(16),它虽然使用询问的方式,但实际上表达的是说话人对听话人或听话人亲属的主观祝愿,多用于问候性话语,对于听话人的回答结果并未进行事先推测,因此如果回答结果是积极的,说话人会表示肯定,并希望能够继续维持此结果,反之说话人会表露出惋惜等情感,一般并不会对这一结果感到十分意外,这一表现与武汉方言的“啵”(赵葵欣 2012)[24]基本一致。

(二)表测度

淮北方言“啵$_1$”表测度疑问语气时,主要出现在“不 VP 啵$_1$”“没 VP 啵$_1$”和“VO准了$_2$啵$_1$”格式中。

1.“不 VP 啵$_1$”。“不 VP 啵$_1$”格式可以进一步分为“不 V 啵$_1$”(例 17—例 20)、“不 VO真了$_2$啵$_1$”(例 21—例 22)。如:

(17) 清起来不冷啵早上不冷吧?

(18) 昨个不热啵昨天不热吧?

(19) 他明个不去啵他明天不去吧?

(20) 水不□[$ʦ^hə^{213}$]了啵不抽水了吧?

(21) 不下(雨)了啵不下雨了吧?

(22) 他不去市里了啵他不去市里了吧?

上述例句都表示说话人对事件已有估计,提问是为了让对方证实,可以说是信大于疑。正因如此,说话人更期待听话方的回答是证实自己的判断,如上述例(17)—例(22)的回答通常都是“是的”。另外,需要注意的是“不 VO真了$_2$啵$_1$”格式中的宾语通常都是名词、处所词等真宾语,这些宾语也可以不出现,如例(21),但不能是动量词、数量词等充当的准宾语。

2.“没 VP 啵$_1$”,如:

(23) 他没噘人啵他没骂人吧?

(24) 这地豆子没卖几斤啵这土豆没有卖出去多少吧?

(25) 他昨个没上街啵他昨天没上街吧?

(26) 前儿个下雨,咱这都没冷过啵前天下雨,咱这都没有冷过吧?

(27) 焦叶子没吃过啵焦叶子没吃过吧?

(28) 这事恁妈没讲过啵这事你妈没有讲过吧?

“没VP啵$_1$”格式中的宾语常常被提到句首，该格式表达的是说话人认为某事未曾发生，也正因如此，“没VP啵$_1$”对能够共现的时间词有一定的限制，一般不跟表示将来的时间词共现，这与“不VP啵$_1$”格式不同，“不VP啵$_1$”格式对于共现的时间词语基本没有限制。

3.“VO$_{准}$了$_2$啵$_1$”格式表达的也是测度问，但此格式里的宾语通常都是动量词、数量词等准宾语，如：

（29）天阴老大会子了啵天阴了很长时间了吧？

（30）你达去个把小时了啵你爸去了几个小时了吧？

（31）阿妈走一会子了啵咱妈走了一会儿了吧？

（32）这熊羔子都吃两三碗了啵这孩子都吃两三碗了吧？

（33）下老大会子了啵雨下很长时间了吧？

更重要的是，“VO$_{准}$了$_2$啵$_1$”里的宾语是必须出现的，一旦宾语不出现，该格式就不是测度问，而是询问，其中的“了”是表动作完成的“了$_1$”，如：

（34）你达去了啵你爸去了吗？

4.淮北方言中还有一个可以表达测度问的“呗”，上述所有例句中句末的“啵$_1$”基本都可以换成“呗”，所表达的语义基本相同。但在对事件的推测程度上，“呗”和“啵$_1$”略有差异，“呗”的推测中的“信”要略高于“啵$_1$”，往往是这种程度上的差异，最能反映说话人的真实心理活动。

（三）表反诘

表反诘的“啵$_1$”主要出现在“V得CO啵$_1$”（例35—例36）和“能V啵$_1$”（例37）格式中，其中的“啵$_1$”一般都可以替换成“眬”，如：

（35）你这个熊样子对得起恁妈这十几年的起早摸黑啵你这样对得起你妈十几年的付出吗？

（36）你这家底子买得着恁舅那一片的好房子啵你的存款买得到你舅家附近的好房子吗？

（37）要不是恁舅，就他那吊不郎当的，能管啵要不是你舅舅，就他那不着调的样子，能行吗？

（38）* 你这样尅难道对得起恁爸啵？

需要注意的是“能V啵$_1$”格式，如例（37）中的“能”如果重读，并且整个结构读为升调，那么句尾的“啵$_1$”一般就不再出现，这时表达的依然是反诘问。但当“能”不重读时，整个结构是低降调时，“啵$_1$”就是必须出现的。此外，淮北方言表反诘的“啵$_1$”前不能再出现反诘副词“难道”，如例（38）。

淮北方言的“啵$_1$”可以表示询问、测度、反诘三种疑问语气。其中，“啵$_1$”在表示询问和反诘时通常可与淮北方言疑问标记“哝”替换，表示测度时通常可与“呗”替换[25]。

三、啵$_2$

淮北方言的“啵$_2$”是一个典型的假设标记，根据假设的性质，可分为违实假设和可能假设两类[26]。

（一）违实假设

违实假设中的假设事件不具备实现的可能性，又可分为违背常理假设和违背事实假设两类，先看违背常理假设，如：

（39）恁外爷能年轻个十岁啵，你得多享老点子福如果你外公能年轻十岁的话，你会生得更好。

（40）早生个几十年啵，咱好歹还能去打个仗如果早生几十年的话，咱们起码还能去打仗。

（41）要我是你啵，这事说啥都能拉倒如果我是你的话，这件事说什么也不能就算了。

（42）狗要会说话啵，都比俺那口子强如果狗会说话的话，都比我老公要能说一些。

例（39）的假设事件“恁外爷年轻个十岁”，例（40）的假设事件“早生个几十年”，例（41）的假设事件“我是你”，例（42）的假设事件“狗会说话”，这些假设明显违背普遍自然规律，根本不具备实现的可能性。正因如此，后续分句会体现说话人某种强烈的感情，如例（39）就体现着说话者强烈的惋惜之情。另外，淮北方言的“啵$_2$”可以与假设连词“要”共现，如例（41）、例（42）。不过，假设连词并不是表示假设语气的必要成分，一般情况下可以不出现，唯一特殊的情况是，如果假设分句中的谓语动词是系动词“是”，那么分句句首一般要出现假设连词“要”，如例（41）。

再来看违背事实假设，如：

（43）这人没死啵，这事兴许还能好办一点这个人如果没死的话，这件事可能还比较好办。

（44）这钱没花啵，咱差不多还还得起如果这钱没有被花掉，咱们差不多能还得起所欠的钱。

（45）恁姐好好学啵，累死都不能这个样如果你姐好好学的话，怎么都不能混得这么差。

（46）咱当时去北京看啵，兴许还能看好如果咱们当时去北京看病的话，兴许还可以治好。

与例（39）—例（42）不同，例（43）—例（46）中假设分句的假设情况并不违背自然界的普遍规律，但却违背了客观事实，且其事件结果一般是比较严重的。有时为特别强调假设与事实相反，常常会在假设分句中使用否定词，如“没”等，如例

（43）、例（44）。

（二）可能假设

（47）恁姐正睡着啵，你就别□［iaŋ^{214}］□［uē^{0}］她如果你姐姐正在睡觉的话，你就别叫她。

（48）他昨黑来没家走啵，他能搁哪来呢如果他昨天晚上没有回家的话，他能在什么地方呢？

（49）你明个不来啵，我就自个去如果你明天不来的话，我就自己去。

（50）这钱将来不给你啵，俺就留着自个花如果这个钱不给你的话，我们就留着自己花。

（51）他以后真的蹲了啵，说啥也不能跟他过如果他以后真的坐牢的话，说什么也不能跟他结婚。

（52）恁达将来还不疼你啵，你就跟你姑讲，你姑能熊死他你爸如果以后还不疼你，你就跟你姑姑说，你姑会狠狠地批评他。

可能假设中的假设事件具备实现的可能性。例（47）、例（48）是对未知事件的假设，这种未知事件的假设与时间无关，可能是正然的（例47），也可能是已然的［例（48）］。另外，“啵$_2$”前还常常出现体标记，如例（51），这与普通的假设语气标记“的话”（赵国军，2009）的用法类似[27]。例（49）—例（52）是对未然事件的假设，“啵$_2$”前通常会出现表示将来的词语，如“明个”“以后”等。不过，对未然事件的假设更常出现在对举格式中，这时表将来的时间词一般不再出现，如：

（53）去啵，怕是得挨熊；不去啵，怕是得被阿妈说如果去的话，怕是会被批评；不去的话，怕是会被咱妈说。

（54）这事我出头啵，啥也落不着；不出头啵，恁舅又得怨我如果这个事情我管的话，什么也得不到；不管的话，你舅舅又得埋怨我。

（55）买房子啵，得欠一屁股债；不买啵，万一后面再涨钱更毁如果买房子的话，要借很多钱；不买的话，万一后面再涨价更难办。

例（53）—例（55）并列项一般都具有正反矛盾关系，说话人对并列的两种选择左右为难，带有无奈的语气。另外，即使删除“啵$_2$”，这种语气仍在，可见这种左右为难的语气并不是由“啵$_2$”带来的，而是由对举格式产生的。

值得注意的是，无论是标记违实假设，还是标记可能假设，“啵$_2$”都位于假设条件句的句尾，主句之前。这符合“联系项居中原则”，也与普通话表假设的“的话”等表现一致，所不同的是，“假设条件＋主句”只是“的话”的一种优势语序，“的话”所在的假设条件句也可以位于主句之后（董秀英，2012）[28]，如例（56），而“假设条件＋主句”基本是“啵$_2$”的唯一语序，即“啵$_2$”所在的假设条件句不能出现在主句之后，如例（57）。

（56）a 如果只有一个儿子的话，分家的情况是不会出现的。

b 想来也一定会使孙中山愉快，如果他还健在的话。（引自 CCL 语料库）

（57）* 咱好歹还能种种地，早没卖地啵。

四、啵$_3$

话题标记“啵$_3$”所标记的话题类型十分丰富，可标记体词性话题、谓词性话题和介词结构话题三类。“啵$_3$”标记的话题成分必须是有定的。

（一）“啵$_3$”标记体词性话题

（58）恁爸啵，（他）还老干这样的事你爸他还老干这样的事情。

（59）这熊羔子啵，咱还没法揍（他）这熊孩子咱们还没有办法揍。

（60）这几年啵，咱不也没摸着几个钱这几年咱们不也没赚到多少钱。

（61）恁地头啵，拉拉秧都（搁那）长疯了你家地头上都是拉拉秧那种草。

话题标记“啵$_3$”标记的体词性话题通常表示施事、受事、时间、处所等语义。例（58）、例（59）中的述题部分还可以出现话题的复指成分“他”，且这些成分往往充当着谓语动词的论元，这类话题可以称为论元共指话题。例（60）、例（61）中“啵$_3$”标记的是时间和方位话题，这类话题可称为语域式话题。与论元共指话题一样，语域式话题的述题部分既可以出现与话题复指的成分，如例（61），也可以不出现，不出现的情况在淮北方言中更为常见[29]。

（二）“啵$_3$”标记谓词性话题

（62）吃啵，你不吃，这又嚎着饿吃饭你不吃，现在又说饿。

（63）甜啵，倒怪甜的，就是黏不抓的甜倒是挺甜的，就是有点黏手。

（64）打球啵，打得还管打球打得挺好。

（65）睡个觉啵，都让俺睡不安生睡个觉都让我睡不好。

“啵$_3$”所标记的谓词性话题，既可以是单音节的动词或形容词，也可以是双音节或多音节动词、动词短语。我们也注意到，“啵$_3$”在标记谓词性话题时，话题与述题中的谓语动词总是完全或部分同形，这类话题也可称为拷贝式话题。

（三）“啵$_3$”标记介词结构话题

（66）打那过后啵，恁爸再没发过火从那以后，你爸再没有发过脾气。

（67）自打去年啵，这孩子就变得不知道啥了自从去年开始，这孩子就变得不懂事了。

（68）吕着这路啵，你走个个把小时就到了沿着这个路，你走上一个小时左右就到了。

淮北方言中能够出现在话题标记“啵$_3$”前的介词很少，通常只有“打”“自打”“吕着”等少数介词有此种用法。这类话题与述题之间的关系较为松散，多是提供谓语关涉的时间、方式等信息。

淮北方言“啵$_3$”在标记体词性、谓词性、介词结构话题时，一般不能与前置话题标记“就”共现，如不能说“*就你啵，别老想这么多”。这不同于普通话，普通话的后置话题标记“吧”“呢”等可以与前置话题标记“就”共现（司罗红，2013）[30]。

五、“啵$_1$”的来源及演变

（一）“啵$_1$”的来源

从近代汉语的材料看，冯春田（2000）指出“啵”在清代以后可用于揣测（测度）疑问句[31]。翟燕（2013）对清代北方话文献《聊斋俚曲》《桃花扇》《歧路灯》《儿女英雄传》《小额》进行统计分析，其中“啵”的疑问用法只见于以北京话为背景的《儿女英雄传》，且仅1例，《聊斋俚曲》《桃花扇》《歧路灯》《小额》中均无疑问句用例[32]。不过，表示疑问的“啵”广泛存在于汉语方言中，如江苏徐州（苏晓青、吕永卫，1996）[33]、湖南益阳（崔振华，1998）[34]、湖南衡山（彭泽润，1999）[35]、湖南长沙（鲍厚星，等，1999）[36]、山东宁津（曹延杰，2003）[37]、四川乐山（赖先刚，2005）[38]、江西彭泽（汪高文，2019）[39]。对于表疑问的“啵”的形成，学界目前存在不同的观点，一种观点认为“啵”来自“不”的虚化，如赖先刚（2005）等[40]；另一种观点则认为“啵”是由“不”与其他语气词合音形成的，如崔振华（1998）[41]、彭泽润（1999）[42]、鲍厚星等（1999）[43]、李小军（2011）[44]。其实，赵元任（1926）早已经观察到了这类合音现象，赵先生认为北京话问句中的“罢（吧）”应是“不啊”的合音[45]，史冠新（1989）以山东淄博方言材料印证了这一观点[46]。邢向东（2006）就已指出语法成分因经常连用或语音弱化而导致音素脱落，或同前面的音节合音，是很常见的语音变异[47]。上述两种观点其实就体现着不同的语音变异类型，不过可以肯定的是，“啵”的疑问语义跟“不”应该有着密切的关系。我们更倾向于认为“啵”应该是由“不”和其他语气词合音而来，淮北方言的“啵$_1$”很可能是“不啊”的合音，但“不啊”在淮北方言中已经没有分开说的现象。不过，我们在吉林四平方言中发现了“不啊”和“啵”共存的现象，这可以为我们的推测提供一个旁证[48]，如：

（69）你还去不啊你还去不去啊？

（70）你还去啵［pə^0］你还去吗？

这一现象或许也预示着在今后的演变中，合音形式“啵”很可能会逐步取代“不啊”。但四平方言“啵”目前的语法化程度不高，其分布受到较大限制，如其前一般不能出现“着”“了”“过”等体助词，也无法对已然事件进行提问。不过，随着“啵”语法化程度的加深，其所受的句法限制应该会逐渐减弱。学界对这种通过合音手段使原来带否定词的正反问句演变为是非问句的现象已有讨论，如邵敬敏、周娟（2007）认为凡是否定词和语气词已经融合为一个音节，不能再区分开来，这一类应看作是正反问向由真正的疑问语气词构成的是非问发展过程中的过渡形式[49]；汪国胜、李曌（2019）进一步指出这一演变在不同方言中的进程并不一致，有的方言已经完成向是非问的演变，而有的方言仍具有正反问句的性质[50]。

（二）“啵”的演变

那么，淮北方言的表疑问的“啵$_1$”、表假设的“啵$_2$”、标识话题的“啵$_3$”之间有着何种联系？其实，学界对于疑问、假设、话题三类标记之间的关系问题已有不少研究，如孙锡信（1999）认为语气词“沙”“吵”表假设的用法就是从表测度的用法发展而来[51]；吕叔湘（1982）指出“要论、要讲、若夫、至如、至若”这几个词的假设义较弱，它们的主要作用在于另提一事[52]。刘丹青（2005）指出曹逢甫（1995）[53]所列举的具有话题标记功能的“啊、呢、么、吧”中的“么、吧”还可用于疑问句、条件句，认为汉语指话题标记是由疑问标记发展而来的，这一演变过程会伴随着假设语气，并指出这一演变路径通常是以否定词为起点的语法化链的延伸[54]。董秀英（2020）认为汉语的是非问标记都可以用来表示假设，汉语的是非问标记和假设标记之间存在单项蕴涵关系：是非问标记＞假设标记[55]。我们赞同上述学者的观点。我们推测淮北方言“啵”也应该遵循上述演变路径，即表疑问的“啵$_1$”演变为表假设的“啵$_2$”，最后演变为表示话题的“啵$_3$”。由于缺乏相应的历史文献，我们推测其大概经历了下列演变过程[56]。

（71）外头不下了啵外面不下雨了吧？

（72）外头不下了啵外面不下雨了吧？咱上地看看麦去咱们去地里看看麦子去。

（73）外头不下了啵，咱上地看看麦去外面不下雨了的话，咱们去地里看看麦子去。

（74）外头啵，早就不下了，咱上地看看麦去外面早都不下雨了，咱们去地里看看麦子去。

例（71）是一个单纯表示测度的疑问句。例（72）包括一个表测度的疑问句和一个祈使句，不过前后两个句子之间并没有直接的语义关系，但从表达上看，后面的祈使句是以肯定前句表达的内容为前提的，此时“啵”具有以下特点：相比例（71），例（72）“啵”表达的疑问的程度更低，“啵”没有明显的拖音，“啵”出现在第一个句子句尾和第二个句子之前，这与假设标记所处的位置有着相似之处。这些特点很可能会诱发“啵”发生进一步语法化，即当“啵”有了明显的拖音时，“啵”基本丧失了表示疑问的能力，此时“外头不下了啵”，其后一定要有后续成分，从而形成了一个由两个分句组成的复句，即例（73），这两个分句之间暗含着假设语义关系，“啵”应被重新分析为标记假设关系分句的标记，即“啵$_2$”。随着语法化程度的加深，“啵”

的假设义会有所弱化，使得“啵”能够逐渐摆脱“联系居中项”的限制，出现在句首的位置，如例（74），此时的“啵”已经完全语法化为话题标记，即“$啵_3$”。跨语言地看，假设标记、话题标记之间往往也有着密切的联系，如Haiman（1978）就指出土耳其语的条件句标记“*-sA*”可以被疑问标记“*-si*”替换，也可用于标记话题[57]；Sweetser（2002）也认为标识话题和假设条件句的标记在形态上通常具有一致性，如英语中的“if”[58]。

六、结语

淮北方言的“啵”可以用作疑问标记（$啵_1$）、假设标记（$啵_2$）、话题标记（$啵_3$）。其中，“$啵_1$”可以表达测度、询问、反诘三种疑问语义，询问多用于“是……$啵_1$”“V $了_1$ $啵_1$”“$VO_{真}$ $了_2$ $啵_1$”“V $啵_1$”，测度问多用于“不VP $啵_1$”“没VP $啵_1$”和“$VO_{准}$ $了_2$ $啵_1$”格式，反诘问多用于“V得CO $啵_1$”和“能V $啵_1$”格式。“$啵_2$”可标记违实假设和可能假设分句，也可与假设连词“要”共现，其分布严格遵守“联系项居中原则”，“假设条件＋主句”基本是“$啵_2$”的唯一语序。“$啵_3$”可标记体词性、谓词性、介词结构三类话题，但不能与前置话题标记共现。这三个标记之间的演变规律可表示为：疑问标记“$啵_1$”＞假设标记“$啵_2$”＞话题标记“$啵_3$”，这一语法化演变路径正是以否定词为起点的语法化链条的延伸。

* 本文系陕西师范大学研究生领航人才培养项目“皖北方言语法研究”（LHRCTS23030）、陕西省教育厅项目“中原官话关中片与汾河片词缀对比研究”（20JK0296）的阶段性成果。

注释：

[1] 中国社会科学院语言研究所、中国社会科学院民族学与人类学研究所、香港城市大学语言资讯科学研究中心编：《中国语言地图集·汉语方言卷》（第2版），北京：商务印书馆，2012年，第214页。本文的淮北方言指淮北市区的方言，文中语料来自内省和田野调查。

[2] 赵元任：《汉语口语语法》，吕叔湘译，北京：商务印书馆，1979年，第356～368页。

[3] 胡明杨：《北京话的语气助词和叹词（上）》，《中国语文》1981第5期，第347～351页。

[4] 吕叔湘：《中国文法要略》，北京：商务印书馆，1982年，第282～302页。

[5] 朱德熙：《语法讲义》，北京：商务印书馆，1982年，第207～214页。

[6] 陆俭明：《关于现代汉语里的疑问语气词》，《中国语文》1984年第5期，第330～337页。

[7] 王力：《中国现代语法》，北京：商务印书馆，1985年，第160～174页。

[8] 方梅：《北京话句中语气词的功能研究》，《中国语文》1994年第2期，第129～139页。

[9] 张伯江：《疑问句功能琐议》，《中国语文》1997年第2期，104～110页。

[10] 齐沪扬：《语气词与语气系统》，合肥：安徽教育出版社，2002年，第190～212页。

[11] 江蓝生：《时间词“时”和“後”的语法化》，《中国语文》2002年第4期，第291～301页。

[12] 李宇明：《语法研究录》，北京：商务印书馆，2002年，第399～404页。

[13] 刘丹青：《话题标记从何而来？——语法化中的共性与个性绪论》，沈家煊、吴福祥、马贝加主编：《语法化与语法研究（二）》，北京：商务印书馆，2005年，第107～130页。

[14] 赵国军：《表假设的“吧”与“的话”》，《汉语学习》2009年第4期，第50～55页。

[15] 董秀芳:《话题标记来源补议》,《古汉语研究》2012 年第 3 期,第 28～36 页。

[16] 邵敬敏:《现代汉语疑问句研究(增订本)》,北京:商务印书馆,2014 年,第 25～171 页。

[17] 罗晓英:《现代汉语假设性虚拟范畴研究》,广州:暨南大学出版社,2014 年,第 15～33 页。

[18] 邢向东:《神木方言研究(增订本)》,北京:中华书局,2020 年,第 578～599 页。

[19] 刘丹青:《话题标记从何而来? ——语法化中的共性与个性绪论》,沈家煊、吴福祥、马贝加主编:《语法化与语法研究(二)》,北京:商务印书馆,2005 年,第 107～130 页。

[20] 郭辉:《淮北方言的反复问句》,《汉语方言国际学术研讨会暨全国汉语方言学会第 16 届年会论文集》,2011 年。

[21] 淮北方言中的“哪是的”看似是疑问形式,但表达的都是否定义。

[22] 本文的疑问语气分为询问(是疑且问)、测度(介乎疑信之间)、反诘(有疑问之形而无疑问之实)三类,参考自吕叔湘:《中国文法要略》,北京:商务印书馆,1982 年,第 282 页。

[23] 动量宾语、时量宾语、准宾语等概念参考自朱德熙:《语法讲义》,北京:商务印书馆,1982 年,第 116 页。

[24] 赵葵欣:《武汉方言语法研究》,武汉:武汉大学出版社,2012 年,第 154～155 页。

[25] 需要说明的是,并不是所有情况下表询问和反诘的“啵$_1$”都可以替换成“咙”,如果“啵$_1$”前的动词是一个光杆动词,如“睡啵?”中的“啵$_1$”就不能替换成“咙”,除此以外“啵$_1$”基本都可以替换成“咙”。

[26] 可能假设和违实假设的区分参考自罗晓英:《现代汉语假设性虚拟范畴研究》,广州:暨南大学出版社,2014 年,第 20～25 页。

[27] 赵国军:《表假设的“吧”与“的话”》,《汉语学习》2009 年第 4 期,第 50～55 页。

[28] 董秀英:《汉语后置假设标记与“联系项居中原则”》,《华文教学与研究》2012 年第 3 期,第 60～65 页。

[29] 本文论元共指话题、语域式话题、拷贝式话题参考自徐烈炯、刘丹青:《话题的结构与功能(增订本)》,上海:上海教育出版社,2018 年,第 103～138 页。

[30] 司罗红:《口语中的前置性话题标记“就”》,《中国语文》2013 年底 6 期,第 495～504 页。

[31] 冯春田:《近代汉语语法研究》,济南:山东教育出版社,2000 年,第 515～529 页。

[32] 翟燕:《清代北方话语气词研究》,济南:山东大学出版社,2013 年,第 98～120 页。

[33] 苏晓青、吕永卫:《徐州方言词典》,南京:江苏教育出版社,1996 年,第 206～207 页。

[34] 崔振华:《益阳方言研究》,长沙:湖南教育出版社,1998 年,第 293 页。

[35] 彭泽润:《衡山方言研究》,长沙:湖南教育出版社,1999 年,第 290～291 页。

[36] 鲍厚星、崔振华、沈若云、伍云姬:《长沙方言研究》,长沙:湖南教育出版社,1999 年,第 331 页。

[37] 曹延杰:《宁津方言志》,北京:中国文史出版社,2003 年,第 200～204 页。

[38] 赖先刚:《语言研究论稿》,上海:学林出版社,2005 年,第 232～233 页。

[39] 汪高文:《彭泽方言研究》,北京:商务印书馆,2019 年,第 221～229 页。

[40] 赖先刚:《语言研究论稿》,上海:学林出版社,2005 年,第 232～233 页。谢晓明老师也认为“啵”是由“不”音变而来,参考自谢晓明老师在 2020 年“汉语语气词问题”国际学术研讨会的发言。

[41] 崔振华:《益阳方言研究》,长沙:湖南教育出版社,1998 年,第 294 页。

[42] 彭泽润:《衡山方言研究》,长沙:湖南教育出版社,1999 年,第 290 页。

[43] 鲍厚星、崔振华、沈若云、伍云姬:《长沙方言研究》,长沙:湖南教育出版社,1999 年,第 332 页。

[44] 李小军:《虚词衍生过程中的语音弱化:以汉语语气词为例》,《语言科学》2011 年第 4 期,第

353～364页。

[45] 赵元任:《北京、苏州、常州语助词的研究》,《清华大学学报》(自然科学版)1926年第2期,第865～917页。

[46] 史冠新:《临淄话中的语气词"吧"》,《中国语文》1989年第1期,第44～45页。

[47] 邢向东:《陕北晋语沿河方言语法成分的语音变异》,《中国方言学报》2006年第1期,第150～163页。

[48] 例(69)、例(70)由陕西师范大学文学院博士生吴昊男提供。

[49] 邵敬敏、周娟:《汉语方言正反问的类型学比较》,《暨南学报》(人文科学与社会科学版)2007年第2期,第108～118页。

[50] 汪国胜、李曌:《汉语方言的是非型正反问句》,《方言》2019年第1期,第18～28页。

[51] 孙锡信:《近代汉语语气词——汉语语气词的历史考察》,北京:语文出版社,1999年,第140～144页。

[52] 吕叔湘:《中国文法要略》,北京:商务印书馆,1982年,第422～423页。

[53] 曹逢甫:《主题在汉语中的功能研究迈向语段分析的第一步》,谢天蔚译,北京:语文出版社,1995年,第37～39页。

[54] 刘丹青:《话题标记从何而来?——语法化中的共性与个性绪论》,沈家煊、吴福祥、马贝加主编:《语法化与语法研究(二)》,北京:商务印书馆,2005年,第107～130页。

[55] 董秀英:《跨语言视角下的汉语假设句研究》,北京:科学出版社,2020年,第92～95页。

[56] 我们这里借鉴了刘丹青(2005)中分析"对哦"演变的方法。

[57] J. Haiman,"Conditionals are topics",*Language*,54(3),1978,pp.564-589.

[58] [美]斯威彻尔:《从语源学到语用学:语义结构的隐喻和文化内涵》,北京:北京大学出版社,2002年,第113～142页。

【语言学研究】

语义依存图：复句语义表征的理论、原则与实现路径

吴锋文

（四川外国语大学中国语言文化学院，中国重庆，410000）

内容摘要：复句语义依存图是对汉语复句词间语义关系以及分句逻辑语义结构形式化表征的一种可视化知识图谱，它是对复句句内、句际双重语义关系进行刻画的结果。本文提出一种基于关系标记的复句语义依存图分析模型，并探讨复句语义依存图的构建原则、方法及实现路径。研究表明，语义依存图是实现自然语言语义理解的重要表征形式，构建复句语义依存图库，有助于推进语义资源建设与标注，对实现文本语义挖掘、进行语义推理等具有重要学术意义和实用价值。

关键词：依存图；复句语义；语义依存；语义表征；依存对

一、引言

大数据时代，句子语义分析是语言研究深入发展的客观需求，也是制约当前语言信息技术深度应用的瓶颈。因而，挖掘深层语义知识逐渐成为智能语言理解的趋势，这就要求能够表征文本语篇知识的内部逻辑关系和语义关系。依存语法研究[1]作为语言信息处理领域的重要课题之一，持续受到学界关注，产生了一系列重要成果。依存语法作为一种有望实现句法层与语义层双向互动的分析理论，在汉语句处理领域发挥着重要作用，但已有成果多是注重单句的研究与分析，有关复句的应用研究相对较少，特别是对复句应用型研究缺乏更具理论性的思考。

事实上，汉语复句作为衔接小句和篇章的重要语法实体单位，在句法结构与语义表达方面不同于单句，要取得句处理的深入进展，汉语复句句法语义自动分析与理解研究亟待加强，尤其是如何科学、合理地表征汉语复句的语义知识是一个值得深入探讨的议题。

基于上述背景，本文拟在小句中枢及复句三分理论[2]的基础上，深度挖掘汉语复句的句法构造与语义关联格局，结合依存语法理论思想，倡导采用语义依存图[3]来表

征复句语义，研究一套基于关系标记的汉语复句语义依存图分析模型，探索构建复句语义依存图的原则及其实现路径，为汉语复句语义分析提供新的思路及方法。

二、语义表征方式：语义依存图模型

（一）语义依存图思想溯源

语义依存图思想源自依存语法理论，它是一种对自然语言进行语义表征的新形式。依存语法是法国语言学家泰尼埃提出的一种研究句子内部词与词之间联系的语法分析理论[4]。该语法思想自创立以来，被广泛运用于语言分析和信息处理领域并得以进一步发展，如Robinson（1970）提出关于依存语法的四大公理[5]，Fraser（1994）将依存关系界定为句子成分间的非对称关系[6]；Nivre（2005）结合实际语料的依存分析探索[7]为依存语法的应用奠定了基础。国内较早引入依存理论的是冯志伟（1983），他分析了依存和配价思想在自然语言处理中的应用[8]；刘海涛（2015）指出依存语法以配价为实现条件[9]，最终目的是分析词与词之间的支配-从属联系，构建一个以谓词为核心的层级树结构，通过依存树实现句子的分析、处理、形式化处理。

已有研究表明，依存语法理论对拥有意合性特征的汉语分析有着较强的契合性和可操作性[10]。依存分析能够将复杂的句子序列转化为一棵二元互联的句法树（如图1），从而直观地表征与呈现句子的整体面貌。

（1）大学生喜欢漂亮衣服。

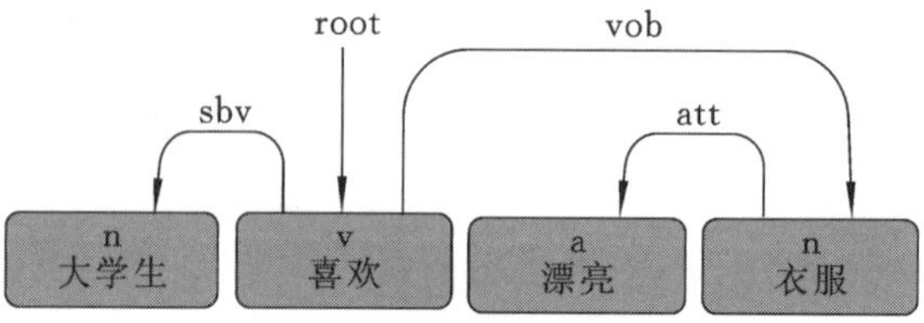

图1　依存分析示意图

10余年来，依存理论思想的应用研究兴起，并被用于语义角色标注、语料库构建、汉语特殊句式结构的标注以及信息抽取等方面；也有学者从依存视角分析汉语复句关系词搭配[11]和依存树特征[12]，尝试解决汉语复句的句法语义分析问题。

随着研究的深入，学界开始尝试语义依存图思想的语言应用型研究。姬东鸿、王跃龙等（2007）认为传统依存结构树不能解决汉语的非投射现象，提出建设汉语依存图库的构想[13]；郑丽娟、邵艳秋（2014）研究汉语非投射和多父节点[14]现象，指出语义依存图是未来汉语研究的重点；王宇轩（2021）、周仕林、龚晨（2022）[15]等研究语义依存图的构建及应用问题，吴锋文、周龙豪（2024）探讨依存视角下的复杂事件句研究，指出"语义依存图是实现语义理解的重要资源"[16]。

（二）语义依存图的特点

当前，句子语义分析方法主要有浅层语义分析和深层语义分析两种类型。已有语义分析研究成果一般都是围绕浅层语义分析进行的，如语义角色标注是目前浅层语义分析的主要实现方式之一，该分析模式只关注主要谓词与其论元之间的语义关系，并不对论元结构内部每个成分间的语义关系进行分析。而深层语义分析则追求全面的句子分析，探求句内成分间的完整联系，因而深层语义分析是句子语义理解的终极目标。

相比于过往的基于句法树的依存分析思想，语义依存图理论在遵守基本依存规则前提下，能实现对语言结构成分间语义联系全面的、完整的分析。作为一种新兴的语义分析方法，语义依存图具有两个显著特征：

其一，与依存树分析不同的是，语义依存图允许多支配词（多父节点）存在，即一个从属成分可以有两个或两个以上的支配成分。例如“他走累了”这一结构中，主语“他”既受到“走”的支配，也受到“累”的支配，构建语义依存图时能将这两种支配-从属关系都表征出来。

其二，语义依存图允许非投影性。语义依存图思想是区别于树结构的深层语义描写方法，基于语义依存图的分析对实现语义理解具有重要作用。传统的依存树分析要求节点与句子序列一一对应，该特征被称为投影性。然而在汉语结构中存在大量的违反投影性质的情况，依存树分析无法表征汉语结构的非投影性现象。试比较下例（2）：

（2a）他一向态度和蔼。（黄伯荣、廖旭东《现代汉语》）

（2b）他态度和蔼。

上例（2）区别在于（2a）多了副词“一向”，但（2a）是非投影结构，（2b）却是投影结构：

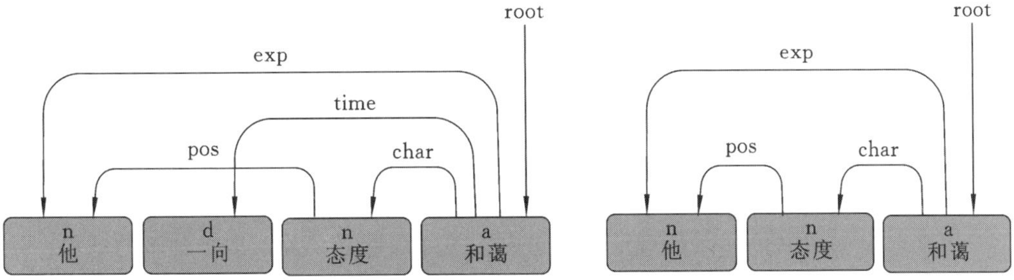

图 2　“投影结构”和“非投影结构”对比

在传统依存研究中，诸如（2a）是不被允许的，但语义依存图放宽了投影限制，因而分析汉语句子时能够更为准确而全面地表征各个成分间的互联关系。可见，针对复杂事件句依存结构中多父节点以及依存弧交叉等非投影特点，依存图能准确地表达复杂事件句的句法语义内容，基于语义依存图的分析模式对实现语义理解具有重要作用。

三、汉语复句的语义特点及依存图分析的可行性

凡是复句（compound sentence，CS），都包含两个或两个以上的分句，分句与分句之间既相互独立，又相互依存。复句是由不同逻辑联系的分句构造而成，其语义信息可以表示为：

CS＝句际间逻辑语义（L）＋句内语义（S）

该式体现出复句的语义构造天然地划分为两层：逻辑层与句义层。逻辑层表示各分句间的事件关联；句义层表示复句内部的语义内容。在层级上，逻辑层规定复句句法语义格局，串联句法语义内容，形成管控作用；另一方面复句的分句存在相对独立性，一定意义上讲，分句内部同样存在语义信息的表达，但受到逻辑语义的管控，分句与分句之间出现了相互依存的情况。

从认知元事件而言，复句语义表达的是复合事件，相对独立的分句表达的是子事件，受制于逻辑关系的串联，复合为一个复杂的事件表达。复句整体上反映为一个复合事件，分句为子事件，子事件之间由逻辑关系进行衔接，交融复合。这种句子格局为复句的语义依存分析提供了接口：只要把控住分句之间以及分句内部两个层面的关系，以此为切入点，就可以实现对复句的语义依存分析。

我们设想将复句的依存关系划分两层，一层是分句之间的逻辑联系，称为句际（句间）关系；另一层为分句内部的语义关联，称为句内关系。句间关系管控分句关联，涵括句内关系，最终形成了具有两层内容的复句语义依存结构，如下图3：

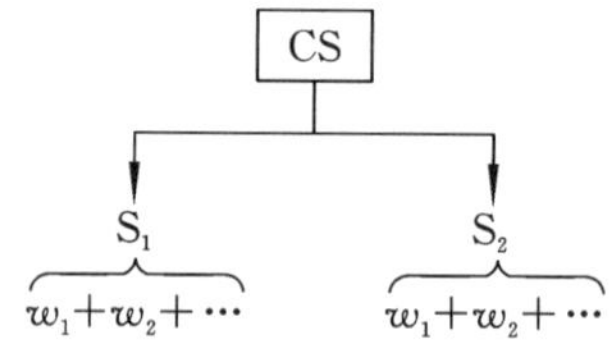

图3　复句句法语义关联格局

图3可以解读为分句内部的语义内容依靠依存关系相互连接，形成分句内部的依存格局；逻辑关联全程管控分句，形成了句际之间的依存格局。在双重依存格局表示下，一个复句的整体依存语义关系得到了完整的体现。

因而，复句语义依存图是对复句的句内、句际双重语义关系进行刻画的结果，是汉语复句词间语义关系以及分句语义关联形式化表征的一种可视化知识图谱[17]。复句语义依存图是实现自然语言语义理解的重要载体形式，语义依存图有助于语义标注与语义资源建设，构建复句语义依存图库，对实现文本语义挖掘、进行语义推理具有重要意义。

四、基于关系标记的有标复句语义依存图分析

复句关系词语不仅标示了分句间的句法关系，也反映出复句的逻辑联系，使分句间的隐含语义得以凸显。有标复句在形式和语义两个层面都有着显性的关联成分，可以清晰地表示出复句的语义联系，通过构建有标复句的语义依存分析模型，有助于深化有标复句的智能理解，并进一步推动无标复句的语义标注研究。结合前期研究，在

全面分析依存语法思想和复句句法语义关联格局的基础上，我们提出了一套复句语义依存图分析模式，它具体包含两个前提及三项原则。

（一）复句语义依存图分析的两个前提

1. 依存根节点的重新判定

根据依存理论，根节点是依存研究的出发点，依存分析首先需要确定根节点的核心地位。在单句层面，根节点往往表现为句内的核心动词，如“我们学习语言知识”一句，根节点为“学习”；与单句不同的是，复句包含多个分句，是典型的多动词句，因而根节点的判定会存在矛盾，过往研究多将后一分句谓词作为全句核心，但倘若分析复句时完全照搬依存思想的“确立动词为根节点”的定式思维，显然是不合理的。如下例（3）：

（3）我一边翻看海男的书，一边记忆诗歌和诗坛的事故。（《长江日报》1998-02-28）

例（3）属于并列复句，两个分句地位相等，无论选择哪个分句中的谓词充当句子核心，另一分句也能够进行同样的操作，进而影响核心的判定。

上文指出，复句的语义特点是分句＋逻辑联系，它存在两层依存关系，分别代表句内和句间两个不同维度，两个层面相对独立又相互依存，无论存在何种句内关系，句间的逻辑关联始终管控分句的关联。在此背景下，将分句内部的成分作为句子核心显然违背了复句语义关系格局。

兼顾复句的句法格局与语义特点，本文认为复句语义依存的根节点应从两个层面分别考虑，句内层谓语中心应为分句的核心，句间层应为分句间的逻辑联系，分句应受到逻辑语义的管控，即分句内部核心受到逻辑核心的控制，依存于逻辑核心，多分句之间由逻辑关联产生依存。

2. 关系词语的支配地位

有标复句中，关系词语是突显逻辑联系的形式标记，关系标记可以搭配出现，也可以单独出现，起到连接与管控分句的作用，具有句法-语义双重属性[18]，在复句层构上可以看作独立的层次。由此反映到依存分析之中，关系词语存在对分句的支配作用，因而在复句语义依存研究中，可以确立关系词语的支配地位：复句关系词语支配管控分句，可以充当分句的依存父节点。

关系词语的功能是标明分句间的逻辑关系，在语义系统突显逻辑关联，处于逻辑层；分句是具体事件语义的承担单位，是复合事件的组成部分，具有相对独立性，处于句义层；一个复句是由逻辑层和句义层两部分的语义内容复合表达的，而逻辑层负责连接句义层，在层级上起到支配管控作用。本文将关系词语的这种作用运用到复句语义依存分析中，提出关系词的支配地位用以描述复句语义依存研究的基本切入点。例如：

（4）因为杀害金国百姓太多，所以山川神灵作祟侵害大汗。（金庸《射雕英雄传》）

例（4）是一个因果复句，关系词“因为-所以”形成搭配，将两个分句之间的联系显性地表示出，然后两个分句关联在一起。由于因果关系的管控与支配，所以关系词语不仅仅是复句内部的句法成分，也是管控分句连接的逻辑成分。如果去掉搭配关系词：

（4a）杀害金国百姓太多，山川神灵作祟侵害大汗。

例（4a）仍是因果复句，只是逻辑隐含，复句的成立离不开逻辑关联，而有标复句正是将逻辑语义的支配作用显性地表示出来。

（二）复句语义依存分析的三项原则

依存研究需要明确句子的依存核心和依存关系，在关系词支配原则和双层语义依存关系作用下，抓住逻辑层和句义层两个核心，构建复句语义依存图，表征复句语义关系需要遵行三项原则：

其一，从关系出发，以标志控制：确立关系词支配原则，即复句的关系词具有跨句的逻辑管控作用，贯穿复句语义的整体过程，应当作为分句的支配节点和句子的最高节点；

其二，贯彻语义依存图思想，以语义依存关系为一切关联的切入点，放宽投影限制，允许复句依存分析出现多父节点。

其三，注重双层语义机制，区分句际-句内双层结构。所谓双层语义机制，是指复句的语义依存关系同时存在于句际逻辑层和句内句义层两个层面。句际关系主要体现为逻辑语义关系，句内语义关系主要指分句内部语义成分间的关系，当出现跨句依存现象且不是体现为逻辑语义关系时，相应成分也应划入句内语义。

上述原则规定了复句语义依存分析的操作方式。具体而言，复句的语义依存分析应以逻辑关系为切入点，区分两层关系，逻辑层支配句义层，句义层内部也存在依存联系，在有标复句中就表现为关系词语支配分句，分句内部相互依存，最终形成一个具有层次系统的语义依存图。

需要特别指出，复句语义依存图分析中，“句际-句内”双层语义关系的区分及表征尤为重要：

句内关系：句内关系表现为分句内部的依存联系。句内关系由分句核心谓词展开，支配其论元成分，建立整个分句的语义依存关系。依存分析不局限单一分句内部，允许多父节点与非投影结构，也包括出现跨句依存的情况。如下例（5）：

（5）姜维不仅胆大，而且很细心。（《长江日报》1994-05-06）

例（5）主语“姜维”受前行分句“胆大”支配，也受后续分句“细心”的支配，二者皆是描述主语“姜维”的性格特征，由此出现了跨句依存的情况，这种关系仍是句义层内部的联系，因此属于句内关系。

句间关系：句间关系是指分句间的逻辑语义关系，句间关系标注时应遵从关系词支配原则。句间关系的具体方式是采取分句的核心词依存于关系词语的表示方式，用以突出不同层级关联间的依存情况。鉴于关系词语“有单用、搭配、复现等不同隐现形式”[19]，我们的标注策略是，对于搭配标我们采取“前依后”的表示方式，即前关系词依存于后关系词；针对单用标，我们采取分句核心词依存表示，即无标分句的核心词依存于单用关系标记，并标注逻辑联系。

基于上述前提及原则方法，文本构建出基于关系标记的复句语义依存模型图，将复句语义依存关系表征为：

$$CS=Rm1+S1, Rm2+S2\cdots=Rm+S$$

其中 Rm 指关系词语的集合，S 表示分句的集合，根据本文提出的复句语义依存分析方法，CS 的语义依存图为：

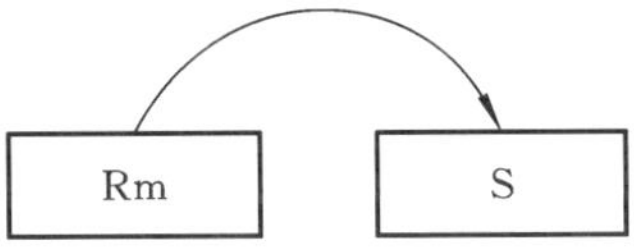

图 4　有标复句语义依存分析模型图

根据复句语义依存模型，例（5）关系标记是“不仅-而且”，“不仅”支配前一分句，“而且”支配后一分句，且由于前后关系词语形成搭配，两者结合共同表达递进的关系。例（5）的语义依存分析如下图 5。

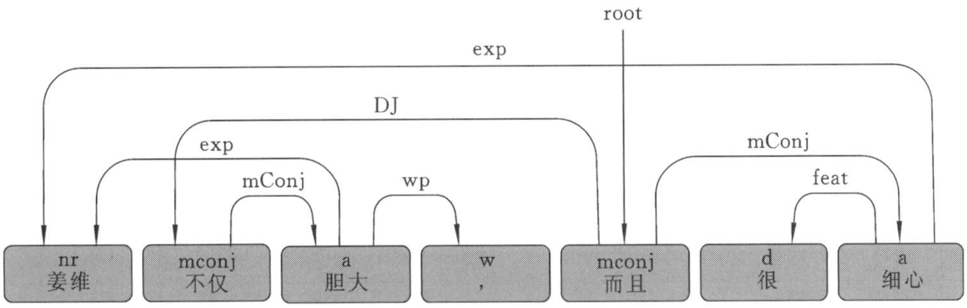

图 5　例（4）语义依存图

五、复句语义依存图构建的实现路径

结合前期有标复句语义依存图分析思路，本研究已对 6000 余条二分句有标复句进行标注实践，初步集成了一个小型的复句语义依存图库。所标注语料来源于华中师范大学复句语料库（CCCS）和自建小说语料库。

复句语义依存标注工程实践中注重对多父节点和非投影原则现象的包容处理。语料标注流程为：首先对复句语料采用哈工大 ltp 系统进行自动分词，然后对分词结果进行人工校对，再对分词校对后的语料进行依存标注，依存标注规范采用 CoNLL-U 格式进行。复句语料依存标注格式具体参数如下表 1。

表1 CoNLL-U格式参数说明表

ID	FORM	LEMMA	UPOS	XPOS	FEATS	HEAD	DEPREL	DEPS	MISC
序号	词形	词干	词性	本地词性	形态特征	支配词	依存关系	增强图	其他

ID表示成分在序列中的位置，如它是句子的第一个词，则ID=1；FORM表示句子序列中的成分，一般反映为词或标点符号；LEMMA在汉语标注中与FORM相同；UPOS与XPOS在汉语标注中都表示词性；FEATS表示句法特征；HEAD表示支配词的序列；DEPREL表示依存关系。DEPS表示出现多节点依存连接时的增强标注，可以理解为依存图标注。DEPS参数的设置，其实是为了增加依存关系的表达，enhance的依存表示，生成的结构就已经成为图结构了，在DEPS字段中指定当前FORM的所有父节点，使用冒号（:）分隔支配词和关系，使用竖线（|）分隔列表项，并使用下划线表示空列表。例如：

（6）那青衣童子年纪虽小，却机伶异常。（金庸《射雕英雄传》）

上例（6）按照表1格式的参数进行标注，就得到复句CoNLL-U格式的标注结果表2。

表2 汉语复句标注示例

1	那	那	r	_	_	2	sco	2：sco	_
2	青衣童子	青衣童子	nr	_	_	3	poss	3：poss | 8：feat	_
3	年纪	年纪	n	_	_	5	feat	5：feat	_
4	虽	虽	c	_	_	7	ZZ	7：ZZ	_
5	小	小	a	_	_	4	mConj	4：mConj	_
6	，	，	w	_	_	5	wp	5：wp	_
7	却	却	c	_	_	0	root	0：root	_
8	机伶	机伶	a	_	_	7	mConj	7：mConj	_
9	异常	异常	d	_	_	8	mDegr	8：mDegr	_
10	。	。	w	_	_	8	wp	8：wp	_

最后将表2标注结果通过分析软件，可以得出例（6）的语义依存图：

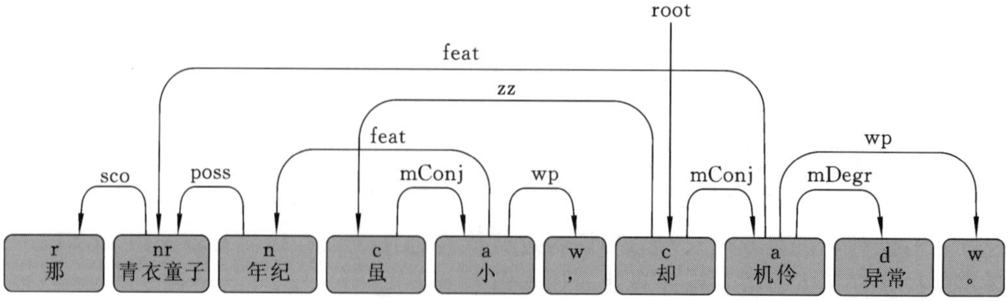

图6 转折复句标注实例

除了转折复句，我们还对其他语义类型的汉语复句进行了标注实验。下面略举一例因果复句的标注实例。

（7）人之所以会痛苦，就是因为人类是有感情的动物。（古龙《边城刀声》）

例（7）中“之所以-是因为”搭配使用标示因果关系，逻辑依存为因果关系（YG）；“之所以”和“是因为”各自支配所在分句内部的成分核心“痛苦”“是”，“痛苦”和“是”又对各自句内成分形成支配，如“人”“人类”“动物”等。例（7）的语义依存图分析示例如图 7。

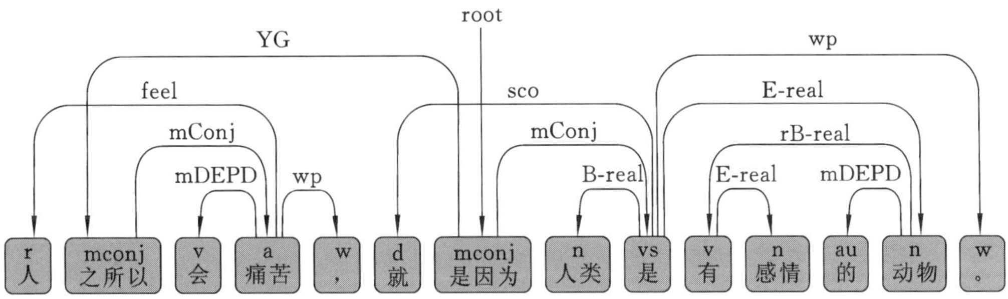

图 7　因果复句标注实例

本节相关表格和图示展示出所选复句语料被分解为由词组成的依存联合体，而且词与词之间、分句与分句之间通过句内关系和逻辑关系相互连接，形成了诸如＜虽 ZZ 却＞、＜青衣童子 FEAT 机伶＞之类的三元组依存对，这些依存对不仅展现词间依存信息及词汇信息，也可看作句子的语义单位元，这一个个的单位元通过组合，共同构成了整句的语义依存信息。换言之，句子的整体分析就是由分析句子结构中这一组组的依存对来实现的。

本文所提出的基于关系标记的复句语义依存图分析，是从复句的句法语义格局入手，将复句成分转化为三元组形式，并且扩大了传统依存语法的范围，将分句间逻辑关系同样视作依存分析的单位，由此构成一套具有层级特征的依存结构，图 4—图 7 的分析结果充分表明，该分析模式能有效实现复句语义的表征与完整分析。

六、结语

在小句中枢和复句三分理论以及依存语法理论指导下，本文重新审视并分析了汉语复句的句法语义格局，指出复句语义由句义层和逻辑层两部分组成，双层语义关系构成了复句的句法语义面貌，以此出发，本文结合语义依存图理论，分析了复句依存分析的可行性，认为复句的双层格局可以划分两层依存关系，两层关系相互耦合，共同表达复句的语义信息。

我们还对复句的根节点、依存关系、语义依存图分析模式进行了探讨，确立关系词语的支配地位，将关系标记作为复句依存图的最高节点，提出一套基于关系标记的复句语义依存图分析模型。这套方法以复句内部的语义关系为出发点，以分句间的逻辑语义为纽带，连接分句内部的语义信息，最终可以实现对整个复句的语义依存分析。

结合本文提出的复句语义依存图分析模型，我们采用目前比较成熟的 CoNLL-U 格式的依存标注规范，对约 6000 条二句式有标复句进行了语义依存标注实践，并将复句语义依存标注结果借鉴图论思想和 Conll-U viewer 工具进行可视化处理，为后期大批量复句语义标注积累了经验。

本研究表明，通过复句语料的语义依存标注和实例分析，复句语义依存图可以完整展现有标复句的语义信息，语义依存分析方法是一条比较科学的、有效分析和表征复句语义的可行方法。下一阶段我们预期构建一个包含数十万条复句语料的复句语义依存图库，为自然语言的语义理解和数智时代语义资源建设贡献一份力量。

* 本文系国家社科基金“大数据时代汉语复句语义依存图库构建与应用研究”（22XYY020）的阶段性成果。

注释：

[1] 刘海涛：《依存关系与语言网络》，北京：科学出版社，2022 年，第 3～26 页。

[2] 邢福义：《汉语复句研究》，北京：商务印书馆，2001 年，第 1～35 页。

[3] 郑丽娟、邵艳秋：《基于语义依存图库的兼语句句模研究》，《中文信息学报》2015 第 6 期，第 30～37 页；王宇轩：《中文语义依存图分析技术及应用研究》，哈尔滨：哈尔滨工业大学博士学位论文，2021 年，第 60 页。

[4] L. Tesnière, *Elements of Structural Syntax*, Amsterdam: John Benjamins Publishing Company, 2015.pp.1-57.

[5] J. J. Robinson, "Dependency Structures and Transformational Rules", Washington, DC: *Language*, 2, 1970, pp.259-285.

[6] N. Fraser, "Dependency Grammar"; in R. Asher, *Encyclopedia of Language and Linguistics*, Oxford pergamon.1994, pp.860-864.

[7] J. Nivre, *Dependency Grammar and Dependency Parsing*, Växjö: Växjö University, 2005, pp.1-32.

[8] 冯志伟：《特斯尼耶尔的从属关系语法》，《国外语言学》1983 年第 1 期，第 63～65 页。

[9] 刘海涛：《依存关系与语言网络》，北京：科学出版社，2022 年，第 3～26 页。

[10] 刘挺、马金山、李生：《基于词汇支配度的汉语依存分析模型》，《软件学报》2006 年第 9 期，第 1876～1883 页。

[11] 肖明：《有标复句依存句法分析方法研究》，武汉：华中师范大学博士学位论文，2019 年。

[12] 杨进才、罗越群、陈忠忠，等：《汉语复句关系词的依存树特征分析》，《计算机与数字工程》2017 年第 8 期，第 1569～1573 页。

[13] 王跃龙、姬东鸿：《汉语依存图库建设研究》，北京：电子工业出版社，2007 年，第 262～267 页。

[14] 郑丽娟、邵艳秋、杨尔弘：《中文非投射语义依存现象分析研究》，《中文信息学报》2014 年第 6 期，第 41～47 页。

[15] 周仕林、龚晨、李正华，等：《基于转移的快速精准的语义依存图分析》，《山西大学学报》（自

然科学版)2022 年第 4 期,第 902～914 页。

[16] 吴锋文、周龙豪:《依存理论视域下的汉语复杂事件句研究热点与趋势——基于 CiteSpace 文献计量分析》,《信阳师范学院学报》(哲学社会科学版)2024 年第 1 期,第 127～133 页。

[17] 刘知远、韩旭、孙茂松:《知识图谱与深度学习》,北京:清华大学出版社,2020 年,第 2～4 页。

[18] 吴锋文:《关系标记对汉语复句层构关联的制约规则挖掘》,《华中学术》2019 年第 2 期,第 148～159 页。

[19] 胡金柱、吴锋文、李琼,等:《汉语复句关系词库的建设及其利用》,《语言科学》2010 年第 2 期,第 133～142 页。

疑问词负面立场标记化演变的过程与机制

闫亚平

（华北水利水电大学外国语学院，河南郑州，450046）

内容摘要：疑问词从询问焦点用法发展出负面立场标记用法，反问句发挥了决定性的孕育与激化作用，中间经历了一个逐渐压制、逐渐浸染的潜移默化过程，即使疑问词从“全疑而问”→“不疑而诘问”→反诘标记→负面立场标记。贯穿整个演变过程的机制主要是反问句独特句法环境压制带来的功能悬空与语境吸收。

关键词：反问句；疑问词；负面立场标记；语境吸收

一、引言

反问句不仅是一种形式灵活、功能多样的极富张力的表达手段，也是孕育语法演变尤其是疑问词负面立场标记化演变的重要温床与关键激活口。所谓疑问词负面立场标记化演变，指的是原本用来表询问焦点的“全疑而问”的疑问词，演化为表不赞成、嗔怪、反对、拒绝、不耐烦、轻蔑、挑战、反驳、批评、责问、责备乃至否定的立场标记成分。如：

（1）杨奇清狠狠在烟灰缸里拧灭烟蒂，用犀利的目光扫视了一眼与会者，语气颇为严厉：“都说话呀？怎么，哑巴了一个个儿的？”（CCL 语料库）

（2）潘自仁上前一拳将音响砸了个稀八烂，然后，他气冲冲地冲到若兰跟前，举拳欲打。若兰一挺身：“干吗？想打我？你打！给你打！你今天敢动我一个手指头，我就敢打 110 把你铐起来。”（BCC 语料库）

（3）走近了一步，笑盈盈地对何剑尘道：“今天是哪一阵风，把你何老爷吹来了？”凌松庐笑道：“今天是我把他拉来的，哪里是什么风。”（张恨水《春明外史》）

例（1）—例（3）中的“怎么”“干吗”“哪里”“什么”，原本是用在特指疑问句中表询问焦点之所在，在这里却丧失了询问意味，语义大大虚化、规约化与凝固化，而主要用来传达发话人的负面立场与态度，即例（1）中的“怎么”传达了发话人的批评与责问，例（2）中的“干吗”传达了发话人的轻蔑与挑战，例（3）中的“哪里”和“什么”都用于否定。可见，这里的“怎么”“干吗”“哪里”和“什么”都已演化为负面立场标记成分。

对于这一现象，学界早有关注。李宇明（1990）就曾指出，“反问句中疑问代词的用法，是疑问代词疑问义和非疑问义勾连的中介”，但对于这一“中介”的具体作用过程与机制，尚未做进一步的探究[1]。寿永明（2002）[2]和姜炜、石毓智（2008）[3]认为，否定用法/否定标记的“什么”来自其询问用法在反问句中的演变或使用，但未展开详细分析。郑雷（2010）[4]、刘辰洁（2010）[5]、袁毓林、刘彬（2016）[6]和刘彬、袁毓林（2019）[7]等分别设专篇探讨了反问句中疑问代词“怎么”“什么”“哪里”等否定意义的成因，但我们认为，反问句中的疑问词本身原本并不具有否定意义，应基于动态发展视角对疑问词的否定用法和其在反问句中的用法做进一步的区分与演化连续统的考察。

对此，本文在前贤研究的基础上，对疑问词负面立场标记化演变中反问句的关键孕育过程及其机制，展开进一步的探讨。

二、反问句——疑问词负面立场标记化演变的温床与桥梁

疑问词负面立场标记化演变的关键前提，是其原本所具询问语义与功能的逐渐丧失。而什么样的句法环境能让原本“全疑而问”的疑问焦点之所在——疑问词失去询问意味呢？反问句无疑是不二之选的、最适宜的句法环境。李宇明（1990、1997）先后指出，“反问句中疑问代词的用法，是疑问代词疑问义和非疑问义勾连的中介”[8]，“在反问句中，疑问标记都发生功能衰变”[9]。我们认为，衰变的第一步便是疑问词询问意味的丧失。

（一）从“全疑而问”到“不疑而诘问”

反问句虽采取的是疑问句形式，也可以如询问句一样含有表疑问词语，但实际上发话人主观认知和主观意向上却没有疑。“语气是疑问的语气，语意却是确信无疑的。”[10]“不疑而问”这一独特句法环境的压制，使得其中的疑问词询问功能悬空而丧失其询问意味。于是，原本“全疑有问”的疑问焦点之所在——疑问词，在反问句中因其功能悬空而发展为“不疑而诘问”。如：

(4) a 过五六里，前面人马越添得多。宋江便唤石秀问曰：“怎么前面贼兵众广?”石秀曰：“他有红灯为号，只看我军投东时，他便望东拦。我军投西去，他便望西阻。”（明·施耐庵《水浒传》第 44 回）

b 太师拆开一看，大惊曰：“……吾欲去，国家空虚。吾不去，不能克服。”只见门人吉立上前言曰：“今国内无人，老师怎么亲征得？不若于三山五岳之中，可邀一二位师友，往西岐协助张桂芳，大事自然可定。何劳老师费心，有伤贵体?”（明·许仲琳《封神演义》第 37 回）

(5) a 那大汉道：“你来迟了。我的马，今天早上把（给）山东贩子卖把（给）他们营里了。你这点点年纪，买马干吗?”不磨说：“去上长路的。”（清·连梦青《邻女语》第 12 回）

b 两太阳角上的青筋一根一根暴出来，望着门上骂道："王八蛋，还不快去叫熊师爷来，只管呆站着干吗?"（清·白眼《后官场现形记》第2回）

（6）a 老道说："这位大和尚的宝刹在哪里?"周员外说："是西湖灵隐寺的济公活佛。"（清·郭小亭《济公全传》第6回）

b 夫人对了幸尚书发急道："……在学中不但不肯读书，又日日与先生抢白，家人吵闹。良不良，莠不莠，有什好在哪里?不是我寻事他，你须想想，一个豆腐的种草……"（清·佚名《麟儿报》第4回）

（7）a 又去和尚处，便问："适来道已相见了也，什么处是与某甲相见处?"（南唐·释静、释筠《祖堂集》卷14）

b 师云："将何吃茶饭?"自后洞山代云："他不饥，吃什么?"（南唐·释静、释筠《祖堂集》卷14）

例（4）—例（7）中，a中的疑问词用在"全疑而问"的询问句中，表询问焦点，即例（4a）中的"怎么"问原因，相当于"为什么"；例（5a）中的"干吗"问目的，相当于"干什么"；例（6a）中的"哪里"问处所，相当于"什么地方"；例（7a）中的"什么"用在名词"处"之前，问处所。而b中的相应疑问词都用在了"不疑而问"的反问句里。虽然，从语义上看，此时b中的疑问词与a中相应疑问词的意义还比较接近，还保留着询问的痕迹，但由于b中的发话人主观认知上并没有信息差，主观意向上也没有求取信息和需要听话人回答的欲望，如例（4b）中的发话人在已经听到听话人亲征与不亲征的担心与顾虑后，不可能再询问其"亲征得"的原因，例（5b）中的发话人此情此景下也并不是要询问仆人们"呆站着"的目的，从而使得其中原本作为询问焦点的疑问词"怎么""干吗""哪里"和"什么"表"全疑而问"的询问功能悬空，"疑"的功能丧失，语义真值弱化，而只留下"问"以此来增强发话人的诘问语气，从"全疑而问"演化为"不疑而诘问"。也即用在反问句例（4b）—例（7b）中的"怎么""干吗""哪里"和"什么"，虽然还保留着最初的询问意义，但由于是在无解［至少发话人认为无解，正如徐盛桓（1999）所指出的，"谁愿意去?"作为反问句时，"发话人本来就知道没有人愿意去，在他的意识中'谁'这个疑问项的信息域是空域"[11]］或不需要解的情况下的"明知故问"，是发话人"在无疑中设疑"[12]，因此，"疑"的功能悬空，而主要用来增强诘问的语气。

语法化过程并不是一蹴而就的，而是持续的、渐变的、逐渐演化的。此时用在反问句中初步丧"疑"而发生功能衰变的疑问词，只是以故意设问的方式来增强发话人的反诘语气，尚未发展为助益反问句反诘语气与意义表达的凸显和标志成分即反诘标记。因为，它们与其表询问用法在句法和语义上都还非常接近。以见于近代汉语的"干吗"为例，此时用在反问句中的"干吗"，不仅在语义上尚较为实在，可以根据其表义用语义较为实在的"干什么""为什么"来替换，在句法位置上，根据我们对CCL和BCC语料库古汉语部分的统计，也主要以句尾和句中（句首）位置为主，与询问目的、原因的"干吗"的句法位置具有一致性，如：

(8) 这日一早起来，喝了半碗白粥，肚中实在没饱，发恨道："这瘟官做他干吗？我看如今那些京里的尚侍、外省的督抚，有多大能耐呢？不过头儿尖些、手儿长些、心儿黑些，便一个个高车大马，鼎烹肉食起来！我哪一点儿不如人？就穷到如此！没顿饱饭吃，天也太不平了！"（清·曾朴《孽海花》第5回）

(9) 焦亮一闻此言，"嘿嘿"一阵冷笑，遂说："崔成，可不拿家伙？"崔成说："你拿一块废铁，我拿家伙干吗？"（清·杨德茂《八大义》第39回）

(10) 婆婆站在她的床边呜咽不止。程氏对婆婆说："我若是再嫁的话，您应当哭泣；这是好事，干吗要哭呢？"（民国·曹绣君《古今情海》第5卷）

再以"哪里"为例，例（6a）和例（6b）中的"哪里"，都用作"在"的宾语，都表示"什么地方"之意，都可以用"什么地方"来替换，只是因后者用在了发话人"不疑而诘问"的反问句中而丧失了询问意味。

（二）从"不疑而诘问"到反诘标记

互动交际形成并不断塑造着语言。随着使用频率的增加，随着疑问词"不疑而用来诘问"这一"语用法的语法化"[13]，反问句中的疑问词逐渐发展成为助益反诘语气和意义传达的反诘标记。李宇明（1990）在分析反问句特定句式的5个次类时，有4类都涉及疑问词，尤其是"什么""怎么""哪里"和"干吗"[14]。刘钦荣（1995）在考察反问句尤其特指型反问句特有的表达式时，特别提到了"怎么""哪里""什么"和"干吗"[15]。殷树林（2007）在总结现代汉语反问句特有的句法结构时，也涉及本文所分析的"哪里"和"什么"等[16]。胡德明（2010）也指出了由"什么""哪里"和"怎么"等疑问词构成的反问句特有句法结构[17]。可见，原本表询问焦点的疑问词，随着其询问功能的衰变和"不疑而用来诘问"语用法的普遍与反复使用，而发展为反问句的标记成分——反诘标记。

发展为反诘标记的疑问词，在语义上离其表询问焦点用法更远，而更加虚化、凝固化与规约化，句法上出于凸显和增强反问语气的需要而更经常用于句首的位置。如：

(11) "可是，姑妈，"婉小姐显得为难的样子，"怎么可以不等他呢？今天良哥是正主儿。"（茅盾《霜叶红似二月花》）

(12) 老人见孙媳妇真动了气，没敢再说什么，而把小顺儿拉到自己屋中，告诉他："在院里玩还不行吗？干吗出去惹事呢？他们厉害呀，你别吃眼前亏呀，我的乖乖！"（老舍《四世同堂》）

(13) 冷太太道："你说梦话呢，他们富贵人家，哪里会和我们常来常往？也不过高起兴来，偶然来一两趟罢了。你倒指望着人家，把咱们这儿当大路走呢。"（张恨水《金粉世家》）

(14) 工人老汪用客户的料，偷偷给自己打了一只九公斤半的铝盆。老吕批评他，他不服："俺就占这么点便宜，什么大不了的事？看能把我怎么样！"（CCL 语料库）

撇开上下文语境和提示，相对于例（4b）—例（7b）中的“怎么”“干吗”“哪里”和“什么”构成的问句，即“老师怎么亲征得?”“只管呆站着干吗?”“有什好在哪里?”和“吃什么?”例（11）—例（14）中的“怎么可以不等他呢?”“干吗出去惹事呢?”“哪里会和我们常来常往?”和“什么大不了的事?”显然更易被人们当作反问句来理解。如果说例（4b）—例（7b）中的疑问词还可以被语义较为实在的相近疑问词语代替的话，例（11）—例（14）中则不太适宜进行这样的代替。试以其中的“怎么”和“干吗”为例：

（4b）只见门人吉立上前言曰：“今国内无人，老师怎么亲征得？不若于三山五岳之中，可邀一二位师友，往西岐协助张桂芳，大事自然可定。何劳老师费心，有伤贵体?”

（4b′）只见门人吉立上前言曰：“今国内无人，老师为什么亲征得？不若于三山五岳之中，可邀一二位师友，往西岐协助张桂芳，大事自然可定。何劳老师费心，有伤贵体?”

（11）“可是，姑妈，”婉小姐显得为难的样子，“怎么可以不等他呢？今天良哥是正主儿。”

（11′）“可是，姑妈，”婉小姐显得为难的样子，“为什么可以不等他呢？今天良哥是正主儿。”

（5b）两太阳角上的青筋一根一根暴出来，望着门上骂道：“王八蛋，还不快去叫熊师爷来，只管呆站着干吗?”

（5b′）两太阳角上的青筋一根一根暴出来，望着门上骂道：“王八蛋，还不快去叫熊师爷来，只管呆站着干什么?”

（12）老人见孙媳妇真动了气，没敢再说什么，而把小顺儿拉到自己屋中，告诉他：“在院里玩还不行吗？干吗出去惹事呢？他们厉害呀，你别吃眼前亏呀，我的乖乖!”

（12′）*老人见孙媳妇真动了气，没敢再说什么，而把小顺儿拉到自己屋中，告诉他：“在院里玩还不行吗？干什么出去惹事呢？他们厉害呀，你别吃眼前亏呀，我的乖乖!”

同样都是含有疑问词“怎么”和“干吗”的反问句，把例（4b）、例（5b）中的“怎么”和“干吗”换成意义相近且语义较为实在的“为什么”和“干什么”，如例（4b′）和例（5b′）所示，不仅在语境和语义上的相宜度相差无几，而且还保留了功能类型上的一致，即都仍为反问句形式。但把例（11）和例（12）中的“怎么”和“干吗”进行这样替换的时候，如例（11′）和例（12′）所示，则违和度直线上升。因为把“怎么”换成“为什么”的例（11′），不仅在语境适应上比较牵强，且倾向于向询问句靠拢，即重在询问“可以不等他”的原因，而不是例（11）中的重在传达发话人负面立场与态度的反问句，即“不可以不等他”。把“干吗”换成“干什么”的例（12′）违和度更高。

之所以例（4b）、例（5b）可以进行相应的替换，而例（11）、例（12）不适宜，我们认为，关键原因就是例（4b）和例（5b）中的“怎么”和“干吗”尚停留在因询问功能悬空而初步丧“疑”的语法化初期，这种反问句语境带来的询问功能悬空对其他表询问的疑问词语也同样有效，因此，就可以进行替换；而例（11）和例（12）中的“怎么”和“干吗”，已脱离了语用法的初期，经反复和普遍使用，语法化为反问句的凸显乃至标记成分，因此，就不太适宜用经常表询问语义的相应疑问词语来替换。

疑问词发展为反问句的凸显乃至标记成分即反诘标记，有两个重要的质变标志：一是句法上出于凸显和增强反问语气的需要而频繁用于句首的位置，如初步丧“疑”的“干吗”只能居于句尾或句中（句首），而作为反诘标记的“干吗”出于增强反诘语气的需要而经常居于句首。而句首这一位置，“属句法和语用的交界之处”[18]，“属于句子的边缘位置，容易获得较强的特殊语用意义”[19]，为“怎么”“干吗”“哪里”“什么”彻底独立出来，并进一步演化为话轮之首的负面立场标记奠定了坚实的一步，提供了坚实的句法条件；二是语义上更加凝固、虚化和规约化。初步丧“疑”的疑问词还或多或少地保留着询问的遗痕，而发展为反诘标记的疑问词已彻底丧失询问意味并进一步凝固化与规约化。如初步丧“疑”的“哪里”还可以替换为“什么地方”，但作为反诘标记的“哪里”，语义上已彻底漂白与高度凝固，而规约化为反诘语气的标记。如：

(6b)“……在学中不但不肯读书，又日日与先生抢白，家人吵闹。良不良，莠不莠，有什好在哪里？不是我寻事他，你须想想，一个豆腐的种草……”

(6b′)“……在学中不但不肯读书，又日日与先生抢白，家人吵闹。良不良，莠不莠，有什好在什么地方？不是我寻事他，你须想想，一个豆腐的种草……”

(13)“你说梦话呢，他们富贵人家，哪里会和我们常来常往？也不过高起兴来，偶然来一两趟罢了。你倒指望着人家，把咱们这儿当大路走呢。”

(13′) *“你说梦话呢，他们富贵人家，什么地方会和我们常来常往？也不过高起兴来，偶然来一两趟罢了。你倒指望着人家，把咱们这儿当大路走呢。”

同样是用在反问句中的“哪里”，由于在例（6）中只是初步丧“疑”，语义尚较为实在，所以，还可以用“什么地方”来替换，通过“问”的形式来增强发话人的反诘语气；而在例（13）中已发展为反诘标记，主要承担着反诘语气的凸显与传达，语义上的高度凝固化与规约化使其与“什么地方”之义已丧失关联，而不再能用“什么地方”来替换，正如王力（1943/2014）所指出，用在反问句中的“哪里”，“有时候并没有‘什么地方’的意思”[20]。

（三）从反诘标记到负面立场标记

反问句的生成手段采取的是无疑中故意设疑即“无疑”而“问”，使人们在实际理解的时候只能沿着相反的方向。于是，反问句也成为一种加强否定的形式与手段。

王力（1943/2014）指出："反诘语可以当做否定语用。"[21]吕叔湘（1944/1982）指出："反诘实在是一种否定的方式：反诘句里没有否定词，这句话的用意就在否定；反诘句里有否定词，这句话的用意就在肯定。"[22]朱德熙（1982）指出："反问句的形式和意义正相反，肯定形式（即不带否定词的形式）表示否定，否定形式（即带否定词的形式）表示肯定。"[23]张伯江（1996）指出，"否定的意义不仅可以用否定词来表达，也可以用其他形式，反问就是最常见的一种"，且反问的否定程度高于陈述的否定[24]。董秀芳（2008）也指出反问句表达加强的否定态度[25]。

经过这种加强否定句法环境的长期浸染与浸泡，发展为反诘标记的疑问词作为句子反诘语气的主要凸显和传达者，作为句子的焦点成分，就极易被附着上规约性隐含否定义。董秀芳（2008）也指出："反问句本身就具有否定功能，问句中疑问词是焦点，因而反问句中否定的含义就很容易落在疑问词身上"。[26]但我们认为，反问句否定含义的"落"，是经过语境吸收的方式而浸染和附着到作为反诘标记的疑问词身上的。如：

（15）乔妻：她得到了自由，我呢？我就应当老这么受罪，一直受到死吗？以美能孝顺她的父亲，你怎么不为你妈妈想想主意呢？（老舍《归去来兮》）

（16）余氏笑道："小南爹，你看破一些罢，别执拗了。我们的姑娘，能给陈四爷这种人做二房就不错，就怕人家不要罢了。咱们苦了一辈子，干吗不享享福？"（张恨水《美人恩》）

（17）杨杏园道："我的思索，向来枯槁，做起诗来，总要伏案构思，一个字一个字，慢慢地填去。哪里能够随随便便就做得出来？"（张恨水《春明外史》）

（18）"有什么大不了的事？没结过婚？没结过就赶快去结，来得及。"（史铁生《第一人称》）

例（15）、例（16）中的"怎么"反问句和"干吗"反问句，表面上是否定的，实际语义却是肯定的，即"你要为你妈妈想想主意"和"应该享享福"；而例（17）、例（18）中的"哪里"反问句和"什么"反问句，表面上是肯定的，实际语义却是否定的，即"不能够随随便便就做得出来"和"没有大不了的事"。可见，反问句表面形式和实际语义正好相反，是一种蕴含着强烈否定色彩的问句。而作为反问句反诘标记的疑问词，作为反问句的凸显成分和焦点成分，在长期使用过程中，便将这种否定的语境义吸收进来，从而使自身带有规约性隐含否定义。只有这样，我们才能更好地理解吕叔湘（1953）所指出的，类似例（17）中的"'哪里'已经没有询问地方的意思，专门用来否定"[27]。

"疑问标记不表达疑问信息，特别是不表达'意欲索选、要求决选'的信息，被视为功能丧失。"[28]负载着规约性隐含否定义的疑问性反诘标记，与其说是疑问词，不如说是表反诘的情态副词。因为受反问句"不疑而问"和"加强否定"句法环境的熏染，其表询问的功能几近完全丧失，而发话人主观"自我"负面倾向性印记却大幅增加。"句子的整体意义会影响其组成成分的语义变化。"[29]反问句作为一种深具发话人“主观上的否定态度”[30]的句式，其鲜明的负面立场与态度也深深影响和熏染着作为焦点成分的疑问性反诘标记，并为其进一步演化为负面立场标记奠定了坚实的语义潜质。

出于满足日常交际中人们多样而复杂的交际需求和话语主观性的进一步增强，“怎么”“干吗”“哪里”“什么”最终脱离疑问范畴，进一步演化为表发话人主观情态的立场标记。既可以用于传达发话人的意外、惊诧情态义，也可因成为反诘标记而沾染上的规约性隐含否定义而用于传达发话人的不赞成、嗔怪、反对、拒绝、不耐烦、轻蔑、挑战、反驳、批评、责问、责备乃至否定的负面立场与态度。如：

(19) a 世钧笑道：“大概你这一向脑子里充满了结婚，所以动不动就说结婚。你再闹，我给你宣布了！”一鹏忙道：“不许不许！”叔惠笑道：“怎么，一鹏要结婚啦？”（张爱玲《半生缘》）

b 绅士把眼睛一睁，对这种新派幼稚怪话表示不平。“怎么，一开口就乱说！佛同基督有什么不同？不是都要渡世救人吗？”（沈从文《绅士的太太》）

c 一次，刘茂柏带着征管员到他家收税。他拿出菜刀朝天晃了三晃，说：“怎么，想要钱，我没有。要命还有两条。”（CCL 语料库）

(20) a 李都马上想起登机前崔纽约的那个电话，就说：“我有个事儿拿不准，想请教一下。”蓝裤子说：“干吗，想跳槽？”（李可《杜拉拉升职记》）

b 白玉花也不答复他的话，便笑着朝外连叫了几声姐姐。燕西摇摇手，笑道：“干吗，你要对质吗？对质也不要紧，她已经答应退让一步了。”（张恨水《金粉世家》）

c 他朝下面的湖水看了看，摇摇头说：“活见鬼！干吗，我的命不值钱哪？谁活得不耐烦，他跳就是了。”（译著《钢铁是怎样炼成的》）

(21) a 当我尝试着把离开谷歌的决定告诉身边的亲人时，他们不禁瞪大了眼睛惊呼：“什么，你开玩笑？世界上还有更好的工作吗？”（CCL 语料库）

b 秦王的侍从大声吆喝：“大王来了。”范雎冷淡地说：“什么，秦国还有大王吗？”（CCL 语料库）

c “那你的意思是帮他换了？”“换吧，什么大不了的事。”我，看看高洋。（王朔《玩的就是心跳》）

(22) a 他从当天 18 时 30 分一直忙到次日 1 时 30 分。“上班就够忙的，哪里还会打瞌睡呀。”老涂说。（BCC 语料库）

b 曾说过好几回的那句话不觉又脱口而出，“辛苦你们了，不妨歇歇再做。”“哪里哪里，不，不，”受宠若惊的雇工们照例这样回答，几双眼睛同时向冰如丢一个疑惑怪异的眼光。（叶圣陶《倪焕之》）

除了例（21c）、例（22a）中因表意的需要而与被否定的成分相接，例（19）、例（20）、例（21a）、例（21b）、例（22b）中的“怎么”“干吗”“什么”和“哪里”，句法上，已具有鲜明的独立性与可识别性，不与相邻成分构成更大的语法单位，都单独居于发话人话轮之首的位置，具有显著的独立性与语音上的可识别性；语义上，已无概念语义，而只用来表达发话人的意外、惊诧情态，如（19a）、例（20a）、例（21a）所示，和负面立场与态度。这种负面立场与态度标记功能，根据听话人所作所为、所言所想与发话人心理预期的反差及对发话人的面子威胁程度，可具体表现为反驳与批评，如例（19b）；轻蔑与挑战，如例（19c）；嗔怪与反对，如例（20b）；反驳与责问，如例（20c）；轻蔑与嘲讽，如例（21b）；轻蔑与否定，如例（21c）；反驳与否定，例（22a）等。例（22b）中的“哪里”用于委婉、礼貌性否定，“用于对别人的赞美的回应，谦虚地表示自己不具备对方所称赞的优点”[31]，也为一种负面立场与态度。

刘焱、黄丹丹（2015）曾指出，“怎么”的“批评或嗔怪”义，来源于“当说话人接收到与自己的预期相反或者不在自己预期内的新信息时，说话人除了感到‘惊异’或‘意外’，更有甚者，会由此产生不满，对反预期的信息来源进行批评或指责”[32]。我们认为，如同“干吗”“哪里”和“什么”一样，“怎么”的批评或指责义，更多的是来自其作为反诘标记时沾染上的规约性隐含否定义在特定语境下的凸显与激发，是反问句“加强否定”这一句法环境长期熏染和孕育的产物。

三、结语

“一个形式的语法语义变化不是孤立地发生的，而是一定发生在某个特定的语境中。”[33]反问句在疑问词的负面立场标记化演变过程中发挥了重要的孕育、桥梁和激化作用。它“不疑而问”这一独特句法环境的压制，使原本“全疑有问”的疑问词因“疑”的功能悬空，而发展为“不疑而诘问”；随着“不疑而用来诘问”的疑问词经语用法的语法化发展为反诘标记，它加强否定这一句法环境经过长时间的浸染和语境吸收，便附着到作为凸显和焦点成分的疑问性反诘标记身上，使其带有规约性隐含否定义，为其进一步演化为负面立场标记奠定了坚实的语义潜质。可见，在词汇的主观化演变过程中，深具主观性句法环境的压制和影响也是重要的推手与催化剂。

＊本文系河南省高等学校哲学社会科学基础研究重大项目“动态发展视域下汉语修辞和语法的互动与互塑研究”（2023-JCZD-05）的阶段性成果。

注释：

[1] 李宇明：《反问句的构成及其理解》，《殷都学刊》1990年第3期，第91～99页。

[2] 寿永明：《疑问代词的否定用法》，《上海师范大学学报》（哲学社会科学版）2002年第2期，第113～117页。

[3] 姜炜、石毓智：《“什么”的否定功用》，《语言科学》2008年第3期，第270～277页。

[4] 郑雷：《疑问代词否定用法的原因分析》，《绍兴文理学院学报》（哲学社会科学）2010年第4期，第49～53页。

[5] 刘辰洁：《疑问代词“怎么”的否定用法考察》，《齐齐哈尔大学学报》（哲学社会科学版）2010年第6期，第117～119页。

[6] 袁毓林、刘彬：《“什么”句否定意义的形成与识解机制》，《世界汉语教学》2016年第3期，第

303～317 页。

[7] 刘彬、袁毓林:《“哪里”类反问句否定意义的形成与识解机制》,《华中师范大学学报》(人文社会科学版)2019 年第 1 期,第 110～117 页。

[8] 李宇明:《反问句的构成及其理解》,《殷都学刊》1990 年第 3 期,第 91～99 页。

[9] 李宇明:《疑问标记的复用及标记功能的衰变》,《中国语文》1997 年第 2 期,第 97～103 页。

[10] 范晓:《汉语的句子类型》,太原:书海出版社,1998 年,第 235 页。

[11] 徐盛桓:《疑问句探询功能的迁移》,《中国语文》1999 年第 1 期,第 3～11 页。

[12] 刘大为:《制造信息差与无疑而问——修辞性疑问的分析框架之一》,《修辞学习》2008 年第 6 期,第 1～8 页。

[13] 沈家煊:《语用法的语法化》,《福建外语》1998 年第 2 期,第 1～7 页。

[14] 李宇明:《反问句的构成及其理解》,《殷都学刊》1990 年第 3 期,第 91～99 页。

[15] 刘钦荣:《反问句和询问句句法结构间的关系》,《沈阳师范学院学报》(社会科学版)1995 年第 4 期,第 85～88 页。

[16] 殷树林:《现代汉语反问句特有的句法结构》,《湖南科技大学学报》(社会科学版)2007 年第 3 期,第 101～105 页。

[17] 胡德明:《反问特有的句法结构》,《合肥师范学院学报》2010 年第 1 期,第 95～98 页。

[18] 蔡维天:《重温“为什么问怎么样,怎么样问为什么”——谈汉语疑问句和反身句中的内、外状语》,《中国语文》2007 年第 3 期,第 195～207 页。

[19] 邓思颖:《问原因的“怎么”》,《语言教学与研究》2011 年第 2 期,第 43～47 页。

[20] 王力:《中国现代语法》,北京:中华书局,1943/2014 年,第 259 页。

[21] 王力:《中国现代语法》,北京:中华书局,1943/2014 年,第 142 页。

[22] 吕叔湘:《中国文法要略》,北京:商务印书馆,1944/1982 年,第 290 页。

[23] 朱德熙:《语法讲义》,北京:商务印书馆,1982 年,第 204 页。

[24] 张伯江:《否定的强化》,《汉语学习》1996 年第 1 期,第 15～18 页。

[25] 董秀芳:《反问句环境对语义变化的影响》,《东方语言学》(第四辑),上海:上海教育出版社,2008 年,第 1～9 页。

[26] 董秀芳:《反问句环境对语义变化的影响》,《东方语言学》(第四辑),上海:上海教育出版社,2008 年,第 1～9 页。

[27] 吕叔湘:《语法学习》,北京:中国青年出版社,1953 年,第 98 页。

[28] 李宇明:《疑问标记的复用及标记功能的衰变》,《中国语文》1997 年第 2 期,第 97～103 页。

[29] 董秀芳:《词汇化与话语标记的形成》,《世界汉语教学》2007 年第 1 期,第 50～61 页。

[30] 胡德明:《从反问句生成机制看反问句否定语义的来源》,《语言研究》2010 年第 3 期,第 71～75 页。

[31] 董秀芳:《反问句环境对语义变化的影响》,《东方语言学》(第四辑),上海:上海教育出版社,2008 年,第 1～9 页。

[32] 刘焱、黄丹丹:《反预期话语标记“怎么”》,《语言科学》2015 年第 2 期,第 181～193 页。

[33] 董秀芳:《反问句环境对语义变化的影响》,《东方语言学》(第四辑),上海:上海教育出版社,2008 年,第 1～9 页。

春秋隐语的表达方式及基本特点研究

周小情

（华中师范大学文学院，湖北武汉，430079）

内容摘要：根据传世文献，中国古代隐语最早可追溯到春秋时期，形式以歌谣体居多，散文体较少；作者上至公卿大夫，下至国人野人；记录者则是公卿大夫的随侍者和诸侯的史官。古人创作这些歌谣，主要是为了讽谏统治者；史官记录传播这些歌谣，则主要是为了观察民情民意，考察施政得失，以便治国者及时调整政策，对民意做出及时正面的回应，与史官传承古史、乐官采集《国风》的目的完全相同。

关键词：春秋；歌谣；隐语

一、引言

春秋时代，由于人工冶炼铁器的技术从西亚传到华夏地区，铁制工具逐步普及，远比夏商周三代的青铜器锋利、坚韧而又廉价的铁制工具得以大量制造出来，古人开始用铁制工具大量制造方（木板）和策（木简、竹简），并在方策上书写文献、记录历史，口耳相传千百年的远古口述史得以被系统记录为成文史，春秋时代正在发生的历史亦被文字记录，中国历史上无比宝贵的简牍类文献得以大量出现。从此开始，古人便很少使用昂贵的青铜，通过文字极少的铭文艰难地记录文献，也较少用甲骨卜辞去谄媚鬼神了，中国的历史文献资料因此日益丰富起来。

西周以前五帝夏商时代的歌谣，由于文字记录太艰难，只能长期依靠口耳相传，至春秋时代理应被文字记录于方策，但由于周朝的乐官编辑西周和春秋时代早中期的《诗经》，先周时代的华族歌谣和西周春秋时代的蛮夷戎狄的歌谣，都不在选择之列，所以基本都没有流传下来[1]。从春秋时代中晚期开始，由于记录工具的进步，也由于《诗经》在春秋中期已经定型传世，华夏族的部分歌谣得以记录下来，成为后世非常珍贵的历史文献。这些歌谣因为是即兴创作，质量和音律等都欠佳，但是由于它们也具有政治、外交功能，所以也有部分被史官记录，并且有一部分流传了下来。学者们所说的歌谣，一般仅指可以歌唱的顺口溜，本文所说的歌谣，则既包括可以歌唱舞蹈，也包括可以有节奏地吟诵这两种形式，前者史官常常记作“歌曰”云云，后者史官常常记作“诵曰”云云。为了表达方便，本文将“歌”与“诵”统称为“歌谣”。

春秋时代的这些歌谣，从表达方式上看，大体可以分为两类：一类是直抒胸臆，直接表达自己见解的，如《左传·宣公二年》记载，宋国大臣华元打了败仗回国，依然趾高气扬地负责监督宋国百姓筑城，筑城的百姓就讽刺他："睅其目，皤其腹，弃甲而复。于思于思，弃甲复来。"讽刺华元长相丑陋，丢盔弃甲，打了败仗，如今居然厚着脸皮、趾高气扬地来监督筑城。华元让部下也现编歌谣斗嘴道："牛则有皮，犀兕尚多，弃甲则那？"[2]意思是，兽皮很多，打了败仗，丢盔弃甲又如何，兽皮多的是，可以拿来再做铠甲，意思是打了败仗无所谓。筑城百姓又歌唱道："纵有其皮，丹漆若何？"说纵然有许多兽皮，丹漆不够，又当如何制造铠甲？华元等人自知理亏，只得狼狈离开。这类歌谣还有很多，但不是本文讨论的对象。另一类则是隐语表意，用委婉的歌谣寄托讽意，这才是本文需要探讨的。

二、春秋隐语：以委婉的歌谣寄托讽意

春秋文献中有许多歌谣体的隐语，如《左传·成公十七年》记载：

> 初，声伯梦涉洹，或与己琼瑰[3]食之，泣而为琼瑰盈其怀，从而歌之曰："济洹之水，赠我以琼瑰。归乎归乎，琼瑰盈吾怀乎！"惧不敢占也。还自郑，壬申，至于狸脤而占之，曰："余恐死，故不敢占也。今众繁而从余三年矣，无伤也。"言之，之莫而卒。

声伯在三年前做了一个非常奇怪的梦，梦中有人送琼瑰给他吃。琼瑰是质量稍次的玉石，古人有死者口中含玉以求长生不死的宗教礼俗，那么此梦表示他将要死去，死后口中含玉。他梦中一见有人送玉石他食（含在口中），知道自己马上要死，所以痛哭，可是他的泪珠又变成了许多的琼瑰，似乎预示着他非吃琼瑰不可，也就是非死不可。声伯做了这个预示自己要死的梦之后，不敢占卜。古人的宗教礼俗，心中有疑惑，就要占卜决疑。如果占卜的结果仍然显示他要死，那就没有退路了，所以声伯不敢占卜，目的是给自己留一线生的希望。声伯就这样一直提心吊胆地生活了三年。此次他带兵讨伐郑国之后，觉得已经没有什么顾虑了，所以才把三年前的怪梦告诉大家，意思是他当初做的怪梦并不准确，他至今仍然活得好好的。不料，他说完这个故事以后，当晚就死了。史官记录这个故事，说明冥冥之中自有定数，天意如此，无可逃避。这个故事中，声伯梦中所唱的歌谣，实为一则预言似的隐语，暗示声伯将死，只是三年之后才应验而已。最近两千多年，中国人已经基本不信鬼神了，中国成为一个世俗化程度很高的国家，所以会觉得这样的隐语歌谣无关紧要。但是在春秋时代及其以前，先人几乎无不迷信鬼神，所以当时的史官才认真地记录这个故事，有警示君子尊重鬼神、尊重天意的含义。

《左传·昭公十二年》记载，季平子这年嗣位为鲁国上卿之后，对季氏家臣南蒯的态度不怎么友好，南蒯知道自己可能会被季氏杀掉，准备背叛季氏，将自己实际控制的季氏采邑费邑，归还给鲁侯。但是鲁国诸侯几乎被季氏家族完全架空多年，近几代鲁君都只是名义上的国君，并没有实权，百姓大多只知有"家"（公卿大夫称家），不知有"国"（鲁君）。费邑是季氏多代的封邑，当地人对鲁侯缺乏归属感，对季氏却

很忠诚，所以大都反对南蒯这么做。有一次，南蒯参加费邑的乡饮酒礼时，费邑人歌唱道：

> 我有圃，生之杞乎！从我者子乎，去我者鄙乎，倍（通“背”）其邻者耻乎！已乎已乎，非吾党之士乎！

“圃”指菜圃，本应该长菜，却长出了杞柳，隐指身为费邑长官的南蒯，本应该帮季氏说话，帮助费邑之人说话，维护季氏的利益，如今居然想背叛季氏，帮助鲁侯，这是难以理解的事情。

《国语·晋语三》第二章记载，在晋献公时代，献公宠信小妾骊姬，想废黜夫人、太子，另立宠妾骊姬为夫人，立骊姬所生之幼子为太子，于是晋国大乱，太子申生被迫自杀，晋国草草安葬太子，谥号曰“恭”。后来申生的庶弟夷吾即位，史称晋惠公。晋惠公改葬恭世子即太子申生，申生尸体的异味传达于外。于是晋国人诵之曰：

> 贞之无报也，孰是人斯，而有是臭也？贞为不听，信为不诚。国斯无刑，伦居幸生。不更厥贞，大命其倾。威兮怀兮，各聚尔有，以待所归兮。猗兮违兮，心之哀兮。岁之二七，其靡有征兮。若狄公子，吾是之依兮。镇抚国家，为王妃兮。

晋献公庶子、重耳之异母弟、晋惠公夷吾，此前曾经与晋献公夫人贾君私通。太子申生冤死，惠公即位，他重新礼葬太子申生，本是好事。太子尸体安葬不久，如今重新挖出，尸体腐烂有异味，也是自然。但是晋国国人作诵，隐含的本意实际上是，假借太子尸体异味，讽刺晋惠公当初所做的私通嫡母的丑事还在发酵。君父的夫人为正妻，是君父所有儿子的嫡母。庶子通嫡母，这是败坏人伦的丑事，故国人借太子尸体的臭味，讽刺国君夷吾。

周代君子特别重视童谣[4]，认为童谣预测未来十分准确，因此他们常常根据童谣来断事。例如《国语·郑语》第一章，引用周宣王时代的童谣：

> 檿弧箕服[5]，实亡周国。

“实亡周国”是个大白话，预示周王国将亡于“檿弧箕服”之手，但是“檿弧箕服”却是个隐语，这首童谣流传之时，具体指谁要灭亡周国尚不知道，也就无法防范。但等到世人明白“檿弧箕服”是谁时，西周王国已经灭亡了。这与后世《三国演义》中用“千里草，何青青。十日卜，不得生”的隐语，暗示反贼董卓将死的用法完全相同：二者都是童谣，都用了隐语，事情发展过程中，谁都不知道这些隐语是什么意思，随着事情按照隐语指示的方向发展，直到隐语暗示的最终结果出现，世人这才恍然大悟。

周人重视童谣，除了认为童谣可以预测未来，还认为童谣预示天意民心。据《左传·昭公三十一年》记载，晋国上卿赵简子，一天晚上睡觉时，梦见“童子裸而转以歌”，他早晨马上找来史官史墨[6]，问他道：“吾梦如是，今而日食，何也?”大意是说，我梦见童谣唱到要日食，今天果然就日食了，这是怎么回事啊？梦中见到童子歌唱童谣，居然要找史官求证，可见周人多么迷信童谣。

《左传·僖公五年》，晋侯设计了一个计谋，假借虞国之道路去讨伐虢国，返回晋国时顺道再灭掉虞国，这就是大名鼎鼎的“假途灭虢”之计。晋国虽然是大国，由于这一计谋过于弄险，一旦被识破，晋军就会十分危险了，所以晋军一路小心谨慎。晋侯经过虞国，包围了虢国的上阳，不知可否取胜，问负责占卜的卜偃该当如何。卜偃没有占卜，而是引用当时的童谣回答说，晋侯可以取胜。童谣道：

> 丙（子）之晨[7]，龙尾伏辰，均服振振，取虢之旗。鹑之贲贲，天策焞焞，火中成军，虢公其奔。

这一童谣预测了晋侯伐虢的情况：第一个阶段，打败虢国军队，夺取其战旗；第二个阶段，攻进虢国首都，虢君出奔。既然童谣都说虢国可灭，晋侯自然可以灭虢。童谣坚定了晋侯伐虢的决心，于是他果断用兵，先灭虢，返回晋国途中再灭虞，创造了战争史上的一个经典战例。《国语·晋语二》第五章所记相同。

《左传·昭公二十五年》记载，鲁昭公在与权臣季孙氏、孟孙氏、叔孙氏的斗争中失败，鲁昭公将何去何从？正在这时，有一只鸲鹆（八哥）来到鲁国宫廷筑巢，鲁国大臣师已见此情景，想到流传于鲁文公、宣公、成公时代的一首童谣，同时联想到现在鲁昭公的命运：

> 鸲之鹆之，公出辱之。鸲鹆之羽，公在外野，往馈之马。鸲鹆跦跦，公在干侯，征褰与襦。鸲鹆之巢，远哉遥遥，裯父丧劳，宋父以骄。鸲鹆鸲鹆，往歌来哭。

这首童谣预言的这个故事，经鲁襄公时代，到了鲁昭公二十五年，八哥筑巢于鲁国宫殿的情景，居然真地出现了，这似乎预示了鲁昭公的悲惨命运。所以当师已见到八哥筑巢的景象之后，很快联想到这首童谣，他说：“童谣有是，今鸲鹆来巢，其将及乎?”这一年，鲁昭公战败，果然被迫出奔齐国，并被齐侯安顿在乾侯这个地方，实际上做了可怜的寓公，可谓受尽鲁齐两国的屈辱。其间他几次想返回鲁国，重新执政，都以失败告终。三十二年，鲁昭公屈辱地死在乾侯这个地方，鲁定公（宋父）果然代立。

《左传·定公十四年》，春秋时代晚期，卫君灵公夫人南子，宋国女子，出嫁前，就与宋公子朝[8]私通，出嫁后，还将宋公子朝召到卫国，与他继续私通。卫灵公年老昏聩，南子恃宠而骄，把持卫国朝政，生活荒淫无耻，卫宋两国本是邻国，所以两国之人尽知真相。一天，卫灵公太子蒯聩经过宋国郊野，宋国的野人村夫认识这位卫国太子，于是歌唱道：

既定尔娄诸，何归吾艾豭？

所记野人的这两句话表层意思是，你们既然已经有了母猪，要给你们生小猪了，你们卫国自有公猪，为何还要到我们宋国来寻找公猪啊？很显然，这里使用了隐喻表达，其真正的含义，蒯聩当然心知肚明：南子既然已经嫁给蒯聩的君父卫灵公了，她就是有夫之妇，却还要在宋国与男子私通。蒯聩听了这一歌谣，知道南子的丑事早已传到四面八方，深以为耻。所以他回国之后，就立即安排自己的部下准备杀死南子。可惜部下临阵发怵，南子发现不妙，反而将太子告到卫灵公处，蒯聩情急之下，一时跟君父说不明白，只得出奔。卫灵公不久去世，卫国朝廷直接立蒯聩的嫡长子为君，史称卫出公，然后亲生父子相争君位，卫国从此一蹶不振。

《礼记·檀弓上》记载，孔子晚年病重，知道自己将要去世，于是歌唱道：

泰山其颓乎？梁木[9]其坏乎？哲人其萎乎？

弟子子贡闻之，说道：

泰山其颓，则吾将安仰？梁木其坏，哲人其萎，则吾将安放？夫子殆将病也！

《礼记·檀弓上》记载孔子寝疾七日而去世，只有子贡送终，子贡当时在鲁国做官。孔子一生谦逊，当时很多君子都称赞他是圣人仁人，他都谦虚地不认可，只承认自己“学而不厌，诲人不倦”而已。孔子在不久于人世时，用“泰山”将崩、“梁木”将坏，比喻哲人将死，这是用隐语告诉随侍弟子，自己马上要死了。弟子子贡的话，其实也是隐语。子贡当时在鲁国做官，老师去世后，他和同学们为老师守孝三年，子贡又独自为老师再守孝三年，然后离开鲁国，到卫国做了相，即公卿。孔子一直是弟子们的人生标杆，老师要是去世了，弟子们仰望谁，学习谁？人生目标人生理想将何处安放？子贡要表达的就是这层意思。

三、隐语基本特点

春秋时代的隐语，并非全部都是歌谣体[10]，不过歌谣体居多，散文体很少而已，这很可能与歌谣体比较方便传播有关。春秋时代的隐语，有一些规律性的现象需要认真总结，这对研究后世乃至当代社会政治现象和语言现象，都会有所帮助。

（一）春秋时代的隐语，大多以歌谣体的形式出现

这或许是与歌谣颇有音乐节奏感，易于传播有关，与春秋时代赋诗的社会风气密切相关。不过歌谣不一定都是隐语，例如《左传·襄公三十年》记录的骂子产、赞子产的两个案例，就只是歌谣，而不是隐语，没有隐藏什么，都是直抒胸臆。《左传·哀公二十一年》：“秋八月，公及齐侯、邾子盟于顾，齐人责稽首，因歌之曰：‘鲁人之皋

（咎），数年不觉[11]，使我高蹈。唯其儒书，以为二国忧。’”《国语·晋语三》第一章，晋国“舆人”讽刺晋惠公对内对外都背信弃义：“佞之见佞，果丧其田。诈之见诈，果丧其赂。得国而狃，终逢其咎。丧田不惩，祸乱其兴。”[12]以上三例中共有四首歌谣，但都不是隐语，都说得很直白：第一首公开诅咒郑国实际执政的亚卿子产，甚至表示要杀掉子产；第二首直接赞美子产；第三首，直接批评鲁国君臣无礼；第四首，直接批评晋惠公背信弃义。这与当今网络上流行的一些非常直白地表示自己见解的顺口溜颇有相似之处，它们往往与现实政治生活密切相关，但都不是隐语。

（二）春秋时代隐语的政治、外交功能受到社会上层的高度重视

《国语·晋语三》第一章记载，晋惠公背弃对秦国的诺言，也背弃了对国内大臣的诺言，于是众人编歌谣讽刺他。大臣郭偃说道：

善哉！夫众口祸福之门，是以君子省众而动，监戒而谋，谋度而行，故无不济。内谋外度，考省不倦，日考而习，戒备毕矣。

郭偃要求诸侯大臣都必须非常认真地对待这些歌谣，因为这些歌谣反映了民心，这个意见即使在今天，也具有重要意义。所谓祸福，自然是诸侯的祸福，国家的祸福。诸侯重视众口所传达的政治信息，并且及时对民意做出正面的回应，自然可以转祸为福；否则，只会加快加重灾祸，国家就有危难，诸侯和公卿大夫就十分危险了。《国语·晋语六》第一章记载，赵文子行冠礼毕，可以嗣位担任公卿。他如果担任公卿，就会直接担任执政大臣。而当时天下唯一的大国就是晋国，有战车四千乘，而像齐国这样的大国，也只有战车一千乘。晋国执政大臣常常主持诸侯盟会，制定盟约，处罚违反盟约的诸侯，这就是说，赵文子实际上可以代表晋侯控制天下。因此，赵文子为人如何，执政如何，实际上影响天下的命运。赵文子拜见范文子，范文子叮嘱他说：

而今可以戒矣，夫贤者宠至而益戒，不足者为宠骄。故兴王赏谏臣，逸王罚之。吾闻古之王者，政德既成，又听于民，于是乎使工诵谏于朝，在列者献诗使勿兜，风听胪言于市，辨妖祥于谣，考百事于朝，问谤誉于路，有邪而正之，尽戒之术也。先王疾是骄也。

范文子叮嘱赵文子“听于民”，告诉他了解民意的几种方法：要在朝廷上听谏，要听公卿列士献上的诗，要采听商旅所传播的善恶之言，要学会辨析或善或恶的歌谣，要在朝廷上考察百官之事，在大路上听取百姓对朝廷的毁谤或赞誉，其“谏”“诗”“言”“谣”，都既可能直白，也可能委婉曲折，其委婉曲折者，就可能含有隐语。可见，春秋时代的有识之士都非常重视歌谣所显示的天意民心。

（三）春秋时代隐语的创作者、记录者和传播者

春秋时代隐语的创作者，大多是有一定社会地位的人，其中有些就是公卿大夫；

地位最低的，有所谓“国人”，就是国都之中的人；还有所谓“野人”，其实就是国都郊区的人。周代各国人口，主要集中在城市及其郊区，特别是集中在首都及其郊区，真正乡村的人口是很少的，而且真正的乡下人，也不知道朝廷发生了什么事情，即使多少知道一点，他们也不会关心，即使关心，也有歌谣创作出来，也不大容易被诸侯公卿的随侍者听到、记录，并流传下来。因此前文所述郭偃所谓的“众口”，乃是公卿大夫之口、国人之口、首都郊区之人的口。

春秋时代隐语的记录者，都是诸侯的史官、公卿大夫的随侍者。他们若是不记录，这些史料就很难流传下来。而这些隐语在刚刚被创作出来时，靠口耳相传；记录下来后，靠史官代代相传。由于春秋简牍非常宝贵，后世子孙非常注意保护，已经发现的这些隐语会永远流传下去。

（四）春秋时代隐语的研究者

例如《孟子·离娄上》7·8：

> 孟子曰：“不仁者可与言哉？安其危而利其灾，乐其所以亡者。不仁而可与言，则何亡国败家之有？有孺子歌曰：‘沧浪之水清兮，可以濯我缨；沧浪之水浊兮，可以濯我足。’孔子曰：‘小子听之，清斯濯缨，浊斯濯足矣，自取之也。’夫人必自侮，然后人侮之；家必自毁，而后人毁之；国必自伐，而后人伐之。《太甲》曰：‘天作孽，犹可违；自作孽，不可活。’此之谓也。”

孟子所引的孺子歌，春秋文献一般称为童谣，战国时代屈原《渔父》中也曾引用，孟子说，孔子对这一童谣有评论，说明春秋时代这一童谣就已经在传播，并被研究。孔子、孟子、屈子都是思想家，也是政治家，他们引用评论这一隐语，表示已经上升到学术层面在进行研究了。尽管目前我们所获得的这类史料非常少，但如果我们考虑到春秋简牍本身就很少，这类简牍所显示的意义，就越发不可轻忽。

*本文系教育部人文社会科学研究青年基金项目“网络政治隐语中的意识形态风险研究——基于语料库的批评话语分析”（20YJC740107）、中央高校基本科研业务费资助项目（CCNU24ZZ031）的阶段性成果。

注释：

[1] 由于受到书写条件的限制，春秋时代以前的歌谣几乎完全依靠口耳相传，至春秋铁器文明时代，史官、乐官开始用方策记录这些口传歌谣，所以五帝夏商周八代的口传歌谣原本均可传承。但周天子乐官编辑西周春秋时代华夏列国诗选《诗经》，先周时代的歌谣和西周春秋时代蛮夷戎狄的歌谣自然不能入选，久而久之而亡佚。据王齐洲先生考证，《周礼·大司乐》就是春秋时代的《乐经》，汉代至今学者均误以为《乐经》失传。《大司乐》中保存了五帝夏商时代许多歌谣的题目和内容介绍，可惜歌词早已亡佚。

[2] 春秋时代中国大部分地区气候温暖湿润，牛、马、大象、鳄鱼，甚至犀牛都很多，所以军队多用这些兽皮制造铠甲。但是兽皮加工，需要用生漆浸泡，而生漆很稀少贵重。兕，母犀牛。那，奈何

之意。

[3] 琼瑰,玉石之类制成品。古人有死者口中含玉的宗教礼俗,所以声伯梦中知道自己要死而含玉,而大放悲声,然而他哭泣时,琼瑰更加多,似乎只有死路一条。下面的歌谣是声伯梦中所作,应该是他梦醒之后,告诉随侍者,由随侍者记录。

[4] 自古以来的童谣,大多数都是可以有节奏地诵读,可以歌唱的很少。古代学者常常说,歌谣是可以歌唱的,诵是可以有节奏地读的,其实未必都如此分明。所以本文统一将这些歌谣和诵称为歌谣体。

[5] 这是暗示褒姒将灭亡周王国。故事梗概是,夏末,褒国二君之神灵化而为龙,遂将龙之精气收藏起来,商周两代无人敢于打开。至西周末期厉王时将其打开,于是褒神感应,使一童妾未婚而生一女,童妾恐惧而弃之,被人收养,带至褒国,是为褒姒,长大后嫁给周宣王之子周幽王,灭亡西周王国,周平王被迫东迁。故事非常复杂,充满了因果报应,历史循环等神秘因素。《史记·周本纪》几乎全文采用了这一记载,后人写《水浒传》"洪太尉误走妖魔"一节,即模仿了这一故事。

[6] 古代史、卜、巫、祝等姓氏,都是与鬼神打交道的人。

[7] 金泽文库本有"子"字,而且后七句均为四字,现据补。

[8]《论语》《左传》有时也将"宋公子朝"记作"宋朝"。

[9] 梁木,房子的主梁。主梁一坏,房子自然会垮掉。

[10] 例如《论语·子路篇》13·22引用春秋楚国隐语"人而无恒,不可以做巫医",就是散文体。

[11] 此前鲁侯与齐侯见面时,齐侯行跪拜大礼,鲁侯只是鞠躬回礼。鲁侯的理由是,他只给周天王行跪拜大礼。齐国君臣认为,鲁国君臣拘泥于"儒书",回礼不对等,是严重失礼的行为,两国关系可能因此变坏。齐国歌谣就是讲这件事。

[12] 晋惠公本是晋献公之庶子,公子重耳之弟,本不当嗣位为君。他许诺秦君,也许诺晋国大臣,如果自己嗣位为君,将要如何感谢他们。后来全部食言。

【对外汉语研究】

学历留学生学术中文自主学习能力理论模型建构

王斯璐

（东北师范大学国际汉学院，吉林长春，130024）

内容摘要：“一带一路”建设的推进迫切需要高层次复合型的国际中文人才，这促使学术中文教学成为当下国际中文教育界的热点问题。在高等教育大环境下，学历留学生的自主学习能力是保证专业学习持续性的基本素养，因此针对学术中文的自主学习策略与能力应引起足够重视。通过深入调查不同专业学历留学生在学术中文方面的自主学习情况，选取真实语料进行系统性编码，总结出了四大核心要素：多元协同互动能力、自我管理能力、多元复合能力以及创造模仿能力。在厘清各要素之间的内部逻辑关系后，初建了学术中文自主学习能力的理论模型，并阐述了提升学术中文自主学习能力的实践路径。

关键词：学历留学生；学术中文；自主学习能力；构成要素；扎根理论

一、问题的提出

随着“一带一路”倡议的深入推进，沿线各国急需懂中文且掌握专业知识的高层次复合型人才，为此学历留学生“中文＋专业”教育问题备受关注。汲传波（2016）提出：“学术汉语属于专门用途汉语，主要指从事专业学习和学术研究所使用的汉语”[1]。也就是说，学术中文除了包括专业学术中文知识，如专业词汇、常用语法和特殊语篇等，还包括通用于不同专业领域的学术性中文知识和技能。比如通用的学术性中文词汇有：报告、论证、结论、理论等；通用的学术性技能有听中文讲座、撰写中文学术论文、阅读中文学术期刊等。因此学术中文的通用之处使其在教学上具有一定优势：在一定程度上可打破学科界限，降低教学资源消耗；满足复合型国际中文人才的跨学科需求，顺应未来人才发展方向；有利于国际中文教育稳定发展，提升教育的体系化、包容性、持续性，推动教育内涵式发展。那么目前国内高校是否开设了学术中文的相关课程？如何保障学生用中文学习专业的适应性与持续性？我们对部分学历留学生进行了访谈（取样情况见表 1），发现高校大多开设的是通用中文课程，只有部分高校有学术中文写作课程。学生们普遍反映中文水平即便达到了 HSK5 级以上，在从事学术学习和学术活动时依然困难重重，甚至部分学生因难以适应用中文进行专业学习而最终放弃学业。综合调查结果，我们主要发现了两个问题：①国内部分高校对学术中文教学不够重视；②部分学生存在学习适应性差和自主性差的问题。

自主学习能力是维持个体终身发展的保障，是适应复杂学习情境的必备条件，培养自主学习能力有益于达成学习者个体及社会团体的发展目标（Zimmerman）[2]。对于接受高等教育的学历留学生来说，自主学习能力是不可或缺的基本素养。所以高校既要重视学术中文教学，也要重视留学生的自主学习意识、策略及能力的培养。20 世纪 80 年代自主学习被引入二语教学，早期西方学者探讨了自主学习的内涵及构成要素，其中具有一定代表性的观点有：①“能力说”。自主学习能力被视为能负责自己学习的能力（Holec）[3]。②“意志能力说”。Little 提出自主学习的要素为“能力”和“意愿”[4]。③“学习控制说”侧重于强调自主的控制能力（Benson）[5]。国内学者结合本土情况进一步探讨了自主学习能力的内涵、影响因素、教学对策、评估等（何莲珍，2003；倪清泉，2010；华维芬，2020；徐晓羽、陈舒敏，2022 等）[6]。目前关于学术英语的自主学习能力研究影响较大的是徐锦芬（2020），她提出了外语专业中国学生的自主学习能力构成的“四大要素”，即自我规划能力、自我探索有效学习策略能力、自我情绪管理能力、多元互动学习能力[7]。该研究结合了当前时代背景和政策指导方向，具有一定的创新意义和实践作用，但我们认为四大要素并不完全适切于学历留学生的学术中文自主学习情况。原因是：学术中文与学术英语存在一定差异，表现在学习主体、学习目标、学习内容等多方面。比如学习目标上，学术中文是留学生用来学习专业知识的工具，而学术英语本身就是学生的专业学习内容之一。英语阅读课程、英语写作课程等是大学英语专业的普遍课程。而且，四大要素的分类还有待进一步商榷。比如自我规划能力与自我探索有效学习策略能力是否应为并列关系？根据第二语言学习策略理论，学习策略选择与监控应属于元认知范畴，那么策略探索是否应属于自我规划能力？诸如此类问题我们有必要进一步思考和探究。

综上所述，我们有必要对学历留学生的学术中文自主学习能力进行深入的探究，这不仅有益于完善自主学习理论的发展，同时也有助于发现学术中文学习的特性，切实解决高层次复合型国际中文人才的培养问题，为国际中文教育提供新观点、新思路，更好地服务教育的内涵式发展和中文国际传播能力建设。

本研究重点要解决以下三个问题：①学历留学生学术中文自主学习能力的构成要素都有什么？各要素之间存在怎样的内部逻辑关系？②学术中文与学术英语在自主学习能力上的差异主要是什么？③如何提升学术中文的自主学习能力？

二、研究设计与研究过程

（一）研究设计

1. 调查方法

本研究主要选取扎根理论研究法，该研究法是一种自下而上的质性调查法，主要关注原始调查结果，不进行理论预设。对原始语料进行三级编码，生成概念和范畴，最终得到可视化结构模型，再对系统内部结构关系进行深入分析，生成新理论。

2. 样本的选取与收集

为了调查的多样性和全面性，选取不同专业的本科留学生、硕博留学生，以及接受学术中文培训的本科来华预科生进行访谈。通过中文水平的筛选，最后选定 32 人。

表 1 访谈对象的基本信息

	访谈对象	人数	学科
1	本科来华留学生	14 人	土木工程、通信工程、石油工程、翻译、汉语言文学教育、电子信息科学与技术
2	硕博来华留学生	8 人	软件工程、汉语国际教育
3	预科来华留学生	10 人	理工类、医学类

3. 访谈设计

由于扎根理论研究法是一种探索性研究，不设计具体的访谈提纲，确定的访谈主题为：根据你的学习经验，你认为学历留学生在自主进行学术中文学习时应具备哪些能力？请结合具体实例和自身情况进行说明。访谈时采用适当的追问方式辅助访谈对象结合自身情况（如中文水平、课程设置、专业方向、学业完成等）来全面描述学术中文的自主学习情况。访谈控制在 1 小时内，形式为个别访谈。征得被访者同意，对访谈全程进行录音、记录和转写。

（二）研究过程

1. 开放性编码

第一步是概念化处理。将原始语料录入 Nvivo12，删掉提问等非编码内容，对具有相同内涵的节点进行筛选、合并、标注，生成概念 48 个。第二步是范畴化处理。对已生成的概念进行再编码，加工出更高一级的范畴编码 17 个。表 2 展示了部分典型开放性编码过程。

表 2 学术中文自主学习能力构成要素的部分典型开放性编码过程

典型原始句	概念化	范畴化
我会模仿教材中实验报告的结构来完成功课	模仿学术中文的形式 J1	模仿能力 J
我不知道生词怎么用时，我会去看文章中的用法	模仿学术中文的功能 J2	
我尝试着用新学的专业词汇、语法等来表达	探索性表达 I1	创造能力 I
我不会直接抄别人的句子，一定用自己的话来表达	创造性表达 I2	
我喜欢跟别人交流，可以学到更多知识	知识交流 F1	人际互动能力 F
我会问别人有什么好的方法	学习经验交流 F3	
不懂的地方会问朋友、问老师	求助 F5	

续表

典型原始句	概念化	范畴化
除了课文，我还会找其他与专业有关的文章来阅读	自主选材 E1	文本互动能力 E
我会上网看与实验操作有关视频	视频学习 H1	数字化学习能力 H
下课后我会看老师给的 PPT 等学习资料	数字学习材料 H6	
我参加与专业有关的实验活动	实操性体验 G1	情境互动能力 G
我参观大学实验室，了解中国大学的专业研究	真实情感体验 G2	
我能够根据文章内容和结构来判断文章的体裁	判断 C2	多元选择能力 C
有的生词在化学和物理中的意思不同，要区别记忆	关联 C3	
我会重点学习那些重要的内容，比如关键词	把握重点 C4	
我会把学到的中文知识与专业学习任务结合到一起	整合应用 D1	复合应用能力 D
我会制定长远目标，不只是考前复习	制定学习目标 K2	计划能力 K
如果不能按时完成学习任务，我会调整我的计划	调整学习内容 M2	调节能力 M
好的学习方法可以提高学习效果	寻求高效策略 N1	学习策略选择 N
我不在房间里学习，我喜欢在咖啡馆学习	挑选学习地点 O1	学习环境选择 O
我会告诉自己放松、吃点好吃的、看看电影	处理消极情感 B1	情感调节能力 B
有的同学放弃了，我想一想，还是要坚持学习	情感自省 P3	情感评价能力 P

表 3 展示了开放性编码最终生成的概念与范畴。

表 3 学术中文自主学习能力构成要素开放性编码的统计结果

	范畴及占比	概念
1	模仿能力 J 5%	模仿学术中文的形式 J1、模仿学术中文的功能 J2
2	创造能力 I 4%	探索性表达 I1、创造性表达 I2
3	人际互动能力 F 16%	知识交流 F1、学习经验交流 F2、观念交流 F3、文化交流 F4、求助 F5
4	文本互动能力 E 5%	自主选材 E1、感知文本 E2
5	数字化学习能力 H 18%	视频学习 H1、搜索资料 H2、翻译 H3、数字学习材料 H4、学习 app 或微信公众号 H5、AI 辅助学习工具 H6、社交平台 H7
6	情境互动能力 G 4%	实操性体验 G1、真实情感体验 G2
7	多元选择能力 C 9%	归纳 C1、判断 C2、关联 C3、把握重点 C4
8	复合应用能力 D 6%	整合应用 D1、评估 D2
9	监控能力 A 4%	监督学习进程 A1、监督学习效果 A2

续表

	范畴及占比	概念
10	计划能力K 6%	制订学习计划K1、制定学习目标K2
11	调节能力M 3%	调整学习时间M1、调整学习内容M2、调整学习方向M3
12	学习策略选择N 7%	寻求高效策略N1、优化学习策略N2
13	学习环境选择O 3%	挑选学习地点O1、选择学习氛围O2
14	情感调节能力B 2%	处理消极情感B1
15	情感评价能力P 3%	情感识别P1、情感分析P2、情感自省P3
16	情感激发能力Q 4%	鼓励Q1、奖励Q2、兴趣Q3、责任感Q4、期待Q5
17	情感沟通能力R 1%	情感表达R1、倾听R2

2. 主轴性编码

主轴性编码是继范畴化处理后的再编码，最终生成5个主范畴：多元协同互动能力；自主学习管理能力；多元复合能力；创造性模仿能力；自主情感管理能力（见表4）。

表4 学术中文自主学习能力构成要素主轴性编码的统计结果

	主范畴及占比	范畴
1	多元协同互动能力 42%	人际互动能力F、文本互动能力E、数字化学习能力H、情境互动能力G
2	自主学习管理能力 24%	监控能力A、计划能力K、调节能力M、学习策略选择N、学习环境选择O
3	多元复合能力 16%	多元选择能力C、复合应用能力D
4	创造性模仿能力 9%	模仿能力J、创造能力I
5	自主情感管理能力 9%	情感调节能力B、情感评价能力P、情感激发能力Q、情感沟通能力R

3. 选择性编码与理论模型的建构

分析内部逻辑关系，将5个核心范畴中“自主学习管理能力”与“自主情感管理能力”合并为“自我管理能力”，最终确定4个核心范畴，并生成系统化结构模型（见图1）。

通过扎根理论研究法生成的理论模型是种线性模型，它能反映出要素的构成情况及要素的内部逻辑关系，但各要素所发挥的效力是有差异的。为了更清晰地了解各要素在整个系统中发挥的作用，我们运用百分比统计法生成树状图（见图2），使各要素占比情况可视化。

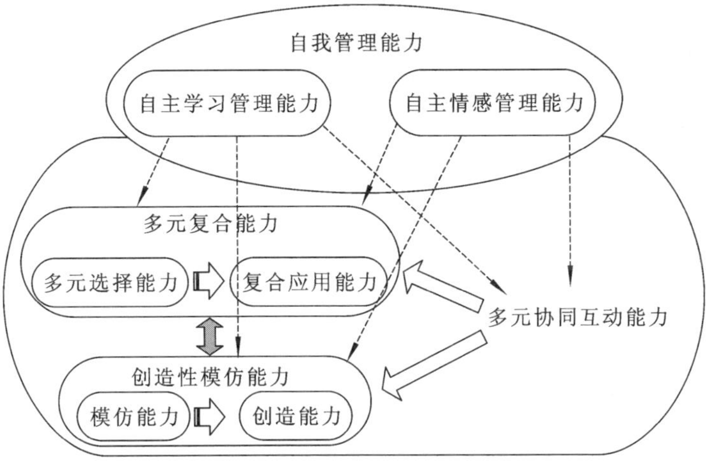

图 1 学历留学生学术中文自主学习能力的理论模型

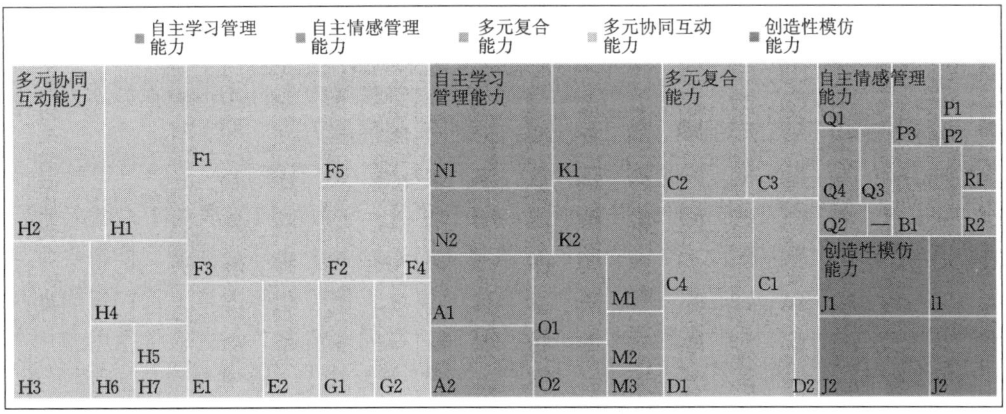

图 2 学术中文自主学习能力构成要素占比图

4. 饱和度检验

通过饱和度检验，我们确认原始句已被充分编码，未发现遗漏，最终认定学历留学生学术中文自主学习能力的各维度编码已达到饱和。

三、模型阐释

最终建构的理论模型（见图 1）包含四个核心要素，结合占比情况，由高到低排列顺序为：多元协同互动能力、自我管理能力、多元复合能力、创造模仿能力。

（一）多元协同互动能力

多元协同互动能力是由人际互动能力 F、文本互动能力 E、数字化学习能力 H、情境互动能力 G 合并而成的主范畴，它的核心是互动能力。与徐锦芬提出的“多元互动能力”相似，但又有差别。相同的是，我们认同人际互动能力的重要性；不同的是，经研究发现，互动效应也频繁地发生于人与阅读材料、人与数字化产品、人与语境知识等多种形式之间。这也证实了 Atkinson et al. 的观点：互动还可以发生于人与周围的物质、人与环境之间[8]。同时，我们还注意到了协同作用。互动侧重于强调语言学习的交流与交互作用。而协同则强调合作与协调作用。自主学习并不意味着独自学习，高效的自主学习必然具有社会性特征，离不开互助与合作。在数智化时代背景下，人机共生是生态学习环境发展的应然结果。无论是人际互动，抑或是其他互动形式都无法脱离人机共生的生态大环境。从图 2 的统计结果也可以看出，数字化学习能力的占比突出且形式多样。学生选择数字化学习方式的频率由多到少依次为：搜索引擎＞网络视频学习＞翻译工具＞数字学习材料（如录课、PPT、阅读材料等）＞AI 辅助学习工具＞学习 APP 或公众号＞网络社交平台。目前 ChatGPT 等人工智能备受学生关注，其辅助学习的功能并不仅限于互动，还起到人机协同作用。因此多元协同互动能力代表了学生的信息素养，是自主学习顺应时代变化的关键构成要素。值得一提的是，我们发现多数学生愿意选择视频学习（占数字化学习的 25%），经常观看与专业有关的中文课程和操作类中文视频等。视频学习属于多模态信息输入形式，不仅有益于中文与学科知识的紧密结合，还能同时调动学习者的视觉和听觉，让信息直观化，记忆更牢固，激发积极情感，促进学术中文的高效习得。

（二）自我管理能力

与徐锦芬的要素分类不同，我们认为自主学习管理能力与自主情感管理能力在自主学习能力中均起到宏观调控作用，应合并为自我管理能力。

自主学习管理能力包含监控能力 A、计划能力 K、调节能力 M、学习策略选择 N、学习环境选择 O。自主管理贯穿于整个学习过程，学习的质量取决于自我管理能力的高低。部分学生表示，疫情期间回国遇到诸多困难：中文环境缺失，使得中文水平下降，专业学习愈加捉襟见肘；学习经常受家事、工作等外部因素干扰；母语非英语的学生中文翻译工具不充足、不准确等。然而，在同等情况下，有的学生则使用各种策略来保证学业质量，比如坚持自主学习，制订学习计划；规避干扰，辞掉工作；尝试使用中国的搜索引擎来进行释义，以汉译汉；有问题在线求助于老师与同学等。可见，有效的自主学习管理应该是在学习者的自主监控下，主动寻求高效学习策略和良好学习环境，制订和完成合理的学习计划，在遇到问题时能够对学习行为与意识进行及时调节。

自主情感管理能力包含情感调节能力 B、情感评价能力 P、情感激发能力 Q、情感沟通能力 R。目前越来越多的学者开始关注情感在自主学习中的作用，特别是积极心理学的发展让我们更深入地了解到情感与学习的关系。本研究的占比统计结果（见图 2）也印证了这一点。情感是需要自主管理的，只有具备自主管理情感的能力才是持续学习的保障。借鉴认知心理学对于知觉的阐述，认为情感管理首先应建立在情感知觉的基础上，学习者应准确感知自身情感变化，并恰当合理地进行评价与调节。针对因学业产生的负面情感要采取积极的沟通和激发策略。调查发现，一些学生在遇到困难时，除了进行自我鼓励，还使用了疏解情绪的策略，比如向他人倾诉，寻求他人理解等。这一发现再次证明了我们的观点：越是难度大、压力大的学业任务，越需要情感的监控与调节[9]。由于学历留学生的学习条件与学习外语专业的中国学生不同，在国内他们大多与中国学生一同学习专业，所以需要承受的学业压力是多方面的，比如用中文学习专业的焦虑、完成学术任务的压力、同学之间的竞争压力等，这些压力令他们经常感到担心和失落。因此教师务必要重视自主情感管理能力的培养。

（三）多元复合能力

多元复合能力由多元选择能力 C 和复合应用能力 D 构成。多元强调的是所学知识的多元化，我们发现学术中文知识除了包含通用学术知识、专业学术知识以外，还应该包含跨文化知识和跨学科知识。这与郑通涛的观点一致，他认为国际中文人才应具有语言＋文化＋专业＋跨学科知识[10]。相较于学术英语，学术中文的多元化程度更高，语言（学术中文）的工具性更强；学术英语之语言即所学专业，其所学知识为（英语）专业＋文化＋跨学科知识。由此，多元复合能力可以说是学术中文自主学习能力特点的体现，也是认知、处理、存储和应用多元知识的必备技能。

多元选择能力 C 包含归纳 C1、判断 C2、关联 C3 及把握重点 C4 的能力。首先是归纳能力 C1。由于学术中文的语言形式和内容受专业影响，在表达形式上具有一定差异。比如医学专业的阅读中常有描述性和叙述性的语言，还会涉及情感、社会、文化等方面的知识；理工科专业的阅读更注重表达的逻辑性和推理性，表达形式除了文字，还有数学公式、图表、符号等。因此学生应该具备归纳专业领域内特殊表达形式的能力。第二，判断能力 C2。访谈时理工专业学生提到能通过特殊的词汇和篇章来识别语境，比如物质和物体分别应用于化学和物理学；技术手册、工程设计书等一般应用于机械工程、土木工程等领域。语境识别实际上就是对应用领域的判断，判断能力的掌握可以提升多元知识的系统化建构。第三，关联能力 C3。对于不同专业领域中多义词的理解，需要学生具备关联能力，特别是需要进行跨学科研究的学历生。例如分解在数学中是指将一个复杂的问题或对象分解为几个简单、易处理的部分；化学中分解是一个化合物分解成两种或多种物质的过程；生物学中分解是生物体受微生物影响变成基本元素和化合物的过程。关联就是建立语言与不同学科领域内的意义多个连接，通过上下文识别语境后，将学科意义与语言关联起来，从而提升理解的准确度。最后是把握重点能力 C4。学术中文的高效习得需要学生具备抓重点的意识与能力。一些学生强调，对于高频词、重点语法结构等的掌握可以有效提高学术中文交际能力。

复合应用能力 D 包含整合应用 D1、评估 D2 的能力。由于学术中文输出往往是跨文化、跨学科等知识整合后的结果，所以复合强调的是多元知识与技能的整合与应用。正如翻译专业学生谈到他在翻译古代诗词时，需要结合历史、文化、哲学等多学科知识，才能准确并深入地剖析作品背后的深层含义。整合应用能力 D1 是指整合多元知识并应用于真实学术活动和专业学习中的能力。评估能力 D2 是对真实交际效果的评价与反思的能力，是改进交际策略必要能力。然而，从访谈结果来看，D2 占比较小，说明学生普遍缺少评估意识，对评估重视程度还有待加强。

总体来说，多元复合能力是对多元的学术中文知识进行建构与整合应用的能力。可见，学历留学生的学术中文学习具有多元性和整合性的特点。

（四）创造性模仿能力

留学生学术中文的写作是学术中文教学要解决的核心问题之一[11]。话语类型与功能不同则篇章结构不同，学术中文的体裁多为论说文，其篇章结构一般具有严谨的内部逻辑关系。很多学生提到模仿能力的重要性，较高的模仿能力可以提高写作效率和准确率，学术写作应该先模仿再创造。他们在进行学术写作任务（如实验报告、工程设计、毕业论文等）之前，先要收集多篇范文，观察和分析学术文章的篇章结构，模仿常用的学术性词汇、专业词汇、常用语法的表达方式等。另外，大部分学生表示模仿不是照搬，表达自己的想法才是最终目的。所以我们借鉴王初明（2021）提出的“创造性模仿”理念[12]，将范畴中的模仿能力J与创造能力I合并，生成一个主范畴——创造性模仿能力。模仿的是学术中文外在语言形式，创造是指依托于内容的创造性输出。“输出层次越高，……学生思维层次越高”[13]，所以创造性输出绝不是重复式或复述式的输出。学术写作尤其需要这一能力来保证写作的学术化，并有效避免学术抄袭行为。事实上，无论是从事学术写作，还是其他学术活动，都需要模仿能力与创造能力的紧密结合。

以上是对四大构成要素的概念、内部结构及占比情况的阐述。纵观整个系统，根据要素之间的线性关系及占比情况（如图1和图2），我们进一步厘清四大要素所处的地位。有关学习与情感的自我管理能力在整个系统中起到宏观调控作用，处于核心地位。多元复合能力和创造性模仿能力的高低直接影响自主学习效果，因为二者是认知领域与技能领域在自主学习能力上的具体体现。多元协同互动能力可以被视为在多元互动方式下的资源协同能力，在整个系统中的占比非常可观，是数智化时代高层次复合型人才不可或缺的能力，在整个系统中起到支持和保障的作用。

四、提升学历留学生学术中文自主学习能力的实践路径

（一）重视高阶学习能力的发展

普遍认为，学习能力的发展与思维的进步有着密切且相互促进的关系。既然思维有低阶与高阶之分，那么我们大胆推断学习能力受思维方式的影响亦存在阶段性变化。布鲁姆提出思维有低阶与高阶之分，Anderson和Krathwohl修订布鲁姆教育目标分类理论，提出记忆→理解→应用→分析→评价→创造六个水平[14]。根据思维发展水平的划分，复合应用能力比多元选择能力更为高阶，创造性模仿能力中的创造能力也属于高阶能力。教师应重点培养高阶学习能力，使学历留学生更好地胜任专业学习。

对于复合应用能力，一是要训练学生的多元知识整合能力，为学术中文的应用打好基础。教师可运用语言对比法，让学生体会学术中文与通用中文的差异，不同课目内容中专业词汇、特定语法和特殊语篇的异同。我们认为，对学术中文特性的准确把握是构建学术中文知识网络的基础，而且学生在辨析与归类的过程中也可以提升辩证思维能力。二是要注重应用能力训练，加强在真实学术活动中进行同伴合作与交际实践。教师可以结合专业学习内容，布置项目式学习任务，并以合作的形式进行学术研讨、案例分析、实验过程表达等。在活动过程中以师生互评、生生互评的形式进行评价。评价内容包括两部分：学科内容表述情况和学术中文表达情况，比如对表达的准确性、得体性、流利性，以及内容的完整性、思辨性等进行多维度评价。评价时教师

进行引导，以问题驱动，引发学生进行思辨性讨论与反思。创造能力的提升需要学生树立创造性表达意识，学术中文的创造性表达一定要与专业内容相融合，这是因为语言意义与形式之间是密不可分且相互促进的[15]。因此教师要鼓励学生坚持探索性学习，用创造性学习目标来激励创造性表达。比如学术中文写作的创造性表达可以通过“读后续写”的方式推动和训练创造性输出，以内容创新促进学术表达，发展创新性思维。

（二）创设学术中文多元互动语境，提升人机协同能力

有效提升多元协同互动能力是顺应当下时代发展的必然选择，教师应意识到人际互动并非学术中文最有效的习得方式。由于留学生在学术讲座和学术讨论会上常常难以听懂学术中文表达，导致人际互动无法顺利进行，这也解释了他们更愿意借助数字化工具进行自主学习。高校负责人及教师应转变传统观念，真正做到以学生为中心，从学生的需求和困难出发，帮助并指导学生如何创设多元互动情境，以多模态信息输入形式来提升学习效果。比如教授学生人机协同的相关技能，通达智能学习工具，对ChatGPT等人工智能提示语的限定方法和纠正手段进行训练和指导；要求学生养成多渠道互动与协同的意识与习惯，提升学生网络信息素养，提供专业领域的中文网课和中文视频学习资源，分享App或公众号等自媒体平台中有关专业知识的中文笔记；加强文本互动意识，鼓励坚持学术中文阅读与写作，要求学生用中文做阅读笔记等。

（三）培养自主学习管理意识，注重情感管理的调节作用

在高等教育环境下，自我管理能力的高低是保证学生持续性学习和完成学业的关键，而学术中文的自我管理能力则直接影响专业学习效果。教师应关注学生在学术中文方面的学习管理能力和情感管理能力的发展。一方面，要求学生提升学术中文学习的自主管理意识，养成自我管理习惯。比如要求学生自建学术中文学习情况的评价档案或日志等，定期进行自主性评价和反思；引导学生根据专业发展和未来职业规划，制定长远学术中文学习目标，合理安排学术阅读与学术写作时间；定期参加中文学术交流活动，积累学术中文交际经验，并关注创造性思维能力和批判性思维能力的发展；鼓励学生使用同伴合作的学习策略，促进学术中文交际能力与专业学习水平的双向提升。另一方面，重视学生情感的自调节作用。教师可以通过激发学生对专业学习的兴趣和中国科技发展的认同感，提升他们对学术中文学习的主观能动性和心理资本；通过积极反馈来激发学生在学业上的积极情绪，促进情感的正向调节，克服焦虑情绪，增强心理韧性；营造良好的学习氛围，组织学术交流活动，帮助学生建立同伴合作关系，加强同伴之间的情感沟通与情感互助，促进情感的自调节能力，提升学术中文的学习动机和自我效能感。

（四）基于学术中文的实际情况与教育目标，做到有的放矢

国际中文教师应明确学术中文教学的现实问题，做好准备迎接时代的挑战。从学生来源来看，他们来自不同的国家，个体差异较大。专业学习背景、中文水平、文化背景等存在诸多差异，对中国高等教育的认知亦不尽相同。教师在因材施教的同时，应尽早告知中国高等教育的培养目标、培养方式等相关情况，让学生意识到提高学术

中文自主学习能力的紧迫性与必要性。国际中文教育应服务好国际传播能力建设的使命，“应充分利用来华留学高端中文人才资源促进中外民心相通”[16]。因此，国际中文教师应在学术中文教学过程中讲好中国故事，树立良好的中国形象，让学生了解中国科技故事、中国科技历史等，展示中国在科技领域中的成就与进步。努力推动中外文明交流互鉴，使学生理解人类命运共同体理念，树立正确的全球观和国际责任感，助力中华民族的伟大复兴。

五、结语

反思研究过程与结果，我们认为，学术中文与学术英语在自主学习能力上的区别主要表现在跨语言、跨文化、跨学科等多元知识的认知和整合能力上。对学历留学生来说中文是服务专业学习的，应加强学术中文的工具性作用，注重创设真实的学术语境，提升自主学习能力以保障专业学习和学术交流的顺利进行。

目前建构的理论模型还不够全面，还缺少影响因素方面的探究，比如学历留学生的通用中文水平、学习条件与氛围、学习动机、心理弹性等内外部影响因素。未来我们还会通过量化研究的方法进行验证、修正和补充，使其更具科学性与实践价值。另外，在数智化时代背景下，我们应进一步探究 ChatGPT 等人工智能对学术中文自主学习的影响。人工智能的发展势必会引起学习生态的巨大变化，自主学习方式也会随之转变，继而带来新问题和新挑战，因此如何有效地利用人工智能助力学历留学生自主学习也是我们亟待探究的方向。

＊本研究系吉林省教育科学规划课题普通规划课题（GH19019）、东北师范大学校内青年基金项目（19XQ006）的阶段性成果。

注释：

[1] 汲传波:《韩国学生汉语学术论文中文言结构使用初探》,《汉语学习》2016年第6期,第77～85页。

[2] B.J. Zimmerman,“Becoming A Self-Regulated Learner:An Overview”,*Theory into Practice*,41(2),2002,pp.66-69.

[3] H. Holec,*Autonomy and Foreign Language Learning*,Oxford:Pergamon Press,1981,p.3.

[4] D. Little,*Learner Autonomy: Definitions,Issues and Problems*,Dublin:Authentik,1991,pp.30-31.

[5] P. Benson,*Teaching and Researching Autonomy in Language Learning*,Harlow,Essex:Longman,2001,p.1.

[6] 何莲珍:《自主学习及其能力的培养》,《外语教学与研究》2003年第4期,第287～289页;倪清泉:《数字素养与英语自主学习研究》,《外语界》2010年第3期,第30～79页;华维芬:《数字素养与英语自主学习研究》,《外语教学》2020年第5期,第66～70页;徐晓羽、陈舒敏:《三维评估框架下留学生学习自主性与成绩相关性研究》,《汉语学习》2022年第3期,第103～112页。

[7] 徐锦芬:《外语类专业学生自主学习能力的构成与培养》,《外语界》2020年第6期,第26～32页。

[8] D. Atkinson et al.,“Alignment and Interaction in A Sociocognitive Approach to Second

Language Acquisition", *The Modern Language Journal*, 2007, p.162.

[9] 王斯璐:《来华预科留学生汉语速成学习策略研究》,长春:东北师范大学出版社,2023 年,第 48 页。

[10] 郑通涛、郭旭:《"一带一路"倡议下国际汉语人才培养模式研究》,《厦门大学学报》2020 年第 1 期,第 69～81 页。

[11] 吴勇毅:《国际中文教育"十四五"展望》,《国际汉语教学研究》2020 年第 4 期,第 9～15 页。

[12] 王初明:《语言习得过程:创造性构建抑或创造性模仿?》,《现代外语》2021 年第 5 期,第 585～591。

[13] 王红、黎燕等:《发展高阶思维要培养学生输出转化能力》,《人民教育》2022 年第 15 期,第 95～97 页。

[14] L. W. Anderson, D. R. Krathwohl et al., *A Taxonomy for Learning, Teaching and Assessing: A Revision of Bloom's Taxonomy of Educational Objectives*, New York: Addison Wesley Longman, 2001, p.27.

[15] 常俊跃、刘兆浩:《内容语言融合教育理念的理论支撑》,《外语与外语教学》2020 年第 315 期,第 85～95 页。

[16] 吴应辉:《新时代新征程国际中文教育新使命新行动思考》,《四川师范大学学报》2023 年第 4 期,第 124～130 页。

17 世纪耶稣会中国《教学章程》及汉语教学研究

董方峰

（华中师范大学外国语学院，湖北武汉，430079）

内容摘要： 来华耶稣会士在 17 世纪初参照欧洲耶稣会办学的纲领性文件《教学章程》，拟定了一份用于中国耶稣会士汉语教学的《教学章程》，试图复制耶稣会在欧洲的成功经验。中国版《教学章程》在小范围内进行了实验，促进了耶稣会的汉语教学，但受制于现实条件，未能完全实施。本文对中国版《教学章程》的内容和实验过程进行回顾和分析，并对其出现前后耶稣会士汉语教学的历史进行回顾，借此探讨耶稣会汉语教学的经验和对当下的启示。

关键词： 对外汉语教学；耶稣会；《教学章程》；中西交流

一、引言

欧洲耶稣会传教士于 16 世纪末抵华，传教的同时开始对汉语进行学习和研究。罗明坚（Michele Ruggieri，1543—1607）、利玛窦（Matteo Ricci，1552—1610）等先驱者在几乎没有任何先前经验的情况下自学汉语并取得令人瞩目的成就，打下了西人汉语研习的基础，但他们全赖个人天分与勤勉的学习方法不能适应规模化的教学需求[1]。故 1622—1624 年间耶稣会中国教区领导人李玛诺（Manuel Dias Senior，1559—1639）在采纳其他资深教士意见的基础上，仿照在欧洲成效卓著的耶稣会办学纲领性文件——《教学章程》（Ratio Studiorum），制定了用于指导来华耶稣会士汉语教学的中国版《教学章程》，对耶稣会士汉语学习的学时、学制、教学方法和思路等进行规范，试图把耶稣会在欧洲的成功经验复制到中国。其后在华耶稣会士们根据这一纲领性文件进行汉语教学，并取得了一定成就。因受制于各种客观条件，如分散的居住地、师资与教材的匮乏、传教目标与汉语学习的冲突、中国政治与文化因素等，《教学章程》在中国并未得到严格实施，未能完全实现设计者的初衷[2]。这是近代史上西方教学体系在汉语教学中的首次制度性尝试，也是中西语言教育思想交流的开端。

二、耶稣会《教学章程》

1534 年，西班牙人罗耀拉（Ignatius Loyola，1491—1556）会同沙勿略（Francois Xavier，1506—1552）、法博尔（Petrus Faver，1506—1546）等巴黎大学毕业生在巴黎成立了耶稣会（Society of Jesus），以因应天主教内的改革浪潮。罗耀拉等人受文艺复兴时期人文主义思想的影响，特别重视教育对于宗教和社会的改造作用，从一开始就将教育列为修会的基本策略。在几十年办学经验基础上，他们于 1599 年推出了指导办学的纲领性文件——《教学章程》，对耶稣会学校的学制、课程体系、教学制度、教学方法、管理制度等进行了详细的规定，形成了教育史上最早的完整学校规章。《教学章程》共 30 章，约 8 万字。依其规定，耶稣会学校提供免费的寄宿制教育。学生 13 岁左右进入初级学院（相当于中学），先后学习语法、人文学、修辞学。6 年后升入高级学院（相当于大学）学习 3 年，依次学习哲学和逻辑学、物理学、形而上学与心理学及伦理学，以及数学、天文学、希伯来语等。此后是 5 年的神学院学习。学校采取班级授课制，每周上 6 天课。除节日休假外，每年还有一周至一个月的长假。学校注重戏剧和体育锻炼等课外活动。教师要接受严格的人文教育及教学训练，完成高级学院教育者方有资格任教初级学院，完成神学院学业者才有资格任教高级学院，还实行以老带新的教师培养制度[3]。

《教学章程》提出了一整套课程和教学方法的规定体系，课文讲解、背诵、作文和模仿等构成课程教学的主要特色[4]。学校重视希腊、罗马经典文本的学习。课堂教学中以教师讲解为主，教师逐句地解释教材内容，分析其语法和结构及修辞特征，讲解相关历史掌故，剖析道德含义等。教学中强调背诵记忆，鼓励学生相互竞争，公开辩论。拉丁语是教学语言，目标是培养学生以拉丁语流利地演说和写作。除特殊科目外，课堂上师生都必须讲拉丁语，甚至课堂以外也不允许讲母语，忽视规定者会受到惩罚[5]。

在长期的教学实践中，耶稣会学校积累了丰富的语言研究和教学经验，并且具备了用于欧洲以外语言教学的推广性[6]。耶稣会学校严密规范的培养过程，一方面保证了耶稣会士获得良好的语言能力和知识结构；另一方面也使得他们获得扎实的语言教学能力和语言研究基础。

三、早期来华耶稣会士的汉语教学

来华耶稣会士汉语教学的记录最早可追溯到罗明坚和利玛窦等人。罗明坚于 1579 年抵达澳门，根据耶稣会远东巡视员范礼安（Alessandro Valignano，1539—1606）的指示学习中文，并在很短时间内在书面汉语学习上取得突破。他们在无现成经验和教材，也没有可靠师资的情况下，是如何学习汉语的呢？我们可以根据历史文献，从以下几个方面管窥。

教材：根据《利玛窦中国札记》的记载[7]以及张西平的考证[8]，罗明坚依据“四书”以及《千字文》《三字经》等中国蒙学教材学习汉语书面语。1584 年在肇庆的耶稣会士沿袭了罗明坚的方法，使用本土蒙学教材，并邀请一位本土老师与他们同住，每日上课，同时辅以罗明坚之前写作的汉语材料。以本土蒙学教材作为起步教材，以

“四书”“五经”等典籍作为进阶教材，后来成为耶稣会士汉语教学的一个传统。罗明坚和利玛窦等在学习过程中还编写了《葡汉辞典》（1583—1588）、《天主十诫》（1582）、《天主实录》（1584）、《西字奇迹》（1605）等工具书或者读本，后来也成为耶稣会士汉语教学的参考。此外，近年来学界还发掘了一些耶稣会早期汉语教材，如中国教师为指导罗明坚等学习中国书信而编纂的《尺牍指南》教材手稿[9]、法国国家图书馆所藏1602年左右利玛窦编纂的会话教材《拜客问答》手稿[10]等。

师资：罗明坚、利玛窦等人先后聘请过澳门的通译人员、落榜的秀才、受洗过的本地教徒等人作为中文教师。利玛窦在第二次进北京的路上（1600年）还收留了南京的刘成太监赠送的一个口齿伶俐的小男孩做口语教师。游文辉、黄明沙、钟鸣仁等澳门籍天主教徒在不同的历史时期分别充当了利玛窦的助手，在语言的学习上也是一大助力[11]。另外，罗明坚、利玛窦等人广泛结交中国学者，虚心请教，他们的这些中国朋友也间接地构成了汉语学习的师资条件。他们在自己习得汉语后，又以老带新给后来者教授汉语，这在后来成为耶稣会汉语教学中一个通行的做法。

汉字注音方案探索：早期耶稣会士的中国教师不懂西方语言，也不懂如何教授外国人，所以彼此交流起来困难重重。《利玛窦书信集》中记录了一个经典的例子：中国老师画一匹马，在下面标注汉字，然后教发音ma[12]。这个例子充分反映了注音方案的缺失给汉语教学带来的困难。另外，汉语中大量的同音字，特别是同一发音的不同声调变化，对于初来的耶稣会士也是一个大麻烦。1584年，精通乐理，“能精确听察和分别声调的抑扬顿挫”的郭居静神父（Lazzaro Cattaneo，1560—1640）在韶州与利玛窦等人共同设计了一套表示五个声调和一个送气音的符号，使得耶稣会士学习汉字的能力大大提高。郭居静的声调系统和利玛窦等人1598年讨论出的罗马字母注音方案后来由金尼阁（Nicolas Trigault，1577—1628）等人进一步完善并出版，极大地便利了传教士们的汉语学习[13]。此外，利玛窦等耶稣会士还采取沉浸式学习法，和中国人生活在一起，他们像中国男孩一样学习识字、学习官话发音、背诵和翻译儒家经典并聆听中国教师讲授[14]。

学习效果：有多方证据表明，罗明坚的汉语书面语掌握得很好，可以顺利地阅读汉文并写作古诗，也留下了不少影响广泛的书面著作，但他的口语从来没有到达流利的程度[15]。而利玛窦的书面语和口语则都达到了很高的水准。如艾儒略（Giulio Aleni，1582—1649）曾这样描述利玛窦：

> 初时，言语文字未达，苦心学习，按图画、人物，请人指点。渐晓语言，旁通文字，至于六经子史等篇，无不尽畅其意义。[16]

在罗明坚和利玛窦等初代来华耶稣会士的带领下，1580年代在肇庆形成了一种汉语教学模式：经验丰富的老教士在中国助手的协助下对新来者进行培训；借鉴儒家教育的课程体系，从最简单的读本开始学习汉字，然后由“四书”和“五经”进阶；更为看重书面语言学习，口头语言以官话为主；学习过程中注重翻译练习[17]。但这种课程模式基于分散、灵活的教学经验，对学习者个人要求较高，要更大规模、更有效地对后来者进行汉语教学，还需要探索新的课程模式。

四、来华耶稣会的汉语学习《教学章程》

1595年，因为传教形势的快速发展，耶稣会要求传教士尽快掌握官话口语、书面语、儒学经典，受过训练的会士要帮助新来者克服口语交际上的最初障碍，其后由中国老师授课[18]。1621年，耶稣会总会长 Muzio Vitelleschi 给中日教区巡视员兼澳门圣保禄学院院长马多士（Gabriel de Matos，1571—1634）写信，禁止单个的传教士自行决定汉语学习的教材、方法和学习时间，必须由教会的资深教士制定一个教学章程，以规范的方式教授中国语言及文化。在这样的背景下，曾在圣保禄学院担任了10余年教务长（rector）的李玛诺组织在华的有汉语学习经验的耶稣会士，包括龙华民（Nicholas Longobardi，1559—1654）、王丰肃（Alfonso Vagnoni，1566—1640）、艾儒略、谢务禄（Alvaro Semedo，1585—1658）、黎宁石（Pedro Ribeiro，1572—1640）、金尼阁、费奇规（Gaspar Ferreira，1571—1649）等，参照罗马耶稣会《教学章程》，编写了中国版《教学章程》，专门用于指导在华耶稣会士的汉语教学，试图以统一的、规范的教学代替分散的、自发的汉语学习。这成为第一个结合中国传统教育方法和耶稣会组织技巧的中文教学计划[19]。该计划对来华耶稣会士汉语学习的学制、课程内容、教学方法、师资等都做出规定，试图用学院式的统一模式来指导来华耶稣会士的汉语学习。这一历史文献近年来在葡萄牙阿儒达图书馆（Biblioteca da Ajuda）所藏《耶稣会在亚洲》(Jesuiitas na asia）档案文献中被发现，全称“为必须学习中国语言文字的我们的成员制定的教学章程”（Ratio Studiorum para os Nossos que ham de Estudar as letrase lingua da China）。因暂无法接触到原始档案，我们参考了柏理安（2017）对该文本的转写。以下是中国版《教学章程》的内容要点：

教学目标：耶稣会汉语教学的首要目标是培养像利玛窦一样博学的学者型人才。他们未来要能与来自不同阶层的教众对话，要与所在地的官员维持良好的关系。学习者应该努力把自己变成和江南知识分子行为举止一样的儒生。

学制：耶稣会士的统一汉语培训应持续4年时间，分3个阶段。第一阶段：头6个月，训练如何正确说官话；第二阶段：1.5年，阅读儒家经典，有一个会友（通常为澳门籍助手）作为老师；第三阶段：2年，跟中国老师学习写作、阅读等内容。这4年内学习者不应参与传教事务，要完全投入汉语学习。

学习实行学期制，夏天有2个月的暑假。每个月的头一周，所有学习都被禁止。每周上六天课，每天两节课，早课1小时，下午45分钟，每天都要诵读所学内容。上课所在地的主管（superior）即校长（rector）决定课程进度，禁止学生过度学习，周日必须休息。

师资：头两年的教学由会葡萄牙文的老师，也就是欧洲传教士或者澳门籍助手教授，后两年由合格的中国知识分子任教。在教学过程中，澳门籍助手也将起到重要的桥梁作用。教区主管还要与中国老师处理好关系，把西方的教学思路传递给中国老师，并协调文化差异，比如中国老师春节期间要求休长假，而耶稣会无此习惯，主管要协调二者关系。教师要尊重和宽容学生，因为学生实际上由音乐家、天文家、物理学家、神学家等高级人才组成。

教材：先驱者的学习记录，如罗明坚、利玛窦等人的学习记录文件和著述作品（见前文所述）；中国儒家启蒙读物，如《千字文》、“四书”、“五经”等儒家经典。

教学内容与方法：在第一个阶段，即头6个月里，学生要熟悉汉语官话口语，并开始读写汉字。他们面临三个任务：第一个任务是背一个词汇表。该词汇表由汉字或词语、罗马字注音和对应的葡萄牙语注释构成。《教学章程》没有规定词汇表的具体内容，但指出老师可以使用金尼阁的《西儒耳目资》作为参考，学生不得自行制作词汇表[20]。第二个任务是学会流利说官话。除娱乐时间外，学生所有时间都必须说汉语。生活中也要尽量说汉语，并有人监督。他们要学习中国的礼仪，如与中国人交谈的礼节、餐桌规矩、饮茶举止、整理头发，以及其他文化习俗。第三个任务是学习写汉字。教师每天要花半小时教授汉字的书写笔画和笔顺，学生要学会像中国人一样书写，可以通过描摹《千字文》进行学习。这一阶段不要求学生写短文章，但要把学过的内容翻译成葡文或拉丁文。

在第二个阶段，由会葡萄牙语的老师（通常来自澳门）教授儒家经典文本。老师带领学生对“四书”“五经”等文本进行细读，通过学习掌握文本结构、与官话口语的区别、中国文史哲知识、文体、语法等。学生可以在课本的边缘做笔记，以备复习之用。老师依据罗马耶稣会学院的教学模式，在讲解儒家文本时，逐字解释，对每一个句子的语法结构详细分析。每周有2次与所学内容相关的作文练习。

在最后阶段，学生在中国教师指导下学习中国文化、写作和文体知识。学习内容依然是“四书”“五经”，每天2个小时课程。学生要在老师的指引下打下儒学的坚实基础。教师使用朱熹或者张居正对“四书”的注解，以保证学生对儒家经典的理解与明代以来中国士人的理解一致。每周有两次写作课，学习包括实用文体在内的各种文体写作规范，但不写八股文。

总体来说，中国版《教学章程》沿袭了1599年欧洲《教学章程》的精神和模式，试图以制度化的学院模式代替分散的个人学习，并结合中国教育传统，对来华耶稣会士进行中国语言和文化的培训。概括而言，中国版《教学章程》有这样几个值得称道的特征：

一是清晰的教学目标和与之相应的教学手段。《教学章程》明确提出要培养利玛窦式的熟悉中国文化的学者型人才。为达成这一目标，要求选用中国本土典籍作品作为教材进行细致的研读，在此基础上进行中国文史哲知识的学习，并辅之以写作和翻译训练；同时要求学习者在日常生活中沉浸式地学习中国文化，这些措施能有效地保证教学目标的达成。

二是重视对中国文化的学习。对中国文化进行适应是来华耶稣会从一开始就实行的政策[21]，《教学章程》也充分体现了这一点。章程要求学习者模仿中国知识分子的言行举止，熟悉中国文化生活的细节，对中国典籍的理解也要与当时的中国知识界保持一致。

三是中西结合的教学思路。师资方面，中西背景的教师相结合。方法上，欧洲耶稣会学校的课文讲解、背诵、作文、模仿、翻译、全外语教学、沉浸式学习等方法都被用到，而中国教师常用的汉字读写训练、儒经阐释、写作等方法也得到吸收。

五、中国版《教学章程》的遭遇

1610 年，时任工部员外郎李之藻在北京由利玛窦施洗皈依天主教，次年返回家乡杭州守孝，在路过南京时带上了郭居静、金尼阁二人同至杭州。1616 年，因为南京教案的缘故，很多耶稣会士也逃至杭州，在李之藻和另一位官员身份的中国天主教徒杨廷筠家中避难。1617 年，杨廷筠提供住房为传教士设住院和圣堂。传教士遂在该住院内设初学院，为来华会士提供学习中文的场所。这所学院断续存在约 70 年。杨廷筠不仅资助修建住院，而且“又在家中雇刻工二名刊印教会书籍，这可以说是中国教会的第一个印刷所”[22]。杭州遂成为全国的教务中心和中西文化交流中心。这一时期的杭州初学院聚集了最为优秀的师资和教学条件，应该是《教学章程》实验的最佳场所。当时国内有 14 名耶稣会士，大多聚于杭州，在杨廷筠指导下学习汉语[23]。

1621 年，明朝官员、天主教徒孙元化邀请曾德昭（Alvaro Semedo，1585—1658）、郭居静两人到松江府嘉定县传教。此后数年，艾儒略、毕方济（Francesco Sambiasi，1582—1649）、金尼阁等多位耶稣会士都曾来此传教。1627 年，在中国的耶稣会士还在孙元化宅邸集会，召开著名的嘉定会议，讨论基督教译名问题和中国传教策略。孙元化的宅邸实际上成了耶稣会汉语培训学校和《教学章程》的实践场所。1624 年，有 3 名传教士、3 名教友在此学习。8 个月内，他们学会了 5000 多字，并能不看字汇表进行书写。2 年内，有 1 人能如读拉丁文书一样读中文书。1625—1626 年间，有 3 名传教士学生和 6 名澳门来的学生在此按照《教学章程》的规定进行教学。但 1632 年孙元化因与清军的战争失败而获罪并被冤杀，耶稣会士失去庇护，不得不离开嘉定，《教学章程》在嘉定的实验也只能戛然而止[24]。

1630 年起，耶稣会开始在中国迅速扩张，新来的会士需要很快地进入到传教一线去，所以集中长期培训汉语的模式不再符合实际情况。耶稣会士们只能灵活调整，把《教学章程》的规则和新局面结合起来。原来集中授课的学院模式调整成了以老带新的师徒模式。如 1631 年在杭州由 1 个老教士教授另外 1 个新教士；在南昌由 1 个老教士教授另外 2 个新教士。在其他传教点，也都采取了这样分散灵活的师徒式教学模式[25]。

分散的师徒式教学模式在教学时间、方法、内容上都有了更大的弹性，但由于新来的传教士经常要牺牲学习时间忙于传教事务，他们的汉语学习效果自然不能尽如人意。另外因为与当地人交往的需要，传教士在学习官话的同时也要学习传教地方言，所以口语学习的任务更加繁重。此外，17 世纪耶稣会士从欧洲派来的人数减少，而教会人数却在不断增长，新来的耶稣会士必须尽快投入传教工作，故很难得到不受打扰的语言学习时间，语言培训的完整性不得不让位于教会的扩张需求。因为学习进程加快，《教学章程》中健康地学习的建议也被放弃。如利类思（Lodovico Buglio，1606—1682）把住处的墙和书架上都写上汉字以便随时快速记忆。1639 年 10 月他到达中国 3 年后即被单独派遣前往四川省开辟新教区，其汉语学习时间明显没有达到《教学章程》的规定[26]。

一份潘国光（Francesco Brancati，1607—1671）的学习手稿能很好地反映1630年代末《教学章程》的执行情况和传教士的汉语学习状况[27]。潘国光1636年抵达澳门，后到上海，在老教士黎宁石和澳门籍教友Manuel Gomes的指导下学习汉语。潘国光在六卷本的《四书集注》每一页的页边和空白处用拉丁文、葡萄牙文、官话拼音或意大利文做笔记。从中可以看出，Gomes使用了葡萄牙语解释文本。重点部分会突出显示，加索引手指向具体的字，有时还会与西方经典作品内容进行比较。每一章结尾会在页面上方空白处用拉丁文写总结。《大学》第一页标注日期为1637年5月8日，介绍说作者此前与傅汎济（Francisco Furtado，1587—1653）在旅途中以及在上海的几个月里，已经掌握了官话口语。1637年6月4日的批注显示他已完成《中庸》，并开始《论语》的第2章，接下来一个半月都将继续学习《论语》。8月6日至9月24日显示为暑假。1637年秋，学习重新开始，潘国光用1个月完成了《论语》学习，并开始学习《孟子》。到10月28日，他完成了《孟子》的学习。接下来是圣诞小假期。1638年1月2日，在中国春节前，他完成了“四书”的学习，并很可能在1638年春开始读《书经》和《易经》的部分内容。潘国光的学习经历反映了《教学章程》的基本思路：先沉浸式学习官话口语，再在教师指导下研读儒家经典。他部分遵照了《教学章程》的规定，但是学习节奏却比规定的要快得多，在1年半时间内就完成了课程，在这之后他是否跟中国老师继续后2年的学习，目前尚无法得知。

到1664年，耶稣会士来华人数已累计82人[28]，传教和汉语教学的局面都大为改观。但随着老一批入华的耶稣会士以及支持天主教的重要中国官员如孙元化、王徵、徐光启等相继离世，耶稣会汉语教学失去了重要的内部和外部支撑力量。明清政权的更替也使得各地教堂和教学机构大量毁灭。这一阶段，天主教内部不同教派之间关于中国礼仪的争论日渐白热化，给耶稣会在中国的扩展带来了不利影响，最终导致清政府在18世纪中期完全禁止天主教在中国的传播。此外，稳定的办学机构也是教学实验成功的一大先决条件，但罗明坚、利玛窦等先驱者都无意于在澳门以外的中国本土建立学校，仅有卫匡国（Martino Martini，1614—1661）数次给教会写信争取办学，却因礼仪之争未能成功[29]。没有正规的学校机构，教学事宜总不免名不正言不顺，容易受到教务及世俗的影响。耶稣会的汉语教学始终没有在一个平稳的环境里按照设计者的初衷顺利开展，《教学章程》的实验无法得到完整实施。

在目前已知文献的范围内，我们无法获悉杭州、嘉定或者其他耶稣会士聚集地《教学章程》实施的更多细节，但从来华耶稣会士的汉语学习结果我们可以部分推知《教学章程》实验的效果。据费赖之的研究[30]，从中国版《教学章程》问世的1624年到耶稣会被取缔的1772年这一历史时期欧洲来华耶稣会士约340人，几乎无人能从容完成4年汉语培训后再投入传教工作，但断续的教学依然有令人侧目的效果：来华会士基本都能用汉语独立开展传教工作，说明其口语交际能力过关；有中西文著作传世者逾50人，其内容涵盖宗教、科技、文化、语言文字等，证明了学习者汉语书面语言的能力和对中国文化的研究深度。这批会士中很多人后来成为杰出的汉学家，实现了“熟谙中国文化的学者型教士”的教学目标。其中卫匡国、柏应理（Philippe Couplet，1623—1693）、殷铎泽（Prospero Intorcetta，1626—1696）、马若瑟（Joseph de

Prémare，1666—1736）等的汉语研究成果至今依然有影响力。这些非凡成就的取得固然有耶稣会士们欧洲教育的深厚背景、他们的个人天赋、宗教热忱、学习动机和非凡毅力等因素的影响，但是《教学章程》作为一种从欧洲耶稣会学校到耶稣会中国汉语教学中一以贯之的指导性文件，其承载的教学思路和方法在耶稣会士汉语教学中起到的作用不容忽视。

六、结论

耶稣会中国版《教学章程》是西方教学纲领性文件在世界汉语教学领域的第一次实验，延续了欧洲耶稣会的教学理念以及自罗明坚以来早期来华耶稣会士的汉语教学经验，试图用制度化的模式指导在华耶稣会士的汉语教学，可以看作是欧洲《教学章程》的一脉相承。耶稣会士在来华前要依照欧洲版《教学章程》的规定接受十余年的严格教育，对其教学理念和方法习以为常，所以我们可以推断，无论是在集中的制度化模式，还是在分散的个人化模式下，耶稣会士们都会自觉不自觉地遵循《教学章程》的思路和方法进行汉语教学。受制于历史条件，中国版《教学章程》在实际实施过程中未能得到严格执行，但依然收到了良好的教学效果。截至十七世纪末，耶稣会士用汉语出版了200 多部著译作品，涉及科学、宗教、人文、地理等多个领域，并将大量儒家经典译介到西方[31]，对中西文化交流和中国的现代化进程作出了巨大贡献，这些成绩离不开《教学章程》所代表的耶稣会士汉语教学模式的贡献[32]。考虑到来华耶稣会士的规模、所面临的教学困难和取得的巨大成就，他们的汉语教学成果在世界汉语教学史上堪称奇迹。学界对来华耶稣会汉语教学史的历史文本发掘和成功经验研究都还有待深入。

注释：

[1] 张西平:《来华耶稣会士罗明坚的汉语学习》,《或问(Wakumon)》,2009 年第 17 期,第 39～44 页。

[2] [美]柏理安:《东方之旅——1579—1724 耶稣会传教团在中国》,毛瑞安译,南京:江苏人民出版社,2017 年,第 263～304 页。

[3] A. P. Farrell, *The Jesuit Ratio Studiorum of* 1599, *Translated into English, with An Introduction and Explanatory Notes*, Washington, D. C.: Conference of Major Superiors of Jesuits,1970.

[4] C. J. Fuerst,"A Few Principles and Characteristics of the Ratio Studiorum", *The Classical Journal*,21,1925(3),pp.204-210.

[5] M. McMahon, "The Jesuit model of education," EDOCERE: A Resource for Catholic Education,2004.[2023 年 9 月 20 日]http://www.edocere.org/articles/jesuit_model_education.htm (seattleu.edu).

[6] L. M. Brockey,"Comprehending the world: Jesuits, language, and translation", *Archivum Historicum Societatis Iesu*,176.2,2019:pp.389-409.

[7] (明)利玛窦著,金尼阁整理:《利玛窦中国札记》,何高济等译,北京:中华书局,1983 年。

[8] 张西平:《简论明清之际的对外汉语教学》,《世界汉语教学动态与研究》,2008 年第 1 期,第 87～98 页。

[9] 罗马耶稣会档案馆 Jap.Sin-Ⅱ-161 号文献。

[10] 郑海娟:《明末耶稣会稀见文献〈拜客问答〉初探》,《北京社会科学》2015年第8期,第62～72页。

[11] [美]夏伯嘉:《利玛窦:紫禁城里的耶稣会士》,向红艳、李春园译,上海:上海古籍出版社,2012年,第128～146页。

[12] (明)利玛窦:《利玛窦书信集》,罗渔译,台北:光启出版社,1986年,第427页。

[13] [美]邓恩:《从利玛窦到汤若望:晚明的耶稣会传教士》,余三乐、石蓉译,上海:上海古籍出版社,2003年,第56页。

[14] [美]柏理安:《东方之旅——1579—1724耶稣会传教团在中国》,毛瑞安译,南京:江苏人民出版社,2017年,第233～268页。

[15] [美]夏伯嘉:《利玛窦:紫禁城里的耶稣会士》,向红艳、李春园译,上海:上海古籍出版社,2012年,第109页。

[16] (明)艾儒略:《大西利先生行迹》,新会陈垣铅印本,1919年,第1页。

[17] R. P. Hsia,"Language Acquisition and Missionary Strategies in China,1580-1760",in A. Maldavsky et al.,*Missions d'évangélisation et circulation des saviors XVIe- XVIIIe siècle*,Madrid:Casa de Velázquez,2011,pp. 211-229.

[18] [美]柏理安:《东方之旅——1579—1724耶稣会传教团在中国》,毛瑞安译,南京:江苏人民出版社,2017年,第233页。

[19] [美]柏理安:《东方之旅——1579—1724耶稣会传教团在中国》,毛瑞安译,南京:江苏人民出版社,2017年,第264～265页。

[20] 我们检索到罗马耶稣会档案馆收藏的Jap.Sin-Ⅳ-7号文献即为这样一个词汇表,这是耶稣会士早期汉语学习的文献,极有可能是应《教学章程》要求而编制。

[21] [美]邓恩:《从利玛窦到汤若望:晚明的耶稣会传教士》,余三乐、石蓉译,上海:上海古籍出版社,2003年,第40页。

[22] 夏瑰琦:《明末天主教杭州开教与活动考述》,《世界宗教研究》1994年第3期,第20～31页。

[23] [美]邓恩:《从利玛窦到汤若望:晚明的耶稣会传教士》,余三乐、石蓉译,上海:上海古籍出版社,2003年,第132页。

[24] [美]柏理安:《东方之旅——1579—1724耶稣会传教团在中国》,毛瑞安译,南京:江苏人民出版社,2017年,第233页。

[25] [美]柏理安:《东方之旅——1579—1724耶稣会传教团在中国》,毛瑞安译,南京:江苏人民出版社,2017年,第289～290页。

[26] [美]柏理安:《东方之旅——1579—1724耶稣会传教团在中国》,毛瑞安译,南京:江苏人民出版社,2017年,第292页。

[27] 吴蕙仪:《17、18世纪之交欧洲在华传教士汉语知识的传承与流变——基于梵蒂冈图书馆一份手稿的个案探讨》,《国际汉学》2017年第4期,第94～109页,第203页。

[28] 孙尚扬、钟明旦:《1840年前的中国基督教》,北京:学苑出版社,2004年,第328页。

[29] 黄正谦:《十六、十七世纪罗马耶稣会之教育及范礼安(Alessandro Valignano,1539—1606)主导下之东方教士培训》,《汉学研究集刊》2010年第11期,第159～210页。

[30] (清)费赖之:《在华耶稣会士列传及书目》,冯承钧译,北京:中华书局,1995年。

[31] N. Standaert,*Handbook of Christianity in China: Volume One: 635-1800*,Brill,2001.

[32] R. P. Hsia,"Language Acquisition and Missionary Strategies in China,1580-1760",in A. Maldavsky et al.,*Missions d'évangélisation et circulation des saviors XVIe- XVIIIe siècle*,Madrid:Casa de Velázquez,2011,pp.211-229.

明清传教士汉外辞典的价值与启示

曹运波

（北京师范大学文学院，北京，100875）

内容摘要： 明清传教士汉外辞典是近代以来汉语作为第二语言学习的重要学习资料，是汉学史上的语言研究成果。这些辞典的编纂倾向和反映出的早期西人关于汉语系统特征的初步认识对当下国际中文教育具有一定的启发，辞典编纂的发展历程也为观照传教士汉学发展史提供新的依据。从近些年的研究来看，明清传教士汉外辞典研究应紧紧围绕“汉语史”和“汉学史”两个视角去挖掘与分析，以便更好地开展中西文化交流研究，为服务国家战略提出建议。

关键词： 明清传教士辞典；辞典编纂；汉语特征；传教士汉学

明清之际入华传教士对汉语的系统学习和对中国文化的深入研究，形成了中西文化交流史上西方人学习汉语的第一个高潮[1]，并自此开始了对汉语特征和规律的探索，形成了包括汉语拉丁注音方案、双语词典、语法书、汉语教材等在内的一批成果[2]。但关于入华传教士汉语研究成果的关注向来不够，近二三十年来才开始得到学界重视。本文选取其中文献数量大、具有现实启发意义的明清传教士汉外辞典为研究对象，从“微观-中观-宏观”三个视角出发，以研究史为主要研究思路，探究辞典编纂特点、辞典所载汉语特征、辞典下的传教士汉学史，从而观照明清传教士汉外辞典的价值与启示。本研究所称明清传教士汉外辞典主要指从明末耶稣会士罗明坚、清嘉庆新教传教士马礼逊入华到清末第十六届俄罗斯东正教驻北京传教士团编纂《俄汉合璧字汇》，300余年间基督教士编纂的、辅助传教士学习汉语的辞典，包括字典、语文词典、百科辞典等类型[3]，既有汉外辞典、双语辞典，也有外汉辞典、多语辞典，如马修斯《华英词典》、赫尔尼俄斯《荷拉汉词典》。

一、辞典编纂倾向之以学习者为中心

明清传教士出于传教的目的，需要通过习得汉语而与中国民众进行沟通，因此编纂的汉外辞典多以学习型为主，表现出学习汉语、了解中国文化的功用性倾向。明清传教士是早期学习汉语的主要西人群体，辞典是其自主学习驱动下编纂的、从二语习得者本身视角出发的学习资料，以学习者为中心的显著编纂原则与编纂特点对当下国际中文教学有重要启示。

（一）学以致用倾向

辞典的编纂与实际需求紧密联系在一起，明清传教士汉外辞典始终具有便于使用与学习的特点，但又不局限于此，致力于转化成现实生活中的沟通力才是其编纂的最终归宿，学以致用的倾向便是具体说明。

一是百科性向实用性妥协。马礼逊为满足当时欧洲人需求出版了以简单易学、口语例句为主的词典——《五车韵府》。该词典的例句兼具拼音与汉字，让欧洲人既能学习汉语发音，又能学习汉字。《五车韵府》的编纂方式来源于马礼逊"挫败"实践后的及时调整。马礼逊编纂的《华英字典》共三部六卷，其中第一部三卷（名为《字典》）、第二部两卷（名为《五车韵府》）、第三部一卷（名为《英汉词典》）。第一部第一卷的例句上至中国史书、儒教佛教经典、政府律令，下至启蒙书、坊间小说，应有尽有，包罗万象，被看作一部百科全书。但第一部第一卷于1815年出版后，第二卷和第三卷并没有及时编纂和出版，而是于1819和1820先后出版了第二部的两卷[4]。这与第一部第一卷出版后的反响有很大关系，原因是对使用表音文字并且是初学汉语的欧洲人来说，第一部过于繁琐，他们更需要一部简单明了、查找方便的词典。于是马礼逊不仅改变了出版顺序，而且对词典内容也作了调整。第二部词典——《五车韵府》中收录的例句基本上以口语单词为主，古典经典尽量不收，适合初学者使用[5]。从这一编纂过程可以看出，早期传教士汉外辞典着意迎合汉语学习的实用需求。这对现在编纂国际中文教学辞典带来一定启示：针对初学者使用的辞典，例句不一定要全面地或百科性地展示汉语语言和文化知识，要更注重便于学习的导向。

二是"口语第一，官话优先"。作为学界公认的世界上第一部欧汉词典，《葡汉词典》出于来华西人学习中文的渐进性考虑，即先学口语，然后学书面语，所以采用"口语第一，官话优先"的体例，也就是当对应于葡语词目的汉语词不止一个时，通常先给出口语词，再提供同义书面语词，或者先给出官话词，再列出同义方言词[6]。这一原则提醒我们，当下开展国际中文教学时，若要编纂校本学习辞典，应优先选择口语化、本地通用的内容。

三是以有用性为收词标准。《广东省土话字汇》是马礼逊为西方传教士学习广东土话而编纂的学习词典，是西方传教士编撰的第一部汉语方言词典，在收词上突出有用性标准。精细化分工的社会背景下，职业称谓理应越来越多，1828年出版的《广东省土话字汇》选收职业称谓词数量共91个，却比1998年李荣先生主编的《广州方言词典》73条还多18条；且既收高雅称谓，也收了如"矮仔""哑仔""大番薯"等詈称[7]。这是编纂者以能在实际沟通中"有用"作为主要收词标准的体现，我们在开展国际中文教学时也可酌情考虑。

四是标识学习目的语独有特征。加略利两本代表性汉语辞书——《字声总目》和《汉文总书》（第1卷）把辞书作为字书，按声符和义符编排，建构了以声符和义符为属性的汉字知识块，有效帮助初学汉语的传教士解决汉字发音和书写识记的问题；并在标注时，列举出楷书、小篆和草书3种字体，3种字体下边又用欧式标音法标注出官话、广州话和福州话3种发音[8]。该编纂思路充分体现了西人对汉语特征把握的逐渐深入，并将这一认识表现在词典编纂上，方便使用者掌握目的语的独特性。

（二）中西结合倾向

明清传教士们注重融入西方元素，用中西结合的方式提升辞典的实用性。一是词目选收中西结合。《葡汉词典》从葡语自身立场出发设立词目，表达欧洲语言文化独有概念，如“妇人鱼”“诗翁家”；也有考虑到汉语特点设立词目，如“官话”“行礼”[9]。二是译释体例中西结合。《葡汉词典》暗藏了一个译释体例，即编写者在为葡语词目选定汉语对应词时会考虑语法。研究者姚小平从数千条汉译词语中归纳出“‘动词＋“他”’表示及物”“‘“常常/常要”＋动词’表示倾向”等8个构式[10]。三是释义内容中西结合。《葡汉词典》许多词目后跟有扩展语，其中扩展释义中使用拉丁语词的例证多达八十余条。扩展语有时是近义词，有时是词组，其作用在于解释词目、明了意义，或限定词目所指范围、辨别不同义项[11]。四是编排体例中西结合。19—20世纪俄国东正教传教士编纂出版字典的主要排列顺序是：按俄文字母顺序排列并附汉语214部首表和部首检字表，或结合偏旁部首原理与同根词编列方式独创主笔画排列法。词根思想和汉语词典中的部首思想，被俄罗斯汉学家充分运用在汉俄词典编纂上[12]。

（三）融合文化倾向

明清传教士汉外辞典中的收词、释义、例句等包含了中国众多经典文学作品和优秀传统文化内容，成为传教士了解中国文化的重要来源，一定程度上弥补了词典难以对文化意义进行释义的遗憾。

一是融合经典文学作品。马礼逊《华英字典》的第三部引用《红楼梦》文句共215句，诠释了从“affect”到“youth”共187个英文词的中文释义，对《红楼梦》及其人物形象的传播起了重要作用[13]。第一部列有“孔明”一条，与三国故事密切相关。这一词条或为英语世界最早涉及《三国演义》的文字记录，有关孔明的正文大八开印本两页有余，旁征博引，引起了西人对《三国演义》的注意和兴趣[14]。二是融合优秀传统文化。在华传教士既通过一目了然的图表介绍中国文化知识，又通过隐藏的词条和例句进行传达。前者如马礼逊《五车韵府》第一卷正文后附录星宿表18页，卫三畏《汉英韵府》散见中国朝代列表和历代帝都列表二十四节气等列表，卢公明《英华萃林韵府》大量列选道教用语、占卜术语、茶叶名称与品牌、中国历史年表等中国文化知识[15]。后者如马礼逊《华英字典》解释actor为“做戏的，装扮做戏的人”之后，进一步讲到“分作生、正生、武生、旦、丑、末、正旦、婆脚、花旦、跌旦”，并在drama一词后将传统戏曲十二科一一列出，以与西洋戏剧相对照[16]。融以文化的做法与学以致用的做法并不冲突，不同学习基础和不同学习需求的学习者适用不同的编纂方式，两种做法互为补充。

总体看，该类辞典在历史上发挥了重要作用，但也存在译名不够准确、例句不够贴切、业余者的个人实践[17]等问题，我们需要辨清不足方能更加客观看待这些辞典。

二、汉语系统特征之早期西人的初步认识

与专业汉学时期的汉学家及中国现代语言学早期研究者不一样，明清传教士是西人对汉语深入探索的创业者，不完全采用“汉语语料＋西方理论”的分析方法，而主

要出于学习实际需要进行思考。辞典所收词在形、音、义、用上的呈现方式和特点，是辞典编纂者对所载语言认识的集中体现。因此明清传教士汉外辞典对汉语史研究有很强现实意义：一是粗略展示了编纂者所接触语言的面貌，可以一定程度反映该时期，特别是民间的语言面貌；二是展示不同语言背景和研究原因所带来的不同观察视角，描写出以汉语为母语的研究者未发觉的汉语特征和规律；三是展示中西交流下新的语言现象，看明清阶段语言接触下的汉语发展情况。本文从语音、词汇、语法和方言四个方面看明清传教士汉外辞典反映出的早期西人对汉语系统特征的认识。

（一）深远影响的注音方案探索

明清传教士汉外辞典所蕴含的声韵调组合特征是汉语拼音方案的雏形，关于拼音方案的一系列探索连成整体，勾勒出了明清传教士辞典在汉语拼音方案起源和发展中的地位。一是创制最早的汉语拼音方案。罗明坚和利玛窦编纂的《葡汉辞典》创造了最早用罗马字母给汉字注音的系统，实际上是最早的汉语拼音方案[18]。徐时仪认为基于葡萄牙语和意大利语拼写体系的汉语拉丁语注音方法和标注汉字音调系统，开汉语拼音注音的先河，现代汉语语文辞书采用的音调标注即源自利玛窦的这一发明[19]。可见《葡汉辞典》在汉语拼音方案史上具有开创性作用。二是影响时间长、产生作用大。在现代汉语拼音方案产生之前，马礼逊在《五车韵府》中的注音方案曾是当时最为通用的注音方案之一，该词典是现代汉语拼音方案的里程碑之作之一[20]。《五车韵府》1819年出版，现代汉语拼音方案于1958年颁布，一百余年的时间里《五车韵府》深刻地影响着汉语的注音工作，推动着一批批汉语拼音方案实践者探索与思考。三是对国人自创拼音起推动作用。一般认为，我国自创的第一个拼音方案是卢戆章制定的厦门话拼音方案——中国第一快切音新字，它的制定有可能与卢戆章曾经协助美国传教士麦高温编纂《厦门方言英汉词典》的经历有关[21]。传教士编纂汉外辞典需要中国文人协助，同时也给中国文人新方法分析汉语特点，尝试制定出更加契合汉语特点的拼音方案。这是特殊时代、特定语境造就的西学东渐间接成果。

（二）丰饶的俗词新语

俗词俗语向来不受中国文人重视，李商隐的《义山杂纂》是较早关注俗词俗语的成果，但整体来看中国文人仍表现出重雅轻俗的倾向。传教士不一样，他们源于和市井百姓沟通的需要，把更多注意力放在鲜活的俗词俗语和口语性词语上。马礼逊《华英字典》打破了中国以往字典在单字释义时只引经据典的框框，首次大量地引用了中国民间流传的俗语，开了在字典中使用白话文先例[22]，收词方面也更加注重口语化的日常用语[23]。加略利的《字声总目》和《汉文总书》（第1卷）则把辞书作为口语语料库，以口语手抄本描绘民众日常生活[24]。在中国传统文人重雅轻俗的大背景下，明清传教士先一步注意到俗词俗语和口语词在汉语中的重要性，并记录下来，为汉语词汇史研究提供重要语料和有益参考。

明清时期中西交流背景下，汉语中涌现了大量新词新语，其产生手段和进入汉语的方式与当今外来词有许多共通之处，这在传教士辞典中也有体现。在1820—1920年间编写的英汉字典词汇中，新词新语总体表现出由音译到意译、由意译到音译、生造词、移义词、过渡词的现象等语言接触特征[25]。而某些带有功利色彩的词则常以易于接受为优先原则。《葡汉辞典》的宗教哲学类新词大部分采取了意译的方式，即给汉语原有的词汇赋予新义，以便更好地被民众接受和记忆，如 Igresia（教堂）译为“寺”，Freyra（修女）译为“尼姑”[26]。这对我们当下规范外来词有一些启发，但也带来了警示。

（三）暗含的语法思考

词汇是辞典编纂的对象和结果、是释义和记音载体，收词和释义体现的是词汇学内容，注音理念和方案体现的是语音学内容。而语法学内容常常以专门性研究著作出现，如卫匡国《中国文法》、马若瑟《汉语札记》、雷慕莎《汉文启蒙》、艾约瑟《汉语官话语法》等，其规律在辞典中表现较弱，但也并非完全没有体现。如《葡汉辞典》散页文献中的量词表（包含 49 个量词）或许是西方来华传教士最早注意到的汉语中的量词问题，在西方汉语史上颇有价值[27]。康和子《拉意汉词典》（1732 年）第二部分《语法》以拉丁语语法的八种词类为框架，介绍当时明清官话的语音、名词、代词、形容词、动词、数词、副词、连词、介词[28]。语法特征体现虽不多，但却有较大的价值。一方面明清传教士作为最早系统探索汉语特征的西人，他们通过辞典反映出来的汉语语法特征对后来西人研究汉语提供了重要思路，是中西不同视角在语法研究上的初步体现；另一方面，这是用西方语法理论阐释汉语语法特征的早期实践，比 1898 年《马氏文通》的出现还早了几百年，对汉语语法研究史具有重要作用。

（四）一手的方音记录

明清传教士汉外辞典中以方言为对象的辞典有其产生的客观需要，这是由传教活动的性质决定的，传教士需深入掌握当地的语言，方能与当地人沟通、才能实现传教的目的。方言辞典记音范围主要集中在福建和广东一带，一是地理和政策的原因，明清入华传教士大都以福建和广东为中心传教或者曾经在上述两地传教，留下文献较多；二是闽方言、粤方言、客家方言内部种类繁多、与官话相差甚大，在上述方言区传教需要区别于官话辞典的方言学习辞典。如记录 19 世纪福建漳州府漳浦方言音系的麦都思《福建方言字典》[29]、记录十九世纪初广州话音系的马礼逊《广东省土话字汇》[30]等。该类文献为方言古音的记录作出了重要贡献，对还原彼时方言区语言面貌有较大帮助，提供了方言语音演变描写的可能。如张嘉星借助传教士闽南方言辞书，考证漳州话在明万历年初至清咸丰年间的闽南方言中是代表语，至同治年间以后，渐渐演变为以厦腔为标准腔[31]。

但对此应持谨慎态度，即这些传教士辞典能反映多大程度当时的语音面貌。正如王力先生所说：“在普通语言学传入中国之后，中国学者们才对现代语言进行静态的研究。在这之前，有些外国传教士也曾为了传教的目的，甚至为了侵略的目的，调查过我国的方言和少数民族语言。他们多数没有经过严格的语言学训练，他们的著作，可信程度是不高的。”[32]若要开展相关研究，应注意与不同辞典、不同类型文献进行比较，尽可能避免因原始文献错漏带来的结论不可靠。

近年来学者们在明清传教士汉（方言）外辞典文献整理、集成方面取得了有目共睹的成绩，既有刊印本，也有手写本，为获取第一手语料提供了极大的便利。2016年至2019年姚小平和姚喜明主编出版了19世纪西方传教士编汉语方言词典（共5种），包含了《上海方言词汇集》《宁波方言字语汇解》《西蜀方言》《英粤字典》与《客英词典》，系列反映当时西方人对汉语方言的研究成果。2020年马重奇和马睿颖主编出版的《近代传教士所撰两岸闽南方言文献集成及其研究》整理影印近代传教士撰写的闽南方言文献共17种，记录了包括厦门、漳州、潮州、汕头、台湾等多地的闽南方言，其中包含辞典11种。2023年庄初升编著出版的《近代汉语客家方言域外文献集成》辑录了珍藏在海外教会档案馆、大学图书馆等机构的早期客家方言文献71种98册（篇），其中包括《简明德汉词典》《客英词典》《客法词典》等辞典。

三、传教士汉学发展史之辞典观照

张西平将西方汉学的历史分为游记汉学、传教士汉学、专业汉学三个时期[33]。传教士汉学在汉学史上具有重要地位，一方面传教士在接触中国社会、了解中国民众第一线，其研究来源更真实、研究结论更具可靠性；另一方面，他们与西方本土汉学研究形成了接收—反馈双向滋养机制，推动了专业汉学起步。词典编纂文献在西方早期中国语言研究文献中占有数量优势。法国汉学家亨利·考狄的《西人论中国书目》几乎收录了16世纪至1924年前用欧洲语言撰写的所有中国学文献，是反映早期西方对中国研究的书目，从张西平和李真整理的中国语言研究文献目录来看，主体部分、增补部分、再增补部分的汉语研究文献中，词典编纂板块的文献数分别为289、11、66，占比为31.7%、28.2%、23.8%，占比高于各板块平均占比（共6个板块），主体部分占比更是遥遥领先[34]。可见，明清传教士汉外辞典是汉学史上的重要成果，我们可以从中窥见传教士汉学发展历史。

（一）主动性是重要内驱力

徐时仪在研究辞书发展史中，从应付日常交往的辞典《红毛买卖通用鬼话》谈起，到第一部欧汉词典《葡汉词典》的编纂体例，再到《汉字西译》具有中西合璧的汉字部首检索和注音检索体系，最后以鸦片战争后传教士再度来华传教编纂大量辞典结尾，罗列了40余种明清传教士汉外辞典[35]。从辞典编纂情况可以看出传教士在推动汉学发展中表现出极高的热情。首先，从辞典编纂方式看，明清传教士汉外辞典编纂经历“母语到目的语的外汉辞典”（对应求解）→“目的语到母语的汉外辞典”（对应求解）→“兼具汉语学习和教育功能”三个阶段，这三个阶段正是传教士自身主动要求深入掌握汉语所推动的。其次，从编纂历程看，明清传教士汉外辞典编纂经历了“编成第一部欧汉词典《葡汉词典》（约1584年—1588年形成）”[36]→“耶稣会士编纂大批双语辞典”[37]→“1717年因宗教礼仪问题禁止传教”→“辞典编纂沉寂”→“鸦片战争爆发，禁教令取消”→“大批传教士入华编纂辞典”。辞典发展受政治因素影响出现了两次转折：一次是因为其激进传教而与中华传统相悖，遭受禁教令压制；一次是因鸦片战争，清政府国门打开，传教士涌入传教并编纂更多学习辞典。两次重要转折都有传教士积极主动的身影，前一次是用错了力、后一次是借助了力。可见主动性是推动传教士汉学发展的重要内驱力。

（二）时代性是鲜明特征

传教士汉学横跨第一次工业革命和第二次工业革命，科技的进步、世界的联系、国际格局的变化等都是影响传教士汉学发展的重要因素，具有鲜明时代特征的辞典便是具体体现：

一是从辞典留存形式看传教士汉学文献变化。从 1575 年至 1800 年，入华传教士编有 60 多种类似汉外和外汉词典的词汇集，大多为未付梓的手稿，今尚存有 50 多种抄本[38]。1813 年巴黎《汉字西译》的出版终结了自 16 世纪开始的手稿汉外词典传统，1815 年马礼逊出版《华英字典》第一部第一卷便彻底消除手稿作用，由此开创了汉英双语词典编纂与出版的新局面[39]。手稿型辞典到印刷本辞典的变化与印刷技术和印刷方法的引入密切相关，体现了传教士汉学文献在时代背景下经历的变化，也启示我们开展研究时要防止遗漏重要文献并注意版本校勘。二是从辞典收词内容看西学东渐中的传教士汉学。传教士汉学是中西现代文明深入交流的启蒙，也是现代科学涌入的前夜，现代科学观念的输入在明清传教士编纂的汉外辞典中留有痕迹。如科技观：按学科门类和编排方式，晚清在华传教士编纂的英汉科技词典有译著所附词汇对照表、单科科技术语汇编、多学科科技术语汇编、综合性英汉词典及教科书中单独编排的中英文对照科技术语等四类[40]。再如日常生活方式，罗存德《英汉字典》收录了中国社会在生活方式、社会制度及设施、新学科新知识等新变化的词条，展现在西学东渐过程中逐渐现代化的趋势[41]。这是明清传教士辞典为传教士汉学史留下的时代记录。

（三）启后性是独特价值

汉外辞典发展史是传教士汉学与专业汉学交叉发展的历史。第一部中外合璧字典是西班牙奥斯会会士编纂的《华语韵编》，该字典中收有泉州土音（闽南话）与西班牙语的对照[42]。第一部欧汉词典是意大利耶稣会士罗明坚和利玛窦编纂的《葡汉辞典》，该词典开启欧汉双语对照词典编纂历史。两部具有起源性质的辞典都是由明末入华的西方基督教传教士编纂而成。在入华耶稣会士沿着罗明坚和利玛窦方向努力编纂大批汉外辞典之时、新教传教士集中入华之前，欧洲本土各类汉外双语工具书不断被编纂出版，如德国早期汉学家门采尔的《中文、中文写作和中国官话发音的钥匙》、德国米勒的《中文钥匙》、法国皇家印书局的《汉-法-拉丁词典》[43]。当然，这一现象并不能说明欧洲已进入专业汉学阶段，但已表现出类专业汉学性质。明清传教士辞典在其中发挥重要作用，它们是重要引子和媒介。

除本文第二部分"汉语系统特点之早期西人初识"第四节列举的方言类辞典，其他包含辞典的目录性文献也可作为梳理传教士汉学史的参考。2003 年，张西平、李真、王艳和陈怡编著出版的《西方人早期汉语学习史调查》，辑录了伦敦大学亚非学院馆藏西文汉学书目（Lust 书目）有关汉语部分选编、法国考狄编《西人论中国书目》之语言学部分、在华耶稣会士所撰关于中国语言的语言学著作目录。2021 年，张西平和李真编著出版的《西方早期汉语研究文献目录》辑录了法国汉学家、目录学家亨利·考狄（Henri Cordier）所编撰的《西人论中国书目》中有关中国语言研究的文献，其中包含词典编纂板块。此外还有1995年出版的费赖之著、冯承钧译《在华耶稣会士列传及书目》，2021年出版的游汝杰《西洋传教士汉语方言学著作书目考述（增订本）》等。

四、汉语史和汉学史视角下的思考

明清传教士汉外辞典的价值与启示远不止如此，它们在汉语史和汉学史上发挥了不可替代作用。接下来的研究可以注重围绕二史挖掘与分析明清传教士汉外辞典对当下国际中文教育的启发，并在以下方面予以重点关注：

一是充分发挥汉学资源，加强海内外学术合作。明清传教士汉外辞典是一类具有“三跨”性质的文献，即跨语言、跨文化、跨学科，其研究存在较大难度，只有对海内外人才和资源进行整合，研究才有可能取得实质性突破。19世纪新教传教士来华之前，汉外辞典的外语类型以拉丁语系为主，中国本土开展辞典研究的学者拥有此类语言背景的不多，开展研究多以二手、三手甚至更多次加工后的资料为研究对象，一定程度影响研究质量。汉学热是开展汉语历史语言研究的利好契机，研究者应该好好把握、充分利用。

二是围绕汉语发展史研究，借鉴汉译佛典研究成果。明清传教士汉外辞典与汉译佛典都是语言接触的产物，在汉语发展史上均发挥重要作用。相较而言，汉译佛典更早受到学界重视、成为研究热点并取得丰硕成果，在文学、语言学、文化学、历史学等学科上有相对成熟的研究方法和实践。我们可以充分借鉴汉译佛典研究成果，尤其是在特殊语言现象考释上下功夫，尝试以明清传教士汉外辞典研究为中心，弥补近代中国语言史研究中传教士文献研究的薄弱。

三是着眼新的汉学热，推进研究成果在国际中文教育中的应用。明清传教士汉外辞典的功用之一便是为来华传教的传教士快速掌握汉语，虽然除了辞典外，还有专门的汉语教材、课本等，但在当时的社会条件下，辞典是二语学习者绕不开的工具。因此在当下开展国际中文教育时，我们要将研究成果运用到国际中文教育中来，对辞典所蕴含的编纂理念和编纂原则加以借鉴，辞典所载的语言现象和语言规律融合于实际操作训练中，辞典所反映的文化差异和交融予以积累，始终坚持服务国家战略需要，为掀起新的汉学热贡献力量。

＊本文系国家社科基金重大项目“中西交流背景下汉语词汇学的构建与理论创新研究”（21&ZD310）、北京师范大学珠海校区重大科研项目配套经费资助（ZHPT2023008）的阶段性成果。

注释：

[1] 张西平：《应加强对西方人早期汉语学习史的研究——兼论对外汉语教学史的研究》，《国际汉学》2003年第2期，第273～287页。

[2] 方环海、郑通涛：《西方汉学与汉语特征研究》，广州：世界图书出版广东有限公司，2016年，第227页。

[3] 徐时仪：《汉语语文辞书发展史》，上海：上海辞书出版社，2016年，第6页。

[4] 王雪娇:《从马礼逊〈华英字典〉看〈红楼梦〉在英语世界的早期传播》,《红楼梦学刊》2013 年第 4 期,第 309～325 页。

[5] 朱凤:《试论马礼逊〈五车韵府〉的编纂方法及参考书》,周荐编:《明清来华西人与辞书编纂》,北京:商务印书馆,2023 年,第 281～300 页。

[6] 姚小平:《明末〈葡汉词典〉译释体例考》,《当代语言学》2014 年第 4 期,第 436～451 页。

[7] 陈小明、刘继红:《〈广东省土话字汇〉称谓词选收特点对确定称谓教学内容的启示》,《人文丛刊》2009 年第 1 期,第 115～129 页。

[8] 王倩茹、胡范铸:《论加略利汉语辞书编纂的基本特征》,《陕西师范大学学报》(哲学社会科学版)2021 年第 4 期,第 63～70 页。

[9] 姚小平:《明末〈葡汉词典〉译释体例考》,《当代语言学》2014 年第 4 期,第 436～451 页。

[10] 姚小平:《明末〈葡汉词典〉译释体例考》,《当代语言学》2014 年第 4 期,第 436～451 页。

[11] 姚小平:《明末〈葡汉词典〉译释体例考》,《当代语言学》2014 年第 4 期,第 436～451 页。

[12] 柳若梅:《俄罗斯汉学家出版的早期汉语词典》,《辞书研究》2013 年第 1 期,第 60～67 页。

[13] 王雪娇:《从马礼逊〈华英字典〉看〈红楼梦〉在英语世界的早期传播》,《红楼梦学刊》2013 年第 4 期,第 309～325 页。

[14] 王燕:《马礼逊与〈三国演义〉的早期海外传播》,《中国文化研究》2011 年第 4 期,第 206～212 页。

[15] 元青:《双语词典编纂与近代早期来华传教士对中国文化知识的获取》,《近代史研究》2021 年第 3 期,第 77～91 页。

[16] 司佳:《早期英汉词典所见之语言接触现象》,《复旦学报(社会科学版)》2000 年第 3 期,第 60～67 页。

[17] 杨慧玲:《汉英双语词典的诞生及其早期设计特征》,《外语教学与研究》2010 年第 5 期,第 387～393 页。

[18] 张西平、李真、王艳、陈怡:《西方人早期汉语学习史调查》,北京:中国大百科全书出版社,2003 年,第 64～65 页。

[19] 徐时仪:《汉语语文辞书发展史》,上海:上海辞书出版社,2016 年,第 37 页。

[20] 杨慧玲:《汉英双语词典的诞生及其早期设计特征》,《外语教学与研究》2010 年第 5 期,第 387～393 页。

[21] [意]马西尼:《现代汉语词汇的形成:十九世纪汉语外来词研究》,黄河清译,上海:汉语大词典出版社,1997 年,第 132 页。

[22] 朱凤:《马礼逊〈华英字典〉中的成语和谚语》,《国际汉语教学动态与研究》2005 年第 1 期,第 2～9 页。

[23] 徐小波:《马礼逊〈华英字典〉俗词语研究》,《烟台大学学报》(哲学社会科学版)2022 年第 4 期,第 110～118 页。

[24] 王倩茹、胡范铸:《论加略利汉语辞书编纂的基本特征》,《陕西师范大学学报》(哲学社会科学版)2021 年第 4 期,第 63～70 页。

[25] 司佳:《早期英汉词典所见之语言接触现象》,《复旦学报》(社会科学版)2000 年第 3 期,第 60～67 页。

[26] 韩晓燕:《〈葡汉辞典〉宗教哲学新词研究》,《国际汉学》2022 年第 4 期,第 61～69 页。

[27] 张西平:《〈葡华辞典〉中的散页文献研究》,《北京行政学院学报》2016 年第 1 期,第 116～128 页。

[28] 李慧:《意大利来华方济会士康和子的〈拉意汉词典〉(1732)》,《辞书研究》2018 年第 5 期,第

51～62页。

[29] 马重奇:《19世纪西方传教士编撰的三种漳州方言辞书音系比较研究》,《汉语学报》2014年第3期,第31～45页。

[30] 李焱、孟繁杰:《〈广东省土话字汇〉的语音特点》,《方言》,2023年第1期,第106～113页。

[31] 张嘉星:《传教士与闽南方言辞书》,《文献》2006年第1期,第183～188页。

[32] 王力:《中国语言学史》,上海:复旦大学出版社,2006年,第163页。

[33] 张西平:《传教士汉学研究》,河南:大象出版社,2005年,前言第2页。

[34] 张西平、李真:《西方早期汉语研究文献目录》,北京:商务印书馆,2021年,第115～472页。

[35] 徐时仪:《汉语语文辞书发展史》,上海:上海辞书出版社,2016年,第37～41页。

[36] 张西平、李真、王艳,等:《西方人早期汉语学习史调查》,北京:中国大百科全书出版社,2003年,第64页。

[37] 张西平、李真、王艳,等:《西方人早期汉语学习史调查》,北京:中国大百科全书出版社,2003年,第65页。

[38] 王立达:《汉语研究小史》,转引自徐时仪:《汉语语文辞书发展史》,上海:上海辞书出版社,2016年,第39页。

[39] 杨慧玲:《汉英双语词典的诞生及其早期设计特征》,《外语教学与研究》2010年第5期,第387～393页。

[40] 梅晓娟、周晓光:《晚清在华传教士与英汉科技词典编纂》,《辞书研究》,2007年,第131～141页。

[41] 熊英:《罗存德及其〈英华字典〉研究》,北京:北京外国语大学2014年博士学位论文。

[42] 吴孟雪:《明清时期欧洲人眼中的中国》,北京:中华书局,2000年,第6页。

[43] 张西平、李真、王艳,等:《西方人早期汉语学习史调查》,北京:中国大百科全书出版社,2003年,第64～66页。

【民间文学研究】

《北华捷报》的民俗话语研究

方仪力

（四川大学外国语学院，四川成都，610041）

内容摘要：《北华捷报》（*The North-China Herald*）作为在上海发行的首家外国英文报，是在华各国侨民了解中国社会、历史和文化的重要媒介，对中国近代社会产生广泛影响。该报搜集和阐释大量中国民俗知识，突出民俗知识是一种关于中国民众生活文化知识的民俗学思想，展示在华外国人眼中属于中国本土的特殊现象，赋予被边缘化的“采风问俗”“理解人事”以新的意义。该报 1851—1918 年间所呈现的民俗话语，正好处于中国民俗学萌芽的特殊时期，由此可以发现，神话、谚语、歌谣、祝祷、节庆等中国民俗材料被理解、叙述和翻译的过程，理解《北华捷报》如何通过文体混用、记忆取舍等特定方式来认识中国民俗知识真实性、当下性、在地性等特征，为探究中国民俗学前学科期的民俗意识提供学术史材料。

关键词：《北华捷报》；民俗；学术史；文体混用；记忆

引言

中国民俗学的发凡得益于 1918 年北京大学的歌谣运动。自 1920 年代《歌谣周刊》创刊起，中国学者开始系统性搜集和整理传统民俗材料，记录民俗活动，并在搜集、整理和反思过程中，有意识地推进了学科核心概念清理、理论话语建构和研究方法分类等学科建设工作。到 1930 年代，民俗学已确立起了明确的学科边界，成为公认的独立性现代性学科。从这个意义上而言，民俗学可视作近现代中国自主知识体系建构的典范。然而，中国民俗学虽是中国学者自主独立建构的学科，但前学科期的学科意识问题仍需清理，如中国民俗学者在何种影响下突破“礼”与“俗”、“上”与“下”等传统的二元对立观念，又如何赋予过去被边缘化的“采风问俗”“理解人事”以新的意义？观念转换背后的学科意识萌发和建立过程不足够清晰，其中所受外来影响，尤其是西方民俗学及现代学科知识如何与传统民俗思想接壤的过程尚缺乏足够的学术史论证。正如赵世瑜所言：“中国民俗学史的研究者对 1918 年前西方的民俗学知识如何传入中国，并对中国现代民俗学的先驱们的知识结构和思想意识产生影响，却讨论的不太够。”[1]如果说学术思想的发展以前人之学说为基础，以今人之思考为材料，其中的思想承继尤其是传统思想的发展，外来思想的介入和不同学说的融会贯通就是学术史研究中必须正视的关键问题。论文以中国近代史上在上海发行的影响深远的外国报刊《北华捷报》为对象，围绕1850—1918年间该报所呈现的民俗话语开展研究，为理解中国民俗学前学科期的民俗意识提供学术史材料，以相对丰富的材料昭示中国现代民俗学思想渐进形成的历史过程。

一、《北华捷报》中的中国民俗图景

《北华捷报》又称《华北捷报》《华北先驱周报》，刊行时间长达88余年，是英国人在中国本土创刊时间最早、刊期最长且最具影响力的英文报刊。该报于1850年8月3日在上海创刊，1864年7月1日起改为独立出版日报《字林西报》（*North China Daily News*）的星期副刊，后兼并《最高法庭和领事馆公报》（*The Supreme Court and Consular*），成为英国驻上海领事馆和商务参赞发布官方公告的主要渠道，改名为《北华捷报与最高法庭及领事馆公报》，最终于1941年12月3日停刊。

一直以来，《北华捷报》以信息全面（comprehensiveness）和权威（authoritativeness）著称，是刊登英国王室的谕令和领事馆通告的主要阵地。因其主要办刊目的是企图“建立与广袤中国之间更紧密的政治联系，在上海进行更广泛的商业活动”[2]，《北华捷报》“浸浸然为英人在东方之唯一言论机关”[3]。又因其报道深入细致，内容丰富规范，信息及时快捷，《北华捷报》也被后世视为中国的《泰晤士报》[4]。《北华捷报》版面常多达50版，除刊登每日航运、广告、商业、招聘信息等外籍人士在华必要信息外，该报还延请了大量政府官员、传教士和商人为其通讯员，以大量篇幅对中外关系、中国文化、晚清市民生活、侨民生活展开报道。非新闻记者出身的专业人士为主的通讯员队伍成为《北华捷报》长期稳定的消息渠道，也使得该报呈现出与其他在华外国报刊截然不同的叙述视角。以新闻报道为例，《北华捷报》曾用大量篇幅跟踪报道了太平天国事件，该报不仅与清政府合作获取一手信息，刊登骚乱所在地外国传教士的来信，还组织人员及时翻译太平军的通告和函札等重要咨询，旨在为侨民及时准确地报道了中国“内乱”的详细情形。因而，作为英国人在华的官方喉舌（an Official British Organ)，《北华捷报》同时也是在华各国侨民了解中国社会、历史和文化的重要渠道。但与同馆所出《字林西报》有所不同，《北华捷报》提供的资讯和知识主要为在华贸易服务，注重准确性和时效性，具有明确的目的性。

从整体来看，《北华捷报》关于异域的知识主要涉及地理、特产、礼仪、习惯、神话和福祉。如该报在报道禁用私盐时，下附对晚清时期官盐和私盐的解释[5]。在针对麦都思所译武王伐纣（Woo Wang's Model Manifesito）的泰誓时，还对中国人以天（heaven）为父、地（earth）为母、以“天、地、人”合力为尊等中国传统世俗观念作了进一步解释。又如1851年7月开始，英国商人因中国红茶出口问题产生了争执，该报刊登了中国红茶从生产到运输的整个过程，绘制了中国茶叶的内陆运输水路。该报也多次刊登关于中国人礼仪和谚语俗语的文章，描述中国人在接洽外国时的基本礼仪以及日常生活中的俚语、俗语和谚语。1951年4月，《北华捷报》刊登了两广总督耆英《祷天神祝文并序》引发了外国商人对文中所理解的关于神、天神的讨论。后续多篇文章强调了中国人对神、天神的崇尚属于中国独特信仰体系，不应与天主教中的神混为一谈。随后 1860 年代又因在华天主教教义纷争，该报涉及了对中国思想中的恤（pity）和爱（love）的解释，强调中国人所理解的怜悯侧重于矜孤悯寡的道德情感，与天主教所理解的博爱与同情有异。信仰之外，该报也曾有大量文章讲述中国的鬼神故事，如借尸还魂、附身（possession）等所谓中国人的迷信[6]，甚至从医学角度严肃分析了附身的症状。

以扩大商业活动范围为目的的普及型介绍并不是对中国民俗的系统性挖掘，因而有通讯员戏谑其为“二吊子中国学”（amateur sinology），这也正如《北华捷报》在 1909 年所总结的“中国的民俗从未被系统性或大规模搜集过”[7]。不过，虽然是带着商业目的的观察，但《北华捷报》对中国社会、历史和文化的介绍完全符合人类学意义上微观性质的民族志观察。与《字林西报》上的民俗文章不同，《北华捷报》绝大部分的民俗观察都刊登在“读者来鸿”（*Letters to the Editors*）、“中国游记”和“杂谈”（*Miscellaneous*）板块。“读者来鸿”是该报除资讯外篇幅最大的板块，通常占据了该报 2 版或 3 版之多。传统意义的“读者来信”是重要的读者反馈渠道，以校正谬误，促进编读交互。但《北华捷报》的“读者来鸿”相对特殊，是以专栏的形式刊登侨民的亲身经历和个人观察的板块，编辑特别要求来信内容必须与政策（public policy）和公众兴趣（general interests）相关，且“作者文责自负，务必使用真实姓名和地址”。如此一来，因读者特殊的侨民身份，又因彼此所在地域不同，观察对象迥异，阐释方法不同，“读者来鸿”以一种叙述者高度参与的方式深刻描述了在华各国侨民对中国历史和中国日常生活的细节，展现了不易为外国所知的中国人生活，并“通过极其广泛地了解鸡毛蒜皮的小事，来着实进行这种广泛的阐释和比较抽象的分析”[8]。也正是在这个意义上，《北华捷报》对中国文化、社会、历史的叙述形成了具有特殊意义的文化阐释：既为侨民的在华生活提供必要的关于异域的知识，又通过阐释、比较与分析展示出在华外国人眼中属于中国本土的一切特殊现象。

民俗学作为一门年轻的学科是 19 世纪后半叶在欧洲兴起的。工业化为社会生活带来巨大变化，出现了古与今、传统与现代的明显区隔，民俗学家因而呼吁民众为后代搜集和记录自己所在国家的民间知识，抢救正在消失的历史遗留物（popular antiquities）。1846 年，英国民俗学家威廉·汤姆斯使用古英语中的撒克逊族语言组合成新词 folk-lore，以描述现存在于英国人日常生活之中的传统、习俗、迷信、逸事等完全属于民众的知识。folk-lore 这一撒克逊复合词表征出明显的地域性，在形式和内涵上都有别于德语中的 Volkdkunde（民俗），这反映出英国民俗学从其创立初期就强调真实英国生活的思想倾向。既是真实的、现存的民间生活，就必须使用描述性的方法记录民间生活，通过实地走访、亲身经历和细致描述获得，这也充分昭示了英国民俗学传统的独特性，也即彻底抛弃将民俗等同于古物遗留物的民俗学路径。概言之，由英国业余爱好者推动的英国民俗学传统注重民俗的社会功能，并未把民俗作为重建民族精神或美学传统的工具。从《北华捷报》刊登的中国民俗相关报道看来，其中所表征的民俗思想和搜集民俗的方法继承了 18 世纪末以来英国民俗学所提倡的描写路径，重视描写内容的真实性、当下性和在地性。该报所呈现的民俗学思想和方法论与钟敬文将民俗等同于生活文化思想如出一辙，强调的是“普及和深入到整个社会生活的各个方面的”生活文化[9]。

二、文体混用：《北华捷报》对“俗”的呈现

《北华捷报》以公正但不中立（impartial，not neutral）为办刊宗旨，公正依靠事实，不中立的态度需要借助于特定的语言表达，语言因而成为该报彰显态度的主要阵地。考虑到《北华捷报》刊载的中国民俗知识是一种关于中国民众生活文化的知识，按照顾颉刚的总结：“我们要求知道民众的生活，言语便是民众的生活中很重要的一种。”[10]语言既是描述民俗知识的工具，也同样是生活本身。详述该报在采集民俗过程中的语言策略可更好地理解该报开展民俗工作的态度、方法和目的。在语言表述上，该报存在明显的高级、中等和低级文体之间的文体混用（mixture of stylistic levels），并在措辞、语法、句法和篇章等各个层面都有显著的意义生产。根据古典主义美学原则，高级文体是使用崇高语言描述重要场景，中级文体是用讽刺的语言描写论战，而低级文体是采用平淡的语言表达日常生活的写实性。从这一视角重新审视《北华捷报》上刊登的汉语谚语、俗语、祝祷词、歌谣等民间语言会发现，虽然在中国文化内部，传统意义上的民俗是与礼相对的俗文化，但《北华捷报》并未将信仰作为俗文化对待。涉及与信仰有关问题时，该报表征出对高级文体重视，措辞精美，句式多变，更注重建构完整语境，尘世与神界因文体和措辞差异表征出较为明显的区隔。而在涉及中国人的日常生活时，该报却有意识忽略语境建构，使用低级文体来保存日常语言。

以佛教思想中的菩萨（Pusha）为例。在描写观音菩萨时，通讯员使用早期现代英语来描述观世音菩萨的高贵意象和无边法力：

> And there shalt thou,
> the Queen of Mercy，reign；
> Aloof from pain or weakness of thine own，
> With quickened sense to hear and power to save.
> 于是观世音菩萨即从坐起，
> 解脱罗刹之难，
> 俱观众生音色，
> 更显神通力。[11]

较之现代英语，早期现代英语与现代英语在形式和语词上稍显不同，因而在风格上更显古旧。上文注重语词的情感力量，句法严谨，通过缜密的语言结构和特殊的语言形式呈现丰富的意象。另以上文所提及的 1851 年两广总督耆英撰《祷天神祝文并序》为例[12]，耆英原文由序和文两部分构成。序讲耆英个人经历——朋友因向天神（并耶稣）祷祝，翌日病愈。作为故事，序言行文自由流畅。文为祝祷，除首语“云”

字和结尾“尚飨”二字外，由 28 个四字词语构成，庄重典雅。1851 年 4 月 12 日和 19 日，该报两次刊登同一原文的不同译文。刊登第二次译文，是因为前一译文因语言问题引发了广泛的争议。根据 4 月 12 日编辑的导语，首次出现的译文是清朝高级官员降尊屈就（degradation）的表现。但读者在后续的来信中却从译文的语言出发，反驳了所谓降尊屈就的说法，尖锐批评了该译文的准确性和文学性。署名 Aliquis 的读者认为 12 日译文在行文风格上“不能和英语本族语相提并论”。署名 Britannus 的读者认为引发热议的原因在于译者 Sinensis 采用了某些错误的表达，有损读者的文学趣味，点名批评了译者“有意识地误导读者产生对中国朝廷官员的错误认识”。以耆英所撰序文为参照，《北华捷报》译文语言风格不同，与庄重典雅的原文远近关系亦存在差异。

相较而言，该报在政治报道中多用中级文体，措辞较为尖锐，注重呈现语言的指涉性，倾向于通过合适的语词选择表达价值观念、政治立场和身份认同。如在阐述如何翻译太平军通告时，不仅使用“叛军”一词为太平军定性，也毫不隐讳其对太平军的蔑视，在相关报道中省略了太平军中原本存在的身份头衔，模糊了太平军内部的等级关系：“忠王头衔不作翻译，对此我们毫无歉意，因为即便是中国的饱学之士也无法解释这些头衔的意思。”[13] 涉及日常生活的事实描述时，该报语言简单平淡，如，1891 年 1 月 2 日题名《中国人的礼仪》（Chinese Courtesy）一文中，作者用极为日常的邀请（invitation）、礼貌（politeness）、友好（kindness）描写他所观察到的中国人日常礼仪，随意的日常大众语表达让日常生活描述更为真实可信。同样是日常语言的采集，《北华捷报》在展示汉语日常生活的俗语和谚语时更多地采用了白描的方法，即用简单日常的英语还原汉语中的口语化表达，显化其中的意义。在汉语体系中，俗语指民众口头上惯用的、有特定含义的较定型语句，通常由三个以上汉语小句组成。谚语是形式相对的两个以上汉语小句结构。俗语和谚语形式短小，但意义凝练，表达明快，易于理解，是公认的活的语言。形式化和凝固性是汉语俗语和谚语的主要特点。在中国“采风问俗”的民俗采集史上，谚语、俗语和歌谣是传统民俗整理活动的起点，最早的民俗采集活动正是从采集异代方言开始的：“周秦常以岁八月遣輶轩之使采异代方言，还奏籍之，藏于秘室。”[14] 丰富的民俗生活信息主要体现民俗内在约定俗成的内容指涉。《北华捷报》的俗语谚语通常被自然而然地插入日常报道中，以最简单的方式陈述。谚语和俗语的形式并没有得到完全的保留。俗语和谚语所传递的民俗信息也缺少额外的解释。在采集民俗语言时，除解释俗语的字面意义外，对民俗语言使用语境的介绍应是采集者的重要工作。使用情境包括：谚语被谁使用？为谁使用？在什么场合下使用？在什么时间使用？以及参与这种谚语文化的人们的自己的解释[15]。正因为谚语和俗语不能脱离其产生的语境，理解俗语和谚语作为深入理解在地文化的有效途径，一直是民俗搜集和整理的重要工作。19 世纪中期开始，来华传教士已经有意识地搜集整理汉语俗语，并按照一定的标准分类。如，德庇时（John Francis Davis）主要搜集的反映中国伦理的格言警句。斯卡勃鲁斯（William Scarborough）的《谚语丛话》（1875 年）搜集日常生活、语言、法律、处事、医药等不同领域的常用谚语。分类的目的同样是将谚语和俗语放置到合适的语言实践中。

《北华捷报》对汉语俗语和谚语不做分类，仅用简单的日常语言对其中的意义加以解释，这显然与之前来华传教士借助俗语谚语增进认同的目的不同。1875年出版的《谚语丛话》提出用英语中的平行结构转换谚语俗语中的对子、联句、长短句，保留原句中的美感，这说明英语中完全可以采用特定的语言转换方法保留谚语的凝固性。但《北华捷报》更注重意义的解释，并未把日常生活中的语言以最真实的状态加以还原，仅采用低级文体体现谚语俗语所代表的俗文化特征。

上文的语言分析或能在一定程度说明，《北华捷报》重视语言表达的多样性，并通过有目的地运用文体、句法和修辞建构起多样化的语境，以充分表现出所谓真实的民众生活。真实的生活只能通过自然语言来加以展现，保留日常生活中的自然语言因而既是民俗采集的基本要求，亦是建构真实民俗知识的关键。然而，语言作为复杂体系并不是语词的简单组合，而是语音、语词、句法、篇章等不同层面的衔接，单纯的词汇和语句采集无法呈现自然语言的全貌。若不能将语言放置到话语实践中加以理解，就会因脱离语言的衔接和具体的语境造成误解误识。在现实中，不同语言之间的句法差异，采集人自身的语言能力，口语和书面语之间的转换差异，尤其是语境的保留和取舍等诸多问题为自然语言的采集带来了极大挑战。很大程度上，采集、记录、整理民众的语言应被视作新的意义生产过程。当《北华捷报》这类由外国在华侨民主持和书写的外国报刊面临此类语言挑战，如何操控语言中的意义生产显然表征了其对中国民俗知识的基本态度：礼、俗的区别不是社会阶层的区分，而是神、人的区分，这就打破了中国长期以来的上、下之分，为重新认识中国民俗知识提供了新的思路。

三、记忆取舍：《北华捷报》对民俗整体性的强调

《北华捷报》旨在为在华商业提供资讯，所涉内容广泛，于整个中国的社会生活都有描述。王韬对此有相当准确的观察：中外语言文字，迥然有别，彼处则设有翻译官员，及教中之神父、牧师，效华言，识汉字，留心于我国之政治，于我之俗尚、风土、山川、形势、物产、民情，悉皆勒之成书，以教其国中之民[16]。与外国传教士的记录描述相同，《北华捷报》虽不曾对中国民俗知识进行系统性梳理，但却从在华侨民的他者视角呈现出那些中国人自身习以为常的普遍性知识，也即麦嘉湖（John Macgowan）所总结的那些“鲜为人知”和“显为人知”的日常知识（lights and shadows of Chinese life）。从《北华捷报》所报道的中国日常知识出发，理解其所尊崇的价值观，被保留和传唱的记忆，无疑能够重返创造当下民间知识的行为主体，进一步呈现民众的个人认同和民族认同，从而勾勒出《北华捷报》所致力描写的属于当下中国民众的真实生活，把握该报在打破上下、礼俗的区分后，如何展现“民俗”背后的价值问题，呈现民俗作为生活文化的整体性。基于《北华捷报》1909年的解释，民俗是指“不断自我发展和再生产的具有明显中国特色的常识，包括迷信、动植物崇拜以及对文学本能的热爱和尊崇”[17]。口口相传的民间故事、民间传说和民间文学正是上述具有明显中国特色的常识，因而传说（legend）和神话（sagas）成了《北华捷报》较为重视的内容。1850—1918年《北华捷报》上刊登了大量以legends和sagas为题的文章，不仅刊登了北欧、非洲等地的精灵故事和民间传说，还特别刊载

了侨民在北京、四川、广东等地亲耳听闻的民间传说。当代民俗学家对民间文学、民间传说、民间故事、神话的分野认识不一。《北华捷报》遵循了英语世界对传说的分野，传说分为“从古代流传至今的故事”以及“著名人物、著名事件”两种类型，sagas（北欧神话）主要涉及北欧等地的神话故事，pixie（精灵故事）涉及西方神话中特有的精灵形象。按照神话学的定义，神话与传说、传闻以及民间信仰不同，是有关神、始祖、文化英雄或神圣动物及其活动的叙事（narative），它解释宇宙、人类（包括神与特定族群）和文化的最初起源，以及现时世间秩序的最初奠定[18]。《北华捷报》刊载的中国传说不讨论中国人或文化的起源，所讲述的传说都与当下的民众生活关系密切。

《少女之声》（1893 年 10 月 13 日刊载）讲述的是北京城里流传极广的铸钟娘娘传说。少女为铸造北京的钟楼，投身于铸钟的铁水中，以自己的生命赋予了大钟以活力，挽救了可能因钟声不够响亮遭遇灭顶之灾的数位工匠。钟楼是北京城的标志性建筑。钟楼大钟声音洪亮，是北京城一大特色。铸钟娘娘的故事虽只是一个传说，但《北华捷报》特别说明该故事源自现存的北京钟楼。大钟每日敲响，铸钟娘娘的传说伴随着钟声在北京街头巷尾流传，传说成为从今溯古、又从古返今的途径。《夫子庙传说》（1883 年 11 月 21 日刊载）与此相似。该传说与鄱阳湖畔当时的生活风俗有关。传说虽以夫子庙传说为题，但主要讲述的是朱元璋与陈友谅鄱阳湖大战中受神龟助力的故事。当下生活在鄱阳湖的人们选择讲述神龟故事与日常生活密切相关，因为居住在湖区的民众想要保证自己出行平安，渔获丰富。怪力乱神与现实生活紧密结合起来，真实存在的历史为现世的迷信增加了理据，对神龟的尊崇也成了日常生活的一部分。《北华捷报》刊载的传说故事将中国过去的历史以鲜活的语言讲述连为一体，可视为阿斯曼所定义的凝聚性结构（konnecktive struktur），即，由回忆、认同和文化延续构成的空间[19]。过去发生的历史通过传说的讲述被纳入了当下的时间框架中，共同的知识和自我认知也在传说中被一代又一代的民众所感知。在对共同知识的寻求中，饱含情感的主观记忆是连接过去和当下的话语阐释框架，过去在不断讲述的过程中保持其生动性。记忆中的历史（Geschichte Im Gedachtnis）因而也成了当下真实民众生活的组成部分。《北华捷报》通过将不同地方的历史、风俗、文化融入传说中，展现了当时中国民众所认同的历史认知。

从主旨上看，大部分民间传说或民间故事属于训诫故事，因此，若从传说与训诫的关系上重新理解《北华捷报》上的故事，传说所展现的是当时中国民众共同遵守的规范和共同认可的价值。以 1897 年刊载的北京街头传说为例（1897-09-03）。该传说讲述了一位女子因多次梦见洪水，奉劝尚武的皇帝鸣金收兵。后预言成真，皇帝兵败被俘，获释后想要奖赏该女子。女子却自愿终身礼佛。讲述者以该故事规训听者“不贪不嗔”。1906 年 10 月 26 日刊登的《广东传说》记述了一位通讯员在坐船前往广东途中听闻的当地传说，同样可视作道德意义上的训诫故事。中国渔民在驾船经过一座形状独特的山岭时，引导通讯员将山岭形状与一位骑马青年的图景联系起来，继而讲述了一位盲人青年需要在第一声山鸡啼鸣和第一缕阳光出现前穿过湍急的峡谷，但因为自己在最后关头犹豫不决，拖延迟缓失去了仙人的庇佑，化身成石。通讯员在听完这个民间传说后很快意识到，这个民间传说是要告诫听者坚定不移、勇往直前。在讲述第一个传说时，《北华捷报》特别添加了“该故事是在北京街头巷尾流传”的说明，而在第二个故事里，通讯员保留了中国渔民的解释：“这个故事是我们年轻的时候听先辈们讲的，我们再把这个故事讲给了我们的孩子，这个故事一代传一代，代代相传。代代相传的故事是记忆的选取和保留”。忠、孝、善的传统价值观并未在以上两则传说中出现，取而代之的是自身的“愿力”。两则故事都突出了个人生活的主观能动性，并通过传说被不断放大，《北华捷报》所呈现的正是民众通过记忆的选取所确认的价值规范。

综上所述，我们考察《北华捷报》所刊载的民俗知识，主要有两方面的特征：一方面，强调民俗的社会功能，重视民俗的真实性、当下性和在地性，民俗不是神的故事，而是人世间的真实故事。作为上层的神通过民俗知识纳入到了民众的生活文化中；另一方面，其民俗知识具有共同性和集体性特征。该报把整个中国作为一个群体，将中国民俗作为整个群体共同拥有的知识，因而，民俗之民是作为同质性群体的中国人，中国内部多民族之间的区隔不应成为区分和界定“民俗”概念的标准。而如果将中国这一广袤帝国作为整体视之，民俗知识就应该是这一群体的全体知识。《北华捷报》不对民俗进行细致分类，正是主张从整体上理解完全属于当下中国民众的生活文化。这为如何理解生产民俗提供了指引：民俗是当下民众的日常生活常识，反映了民众所共同遵循的价值观和共同知识；民众是生活在当下的行为主体，具有整体性特征。

四、结语

作为英国在华官方喉舌，《北华捷报》致力于为外国侨民在华经商和日常生活提供必要知识。出于功利性目的，该报搜集、整理和报道了大量中国民俗知识，涉及地理、特产、礼仪、习惯、神话和福祉等方方面面，继而形成了特色鲜明的中国民俗搜集和刊布传统。正是在这个意义上，《北华捷报》严格遵循了真实性、当下性和在地性的原则，通过特定的语言表述和记忆取舍，建构了一种特殊的中国民俗图景，一种深入中国民众日常的生活文化知识，以及用描述性的方法记录民俗的民俗学方法论。将这一图景和方法论放置到中国民俗思想内部加以审视，《北华捷报》这种从他者视角出发的民俗采集和刊布方式具有较大的学科意义，打破了长期以来在中国内部存在上与下、礼与俗的二元对立。从学科角度而言，该刊所秉持的实地走访、亲身体验和细致描述，不仅丰富了中国传统意义上采风问俗的民俗调查方法，更凸显了民众生活所具有的独特价值。民俗不再被视作遥远的历史存在，而是民众真实的生活文化，民俗的采集、整理和刊布不仅与重建民族精神或美学传统无关，也与民风的规范和民众的教化毫无关联。由此，民俗脱离了“俗文化”的范畴，获得全新的学科意义，该报所描绘的民俗图景和民俗方法论，对于理解中国民俗学前学科期的学术史进程有所增益。

＊本文系国家社科基金项目“译名统一与近代中国学术话语体系建构研究”（22BYY034）的阶段性成果。

注释：

[1] 赵世瑜:《“眼光向下”的革命——中国现代民俗学史(1918—1937)》,北京:北京师范大学出版社,1992年,第71页。

[2] *The North China Herald*,1850-08-03,p.2.

[3] 戈公振:《中国报学史》,北京:生活·读书·新知三联书店,2011年,第89页。

[4] 叶向阳,《〈北华捷报〉〈字林西报〉——中国的泰晤士报》,《英语学习》2003年第3期,第55~56页。

[5] *The North China Herald*,1850-11-09,p.15.

[6] *The North China Herald*,1888-06-02,p.606.

[7] *The North China Herald*,1909-01-30,p.245.

[8] [美]克里福德·格尔兹:《文化的解释》,纳日碧力戈译,上海:上海人民出版社,1999年,第24页。

[9] 钟敬文:《新的驿程》,《钟敬文民间文学论集》,上海:上海文艺出版社,1982年,第399页。

[10] 顾颉刚:《序》,刘万章:《广州儿歌甲集》,广州:中山大学民俗学会,1928年,第1页。

[11] *The North China Herald*,1906-08-24,p.456.

[12] 针对耆英原文的史实分析可参见段怀清:《耆英与〈祷天神祝文并序〉》,《清史研究》2006年第3期,第107~111页。

[13] 上海社会科学院历史研究所,《太平军在上海——〈北华捷报〉选译》,上海:上海人民出版社,1983年,第3页。

[14] (东汉)应劭:《风俗通义校注》,王利器校注,北京:中华书局,1981年,第11页。

[15] [美]欧达伟:《中国民众思想史论——20世纪初期—1949年华北地区的民间文献及其思想观念研究》,董晓萍译,北京:中央民族大学出版社,1995年,第56页。

[16] 中国史学会主编:《中国近代史资料丛刊洋务运动》,上海:上海人民出版社,1961年,第483页。

[17] *The North China Herald*,1909-01-10,p.245.

[18] 杨利慧:《神话与神话学》,北京:北京师范大学出版社,2009年,第130页。

[19] [德]杨·阿斯曼:《文化记忆:早期高级文化中的文字、回忆和政治身份》,金寿福、黄晓晨译,北京:北京大学出版社,2015年,第6页。

延安时期《抗战日报》副刊中的民间文艺研究

杨培源

（山西大学文学院，太原，030006）

内容摘要：20世纪40年代晋西北根据地民间文艺创作活动的兴起、发展和成熟，有力地推动了文艺大众化运动的进程。中共晋西北区委机关报《抗战日报》副刊刊载了诸多利用民间文艺形式改编的具有新内容的民间文学作品，在一定程度上映射出当时文艺工作者在创作形式和方法上的探索，为当时的文艺工作者如何对待和利用民间文艺指明了新的方向，也为延安时期民间文学学术史的研究提供了重要的报刊史料。

关键词：《抗战日报》；民间文艺；大众化；周文；亚马

延安时期晋西北根据地一系列文艺大众化政策的推广与实施，在一定意义上践行了《在延安文艺座谈会上的讲话》（下文简称《讲话》）精神，开拓出一条适合晋西北根据地文艺发展的新路径。目前学界对于解放区民间文艺的研究，主要集中于对“延安的文艺”[1]进行探讨，而晋西北根据地及其他根据地的文艺运动的研究有待深入。以《抗战日报》副刊为对象，探究延安时期晋西北根据地民间文艺的发展状态，对于研究延安和各根据地民间文艺的丰富性和复杂性具有重要的学术价值。

一、《抗战日报》刊载民间文艺的背景与意义

20世纪40年代，解放区兴起了采录、学习和研究民间文艺，创造新的文艺形式的热潮。《抗战日报》《晋绥大众报》《解放日报》副刊刊载了大量的文艺作品，十分重视利用民间艺术形式，宣传革命思想，其中民间文艺作品的刊载占据了重要的地位。《抗战日报》是中共晋西北区委（中共中央晋绥分局的前身）机关报，是晋绥边区创办的第一份铅印报纸。1940年9月18日，在《抗战日报》的《发刊词》中确立了三大任务，即“抗战到底”“团结到底”“建设晋西北”。将《抗战日报》的第四版作为刊载文艺作品的专版，在征稿启事写道：“本版除专载或转载外，欢迎各种短论、通讯、报告、故事、杂文、诗歌、木刻等项投稿。每篇字数，至多不得过一千五百。”[2]1941年3月15日，第四版刊载内容更加细化，将其分为四类：“甲、关于政治经济军事文化等各种理论之研究以及关于建设抗日根据地各种问题之讨论；乙、关

于党政军事民运等机关团体各部门工作之动员总结及经验检讨等；丙、关于文艺的短论、短篇小说、故事、诗歌、戏剧、杂文、报告文学、速写、文艺通讯、木刻等作品；丁、各种理论著述及文艺创作之翻译。”[3]

1942 年《抗战日报》改版后，坚持“地方化、通俗化、杂志化”的办刊方针，第四版为“地方工作专刊和反映地方工作与对敌斗争的文艺作品”[4]。《抗战日报》副刊中的民间文艺作品类型多样，内容丰富，是根植于人民群众现实生活的创作，客观地反映了当时文艺大众化运动取得的成效。抗日战争时期，陕甘宁边区基本上没有较大的战事发生，晋西北根据地一直处于对敌斗争的前沿，大力发掘群众容易接受的民间文艺形式，以便于开展宣传工作。“在 1942 年以前，一种与战争环境高度匹配甚至文武合一，服务于具体任务，形式上与华北地方文艺重合，内容服务于现时需求、审美上契合华北农民心理，并且极具群众动员能力的文艺创作已经极为成熟，并在华北得到了相当程度的推广。”[5]这里提到的“华北地方文艺”指的正是晋西北根据地逐步改造、利用和发展的民间文艺形式，并以此为战争动员服务。

《抗战日报》1940 年 10 月 9 日，刊载《吕梁文化教育出版社征稿》：“为开展晋西北抗日通俗文化运动，供应大众文化食粮之迫切需求，特征求下列各项稿件：一、大众文库第一辑。二、山西歌剧丛刊，梆子、秧歌、迷胡，其他民间旧有形式或新创民间风格的歌剧。”[6]要求内容通俗易懂，形式新颖活泼，以适合乡村大众阅读为原则，进而强调大众文库所列各项可以运用鼓词小调等民间艺术形式撰写，力求简短。可见，通过鼓励民间文艺创作推动文艺大众化运动是必要的，更为关键的是，正是各民主根据地从实际出发，因地制宜开展与群众相结合的文艺运动，进而使这些经过实践检验的民间文艺创造活动，为后来延安文艺座谈会上的讲话提供了一定的经验借鉴。

周文在晋西北根据地的文艺大众化运动中发挥了重要的领导作用。《抗战日报》1942 年 9 月 15 日第二版，刊载《作家周文同志由延抵晋西北》：“作家周文同志，于日前由延来晋西北，并即参加晋西北文化教育工作。周文同志从事文化工作多年，对中国文化事业贡献卓著，此次来晋西北，对我根据地文化教育事业，当有很大之推动。”[7]周文担任中共晋绥分局宣传部的秘书工作，联系的基层单位主要是《抗战日报》社、《晋西大众报》社、七月剧社、文联等。抗日战争时期，周文一直秉承着劳动人民创造文化的文艺大众化思想，自觉站在人民大众的立场上搜集和整理民间文艺。他在延安创办《边区群众报》时，运用人民大众喜爱的民间文艺形式，将劳动人民创造文化的思想融入根据地的报纸中[8]。1942 年 11 月 14 日，晋西北根据地文社举行成立大会，选出周文等九人为理事。主席周文指出了根据地文化事业发展的有利条件，为更进一步发挥文化战线上的力量，须要更有组织地进行工作，以展开有效的对敌斗争。值得一提的是，此次会议决定暂时以《抗战日报》第四版出综合刊，要求各个社员严格遵守简章规定，每月至少交稿一篇[9]。

1942 年延安文艺座谈会召开之后，《讲话》精神在晋西北根据地开始传播，当时基层文艺工作者对《讲话》的接受与认识，散见于晋绥边区文艺工作者的自传和文集之中，卢梦曾回忆道：“1942 年六七月间，延安文艺座谈会的消息传到了晋西北，不久毛主席在文艺座谈会上的讲话记录，由欧阳山尊同志带到晋西北，一群专业的文艺工作者在兴县黑峪口村的戏台上听了毛主席讲话的传达。"[10] 当时晋西北文联主任亚马亦有相关记载："1942 年 5 月间郁文来兴县，先在文联少部分人（驻黑峪口）中传达了毛泽东同志《在延安文艺座谈会上的讲话》，后欧阳山尊又去兴县政治部驻地文化署，较大范围地传达了自己的笔记（当时的详细笔记稿），随之迅速展开了为谁服务、如何为工农兵服务的讨论。"[11] 在宣传部工作伊始，周文首先向文化界负责人传达了毛泽东在延安文艺座谈会上的讲话精神[12]。1942 年，《讲话》尚未公开发表，而是由参会人员回到各自所属单位小范围内传播与讨论，直至为纪念鲁迅逝世七周年，1943 年 10 月 19 日，在《解放日报》首次公开发表《讲话》，10 月 30 日，《抗战日报》转载。

二、《抗战日报》刊载民间文学的主题与类型

1942 年延安文艺座谈会召开之后，在"文艺为工农兵服务"方针的指导下，解放区的作家、艺术家主动走向民间、靠近群众，创作了诸多利用民间艺术形式改编的具有新内容的鼓词小唱、民谣民歌、唱本快板等。解放区文学在整体上呈现出与革命斗争紧密结合的态势，强调对民间艺术形式、传统形式进行创造性转化。文艺工作者主动适应以农民为主体的基层群众的艺术欣赏兴趣和接受水平的特点，通过运用民众熟悉的文艺形式宣传党的政策，深入各地搜集了大量反映民众生活与革命斗争的民歌、故事、戏曲、年画，通过进一步的改编和提高，创作了《兄妹开荒》《东方红》《王贵与李香香》等作品。

《讲话》之后，延安和各民主根据地的文艺界形成了向民间艺术学习，改造民间形式的共识，鼓励知识分子眼光向下，重视蕴藏在人民群众中的文学与艺术，创造性利用丰富多彩的民间文化资源，汲取民间文化的精华，去芜存菁、推陈出新。因此，为人民群众所喜闻乐见的传统民间艺术形式，成为一种重要文化资源受到特别重视。晋西北根据地的民间文化资源底蕴深厚，有着丰富多彩的民间艺术形式，作为中共晋西北区委机关报的《抗战日报》，副刊刊载了诸多利用民间艺术形式改编的具有新内容的民间文学作品，重点刊载了三个方面的内容，一是故事、传说等散文类作品；二是民谣、民歌、口歌、民歌体叙事诗等韵文类作品；三是鼓词小唱、唱本快板等说唱类作品。这些作品既采用了民众熟悉的艺术形式，同时又增添了新的时代内容，进一步丰富了群众的生活，起到了动员、组织和教育群众的作用，从而更好地为革命和政治服务。

（一）散文类民间文学作品

晋西北根据地的民间故事是当时社会现实生活的真实反映，主要揭露了农民与地主的阶级矛盾。《抗战日报》副刊 1945 年 9 月 16 日，刊载民间故事《张财主下地》[13]，从这则故事中，我们可以看出，当时农民对地主的厌恶，一定程度上反映了当时阶级矛盾对立的社会现实。《抗战日报》副刊 1945 年 11 月 16 日，刊载民间故事《佃户"吵架"》[14]，这则民间故事主要表现的是农民与地主斗争的内容，目的在于唤醒广大民众的平等意识。地主并不从事生产劳动，是以剥削农民为生的剥削者，人

民才是物质的生产者，要反抗压迫，争取自由与平等。《晋绥日报》副刊1946年7月18日，刊载民间故事《车碾螳螂》，渺小的螳螂企图阻止车轮的前进，最终落得一个粉身碎骨的下场，影射的是以蒋介石为首的国民党反动派，他们妄想挡住历史前进的车轮，绞杀民主政权反对人民，最终逃脱不了灭亡的命运。《抗战日报》副刊刊载的其他民间故事，还有《王小毛祈雨》[15]《谁有本事》[16]《喝端午酒》[17]等，值得一提的是，《抗战日报》副刊不仅刊载中国的民间故事，而且刊载国外的民间故事，《抗战日报》副刊1945年10月16日，刊载苏联民间故事《列宁和皇帝分家》[18]，这则民间故事站在人民的立场上，表达了人民是世界的主人，工农群众创造一切，没有工人和农民，就没有这个世界。与解放区的民间故事相比，经过改编的苏联民间故事对广大民众同样具有良好的教育意义。

传说是关于历史的叙事，是一个特定群体对所记忆的历史事实的阐释。《抗战日报》副刊刊载的民间传说，以历史上的成败得失作为鉴戒，揭示历史的发展规律，即人民群众是历史的创造者，是推动历史前进的强大力量，任何阻碍历史进步的行为，必将遭到人民的坚决反对。《抗战日报》副刊1945年9月29日，刊载的民间传说《水推长城》[19]，主要讲述了秦始皇劳民伤财修建万里长城，最终被人民的汪洋大海吞没的故事。故事内容与当时民众的生活现状有相似之处，任何朝代的统治者所苦心经营的“丰功伟业”，最终势必被“人民的大水”推翻。从这则故事中，可以感受到普通民众对蒋介石独裁统治的不满和愤怒。《晋绥日报》副刊1946年7月24日，刊载民间传说《小贪蛇的故事》[20]，将自不量力的小贪蛇比作国民党反动派，欲壑难填，妄图通过内战侵吞抗战胜利果实，反对民主并继续维持专制独裁统治，这种行为终将被人民群众争取和平与民主的强大力量打败。

（二）韵文类民间文学作品

民谣是《抗战日报》副刊刊载数量最多的民间文学作品，表达了民众渴望翻身得解放，过上美好生活的愿望。按照地域可以划分为解放区民谣、阎锡山统治区民谣、国民党统治区民谣，主要的描述对象是工人、农民、士兵、商贩。通过这些民谣可以了解当时的社会民情，诚如清代刘毓崧所言：“抑知言志之道，无待远求，风雅固其大宗，谣谚尤其显证，欲探风雅之奥者，不妨先问谣谚之涂。”[21]民谣从事实出发，用最简练的语句概括出社会现实，最能真实地体现民情民意。《抗战日报》副刊刊载的民谣内容，反映了当时民众生活的苦难和对社会现实的不满，同时也表现出民众对和平与安定的渴望。《抗战日报》副刊1945年10月22日，刊载民谣《减租谣》[22]，从这则民谣中，我们也可以看出，民众对以毛泽东为主要代表的中国共产党，帮助劳动人民减租减息的感恩。《抗战日报》副刊1945年11月13日，刊载民歌联唱《大救星》[23]，表达了对“大救星”毛主席拯救穷苦人民的感恩之情，并拥护共产党建立人民当家作主的民主政权。《抗战日报》副刊1945年11月28日，刊载民谣《翻身谣》[24]，讲述了解放区的农民群众分到土地，在政治上翻身得解放的激动之情，起到了动员群众争取自由与民主的积极作用。此外，《抗战日报》刊载的民谣更多地反映了民众对阎锡山在山西反动统治的不满。例如，《抗战日报》副刊1946年1月7日刊载的《太原民谣》：“阎投日，日投阎，日阎合流进太原”。《抗战日报》副刊1946年

4 月 28 日，刊载《从民谣里看阎锡山》[25]，这些民谣真实地反映了抗战期间阎锡山在晋西事变后，变本加厉地走向公开反共，消极抗日的道路，与日寇订约，和平共居，“日阎一家”成为公开的秘密。1946 年 4 月 13 日刊载的《忻州原平民谣》《崞县民谣》，反映了人民群众对阎锡山在山西实行“兵农合一”政策的抗议，同时揭露了阎锡山拉拢投降日军的可恶行径。

值得提及的是，《抗战日报》副刊既改编主体民族民间文学的内容，也利用其他民族的口头文学形式，以《晋绥日报》副刊刊载的口歌[26]为例，它具有浓郁的民族文化气息，东干语言学家杨善新在其《简明东干语——俄语词典》中解释口歌对应的俄语为 пословица，即谚语[27]。口歌的“口”字，顾名思义，即口口相传之意。“歌”与“曲调”相关，口歌的文体特征是“连句”。《晋绥日报》副刊 1946 年 12 月 12 日，刊载《歌唱我们自己的劳作》，阐述了口歌的形式与内容，认为其短小精悍、积极健康、欢快有力，充满生活气息[28]。例如，《邮工跑夜口歌》：

> 夜深天黑无星星，街上点了一盏灯，你一拉，我一扯，驮子绑得稳又稳；百十多斤的书报信，抬上驴背奔前程。我们——头戴棉帽，身穿棉袄，肩扛步枪，冒着寒风向前行，不怕冷，不怕风，为了千万人早看报，连夜赶向神池城。
>
> 十二月四日于五寨[29]

解放区民间文艺是在融汇整合民间话语资源的过程中，剥离出民间话语蕴含的政治说教、政治隐喻以及动员功效，达到讲解政治主题的目的[30]。例如，李季在搜集整理陕北民歌信天游的基础上，对其进行大胆的再创造，创作了民歌体叙事长诗《王贵与李香香》，描写延安时期陕北人民的斗争生活，表达了人民群众渴望翻身得解放，过上美好生活的愿望。李季对陕北信天游的改造十分成功。《晋绥日报》副刊 1947 年 1 月 17 日，刊载《对写诗同志的一点意见》[31]，魏风认为《王贵与李香香》在群众中反响很大，对农民生活有着深刻的了解，是知识分子积极借鉴学习民歌的结果，内容是大众内容，形式是大众的形式。无独有偶，晋西北根据地的文艺工作者李文辛，改编临县和离石县流行的民间叙事诗——《秋香》，利用其独特的演唱形式，传达出民众的疾苦。当时人们为求生计，被迫走西口，无奈时局动荡，与家人失去联系，被傅作义的部队抓去当兵，与我军交战被俘，随后加入八路军，走上了为民族解放而战斗的道路[32]。

（三）说唱类民间文学作品

《抗战日报》副刊 1945 年 9 月 8 日，刊载《胜利花鼓》[33]，利用民间艺术形式，表现了抗战胜利时民众的喜悦之情，内容上通俗易懂。“（锣鼓声中两小儿跳）太阳当空照，人们在欢笑，队伍吹了集合号；婆姨喊来老汉叫，娃娃拉着平儿跳，到处好热闹”。《晋绥日报》副刊 1947 年 1 月 17 日，刊载《儿童拜年花鼓》[34]，“边区的天来自由的天，毛主席引路在前边。实现耕者有其田，吃得饱来穿得暖。穷人个个把身翻，先给毛主席拜个年”。表达了民众对以毛泽东为代表的中国共产党帮助穷人翻身的感激之情，相比之下，有些作品反映了民众对以蒋介石为首的国民党统治的不满，譬如《晋绥日报》副刊1946年10月10日刊载的《忻崞小唱》、1946年11月27日刊载的《骂蒋小唱》、1947年12月24日刊载的《交城西社群众的翻身小唱》等。

《抗战日报》副刊1945年9月29日和11月3日，连续刊载唱本《受难的晋西南》[35]，揭露了阎锡山施行的“兵农合一”制度给晋西南民众造成的巨大伤害。抗战期间阎锡山蜷伏晋西南，为解决兵源短缺和粮食匮乏问题，施行的一种战时制度。这一行径极大地伤害了广大农民群众的利益，以致民不聊生，怨声载道。关于这一暴政，亦反映在当时的民谣中，《抗战日报》副刊1945年12月9日，刊载的《阳曲民谣》显示[36]，阎锡山在晋西南的一套“兵农合一”的军事恐怖手段，又施之于太原人民，三个人一组或六个人一组，抽兵实行份地，人民街巷纷议，“阎锡山比日本人还厉害”，谣曰“土地充公，老人枪崩，娃娃填坑，青年当兵，妇女跟人”。

战士或农民新编的快板，起到了很好的政治宣传和革命动员作用。《抗战日报》副刊1945年9月20日，刊载快板《贺世子参战报仇》[37]，采用莲花落的民间说唱形式，表达了抗日战争取得胜利时民众的喜悦之情，以及对阎锡山反动统治的痛恨。当时民众踊跃参军，其中有一位叫贺世子的士兵。“哎！老乡们！同志们！不要吵，不要闹，听我数个莲花落。莲花落，像流水，此地叫他一练子嘴。要胜利，要宣传，为了大家把事办。八路军大战且不表，苏联红军的胜利也先不提，开言先表人一个，表表咱参战的模范贺世子。”类似的民间文学作品，还有快板广场剧，例如，《抗战日报》副刊1945年12月15、16日刊载的快板广场剧《算账去》[38]，1946年8月2日刊登的快板《表晋西南》是搜集记录晋西南流传的民谣改编而成，揭露了在阎锡山统治下晋西南人民的苦痛。

《抗战日报》刊载的民间文学作品，关注农民的生活与命运、前途与未来，表现他们的欢乐与忧愁、幸福与痛苦。一方面揭露地主阶级的罪恶，团结广大群众与反动势力作斗争；另一方面展现中国共产党领导的人民民主政权得到人民群众的支持和拥护。从更深层次上来说，民间文艺承载着政治宣传、革命动员和民众教育的社会功能，因此必须依靠知识分子改编民间文艺以适应对敌斗争和革命事业的需要。《抗战日报》副刊11月3日，刊载的《多编新的唱本，帮助民间艺人》[39]，倡导知识分子要帮助民间艺人提高艺术水平和思想认识，使其改变过去自由散漫的状态，服从组织的要求，更好地利用他们在民间的声望宣传革命思想[40]。民间艺人在宣传方面有着熟练的技术，但是民间艺人缺乏具有新内容的唱本，他们的创作还只限于时事宣传，没有反映新的生活内容，满足不了群众的文化需求，这是民间艺人最为不足的地方。因此鼓励知识分子与艺人们结合起来，共同编写故事性较强的鼓词，知识分子帮助民间艺人选择主题，运用新鲜、活泼的语言刻画人物形象。

值得强调的是，在民间艺人改造的同时，知识分子也自觉地向民间艺人学习，批判地吸收民间艺术的精华，丰富自己的创作，写作手法通俗而接近群众。《抗战日报》副刊1945年9月29日，刊载的《前方来信》（摘录）[41]，在汾阳平川创作了揭露汉奸罪行的歌子，“调子采用此地最流行的游汽道，歌词内容同时用连续画画出来，在赶集时配合宣传，收得了很好效果，歌子已很快流行于群众中间，特别是儿童、妇女，青年……戏剧创作是发挥了晋西北群众创作经验，集体编演，自己编自己演，在不断演出中逐渐丰富成熟为一剧本……我们吸收了当地的秧歌歌手、民间闹票的共同演出，曲调是当地最流行的秧歌，如苦伶仃便是此地群众新近创作的时兴调，我们马上学习应用了”。由此可见，民间文艺并非一成不变，在流传的过程中，不断地发生变化，并被修改。这种修改是民间艺人与知识分子集体创作的结果，在新唱词的创作上，知识分子写好后交给民间艺人，他们提出修改意见。相比之下，群众参与知识分子的创作，更能体现创作上的民间色彩。例如，《抗战日报》副刊1946年2月28日，刊载的《新“苦伶仃”》[42]，新“苦伶仃”是边区文工团在解放战争进入大反攻时，采用民间形式创作的一个尝试。作者在前记里讲到，平川有名的民间秧歌头“圪迷壶”演唱过“苦伶仃”的歌词，有数处得到了他的修改。

总体来看，《抗战日报》刊载的民间文学作品，虽然看起来十分的幼稚、粗糙，这与当时解放区文艺工作者的文化背景、教育水平、生活环境等因素有着很大的关系，也与民间文学本身的特点相关，但从中我们可以看出，当时我党对民间文艺的重视，这是党在战争年代利用一切可以利用的民间文化资源，动员广大民众参与对敌斗争的一种方式。延安时期的民间文艺是一种理想化的审美重构，新的意识形态话语对其进行了从内容到形式的重塑和改造[43]。这些民间文学作品与时代环境、党的政治政策密切相关，为改造、利用民间文艺提供了新的方向，促进了民间文艺的繁荣与发展。总而言之，《抗战日报》刊载的民间文学作品，把革命的宣传内容与民间的艺术形式充分结合，唤起了广大民众的斗争热情。为当时的文艺工作者如何对待和利用民间文艺指明了新的方向，也为延安时期民间文学学术史的研究提供了重要的报刊史料。

三、《抗战日报》副刊中民间文艺理论的阐述

《抗战日报》1944年3月2日，刊载《“七七七”文艺奖金缘起及办法》[44]。在“七七七”文艺奖金办法中，奖金作品主要有三类，特别强调了民间文艺类剧本歌曲、年画，剧本歌曲包括话剧、梆子、郿鄠、秧歌及其新型歌剧等。在内容和形式上提出明确的创作要求，题材必须以工农兵为主要对象，并彻底贯彻毛主席“组织起来”的精神。形式、语言、构图、音调上，必须力求通俗，能为工农兵群众懂得。不通俗者不取。在获奖的戏剧作品中，除话剧以外，新型秧歌剧、郿鄠、山西梆子、道情、歌剧，均结合了民间戏曲艺术的唱曲部分。民间曲艺是综合性很强的表演艺术，在群众中流行久远，影响最大，即使是在战争年代也保持着频繁的演出活动。

晋西北文化运动紧紧围绕着根据地的发展阶段而展开，尤其是在毛泽东的《讲话》之后，坚持文化艺术工作与现实战斗结合，与群众劳动结合的新方向。关于晋西北根据地的民间文艺理论研究，主要集中于通过各种艺术形式去寻求当前政治任务和群众生活相结合的有效方法。通过对群众中现有的文化艺术生活的研究，搜集民间流传的小唱小调、秧歌，民歌民谣，探寻其发展改编和利用的空间。更为重要的是，整理流行于群众中的梆子、道情、高跷和社火等民间艺术形式，学习研究其内在逻辑与发展规律，掌握并使用服务于当下的文化工作[45]。延安和各民主根据地的知识分子

改变写作立场，他们真正地站在人民的立场上，放低身段向劳动人民学习，找寻新颖活泼的民间形式，以达到表现政治主题的目的。值得一提的是，在发掘与培育民间文艺的过程中，知识分子对民间文艺的认识经历了螺旋式上升的过程，即从一开始简单的搜集整理，到逐渐掌握民间文艺的规律，具备了成熟的民间文艺思想。同时，也正是因为知识分子积极主动地参与，激发了人民群众的创造才能，广泛运用自己熟悉的旧有艺术形式，传播积极抗战的中共根据地形象。概而言之，重新发掘和利用晋西北根据地丰富多样的民间艺术形式，使得文艺作品渗透着浓厚的地域文化色彩，这些都极大地推动了当时晋西北根据地民间文化的繁荣与发展。

1946 年《抗战日报》副刊分三期刊载亚马的《论发育成长中的大众文艺运动》一文，其中 1946 年 5 月 7 日刊载了文章第二节“文艺与群众相结合的发展”，较为全面地概括了当时晋绥边区文艺运动及文艺工作的特点。坚持文艺发展的正确方向，开辟了文艺和群众相结合的道路。大众文艺成长中的几个特点是：

> （一）群众最懂得斗争和生活，特别是阶级生活和团结与斗争的方式方法，所以一经他们自己表达出来，从语言、动作、色调、情感等方面，给人以深刻的印象。
>
> （二）形式上的地方风格与多样性。
>
> （三）由简单到复杂，由接受新的到改造旧的，都表现了群众丰富的智慧与大胆的创造才能，其发展前途是没有止境的。

更为重要的是，亚马还指出了知识分子向群众学习的方式方法，“艺术工作者，在现实的大众文艺发展当中，应向群众摄取半制品的艺术原料，或完全拿来群众的东西发表。应向群众记录、整理民间蕴藏的各种艺术形式，用来充实自己的创作”[46]。文艺工作者要坚持走从群众中来，到群众中去的文艺发展路线。人民群众创造历史，置身于人民群众的汪洋大海，积极主动接受群众的滋养，文艺创作取之于群众，用之于群众，与人民群众保持着良好的互动关系，永远和人民紧密结合在一起。文艺作品要表现群众的对敌斗争和思想动态，用文艺的力量鼓舞群众勇敢斗争，只有这样文艺工作者才能将大众化文艺的路线贯彻下去。由此可见，晋西北根据地的文艺工作者认识到了这个事实，积极向群众学习，改变自己的同时，汲取民间文化的滋养，描写与群众相关的社会生活，即利用贴近群众的艺术形式，讴歌即将到来的新时代，赞美劳动人民，使得信念更加坚定、斗志更加昂扬。

《晋绥日报》副刊 1946 年 9 月 18 日，刊载《副刊需要什么稿件》一文，在文艺大众化运动过程中，《晋绥日报》读者群体的文艺审美水平逐渐提升，要求副刊刊载一些富有“营养”的文艺作品，要求有文艺批评和介绍。为此，副刊编辑室要求通讯员大量创作和发掘新的作品，“譬如增加富于政治意义与生活实感的民谣小诗，还有带着强烈斗争性的快板，以及含有深刻思想教育的民间传说，以及农村中实现的故事等”[47]。在《读者的意见》中[48]，以其中一位读者所述为例，可以看到《晋绥日报》副刊在工农兵读者群中所产生的影响。“我是爱读副刊的，像《学习朱总司令》《车碾螳螂》等民间故事，和一些民谣短诗，我都看过三四遍。”副刊刊载的民间文学作品在解放区的群众中产生了积极的影响，极大地提高了共产党和民主政权在人民群众中的威信。

20世纪40年代晋西北根据地民间文艺创作活动的兴起、发展和成熟，有力地推动了大众化文艺运动的进程。更为重要的是，延安和各民主根据地文艺机制的内在逻辑，即延安所确立的中央政策往往来自对根据地经验的吸收，晋察冀、晋冀鲁豫、晋绥三大根据地都因地制宜，根据实际情况进行了独立的文艺创造，而这些创造在经过实际检验之后，往往会被延安所吸收。那些重大的、宏观的、具有全局指导意义的文艺决策也才由此得以形成[49]。晋西北根据地一系列文艺大众化政策的推广与实施，在一定意义上，践行了《讲话》精神，通过对民间形式的改编利用，宣传新的思想和文化。

中国共产党在延安时期形成了搜集、整理、保存、传播民间文学的思想，新中国初期承继了延安时期解放区重视民间文学的思想和政策，尤其是搜集整理。1950年，周扬在中国民间文艺研究会成立大会上讲到“今后通过对中国民间文艺的采集、整理、分析、批判、研究，为新中国新文化创作出更优秀的更丰富的民间文艺作品来”[50]。当时民间文学的诸多实践基本遵循了这一思路，1958年全国发起民间文学的采风运动，文艺工作者深入基层，搜集整理了大量的民间文学作品。如云南彝族撒尼人叙事长诗《阿诗玛》、四大创世史诗《勒俄特依》《梅葛》《查姆》《阿细的先基》、纳西族史诗《创世纪》、广西壮族民间传说《刘三姐》等，在中国民间文学学术史上产生了较大的影响。

结语

延安时期晋西北根据地民间文艺创作活动的兴起、发展和成熟，采录了大量的民间文艺材料，有力地推动了文艺大众化运动的进程。20世纪40年代晋西北根据地所处环境的复杂性不言而喻，诚如贾芝所言，当时解放区处在强敌环伺的环境中，一切为了反抗侵略战争的胜利，强调文艺为团结群众和革命斗争服务，使文艺成为宣传、教育和战斗的武器[51]。因此晋西北根据地的文艺大众化运动不可避免地具有一定的历史局限性，存在简单化、片面化的缺点，过分偏重对民间文艺的改造，未能全面地采录与搜集原汁原味的民间文艺，也未能做到忠实慎重地保持民间文艺的原貌。毋庸置疑的是，晋西北根据地民间文艺的发展，在对敌进行斗争，团结各阶层人民和促成党政军民一致对外方面发挥了积极的作用，推进晋西北根据地文化的繁荣和发展。

* 本文系国家社科基金重大项目“山陕豫民间文化资源谱系与创新性发展的实证研究”（19ZDA185）的阶段性成果。

注释：

［1］刘守华：《民间文艺与新文艺的建设》，《华中师院学报》（哲学社会科学版）1985年第4期，第47～55页；康馨：《晋绥边区对〈在延安文艺座谈会上的讲话〉的接受（1942—1945）》，《新文学史料》2019年第4期，第94～103页；钟海波、李继凯：《论解放区文艺“走向民间”的本土经验》，《兰州大学

学报》(社会科学版)2022 年第 5 期,第 153～160 页。

[2] 编者:《本版征稿启事》,《抗战日报》1940 年 9 月 18 日。

[3] 编者:《本版征稿简约》,《抗战日报》1941 年 3 月 15 日。

[4] 中共山西省委组织部编:《常芝青传》,北京:新华出版社,2003 年,第 57 页。

[5] 李丹:《解放区文艺的"华北根性"》,《南方文坛》2019 年第 5 期,第 47～53 页。

[6] 编者:《吕梁文化教育出版社征稿》,《抗战日报》1940 年 10 月 9 日。

[7] 编者:《作家周文同志由延抵晋西北》,《抗战日报》1942 年 9 月 15 日。

[8] 杨培源:《周文的民间文艺思想研究》,《民间文化论坛》2022 第 5 期,第 14～21 页。

[9] 编者:《根据地文社正式成立》,《抗战日报》1942 年 11 月 17 日。

[10] 卢梦:《卢梦纪念文集》(内部图书),三晋文化研究会编,2011 年,第 101 页。

[11] 亚马:《关于晋绥边区文化、文艺运动的若干问题》,王一民、齐荣晋、笙鸣:《山西革命根据地文艺运动回忆录》,太原:北岳文艺出版社,1988 年,第 12 页。

[12] 参见周文:《周文年表》,《周文文集》(第 4 卷),北京:作家出版社,2010 年,第 405 页。

[13] 田家:《张财主下地》,《抗战日报》1945 年 9 月 16 日。

[14] 宋丕显:《佃户"吵架"》,《抗战日报》1945 年 11 月 16 日。

[15] 王者华来稿,束为改写:《王小毛祈雨》,《抗战日报》1945 年 10 月 12 日。

[16] 王兴富、程天命:《谁有本事》,《抗战日报》1946 年 5 月 31 日。

[17] 宋丕显:《喝端午酒》,《晋绥日报》1947 年 9 月 5 日。

[18]《列宁和皇帝分家》,《抗战日报》1945 年 10 月 16 日。

[19] 束为:《水推长城》,《抗战日报》1945 年 9 月 29 日。

[20] 李文辛:《小贪蛇的故事》,《晋绥日报》1946 年 7 月 24 日。

[21] [清]杜文澜辑,周绍良校点:《古谣谚》,北京:中华书局,2000 年,第 2 页。

[22] 胡健、宋丕显:《减租谣》,《抗战日报》1945 年 10 月 22 日。

[23] 坚辛:《大救星》,《抗战日报》1945 年 11 月 13 日。

[24] 范若愚:《翻身谣》,《抗战日报》1945 年 11 月 28 日。

[25] 张友:《从民谣里看阎锡山》,《抗战日报》1946 年 4 月 28 日。

[26] 云屏:《蒋家"兵"(口歌集纳)》,《晋绥日报》1946 年 11 月 16 日。

[27] 转引自常文昌:《中亚文化语境中的东干口歌口溜》,《西北师大学报》(社会科学版)2006 年第 1 期,第 113～117 页。

[28] 编者:《歌唱我们自己的劳作》,《晋绥日报》1946 年 12 月 12 日。

[29] 杨成华、田满粮、杜聚祥:《邮工跑夜口歌》,《晋绥日报》1946 年 12 月 12 日。

[30] 李继凯、程志军:《文化磨合与歌剧〈白毛女〉》,《南方文坛》2021 年第 4 期,第 17～22 页。

[31] 魏风:《对写诗同志的一点意见》,《晋绥日报》1947 年 1 月 17 日。

[32] 李文辛:《秋香》,《晋绥日报》1947 年 1 月 14 日。

[33] 杨瑛:《胜利花鼓》,《抗战日报》1945 年 9 月 8 日。

[34] 张立:《儿童拜年花鼓》,《晋绥日报》1947 年 1 月 17 日。

[35] 郝宝英:《受难的晋西南》,《抗战日报》1945 年 9 月 29 日。

[36] 敏:《阳曲民谣》,《抗战日报》1945 年 12 月 9 日。

[37] 肖寒:《贺世子参战报仇》,《抗战日报》1945 年 9 月 20 日。

[38] 炉冶:《算账去》,《抗战日报》1945 年 12 月 15 日。

[39] 易风:《多编新的唱本,帮助民间艺人》,《抗战日报》1945 年 11 月 3 日;参见王易风:《艺海文存》,太原:山西人民出版社,2014 年,第 218～219 页。

[40] 江守义:《民间元素与延安文艺大众化》,《中国高校社会科学》2022年第1期,第126～135页。

[41] 编者:《前方来信》(摘录),《抗战日报》1945年9月29日。

[42] 张朋明、关斌魁:《新"苦伶仃"》,《抗战日报》1946年2月28日。

[43] 钟海波、李继凯:《论解放区文艺"走向民间"的本土经验》,《兰州大学学报》(社会科学版)2022年第5期,第153～160页。

[44] 周文:《"七七七"文艺奖金缘起及办法》,《抗战日报》1944年3月2日。

[45] 亚马:《谈文艺与群众结合问题——为纪念"五四"二十五周年而作》,《山西文艺史料》(第二辑),太原:山西人民出版社,1959年,第67页。

[46] 亚马:《论发育成长中的大众文艺运动》(第二节),《抗战日报》1946年5月7日。

[47] 编者:《副刊需要什么稿件》,《晋绥日报》1946年9月18日。

[48] 编者:《读者的意见》,《晋绥日报》1946年9月18日。

[49] 李丹:《解放区文艺的"华北根性"》,《南方文坛》2019年第5期,第47～53页。

[50] 周扬:《中国民间文艺研究会成立大会开幕词》,《周扬文集》(第二卷),北京:人民文学出版社,1985年,第10页。

[51] 贾芝:《论延安时期文艺运动的五个特征》,《贾芝集》,北京:中国社会科学出版社,2009年,第35页。

百苗图图文关系研究

金　艳

（贵州师范大学美术学院，贵州贵阳，550025）

内容摘要：百苗图是一种图说文本，是我国珍贵的历史民族志文献，它生动展现了清代西南地区，主要是贵州、云南等地各少数民族的物质生活和生产状况。在百苗图中，一图一说占主流，每图配简要文字，图画与文字互相映衬、相互交错。从空间方位和结构方式上看，百苗图主要有图说、图说诗两种类型；从内容上分析，百苗图主要体现为图文重合、图文互补两种图文叙事模式；从意义建构层面看，百苗图凸显了民族文化交融的象征性意蕴。

关键词：百苗图；图文类型；图文叙事；意义表达

百苗图是一种图说文本，并非指某一书籍，而是苗图的泛称。百苗图涉及清代西南地区，主要为贵州、云南等地苗族、布依族、侗族各支系以及仡佬族、土家族、彝族、水族、瑶族、壮族、毛南族、白族等民族，用于记载各民族的服饰、生产工具、生活用具、生计方式、性情、姓氏、分布地、娱乐场景、习俗礼仪和祭祀活动等内容，生动展现了其时其地各少数民族物质生活和生产状况，承载着各少数民族丰富的历史文化记忆，是我国珍贵的历史民族志文献。目前，百苗图各种抄本流散于海内外各博物馆、图书馆以及收藏家手中，据王万发博士从发表和出版的文献信息中初步统计，中国大陆苗图藏本有 83 种，中国台湾苗图藏本有 11 种[1]。祁庆富教授等也曾对海外苗图的收藏情况进行了梳理：英国 19 种、意大利 16 种、美国 14 种、日本 12 种、德国 7 种、法国 6 种、俄罗斯 10 种、捷克斯洛伐克 2 种[2]。近年来，国内又陆续出版了几本国外收藏的百苗图影印本，如乐怡整理出版的《百苗图八种》，吴雅迪、王霄冰整理出版的《德国和捷克藏贵州“苗图”》，日本田中和子、木津佑子整理出版的《京都大学藏苗图五种》等。对百苗图的研究，较早关注的是西方学者，国内研究成果也较为丰硕，相关研究中著作有 10 余部、博士论文 4 篇、硕士论文 2 篇、学术期刊文章 80 余篇，研究主要集中在民族学、历史学和美术学领域，其具体内容为版本及其源流、收藏及出版情况、文字图片整理及校释、族属及民族关系、文化艺术特征等方面。近年来，学界对百苗图研究的深度和广度在不断提升，对于百苗图图文之间的关系也有探讨，如王万发博士“‘苗图’的形式构成与题材谱系”[3]，但此类研究并不多。为此，笔者拟在图文的多样关系中，考查百苗图图画与文字的类型及结构方式，探索其图文叙事模式，并在互文关系下分析其呈现出来的象征性意蕴。

一、百苗图的图文类型

学界一般认为《八十二种苗图并说》为众多苗图之源。《八十二种苗图并说》是清代原任贵州八寨理苗同知的陈浩所作，为彩绘附图，因其时彩绘刻板极为不易，故未能批量发行，后人只能以临摹转抄改绘的方式使其流传，从而构成了诸多互有区别的抄本。虽然各抄本之间构图各异，但各本间表现的主题一脉相承，基本一致。从现存的百苗图来看，其组合类型主要有图说型、图说诗型两种，同时也存在有图无说以及有说无图的情况，这种情况大体是在流传过程中说、诗或者图缺失造成的，因为有的百苗图抄本图与说、诗是分开在不同的页面上，在传抄过程中，失去了说、诗或者图，就成了有图无说和有说无图，如台湾“中研院”历史语言研究所藏的1册82幅的百苗图就是有图无说[4]，《黔省诸苗说共八十二种》只有说和诗，无图[5]。“《百苗图》出现以后，被认为是一种图说（诗文或简约文字对风俗作描写）兼备，繁简相宜，除绘画工巧可以供书画家欣赏临摹外，它更重要的是一种实地写生，形象化地记录了少数民族生活状态的文本。”[6]在百苗图中，图与文经纬相错，一图一说占主流，每幅苗图配简要的文字说明，有些图还配诗，图与文的结构方式呈现自身的特征。为此，在这里，拟从空间方位出发，对百苗图的图说型、图说诗型两种类型及其结构方式进行阐释。

（一）图说型

百苗图大多不是纯粹的绘画，而是每幅图上写有相应的文字，以一种图文结合的形式出现，图文结合主要有两种形式，一是图文轮置，即图与文分布在不同的页面上，图文轮置有左图右文或右图左文两种形式。如中央民族大学图书馆藏本《贵州苗民风俗图》、意大利社会地理学会藏本《黔省苗图全部》、中国台湾“中研院”历史语言研究所藏本《番苗图册》等图画与文字位置就是左图右文，图文之间在画面上有比较明显的分区，其中文多为较淡的黄色。这种左图右文的表现形式，符合中国古人读书、做学问“左图而右史”的传统。诚如郑樵曰：“古之学者为学有要：置图于左，置书于右，索象于图，索理于书，故人亦易为学，学亦易为功，举而措之，如执左契。后之学者离图即书，尚辞务说，故人亦难为学，学者亦难为功，虽平日胸中有千章万卷及置之行事之间，则茫茫然不知所向。”[7]另外一种就是右图左文，如美国哈佛大学哈佛燕京图书馆藏本《黔苗图说》《滇苗图说》等的图文位置。二是图文融合，图文在一页上，文根据图的布局来确定大致的位置，文置于图中左上角、文置于图中右上角、文横置图上、文置于图右下角以及文有机融于图的某空白部分等，如贵州民族大学藏本《百苗图》（残本）、贵州省博物馆藏本《黔苗图说》等，在这些百苗图中，文在图中左上角、右上角、右下角或横置图上，这种表现形式在百苗图中较常见，又如贵州省博物馆藏本《黔苗图说》中的红苗，图描绘了妇女阻斗的场面，文字说明就置于图中画的空白之处，文有机融于图中。

（二）图说诗型

李宗昉在《黔记》卷三中写道，朱兰坡给他所绘《黔苗图》题诗，“洞庭彭蠡间，古苗多根蟠。三危既丕叙，地合邻泧桓……缗笑重推详，涂艭痕初干。奋焉壮志起，遐壤封泥丸。”[8]这说明百苗图有配诗的传统。在光绪永嘉县志《人物志》中亦有记载陈浩曾手绘《苗疆风土》白册，各系之诗，以寓劝诫，名曰“黔中竹枝词”，这种诗多为七言四句。图说诗型是从图说型基础上增诗而成，从表现形式上看，其可分为两种：一种为图说诗合一，如中国历史博物馆藏本《百苗风俗图》，图说诗三者均在一页上，其第二十七图，图画绘的是一男子手牵耕牛，一女子肩扛锄头，共同前往田间劳作的情形。文字为：“剪发仡佬，男女蓄发寸许，勤耕力作，死则积薪焚之。听约束石阡之苗民，黎平之苒司，古州之漕济司皆有之。诗文：发挽双双剪寸馀，绿阴深处结莲庐，堪嗟死后焚尸骨，习俗相沿实自愚。”[9]另一种为图与说、诗分离，图单独一页，说与诗在另一页，如美国哈佛大学哈佛燕京图书馆藏本《黔苗图说》、日本早稻田大学藏本《黔省诸苗全图》等，文末皆有七言诗一首。在《黔苗图说》第二十八图中，文字为“白苗衣白衣男子科头跣足，妇人盘髻长簪，祀祖必择大牯牛，以头角端正者饲之肥壮，乃聚合寨之牛斗于野，胜则为吉，卜期屠之以祀祖，主祭者服白衣青套细褶长裙，祭毕，合亲戚歌饮为欢，在龙里、贵定、黔西”，文字说明后附一首诗：“饲牛供祀最殷勤，斗牯牵来胜负分。谁是老诚应主祭，白衣青套束腰裙。”[10]

二、百苗图图文叙事模式

图像学家米歇尔说，“语言的再现不能像视觉那样再现它的客体——即不能将客体呈现在眼前。它可以指涉一个客体，描写它，联想它的意义，但却不能像图像那样把客体的视觉面貌呈现给我们。词语可以‘引用’，但绝不能‘看见’客体”[11]。百苗图是以图画的形式展示少数民族的生活和生产场景，配以文字或诗，对相关情况进行说明，图画和文字书写在同一个文本上。前面已探讨了图画与文字在空间形式上的关系，从论述中可知，百苗图在结构形式上主要为图文分布在不同的页面上和图文共存于同一页面上两种布局以及表现方式。但“‘图像’与‘语言’不再是孤立的、敌对的、各执一端甚至相互抵消的异质媒介，而呈现出交汇融合的新型关系”[12]。目前，在具体文化艺术类型或作品的图文关系探讨中，龙其林认为中国现当代文学与文化中的插图与配文的关系有图文趋同型、图文互补型、图文映衬型、图文隐喻型和图文互生型五个类型[13]；罗良清认为《伊索寓言》图文关系表现为文以图绘、以图扩文、以文补图、图文互补四种类型[14]；张园园认为图文关系在绘本中表现大致有图文并行、图文互补和图文悖反三种类型[15]。综合起来看，百苗图图文书写模式和图文叙事主要表现为图文重合、图文互补两种形式。在百苗图中，图画与文字也有分离的现象，部分存在不一致现象，但其较为少见，如八番苗，图是刻画他们用手工舂碓的情形，其文字介绍的是滨水布依族村寨中的水碓设施。如六额子，文字记载了六额子的头饰和衣制，文曰：“男以结尖顶髻，妇人长衣无裙。”[16]各抄本图中男子头饰与文本记载一致，但所绘的妇女均穿长裙，与文本记载相左。

（一）图文重合

黑格尔在谈到整齐一律时指出："整齐一律一般是外表的一致性，说得更明确一点，是同一形状的一致的重复，这种重复对于对象的形式就成为起赋予定性作用的统一。"[17]这是形式美的形态之一。在百苗图中，图画和文字集中于相同的人物、情节和事件，呈现出图画语言和文字语言的重合。这种图文重合在百苗图中较常见，例子也较多。它们往往是通过图画和文字的结合，利用其各自的叙事优势，共同表达一个事件或主题，使信息更加丰富生动和易于理解，增强读者的感知和理解。如倮啰，这一民族有着农牧兼营的经济生活方式，他们需要依靠武力来维护资源的占有和长期使用，在百苗图中，所绘的图画基本是全副武装的倮啰武士例行巡视领地边界的场景。文字记载："驰马射猎为事，能者为诸苗魁首。"[18]可知他们在巡视的同时也进行狩猎活动。此外，文本中还提道："其人皆深目，长身，黑面钩鼻，剃髭留髯。"[19]这表现了彝族人的体质特征。图文的内容是重合的。又如"青仲家"妇人下棋图，凸显了当时人们精神生活的丰富和充实，文字有载曰"善棋局"，似乎有点"言不尽意"，而《七十二苗全图》《黔苗图说》两个抄本中巧妙地描绘了一个男子因有事不得不离开，但离开之时仍恋恋不舍地回头顾望的画面，借助图画语言衬托了妇人们的棋艺之精。由此可见，百苗图中的图画创作不局限于文字语言叙述的内容，而是通过在图画中更多的事物和元素，与文本相呼应，共同构建出一个完整的叙事空间。另外，在前面的图说诗型中，诗往往概括图、说，诗不仅形象生动、概括性强，还富有韵律，朗朗上口，便于记忆。如《黔苗图说》中的第二幅"罗鬼女官"，说记载："女官即猓猡。正妻曰耐德，编发为髻，用青帕蒙之，多以银丝花贴额，耳垂大环，拖长裙三十六幅。其嗣非耐德所生，不得立嗣。子如幼，不能主事，耐德即为女官，代理土务。"图描绘的是侍从随行手捧委任状和印信的情形，其以绘画方式展示彝族土司的特定承袭体制以及与朝廷臣属关系。诗则曰："银梅点额髻盘螺，细裥长裙委地拖。马上赭衣辉宕落，蛮儿争看女官过。"[20]寥寥28字，便将女官的装束、身份的高贵、地位的显赫表达得淋漓尽致。可见，在诗形象生动语言的引领下，读者通过观察图画，进一步拓展了叙事空间，激发了读者的思考和判断。又如《番苗图册》中的"锅圈仡佬"，文载："男子自织斜文布为衣，妇人以青帕笼发如锅圈状，青衣短裙，病不服药，用面做虎头饰，以彩线置簸内，延鬼师祷之，性嗜酒，惰于农业"。诗则曰："锅圈又换犵苗妆，俗尚斜文课织忙。面塑虎头披彩线，簸箕托出礼空王。"[21]

（二）图文互补

罗兰·巴尔特指出，"语言和图画是一种互补关系；文字是整体语段的碎片，图像也一样，信息在一个更高的层次上达成统一，那是故事的层次。"[22]虽然罗兰·巴尔特论述的是卡通和连环漫画的接替作用，但其适用于所有的图文关系。当图文连接在一起时，会形成一种独特的语言，但每一种符号都有自己的功能与缺陷，单靠一种符号很难体现出一种较为完整的意义，为此，需要一方对另一方进行补充，给予它所遗漏的信息，填补它的缝隙。在百苗图中，常出现图画与文字互补叙事的情形，它们相互依赖，共同传递信息，呈现出了直观性表达与想象性接受之间独特的张力。一是说补充图，如前述的罗鬼女官，对女官装饰的描述为："编发为髻，用青布帕蒙之，多以银丝花帖额，耳垂大环。拖长裙三十六幅。"由于相关头饰过于精细，图绘无法全面揭示，这些内容须借助文本才能得到全面理解。又如土人，文字中专门提到这是一种庆傩活动，演出后还要造访每个家庭，将吉祥带到每个家庭，并接受各家的食物馈赠。但《七十二苗全图》中所画的演出场景是在郊外，不能很好体现这一内容，于是借助文本认识庆傩仪式的全貌。"所到之家，皆可饮食。"[23]二是图补充文，如百苗图中的马蹬龙家，文本中提到"以耕种为业"，在19世纪，苗族以家庭村社为单位结伴耕作，而老人小孩大多留在村寨中，依靠亲属邻里相互照应；汉族移民则不同，田间劳动以家庭为单位进行，因而在离家较远的地方耕作时，需要带上孩子出门。《黔苗图说》中的绘画内容，正好展示了这样的家庭生活场景，而且反映了其生产组织特点，然而，文字并未详述马蹬龙家的具体生产组织方式，此时，绘画内容便成为重要补充。又如《黔苗图说四十幅》的侗家苗，所绘内容应是祭祀盘瓠之后进行的集体会餐，但图中并未出现女性形象，这一缺失并非偶然，它暗示其时女性不被允许参与这一神圣仪式。尽管没有直接的文字说明，这幅画作却以其独特的方式，为这一仪式禁忌提供了重要的补充。三是诗补充图或说，如《七十二苗全图》中谷蔺苗，文中写道："其布精细，入市，人争购之，俗云：'欲作汗衫裤，须得谷蔺布。'"文字表现出谷蔺苗精于纺织，人们争着购买，可见谷蔺布在市场上声誉甚高；其图所绘为在苗族家庭的住房前，上门收购布匹的商贩与苗族妇女讨价还价的场景，这从侧面揭示妇女织布技术的精湛和古蔺布品质的精良，而诗则曰："青帕蒙头织妇妆，木棉初绽采花忙。"诗中"木棉"二字则给人们清晰地传递出了古蔺布所用的材料，弥补了图或说中信息的不足。可见，在此类图文叙事关系中，图画虽能传达一定的信息，但由于视觉信息的碎片化特性，读者需要借助记忆和经验来获取信息，通过理性和感性思维去理解图像的意义，如果没有文字的引导和解释，则可能会对图像产生歧义或误解。文字虽然能够提供一定的信息，但在某些情况下，仅凭文字难以完整、准确地传达作者的意图和信息，为此需要借助图画，使文字在描述重要信息时不会显得模糊、缺乏表现力。因此，文字和图画在图文叙事中各自扮演着重要的角色，两者起到互相配合、相互补充的作用，使其达到最佳的叙事效果，让读者更好地理解作者的意图。

三、百苗图图文的意义表达

百苗图的图画和文字是共享一个文本的，"文本的意义是由文本内部所指的延异，以及各种'文本'之间相互联系的关系决定，这实际也就构成了文本符号的'互文性'（intertextuality）关系"[24]。法国当代文艺理论家、符号学家克里斯蒂娃在巴赫金理论的基础上，创造性地提出"互文性"这一概念，她指出："任何文本都是由引语的镶嵌品构成的，任何文本都是对其他文本的吸收和转化。"（Kristeva，1986）[25]

从上面有关百苗图图文关系论述可知，百苗图的图画与文字能够相互补充、相互映射，共同构建出更丰富、更复杂的叙事意义。可见，百苗图图画与文字之间的关系，究其本质上来说，是一种图文互文，即"两个或两个以上文本和图像之间发生的互文关系，其中可能由一种文本或图像通过凸显、对比、映衬、修正等方式，向其他文本产生了扩散性影响，并因此而形成更加丰富的意蕴传达、立体印象或传达出原文本、图像本身所不具备的其它意义”[26]。百苗图直观再现了各少数民族人民物质生活和生产，其纪实功能为我们了解当时少数民族的生活提供了丰富的素材，但百苗图文本还蕴含深刻的意义和丰富的内涵，具有象征性意蕴，如百苗图多描绘农耕场景，对农业生活的描绘、对农业技术的展示目的在于教化与劝农，凸显了重农的政治意涵，纵观百苗图的图文，其多是对各民族文化交融事实的记录和描绘。如记录苗族与彝族，彝族、侗族、苗族、布依族及汉族之间在语言、服饰、习俗等文化方面的交融情况，可以说，百苗图隐性地呈现了各民族文化交融的历史图景，这里，以梳理和阐释少数民族与汉族文化的互动来管窥一二。

在明清早期史料文献中，多以生苗/熟苗来归类各少数民族。明郭子章在《黔记》中说："苗人……近省界为熟苗，输租服役，稍同良家，则官司籍其户口，息耗登于天府。不与其籍者谓生苗，生苗多而熟苗寡。"[27]自明代以后，政府在云贵委任土司并设立卫所对其进行管控，使得这些族群的生活习俗逐渐发生改变，生苗的范围不断缩小，熟苗的空间逐渐扩大。到了清代，各民族之间的交往方式越来越频繁、越来越丰富，各民族之间政治、经济和社会交往密切，这些交往过程有力促进了文化的交流与融合，同时，清政府在推动化生为熟的历史过程中，也不断强调男耕女织、婚丧礼仪、识字守法等汉族风俗，形成了各民族融合的局面。一些少数民族耕作农业、阅读汉文典籍、着汉装习汉俗，改为汉姓[28]。这些，在百苗图中有着大量的记载和呈现。如洞苗，其分布于清水江和舞阳河下游，其与汉族地区比较接近，受汉文化影响较早，洞苗“近水居，种棉花，服食类汉人……通汉语，听约束，楚省亦有之”[29]。衣服食物同汉人、通汉语就是明证。如在八番苗中，文曾记载：“在定番州，衣服与汉人同，其俗女勤男逸。妇人直顶作髻。日出而耕，暮入而织。获稻与秸储之。”[30]男女“衣服与汉人同”意在表明八番苗放弃其传统服饰改为汉服。又如“水仡佬”，文载：“男子衣服与汉同，妇人穿细［褶］长裙。婚姻丧祭俱循礼法。”[31]这里明确指出男人衣裳“与汉人同”，婚丧礼仪习俗“循礼法”，与当时的汉族无重大区别，这些都可以看出水仡佬比其他苗族较早接受汉文化。在土人中也记载：“各处有之，在贵阳广顺，婚姻与汉同，女勤耕田，歌相合，清音可听，岁首扮罗击演唱神歌。”[32]《黔南识略》中亦有此类记载：“峒人，即土人，风俗与汉人同，妇女亦汉妆，惟足穿草履，所织之布曰峒布，细而有纹，婚丧俱循汉礼，耻居苗类，称之以苗，则怒目相向云。”[33]可见峒人以与汉人相同为尊。但在少数民族与汉民族交融中，改为汉姓是“最终代表性事项”[34]，如红苗使用了汉姓，“在铜仁府属。多龙、吴、［石］、麻、白等姓。衣用斑丝织成，女工以此为务”[35]。在百苗图中，“西苗”条、“夭苗”条、“木佬”条均有其使用汉姓的内容，“西苗”：曾载“有马、谢、何、罗、雷［卢］等姓。在贵阳、平越二府［属］。”[36]少数民族改用“汉族”姓氏，他们在不知不觉中逐渐沉淀为一种自觉的文化行为。

“经济发展刺激汉族移民增长，移民增长沟通了与地方土著（少数民族）的交往，日久而频繁的交往引起地方文化变迁，最后是族际间的相互融合。”[37]如较早定居贵州的汉族移民宋家苗，文字记载：“其［语］言文字悉与汉人同。男子帽而长襟，［妇人笄而短襟]。婚姻，男家遣人［背］迎，女家率亲戚垂楚［以送］，［谓之夺亲］。母训甚严，且即进盥于姑，以供妇职。丧葬，饭蔬，饮水三七，封而［识］之。男耕女织，子弟亦有读书入泮者。”[38]从本条记载和附图看来，宋家苗的特异婚俗，明显由汉、彝两种文化交织影响而来，宋家苗的丧礼与同时代的汉族相近，宋家苗的经济生活也与同时期的汉族相同。

综上，当时少数民族人民在汉文化的浸润下，以染华风为美，少数民族文化与汉族文化不断交流与交融。清人张澎《续黔书·序》中有曰：“易椎髻而冠裳之，刊孽艿而郡县之，劁邛笼而守圉之，百余年来，盖浸浸乎济美华风矣。”[39]这些，都间接凸显了少数民族文化与汉族文化相融的隐性主题。

结语

语言与图像是人类最基本、最重要的两种表情达意、传播信息的符号，语言汇总生成的像与图画中生成的像，都是通过不同的媒介来展示，图像与文本之间本身存在着非常复杂的关系。百苗图的图与文在空间形式上主要有图说型、图说诗型两种主要类型，这两种类型在布局与表现形式上主要为图文分布在不同的页面上和图文共存于同一页面上两种，笔者在确定图文之间的关系类型后，还从内容出发分析百苗图的图文叙事模式，其主要表现为图文重合、图文互补两个方面，通过对这两个方面的考察，可以看到其对读者的解读产生的影响。另外，百苗图图文多有对各民族文化交融事实的记录和描绘，其呈现了各民族文化交融这一历史图景。

“一切有关艺术的讲演最终都可以确切地归结为图像与文字——尽管其比例不尽相同。”[40]我们对图文关系的思考，不应是只关注图文关系的结果，或者只考虑一方对另一方的作用，而要在辨别图文关系的基础上，再看图文相互之间的作用以及其间包含的文本至上或图画优先的观念。为此，对于百苗图图文关系的探讨，我们还可以根据图文中谁是叙事主体或主要信息载体来确定谁起主要作用，并分析其中更为特殊的某种功能。

注释：

［1］王万发：《基于“苗图”的苗族图像研究》，西安：陕西师范大学博士学位论文，2014 年。

［2］祁庆富、史晖：《清代少数民族图册研究》，北京：中央民族大学出版社，2011 年，第 204～208 页。

［3］王万发：《基于“苗图”的苗族图像研究》，西安：陕西师范大学博士学位论文，2014 年。

［4］李宗放：《〈黔苗图说〉及异本的初步研究》，《西南民族学院学报》（哲学社会科学版）1995 年第 4 期，第 31～36 页。

［5］史晖：《国外“苗图”收藏与研究》，北京：中央民族大学博士学位论文，2009 年。

［6］杨正文：《鸟纹羽衣：苗族服饰及制作技艺考察》，成都：四川人民出版社，2003 年，第 9 页。

［7］（宋）郑樵：《通志》，北京：中华书局，1987 年，第 837 页。

［8］顾久：《黔南丛书（点校本）》第 10 辑，贵阳：贵州人民出版社，2010 年，第 253～255 页。

［9］李露露：《一部珍贵的〈百苗风俗图〉册》，《民族研究动态》1994 年第 2 期，第 29～42 页。

［10］乐怡：《百苗图八种》（下册），桂林：广西师范大学出版社，2018 年，第 57 页。

[11] [美]W.J.T.米歇尔:《图像理论》,陈永国、胡文征译,北京:北京大学出版社,2006年,第138～139页。

[12] 张玉勤:《论中国古代的“图像批评”》,《中国文学研究》2012年第1期,第73～76页。

[13] 龙其林:《中国现当代文学与文化研究中插图与配文之关系及类型探究》,《贵州师范大学学报》(社会科学版)2012年第6期,第116～123页。

[14] 罗良清:《西方寓言图像及其变迁》,广州:中山大学出版社,2022年,第76～88页。

[15] 张园园:《绘本的图文叙事与意义建构》,《金陵科技学院学报》(社会科学版)2022年第1期,第70～76页。

[16] 乐怡:《百苗图八种》(下册),桂林:广西师范大学出版社,2018年,第19页。

[17] [德]黑格尔:《美学》(第1卷),朱光潜译,北京:商务印书馆,1996年,第173页。

[18] 杨庭硕、潘盛之:《百苗图抄本汇编》,贵阳:贵州人民出版社,2001年,第4页。

[19] 杨庭硕、潘盛之:《百苗图抄本汇编》,贵阳:贵州人民出版社,2001年,第7页。

[20] 乐怡:《百苗图八种》(下册),桂林:广西师范大学出版社,2018年,第7页。

[21] 杨庭硕、潘盛之:《百苗图抄本汇编》,贵阳:贵州人民出版社,2001年,第188页。

[22] [加]佩里·诺德曼:《说说图画——儿童图画书的叙事艺术》,陈中美译,贵阳:贵州人民出版社,2018年,第233页。

[23] 刘锋:《百苗图疏证》,北京:民族出版社,2004年,第289页。

[24] 胡亚敏:《西方文论关键词与当代中国》,北京:中国社会科学出版社,2015年,第79页。

[25] 李玉平:《互文性——文学理论研究的新视野》,北京:商务印书馆,2014年,第59页。

[26] 龙其林:《中国现当代文学与文化研究中插图与配文之关系及类型探究》,《贵州师范大学学报》(社会科学版)2012年第6期,第116～123页。

[27] (明)郭子章:《黔记》,石朝江:《世界苗族迁徙史》,贵阳:贵州人民出版社,2006年,第167页。

[28] 林芊:《明清时期贵州民族地区社会历史发展研究——以清水江为中心、历史地理的视角》,北京:知识产权出版社,2012年,第72页。

[29] 杨庭硕、潘盛之:《百苗图抄本汇编》,贵阳:贵州人民出版社,2001年,第306页。

[30] 乐怡:《百苗图八种》(下册),桂林:广西师范大学出版社,2018年,第280页。

[31] 刘锋:《百苗图疏证》,北京:民族出版社,2004年,第47页。

[32] 乐怡:《百苗图八种》(下册),桂林:广西师范大学出版社,2018年,第243页。

[33] 杜文铎,等点校:《黔南识略·黔南职方纪略》,贵阳:贵州人民出版社,1992年,第115页。

[34] 林芊:《明清时期贵州民族地区社会历史发展研究——以清水江为中心、历史地理的视角》,北京:知识产权出版社,2012年,第72页。

[35] 刘锋:《百苗图疏证》,北京:民族出版社,2004年,第121页。

[36] 刘锋:《百苗图疏证》,北京:民族出版社,2004年,第54页。

[37] 林芊:《明清时期贵州民族地区社会历史发展研究——以清水江为中心、历史地理的视角》,北京:知识产权出版社,2012年,第77页。

[38] 刘锋:《百苗图疏证》,北京:民族出版社,2004年,第307页。

[39] 张澎:《养素堂文集》(卷四),谭其骧:《清人文集地理类汇编》(第三册),杭州:浙江人民出版社,1990年,第503页。

[40] [英]E.H.贡布里希:《图像与文字》,范景中、曹意强、刘赦:《美术史与观念史》(22),南京:南京师范大学出版社,2018年,第145页。

【文化传承研究】

牛运震《诗志》评点《诗经》古式句法考论

王雅琦

（扬州大学文学院，江苏扬州，225009）

内容摘要：牛运震《诗志》对诗句的评语出现“古”字，是把该诗句纳入古式句法系列。在这个系列中，有由叠词生成的古式句法，叠词涉及同义词相叠和“有”字领起的叠词，而以后者居多，另外，还有纯由单音词组合而成的古式句法。由句型结构而生成的古式句法，其中涉及倒装句、紧缩句、非均衡结构句、否定型句子。牛运震对古式句法所作的认定，聚焦于词语、句型的结构方式。他的认定对于《诗经》断年、追溯结构原型的最初生成具有借鉴意义，从中还可以透视牛运震的审美取向。

关键词：牛运震；《诗志》；《诗经》；古式句法

牛运震所著《诗志》，是清代中期对《诗经》加以品评的重要著作，其中多有可取之处。这部著作的一个显著特点，就是从文章学的角度切入，对《诗经》作品加以解读。“书中除了对具体文例的评析，还有对‘字法’‘句法’‘章法’的综合分析，其中明确提到‘字法’‘句法’‘章法’者，就分别有44例、22例、18例。”[1]对于同一首诗而言，章法属于宏观层面，字法属于微观层面，句法则是介于二者之间，属于中观层面。《诗志》涉及句法所作的评语，往往出现“古”字，如：古句、古调、古韵、古雅、古风、古秀、拙古等。这些评语指的是古式句法。因此，不妨从词语、句型结构的角度切入，审视牛运震对《诗经》句法作出的上述评语。

一、由所用词语构成的古式句法

词语是句子的基本构成因素，所用词语之间的结构关系，很大程度上决定句法的属性。清初学者张实居，字萧亭，他对诗的句法有如下论述：“诗须篇中炼句，句中炼字，此所谓句法也。”[2]这是强调句法是由所用词语而来。牛运震对《诗经》古式句法所作的判断，往往是以句中所用词语为依据。

（一）由叠词生成的古式句法

《诗经》中的叠词，除了同一个词语叠用之外，还往往是同义词叠用。《小雅·杕杜》首章有如下两句："王事靡盬，继嗣我日。"牛运震点评："'继嗣我日'，撰句奇秀。叠语促节，妙有古韵。"[3]这两句诗的大意如下：在外服役的差事无有休止，服役的期限连续延期。诗中所用的继、嗣，都有延续之义，二者连言，属于同义词叠用，牛运震认为这种词语结构使得诗句"妙有古韵"，是同义词叠用产生的效果，属于古式句法。

《小雅·杕杜》的同义词叠用很容易识别，继、嗣两个字用的都是它们的常见义项。《诗经》有的同义词叠用则显得隐晦，不易识别。"有"字领起某些词语，就是属于不易识别的类型。《小雅·车攻》第四章尾句是"会同有绎"，牛运震称："'会同有绎'，古句法，令人想见中兴朝官威仪。"[4]《大雅·既醉》第七章尾句是"景命有仆"，牛运震称："'景命有仆'，古句笃至。"[5]《鲁颂·閟宫》末章有"松桷有舄"之语，牛运震称："松桷有舄，句自古秀。"[6]这里提到古句法、古句、古秀的三个句子，其中都存在以"有"字领起的词语，依次是有绎、有仆、有舄，显然，对上述三个句子的评语出现"古"字，是以这类词语的出现为依据。郭晋稀先生指出，《诗经》中形容词、副词以"有"字作词头者，相当于该词之重叠词，并对这个问题作了充分的论述，列举的例证涉及《诗经》多篇作品。他运用这种解读方式，对《周颂·载芟》作了如下阐释：

> 此诗句首用重叠词者，有"驿驿""厌厌""绵绵"三处。用"有"字作形容词、副词之词头者，有"有嗿""有依""有略""有厌""有实""有飶""有椒"七处。知此七处相当于重叠词也。[7]

所得出的结论是可信的，是对《诗经》义例的重要发现。按照这种义例进行考量，牛运震认为属于古句、古句法、古秀的三句诗，都属于这种类型。《小雅·车攻》以周天子狩猎为题材，所谓的"会同有绎"，即会同绎绎，指参加狩猎的人员相会合，络绎不绝。绎，连续不断之象。有绎即绎绎，相当于同一词语的叠用。《大雅·既醉》是祭祀过程中主持者对周王所表述的祝祷辞，其中的"景命有仆"是承前句"君子万年"而来。景命指大命，即长寿之命。"景命有仆"，仆指连缀、附属，系连绵不断之义。"有仆"即仆仆，连续不断、屡次出现之义。《孟子·万章下》："子思以为鼎肉使己仆仆尔亟拜也，非养君子之道也。"[8]这里所说的仆仆，指屡屡、屡次，连绵反复之象。所谓的风尘仆仆，也是取仆仆所表示的连续不断之义。《大雅·既醉》的"景命有仆"，即景命仆仆，系"仆"字叠用，这句诗是祝福之辞，意谓长寿之命会连绵延续。《鲁颂·閟宫》的"松桷有舄"是用于描写宗庙建筑所用的松木椽子。桷，方形椽子。舄，高的样子。"松桷有舄"，即松桷舄舄，方形松木椽子高高在上，指宗庙宫殿举架很高。

《诗经》中常见的叠字，一般是同一个词语相叠，由单音词变成叠音词。这种方式的叠字，已经引起刘勰的高度关注。《文心雕龙·物色》篇有如下论述："故灼灼状桃花之鲜，依依尽杨柳之貌，杲杲为日出之容，瀌瀌拟云雨之状，喈喈逐黄鸟之声，喓喓学草虫之韵。"[9]刘勰充分肯定这种结构方式的叠字所具有的摹形拟态功能，而没有涉及句法之“古”。牛运震提到的同义词叠用，以及由“有”字领起的叠词，是两种结构较为特殊的叠词形态，而后者尤其不易识别。牛运震很可能是有感于这两种结构方式的叠词颇为特殊，因此，把它们与古式句法相勾连，认为这种结构方式的叠词使得所在诗句是“古句”“古句法”“句自古秀”。当然，对于“有”字领起的叠字，牛运震并没有破译它的结构密码，未能提到义例的高度加以认识，只是凭着感悟而与古式句法相勾连。《诗经》中同义词相叠，以“有”字领起的叠词案例颇多，牛运震之所以选取上述三例用以标示句法之“古”，这与诗的题材直接相关。《小雅·车攻》以天子狩猎为题材，《大雅·抑》和《鲁颂·閟宫》都以宗庙祭祀为背景。这三首诗都是重大题材，而在牛运震看来，只有这类题材才有可能与古式句法挂钩。

（二）纯由单音词组合而成的古式句法

《诗经》所用的词语有单音词和双音词两大类别，多数诗句兼用单音词和双音词，也有的只用其中的一种。有些纯由单音词组合而成的诗句，被牛运震纳入古式句法系列。

《小雅·皇皇者华》第二章尾句是“周爰咨诹”，牛运震称：“‘周爰咨诹’，句脉古甚，似命诰中语。”[10]这是认为该诗句的句法属于古式系列，与《尚书》的命诰类用语相似。从这句四言诗句的结构形态考察，它是由四个单音词组合而成，每个字都有本身的含义。周，指普遍、广泛。爰，谓在、于。咨，询问。诹，聚众讨论。这句四言诗纯由单音词组合而成，古人对它所作的解释也以一个字为基本单元。《国语·鲁语下》记载，鲁国的叔孙豹出使晋国，宴飨期间演奏的歌诗包括《皇皇者华》。对此，叔孙豹对诗中出现的词语做了阐释：“咨才为诹，咨事为谋，咨义为度，咨亲为询，忠信为周。”[11]另据《左传·襄公十四年》记载，叔孙豹的阐释还称“访问于善为咨”[12]。《皇皇者华》第三、四、五章末句依次是“周爰咨谋”“周爰咨度”“周爰咨询”。对于《皇皇者华》二到五章末句出现的词语，叔孙豹逐一做了解释，这三句诗确实纯由单音词组合而成。

《小雅·小宛》第二章第四句是“壹醉日富”，牛运震称：“‘壹醉日富’句，拙古入妙。”[13]这句诗也是纯用单音词。壹指专一、沉迷。醉，指醉酒。日，每天、一天天。富，谓甚。“壹醉日甚”，指沉溺于醉酒每天变本加厉。牛运震称这句诗“拙古入妙”，也是着眼于纯用单音词的组合方式。

《大雅·生民》叙述姜嫄感应生子的传说，其中有“履帝武敏歆”的诗句。牛运震称：“五字拙奥，似颂诰中语。”[14]显然，这是把该诗句纳入句法属于古式的系列。朱熹对这句诗所作的注释如下：“履，践也。帝，上帝也。武，迹。敏，拇。歆，动也，犹惊异也。”[15]这是对诗句所用的五个字逐一作出解释，诗句是典型的单音字相组合的结构方式，每个字都有独立的含义，组合起来表达一个完整的意义，即践履天帝脚印的大拇指部位而出现感应。牛运震把它归入句法属于古式的系列，与这句诗纯用单音字直接相关。

从古汉语的发展史考察，首先出现的是单音词、单音字，然后才有双音词、双音字、多音词、多音字。把纯由单音字组合而成的句子纳入古句法系列，这种做法有其合理性，而这种古句法在功能上又有本身的优长之处。

《周颂·昊天有成命》有“夙夜基命宥密”的诗句，《国语·周语下》记载，东周王朝卿士单靖公对这句诗作了如下解说：“夙夜，恭也。基，始也。命，信也。宥，宽也。密，宁也。”[16]单靖公对这句诗基本是逐字作出解释，显然是纯由单音词组合而成的五言诗句。牛运震则称：“‘基命宥密’，语极精奥，括尽一切。”[17]纯由单音词组合而成的句子，在意义表现方面确实具有缜密精奥的优长之处，这也是牛运震把这种结构的句型认定为古式句法的重要原因，并且予以充分的肯定。

二、由句型结构生成的古式句法

牛运震对《诗经》古式句法所作的认定，有时聚焦于句型结构。在这方面主要涉及四种句型结构，即倒句、缩句、结构关系非均衡句，以及否定型句式。

（一）倒句中的古式句法

牛运震把《诗经》中出现的倒句作为一种重要的句法形态，反复加以标示，予以肯定。所谓的倒句，就是所作的书写与常见的顺序不同，而是颠倒前后的次序。牛运震所认定的《诗经》倒句数量众多，其中有的被纳入古式句法系列。

《大雅·云汉》首章第四句是“何辜今之人”，牛运震称：“‘何辜今之人’，倒句古劲。”[18]这句诗的正常书写方式应是“今之人何辜”，意谓今天的人们有什么罪过，而采用倒句法，则是变成如下表述方式：有什么罪过今天的人们。牛运震认为这种颠倒次序的表现方法属于古式句法，它在改变句型结构的过程中具有强劲的表现功能。

《周颂·访落》是周成王祭祀宗庙的歌诗，结尾四句如下：“绍庭上下，陟降厥家。休矣皇考，以保明其身。”牛运震评点：“‘绍庭上下’倒句，古。”[19]这几句诗是周成王祈祷祖先保佑自己。“绍庭上下，陟降厥家”意谓祈求祖先的神灵环绕自己所在的宫廷上和下，升和降都在这里的家中。绍，指围绕、环绕。这是把宫廷作为祖先神上下升降的目的地和出发地。“绍庭上下”，正常句式应该是“上下绍庭”。采用倒句的处理方式之后，表示行为状态的词语被置于前边，而表示行为、运动方式的词语则置于后边。《访落》作于周成王时期，这种倒句确实是一种古式句法。

《大雅·大明》记载周文王从莘国娶太姒为妃，用的是“缵女维莘”的句子。牛运震评点：“‘缵女维莘’，古句。”[20]这句诗确实是古式句法，同时也是倒句。清人姚际恒称：“‘缵’字略新，‘缵女维莘’，倒字法也。”[21]姚氏所论有一定道理，但是不够确切。“缵女维莘”确实是倒句，正常顺序应该是“维莘缵女”，意谓连结莘国而继续娶女，亦即从莘国娶继室。文王先前已娶帝乙之妹为妃，故把迎娶莘国的太姒称为“缵女”，缵，表示继续之义。“女维莘”属于倒句，意谓续娶的女性出自莘国。《大明》是周族史诗，生成于西周初期，“缵女维莘”既是倒句，也是古式句法。

《诗经》上述倒句中的古式句法，都是把所要强调的对象从句子后部移到前部。《大雅·云汉》的“何辜今之人”，强调的是“何辜”，即有什么罪过。《周颂·访落》的“绍庭上下”，强调的是“绍庭”，即祖先神的上下升降要环绕宫廷。《大雅·大明》的“缵女维莘”，强调的是“缵女”，即文王续娶的女性。在通常的语言表述和文字书写中，人们往往把重点关注的对象首先加以强调，这是合乎心理期待和思维方式的语用习惯，由此形成倒句的古式句法，它的起源可以追溯到遥远的上古时期。牛运震在倒句中发现古式的句法，可以说是慧眼识珠，有较高的学术品位和认识价值。

（二）缩句中的古式句法

所谓的缩句，指紧缩形态的句型。对于这种句型与古式句法的关系，牛运震作出明确判断，把它归入古式句法系列。《大雅·公刘》共六章，各章均以“笃公刘”作为首句。牛运震称：“‘笃公刘’三字，缩句拙古。一‘笃’字，括通篇之旨。”[22]这是认为紧缩句是古式句法的一种类型，它的特点是用简练的文字表达丰富的内容。从严格意义上看，“笃公刘”并不是一个完整的句子，而是一个偏正结构的短语。用于修饰周族英雄祖先公刘的词语，只用一个“笃”字，可谓惜墨如金，但所用的这个字具有极强的概括力，可以统领整首诗。牛运震对这种紧缩型古式句法颇为欣赏，不时地加以发掘评点。《周颂·维清》开头两句如下：“维清缉熙，文王之典。”牛运震称：“‘清缉熙’三字，便是文德全相。古句廉而不拗。”[23]牛氏把“维清辑熙”归入古式句法系列，而这个句子也是紧缩型的，“维”是发语词，后边只用三个字就把文王之德全部予以概括。至于所谓的“廉而不拗”，则是从书写风格方面立论，廉指正、直，拗指曲折，意谓所作的表述直截了当而不迂回曲折。《小雅·巧言》第二章开头两句如下：“乱之初生，僭始既涵。”牛运震评点：“‘僭始既涵’造句古甚。一‘涵’字写尽庸主优柔病根。”[24]这是把“僭始既涵”纳入古式句法系列。这句诗是说不信实的言论在开始阶段已经得到接纳、包容，是以紧缩的句式表达颇为复杂的内容。

紧缩型句式所用的文字极其简略，整个句子内部词语之间的关系却多种多样。“笃公刘”是偏正结构的短语，“维清缉熙”的“维”字是发语词，“清缉熙”则是说清明得到延续而发光，是主、谓语齐全的句子。至于“僭始既涵”，它的各种成分更为复杂，主、谓、宾、状诸语俱存，可谓麻雀虽小，五脏俱全，是由复杂的结构关联组成的紧缩句。

人类语言表述的发展，经历了由简到繁的历程。紧缩型古式句法，属于简要的表述方式，牛运震把它纳入古式句法系列，合乎古代语言运用的历史实际。

（三）非均衡结构的古式句法

《大雅·韩奕》记载，周宣王给韩侯、亦即韩国君主下达指令，其中包括“干不庭方”。牛运震称：“‘干不庭方’，此王命正旨，句法亦古劲。”[25]这是把“干不庭方”纳入古式句法系列。干，指管理、统辖。不庭，指不到朝廷觐见者，即不受朝廷管辖。不庭方，指不受西周朝廷统辖的区域，即边远蛮荒之地，把那里委托韩侯统领。牛运震把这句诗划入古式句法系列，着眼于这个四言诗句结构的非均衡性。《诗经》多数四言诗句是每两字为一截，上下两截字数相等，呈现的是整齐的前后对称的结构。“干不庭方”则并非如此，这个四言诗句实际上是一个动宾结构的短语，“干”是动词，为一截；“不庭方”是宾语，为另一截。这两截的字数不是相等，而是差异很大，前后两截构成的是一比三的非均衡对应关系，而在牛运震看来，这属于古式的句法。牛氏往往按照这个标准进行评点，把非均衡结构的诗句认定为古式句法，评语中使用“古”字。

《小雅·甫田》第三章前六句如下：“曾孙来止，以其妇子。馌彼南亩，田畯至喜。攘其左右，尝其旨否。”牛运震评点：“‘攘其左右’二字，写出上下交亲，家人噢咻光景，古风朴韵，令人神往其际。”[26]牛氏把这两句诗称为“古风朴韵”，固然着眼于贵族成员送饭到田野之际出现的上下交亲的事项，同时还注意到这两句诗的非均衡结构。“攘其左右，尝其旨否。”都是动宾结构的短语。单字领起，宾语一截则由三个字组成，两句诗都是非均衡结构类型，因此，牛运震称这两句诗是“朴韵”，实际是把它认定为古式句法。

《商颂・玄鸟》首章后两句如下：“古帝命武汤，正域彼四方。”牛运震评点：“古帝命武汤，古奥之极。”[27]单从这句诗所用的词语考察，见不到什么古奥之处，而是显得很平实。牛氏所说的古奥，是指句法而言。这句五言诗可分为两截，首截一个字，由“古”字领起后面一截，后截四个字，前后两截的文字数量是一比四，形成的是非均衡结构关系，属于古式句法，故牛运震称其“古奥之极”。

《诗志》把《诗经》中有些非均衡结构的诗句纳入古式句法的系列，这类诗句生成的年代确实颇为古老。这类诗句的特点是单字领起，前截短而后截长。《周颂》写定于西周时期，其中不时可以见到这类非均衡结构的诗句，如《烈文》《时迈》《思文》《敬之》等。与此相反，有具体年代可考而作于春秋时期的诗歌，如《秦风・渭阳》《陈风・株林》《曹风・下泉》等，已经见不到这类非均衡结构的诗句。牛运震把这类诗句归入古式句法系列是有道理的，可以作为《诗经》作品断年的一种参照。

（四）否定型句子的古式句法

牛运震认定的古式句法，还有的取自否定型的诗句。这类诗句是以否定的方式表达理念情感，用否定词“不”加以表示。《齐风・东方未明》结尾两句如下：“不能辰夜，不夙则莫。”牛运震评点：“‘不能辰夜，不夙则莫’，古句古调。”[28]这两句诗抒发在公家劳作的辛苦，天未明就要开始劳动。由于不能准确掌握夜里的时间，因此，起床出工不是过早就是偏晚。这两句诗都以“不”字领起，采用的是否定型句式。牛运震称这两句诗“古句古调”，把它们纳入古式句法系列。

《小雅・杕杜》是一首思妇诗，作者怀念在远方服役的丈夫。第四章有如下两句：“期逝不至，而多为恤。”牛运震评点：“‘期逝不至’两句如一句，拗折古雅。”[29]这两句诗是说服役已经超期而丈夫未能返回，于是增加许多惆怅。前一句是否定句，后一句则是由前边否定句引发的结果。牛运震称这两句诗古雅，实际是把第一句纳入古式句法系列。

《大雅・大明》首章结尾二句如下：“天位殷适，使不挟四方。”牛运震评点：“‘天位殷适’二语，古拙拗折。‘使’字，却自灵动。”[30]这两句诗意为：上天莅临殷商而进行谴责，使之不统辖四方。位，指莅临。适，通谪，指谴责。牛运震的关注焦点在第二句，这是一个使动型的否定句，被牛运震纳入古式句法系列。

综上所述，牛运震把否定型句子纳入古式句法系列，主要是欣赏这种表述方式的特殊效应，即他所说的“拗析”。而所谓的拗折，指具有顿挫感，否定句式确实具有这方面功能。牛运震在评点《郑风・叔于田》时提到“拗格”，评点《小雅・菀柳》《大雅・板》提到“拗句”，都是予以充分肯定，反映出他的审美取向。“诗如看山不喜平”，抑扬顿挫的表达方式，确实具有特殊的魅力。否定型句式客观上适应了牛运震崇尚拗折的审美心理，因此把它纳入古式句法系列。

三、结语

牛运震对《诗经》古式句法所作的认定，主要是以其中所用的词语、所出现的句型为依据。而对词语、句型所作的审视考量，则是聚焦于各自的结构方式、形态。在一定意义上可以这样说，关于古式句法所作的评点，牛运震是以词语、句子的结构理念为核心。有时评点的范围超出单个句子，涉及章与句的关联，牛氏依然从结构的角度加以阐释，并且以古式句法之名而称之。《大雅·文王有声》第六章如下："镐京辟廱，自西自东，自南自北，无思不服。皇王烝哉！"牛运震评点："三句连下，句法古拙。"[31]所谓的"三句连下"，指第二到第四句，第二、三两句是并列关系，第二、三句与第四句则是分与合的关系。显然，被牛运震称为"句法古拙"的三句诗，也是以其结构作为古式句法的依据。

《诗经》的个别句子也被牛运震纳入古式句法系列，不过，它们与词语、句型结构并无关联，而是从其他方面作出的界定，《小雅·甫田》首章结尾两句如下："攸介攸止，烝我髦士。"牛运震评点："末二句古秀，古则极秀。"[32]这里所说的古，主要着眼于用词的典雅。髦士指俊杰之士，"攸介攸止"之语在《大雅·生民》中亦存在，因此被视为雅词。再如《小雅·都人士》第三章如下两句："彼君子女，谓之尹吉。"牛运震评点："'谓之尹吉'，犹言不问而知其为尹吉也，句有清思古韵。"[33]这是从表述方式上认定诗句具有"古韵"，亦即古式句法，与所用词语及句型的结构无关。

＊本文系2022年江苏省研究生科研创新计划项目"牛运震《诗志》的诗学评点及价值研究"（KYCX22_3430）的阶段性成果。

注释：

[1] 李辉：《诗志·整理说明》，(清)牛运震撰，李辉点校，李山审定：《诗志》，北京：语文出版社，2019年，第3页。

[2] (清)郎庭槐编：《诗友诗传录》，(清)王夫之，等撰：《清诗话》，上海：上海古籍出版社，1978年，第136页。

[3] (清)牛运震撰，李辉点校，李山审定：《诗志》，北京：语文出版社，2019年，第108页。

[4] (清)牛运震撰，李辉点校，李山审定：《诗志》，北京：语文出版社，2019年，第115页。

[5] (清)牛运震撰，李辉点校，李山审定：《诗志》，北京：语文出版社，2019年，第186页。

[6] (清)牛运震撰，李辉点校，李山审定：《诗志》，北京：语文出版社，2019年，第240页。

[7] 郭晋稀撰：《诗经蠡测》(修订本)，成都：巴蜀书社，2006年，第44页。

[8] 杨伯峻译注：《孟子译注》，北京：中华书局，2005年，第245页。

[9] (南朝·梁)刘勰著，范文澜注：《文心雕龙注》，北京：人民文学出版社，1958年，第693～694页。

[10] (清)牛运震撰，李辉点校，李山审定：《诗志》，北京：语文出版社，2019年，第102页。

[11] (三国·吴)韦昭注：《国语》，上海：上海古籍出版社，1998年，第186页。

[12] 杨伯峻著：《春秋左传注》，北京：中华书局，1990年，第933页。

[13] (清)牛运震撰，李辉点校，李山审定：《诗志》，北京：语文出版社，2019年，第133页。

[14]（清）牛运震撰，李辉点校，李山审定：《诗志》，北京：语文出版社，2019 年，第 182 页。
[15]（宋）朱熹著：《诗经集传》，长春：吉林人民出版社，1999 年，第 245 页。
[16]（三国·吴）韦昭注：《国语》，上海：上海古籍出版社，1998 年，第 116 页。
[17]（清）牛运震撰，李辉点校，李山审定：《诗志》，北京：语文出版社，2019 年，第 222～223 页。
[18]（清）牛运震撰，李辉点校，李山审定：《诗志》，北京：语文出版社，2019 年，第 205 页。
[19]（清）牛运震撰，李辉点校，李山审定：《诗志》，北京：语文出版社，2019 年，第 230 页。
[20]（清）牛运震撰，李辉点校，李山审定：《诗志》，北京：语文出版社，2019 年，第 172 页。
[21]（清）姚际恒撰，邵杰点校，赵敏俐审定：《诗经通论》，北京：语文出版社，2020 年，第 259 页。
[22]（清）牛运震撰，李辉点校，李山审定：《诗志》，北京：语文出版社，2019 年，第 188 页。
[23]（清）牛运震撰，李辉点校，李山审定：《诗志》，北京：语文出版社，2019 年，第 221 页。
[24]（清）牛运震撰，李辉点校，李山审定：《诗志》，北京：语文出版社，2019 年，第 136 页。
[25]（清）牛运震撰，李辉点校，李山审定：《诗志》，北京：语文出版社，2019 年，第 211 页。
[26]（清）牛运震撰，李辉点校，李山审定：《诗志》，北京：语文出版社，2019 年，第 152 页。
[27]（清）牛运震撰，李辉点校，李山审定：《诗志》，北京：语文出版社，2019 年，第 242 页。
[28]（清）牛运震撰，李辉点校，李山审定：《诗志》，北京：语文出版社，2019 年，第 64 页。
[29]（清）牛运震撰，李辉点校，李山审定：《诗志》，北京：语文出版社，2019 年，第 109 页。
[30]（清）牛运震撰，李辉点校，李山审定：《诗志》，北京：语文出版社，2019 年，第 171 页。
[31]（清）牛运震撰，李辉点校，李山审定：《诗志》，北京：语文出版社，2019 年，第 182 页。
[32]（清）牛运震撰，李辉点校，李山审定：《诗志》，北京：语文出版社，2019 年，第 151 页。
[33]（清）牛运震撰，李辉点校，李山审定：《诗志》，北京：语文出版社，2019 年，第 162 页。

王韬《春秋左氏传集释》稿本述论

方　姝

（浙江师范大学人文学院，浙江金华，321004）

内容摘要：《春秋左氏传集释》是王韬为帮助英国传教士理雅各翻译《春秋》《左传》而撰就的稿本，具有选注、补释的体例特点。《春秋左氏传集释》广征博引，对历代《春秋左传》学皆有所采；其地理考证精确详赡，注重实证，在清代《春秋》地理学的基础上又有所完善。该稿本保有未经删改整理的"原生态"样貌，对考察研究理译本的成书过程、近代东学西传中王韬的作用和影响，具有重要的文献价值和学术价值。

关键词：王韬；《春秋左氏传集释》；理雅各；东学西传

晚清是中国社会和学术发生剧变的时代，身处中西文化碰撞交流的时代浪潮中，无论是西学东渐还是东学西传，王韬都是其中当之无愧的先行者，"是他那个时代最早也最深入地涉足、参与到19世纪西方汉学之中，并取得引人瞩目成就的中国本土知识分子"[1]。他与英国传教士理雅各（James Legge，1815—1897）持续十余年雅契相投，合作翻译儒家经典，是近代中西学者交流合作的典范。

理雅各与卫礼贤（Richard Wilhelm，1873—1930）、顾赛芬（Séraphin Couvreur，1835—1919）同被誉为西方中国古代经典的三大翻译家，也是第一位系统译介儒家经典的西方学者。1862年，王韬因上书太平天国之事被迫远遁香港，自此成为理雅各的得力助手，参与了理雅各《中国经典》（The Chinese Classics）第三至第五卷和《东方圣典》（*The Sacred Books of the East*）部分译介的翻译工作，并为此撰就《皇清经解校勘记》《毛诗集释》《春秋左氏传集释》《礼记集释》等经学著作。1867年，在《中国经典》第四卷《诗经》译介告一段落之后，理雅各因事需返回国，并邀约王韬远赴英国继续《春秋》《左传》的英译（即《中国经典》第五卷）工作。是年12月15日，王韬应邀启程前往英国，《春秋左氏传集释》（下简称《集释》）即成书于其旅英期间。

一、《集释》稿本基本情况

王韬祖上世代业儒，父亲王昌桂"邃于经学，九岁尽十三经，背诵如流，有神童之誉"[2]。王韬"少承庭训，自九岁迄成童，毕读群经，旁涉诸史，维说无不该贯”[3]，自幼饱读诗书，沾溉经史，是他日后从事经学撰著的基础。佐译《中国经典》期间，为满足理雅各的翻译需求，王韬倾注心力编撰群经注释。因而，《集释》既具有传统集释体经学著作的特点，又带有明显的助译印迹。

（一）《集释》版本

据《弢园著述总目》（下简称《总目》）所列，《集释》共60卷，在王韬经学著作中卷帙最繁。王韬曾将之与《春秋朔闰日至考》《春秋日食辨正》《春秋朔至表》《皇清经解校勘记》《国朝经籍志》辑为《弢园经学辑存六种》，可见他对《集释》的重视[4]。1888年端午前，他在给盛宣怀（1844—1916）的书信中写道："病中勉就雠校之役，将生平著述数种令钞胥者缮写副本，已得《春秋日食考》《春秋朔闰日至考》《春秋左氏传集释》《弢园尺牍续钞》《法兰西志》《台事窃愤录》，节后当召手民亟为排印。"[5]据此可知，《总目》中的《春秋左氏传集释》当为经王韬雠校、钞胥者缮写之副本，是用作出版的最后定本。查阅王韬之后的书信、日记以及相关史料，迄未发现《集释》出版的记录，或许因为"经学一门，非近日投时利器"[6]，有所顾忌；更直接的原因很可能是卷帙浩繁，"集资付刊"无望，故直到王韬去世，《集释》一直未能付诸剞劂，稿本现藏于上海图书馆[7]。

《集释》稿本共300页[8]，格口边鱼尾，未分卷，无序，无附录，首页即是"隐公元年"条目，有"吴郡王韬仲弢学"字样以及"上海市历史文献图书馆藏""上海图书馆藏"阳文印章。正文每半页15行至17行不等，每行32字则是固定之数。稿本大体字迹清楚，仅有几页字迹凌乱，如第133、151页；行间时有作者的案语或补注，字体较小，难以辨认。稿本内容涵盖隐公、桓公、庄公、闵公、僖公和襄公、昭公时代，至于文公、宣公、成公及定公、哀公年间，未见任何条目释语；且襄公元年至十年无集释条目，昭公也仅到十三年，之后内容一概阙失，与《总目》记载出入较大，疑有阙遗。此外，第132页至152页有明显的水渍晕染痕迹，漶漫难辨，大段甚至半页（第151和152页）文字缺失；且第236与237页之间、240与241之间、241与242页之间存在原文脱落的情况，具体页数不能确定。据此推测，《集释》曾遭水损毁，且部分亡佚，编次不整，上海图书馆对现存手稿作了修复和重新装订。《总目》曾提及辛酉冬间《弢园文录内编》溺于水中一事，而未提及《集释》，则此事或发生在《总目》撰写（1889年）之后。

（二）《集释》的体例特征

《集释》具有传统的《春秋》集释体例特征，即按照经传起讫年限顺序，先经后传，分条立目，逐一排列所要解释的条目，然后加以考释。同时，稿本还具有选注的特点，通常包含两种情况，一是对《春秋》经传内容的选注，比如《春秋》庄公五年仅有"秋，郳犁来来朝"一个条目，同年其他经文无释；《左传》庄公六年仅对"立衷"和"不知其本，不谋；知本之不枝，弗强"一句进行了解释，其余内容从略。二是对一句话中字词的选注，如《左传》昭公十年："桓子召子山，私具幄幕、器用、从者之衣屦，而反棘焉"，《集释》只摘录"而反棘焉"，仅对"棘"地做了地理考证。这种情况在《集释》中较为普遍，尤其是《左传》叙事详备，王韬往往仅摘抄集释的字词而非全句。在分条立目的前提下，根据需要，有针对性地集释或补注，既简明扼要，又有助于理雅各对经传原文的理解，给译经工作带来了极大的便利。

这里需要特别指出的是王韬的补释，堪称稿本中突出的亮点。所谓补释，乃是对之前未加集释的经传内容的补释，或是对之前已经集释过的条目的补充说明。在第一条补释条目前会有“补”的字样，以区分于其他集释条目，在补释结束后的第一条经传条目之前会有“经”或“传”的字样，以示补释结束。

以隐公二年为例：

二年经：春，公会戎于潜。此戎之错居中国者。……
补传：其乐也融融。“融”，古文作“肜”。……
传：都，城过百雉，国之害也。《管子》曰……
传：庄公寤生。应劭《风俗通义》云……
传：卫侯来会葬。杜注：“诸侯会葬，非礼也。”……
传：继室以管子。服氏云：“声子之谥，非礼也。”……
经：天王使宰咺来归惠公、仲子之赗。贾逵云：畿内称王，……
传：不及黄泉。服虔曰：“天玄地黄，泉在地中，故曰‘黄泉’。”
传：改葬惠公。贾逵曰：改葬……
二年：公会戎于潜。潜，鲁地。……
经：夏五月，莒人入向。京相璠曰……[9]

在隐公二年第一条经文条目之后，出现了九条补释条目，“补传：其乐也融融”及下七条补释是对隐公元年经传内容的补注，“二年：公会戎于潜”条是对隐公二年第一条经文的补释，“经：夏五月，莒人入向”条则是补释结束后的第一条经文条目。其中第二、三、六、九条是对之前已集释条目的补注；其余五条的补释对象则是之前没有集释过的内容。

补释条目的出现属于随释随补，出现的时间和次数皆无定数，唯一的规律是补释条目不会横跨两代鲁公。依旧以隐公为例，隐公十一年间，共出现七次补释，其中第一次出现在隐公元年经传条目末尾，五次混杂在二年、四年、十一年经传条目中，最后一次在十一年条目末尾，是对隐公年间经传各解总的补释。补释的内容大多是补充说明，少数条目是对之前观点的纠正，如《左传》襄公十九年：“齐侯娶于鲁，曰颜懿姬，无子。其侄鬷声姬，生光，以为大子。”王韬赞同服虔“颜、鬷皆其母姓”的说法，并引《逸周书·谥法解》以证之，但在之后的补释条目中又认为“颜、鬷乃二姬之氏耳，未必从其母姓也”[10]，与之前的观点相悖。

理雅各曾论及自己与王韬共同翻译儒家经典时的情形，“他热情地投入了工作，时而为我解释，时而与我讨论，视情况而定”[11]。推测这些补释条目多是理雅各备感困惑之处，王韬或为其答疑解惑，或与之探讨商榷。例如《左传》隐公元年“庄公寤生”，《集释》中关于“寤生”的解释条目共有三处。第一次解释出现在第3页，王韬列杜预“寐寤而庄公已生”、《风俗通义》“儿堕地能开目视者为寤生”和《仓颉篇》

“觉而有言曰寤”三种说法，并否定杜说：“据是言之，其生甚易，何至遽惊姜氏也。且就杜氏所解，当曰寐生，而不当曰寤生矣。”此处王韬胪列出三种主流观点，并初步判断杜说于文理不通，认为后两种说法“俱可通，似胜杜注”。随后在第 5 页，王韬对“庄公寤生”进行了第一次补释：“焦氏《笔乘》云：‘杜预注：寤生，难产也。不言其详。据文理，寤当作逜，音同而字讹。逜者，逆也。凡妇人产子，首先出者为顺，足先出者为逆。庄公盖逆生，所以惊姜氏。’谓本吴元满说。按，今杜注并无‘寤生，难产也’五字，岂焦氏所见之本与今有异耶？”此时王韬已倾向于逆生，即难产的说法，只是未见焦竑所说的杜注原文，秉持严谨的学术态度，未轻易作出论断。第二次补释条目紧随第一条，同样在第 5 页，征引臧琳《经义杂记》，再次反驳杜注和《风俗通义》，并结合《史记·郑世家》《尔雅》等文献论证“寤生”当解释为难产之意。

王韬对“寤生”的解释达 3 次之多，应是当时理雅各曾对此提出不解，二人或讨论多次，这也在理雅各的译文中得到了印证。理译本中对这句传文的解释为：“姜氏刚睡醒时生下庄公（此处文义不能确定），这使姜氏受到了惊吓，所以她给庄公取名为寤生（意为睡醒时出生），并因此讨厌庄公。”[12]或许是王韬参考众说之后所作出的论断未能完全使他信服，理雅各最终采纳的是杜预的观点，但面对王韬“其生甚易，何至遽惊姜氏”的质疑，理雅各显然也无法作出有力的反驳，因此在译文之后，理雅各直言他对“寤生”的含义并不十分确定。不难看出，补释条目多是针对理雅各的疑难困惑所作，往往是对理解经传至关重要的语句，而补释内容不仅记录了理译本的成书过程，也从侧面反映出二人的学术异同。

此外，由于要配合理雅各的翻译进程，《集释》经传条目次序常常混乱，尤其是昭公元年。该年共有 59 条集释条目，其中第 30 条“幼而不忌”出现在第 12 条“不靖其能”之后，第 33 条“造舟于河”之后紧跟第 45 条“宣汾、洮”，等等。这种情况在《集释》中俯拾皆是，不一而足。毋庸讳言，未经修订整理的稿本不仅不便于阅读，而且容易造成经传内容的疏漏，读者无法对其产生完整观照。但也正因为《集释》稿本的“原生态”，使得王韬经学助译的过程有迹可循，是考察《集释》和理译本的成书过程、对比研究王韬和理雅各学术异同的第一手资料。

据笔者统计，《集释》征引书目有 140 余部，举凡经学注疏、诸子杂纂、文人笔记等，皆有所涉猎。从年代分布来看，以清代学术为主，阎若璩、段玉裁、钱大昕、王引之、毛奇龄、惠栋、江永等汉学大家的著作皆有征引，颇有竭泽而渔的气势；重视先秦两汉的古训资料，除经传注疏外，诸子被引及的有《管子》《韩非子》《荀子》《庄子》《列子》《论衡》等十余种；史书有《逸周书》《史记》《汉书》《三国志》等；还有各类专门性著作，如地理类的《水经注》，小学类的《说文解字》《尔雅》等，征引书目非常可观。同时，对宋元学者的观点亦择善而从、合理吸纳，可见王韬广博的学术视野，不受汉宋门户局限，正如王韬所说：“余于注释经传，并不专主杜氏，于杜说所不能通者，则据诸家之说为折衷，而于近儒各解亦所不废。集释之名，亦以副乎其实也。”[13]

（三）《集释》的主要内容

清代是《春秋》地理学研究的鼎盛时期，受时代背景影响，加之理雅各对《左传》古今地望的困惑[14]，地理考证是《集释》最主要的内容。以《集释》隐公元年和庄公九年为例。隐公元年共有经传条目 34 条，涉及地名考释的条目凡 19 条，占总条目五成以上，这其中更有专门集释地名的条目 9 条。隐公元年经传中共出现 16 处地名，依次为：蔑、鄢、宿、邾、郎、申、制、京、廪延、共、城颖、颍谷、夷、黄、卫和翼，王韬对 16 处地名一一作了详细的解释；庄公九年共出现了 5 个地名，《集释》中这一年的集释条目仅有 8 条，其中 5 条是地名考释，经传中出现的地名无一遗漏，可见《集释》以地名考释为主的内容特点。

王韬的地理考证具有综考文献、广博淹通的乾嘉学风，擅长从经传中寻找内证，通考全传，结合春秋史实以释地，又能在广泛吸收前贤考证成果的基础上，多加补充、完善，斟酌他说，甚至有所超越。如《春秋》隐公十一年："春，滕侯、薛侯来朝。"关于薛地文献记载甚少，清人对薛地所在考论最详者当推江永《春秋地理考实》（下简称《考实》），但也仅推断出薛国或为田齐所灭。王韬参考孔疏和《考实》，考证出薛国之地望，还虑及奚仲迁地的史实（迁地之事见《左传》定公元年薛宰之说），结合《竹书纪年》和《容斋随笔》，总结薛国历史和为齐国所灭的大概时间，考证出薛城在今滕县东南四十三里[15]。此条目中《集释》虽罗列《考实》的内容，但并不止步于此，而是征引《汉书》《竹书纪年》及宋人笔记，博取古今众说，毫无成见，将《考实》的结论推进一步，表现出兼收并蓄的特点。再如《春秋》闵公二年："春王正月，齐人迁阳。"关于阳国历史及其地望，王韬综考江永、惠栋、马宗琏诸家之说而能超拔其上，梳理地名的变化，提出更为全面的观点，"然则阳之立国，始则在今之沂水县，后则在今之益都县。齐既迁而旋灭之，其地遂入于齐"[16]，体现出对清代《春秋》地理学成果的融贯与发展。

清代学者对杜注孔疏的批判，无论是从规模还是程度而言，都是空前绝后的。王韬在《集释》中亦注重对杜注的补正，但并不以难杜批杜为能事，典型的例子如《春秋》庄公十年："公败宋师于乘丘。""乘丘"有二说，杜预以为应在鲁地，应劭、张华和《汉书·地理志》皆认为在宋地，清人惠栋《左传补注》更以应劭、张华之说来驳斥杜说。王韬则赞同杜预，直言"惠栋之说非也"，并根据传文公子偃"自雩门窃出"，雩门乃鲁城门，推断"败宋师必在鲁之近郊"，宋之乘丘距鲁都太远，"即使长驱追逐，亦未必能至此"，否定宋地说[17]。惠栋所代表的清代汉学在当时影响极大，加之清代批杜之风盛行，至晚清仍存续未止，俞樾《春秋左传平议》、廖平《春秋左传杜氏集解辨正》、章太炎《春秋左传读》等皆属此类。在此学术背景下，王韬不随意否定杜注，持论公允，立足于传文史实，佐以相关文献，审精辨微，确是难能可贵。

除此之外，《集释》的内容还包括《春秋》经传的礼制、故实、名物、书法义例考证和文字训诂等。如在隐公五年"万舞"条目中，佐以传文记载来证明"八人成列"的制度[18]；闵公元年，指出传文"岂不怀归？畏此简书"出自《小雅·出车》篇[19]；昭公三年，考证谗鼎即《礼记·明堂位》所云崇鼎[20]；桓公十七年，对经文

“夏五月丙午”的时间记载，引用贾、服注解阐明时月书写的义例[21]；僖公五年，考证腊祭之礼三代或已有[22]；隐公十一年，在解释邑名隰郕时，对“郕”作音韵训诂，进而指出了隰郕被误读为二邑的原因[23]。或许受助译性质的影响，纵观全书，音韵训诂是为解释文义、考订地理服务的，是王韬为帮助理雅各理解经传而采用的一种方法，因此《集释》在音韵训诂、考订文字上并无过多创见，其观点多承袭王引之《经义述闻》、洪亮吉《春秋左传诂》等书。

二、《集释》与理雅各《春秋》《左传》译本

理雅各《春秋》《左传》译本是英语世界第一部全译本，在西方汉学界影响巨大，这与理雅各扎实的汉语水平、坚忍的意志和他对中国文化的热爱有直接关系，另一个不应被忽视的原因，则是王韬和《集释》在这一艰巨过程中所作出的学术贡献。

在理雅各着手翻译前，王韬担负着为他搜集、甄选注本的工作，为此王韬搜集上百家注疏，这些前期工作也体现在《集释》中，有赖于此，理译本注释的丰富性大大提升。在《诗经》译本中，理雅各曾指出自己译本注释的多元化与完整性主要归功于王韬的《毛诗集释》，并认为《毛诗集释》的出版将有利于中国国民[24]。理雅各对《集释》的评价与之类似，“《集释》至今尚未出版，是我的朋友王韬为帮助我翻译《春秋》《左传》而作。这本书完全当得起我在《中国经典》第四卷中对王韬《毛诗集释》的评价”[25]，表达了对王韬助译工作和《集释》的高度认可。事实上，如果对比《集释》和理译本二者的参考书目，可发现有诸多相似之处。《春秋》宋元学中，张洽《春秋集注》、陈深《春秋传》、齐履谦《春秋诸国统纪》、程端学《春秋或问》《春秋本义》、赵汸《春秋左氏传补注》等，清学中顾炎武《左传杜解补正》、万斯大《学春秋随笔》、毛奇龄《春秋毛氏传》、江永《考实》、沈彤《春秋左传小疏》、惠栋《春秋左传补注》、马宗琏《春秋左传补注》、顾栋高《春秋大事表》等，都是《集释》征引频率较高的参考文献，它们在理译本参考书目中皆占有一席之地，程端学《春秋本义》、赵汸《春秋左氏传补注》、顾炎武《左传杜解补正》等书更被理雅各赞为“引用广博、极有价值”[26]。王韬甄选的注本受到了理雅各认可，而注本的选择一定程度上也决定了理雅各翻译工作的学术起点与广度、深度。

当然，作为佐译之书，理译本对《集释》的引用和采纳是《集释》作用和影响最直观的体现。岳峰曾论述《集释》对理译本的影响，并提出“在《春秋》及《左传》上千页的译本中，理雅各对王韬著作的引用只有 5 次”[27]的观点。笔者曾对《集释》和理译本进行细致的比对，发现理译本对王韬著作的参考和援引都直写结论而简写过程和论据，且多处参考引用均未注明出自《集释》。例如在《春秋》开篇“王正月”条目中，理雅各所言如下：

> 按杜预所说，“王”指的是周平王，《春秋》纪年自此年开始。《春秋》中许多年都是以这种形式作为开始，似乎是一种对王室至高无上统治权的尊敬。《公羊》认为此处“王”应为周文王；虽然周文王是周朝开创者，但《春秋》纪年并非从周文王始。[28]

《集释》："王，周平王也。或指为文王者，非；或又指为夏殷周之王者，亦非。时王颁正朔于诸侯，称王者，尊王也。"[29]理译本虽说参考杜注得出周平王的结论，但杜预《集解》中只言"隐公之始年，周王之正月也"[30]，没有直言周平王，更没有论及周文王。理雅各只参考《集解》无法得出周平王和尊王的结论，其参考《集释》的可能性极大。再如《春秋》庄公八年："甲午，治兵。"《周礼》中对于一年不同时节的治兵礼制有详细明确的记载。甲午乃正月十三日，《春秋》经传中记载为"治兵"，与《周礼》"中秋，教治兵"[31]不符，对此王韬在《集释》中解释道："《周礼》'中冬，教大阅'，所以修战法。今此治兵亦不失时，况复因有围郕之举，用习戎备事之宜也。"[32]因鲁国在夏天将与齐师共围郕，故此时治兵。理译本中采用了此观点："有些学者认为甲午言'治兵'不妥，中秋言'治兵'方才符合礼制；但这应该只适用于和平时期。现在鲁国有战事，将与齐国围郕，在需要时治兵并无不妥。"[33]这显然与王韬的观点相同。这种例子很多，再如《春秋》隐公元年"三月，公及邾仪父盟于蔑"条目中对《集释》"邾"与"蔑"二地考证结果的引用[34]；僖公五年《春秋》"晋侯杀其世子申生"条目中对王韬"晋用夏正"说的采用[35]；等等。

上述例子中，理译本皆未提及王韬或《集释》，这种"不露声色"的引用，笔者大胆揣测，或许是因为王韬的助手身份，使得大多数时候理雅各将王韬的工作视作自己翻译工作的一部分。同时，理雅各对《集释》援引采纳的方式比较特殊，或是融入了自己的思考和想法，或是撮述《集释》之要，并不似对其他文献的引用那么直接，故而对于王韬及其《集释》的作用和贡献，理雅各选择在各卷绪论中作一概括性表述，而没有在各处参考引用中一一注明。因此，岳峰所谓的"5次引用"只是理雅各明确提及王韬的次数，理译本实际对王韬著作的引用当远不止5次之数。

《集释》博稽群籍，但也存在征引繁杂而无论断的弊端，如《左传》昭公六年"师于豫章"条目中，详列江永《考实》、顾栋高《春秋大事表》、焦循《春秋左传补疏》、顾祖禹《读史方舆纪要》、李惇《群经识小》、桂文灿《群经补证》等书中关于"豫章"一地的考论，洋洋洒洒几近五千字，是稿本中篇幅最长的条目，然王韬仅胪列诸家之说，并无任何评论语句，不免令人感到失望。《集释》中还存在前后观点相互牴牾的现象，如王韬在《春秋》隐公二年"纪子帛莒子盟于密"条目中，认为子帛乃裂繻之字，《春秋》"字而不名，盖嘉之焉"[36]，而在《春秋》桓公二年"宋督弑其君与夷及其大夫孔父"条目中，认为《春秋》经传"不以名与字为褒贬，书名书字史家自有其文"[37]，观点转变之快，令人疑惑。此外，王韬在音韵训诂方面不仅对王引之《经义述闻》、洪亮吉《春秋左传诂》亦步亦趋，且在征引时不做考辨，王、洪书中浅显的错误在《集释》中一仍其旧，如《左传》襄公十三年"先王卜征五年，而岁习其祥"条目征引洪书，出现"哀十五年传云'卜不袭吉'"[38]的错误（实为哀十年传文）。上述问题无疑削弱了《集释》的学术价值，然瑕不掩瑜，《集释》对杜注孔疏持论公允，可视为对清代批杜之风的拨正；其地理考证在清代《春秋》地理学的基础上取其所长并加以完善，对《春秋》地理学的发展作出了一定贡献，体现了这部著作的独特价值。尤其是作为一部助译之作，《集释》对考察研究理译本的成书过程、王韬和理雅各的学术异同以及近代东学西传中王韬的地位与影响，都具有不可替代的文献价值和学术价值。

＊本文系国家社科基金项目“19世纪英国汉学著述叙录”（20BWW014）的阶段性成果。

注释：

[1] 段怀清:《王韬与19世纪西方汉学》,《社会科学》2022年第8期,第64页。

[2]（清）王韬:《弢园文录外编》,北京:中华书局,1959年,第327页。

[3]（清）王韬:《弢园文录外编》,北京:中华书局,1959年,第331页。

[4] 参见（清）王韬:《弢园文录外编》,北京:中华书局,1959年,第386～389页。

[5]（清）王韬著,陈玉兰辑校:《弢园尺牍新编》,上海:上海古籍出版社,2020年,第568～569页。

[6]（清）王韬:《弢园文录外编》,北京:中华书局,1959年,第387页。

[7] 该稿本为目前发现的《集释》的唯一版本,纽约图书馆所藏为同一版本,其首页的上海图书馆印章即为明证。《集释》稿本未分卷,不符合《总目》60卷的记载,且存在经传条目次序混乱、字迹潦草的现象,推测该稿本未经整理誊写,不是缮录清本的可能性较大。

[8]《集释》原无页码标注,笔者对现存稿本按顺序编码,以便更好地对其进行研究论述。

[9]（清）王韬:《春秋左氏传集释》,稿本,上海图书馆藏,第5～7页。

[10]（清）王韬:《春秋左氏传集释》,稿本,上海图书馆藏,第173～174页。

[11] [英]理雅各:《中国经典·第三卷》,上海:华东师范大学出版社,2011年,“序言”,第Ⅷ页。

[12] [英]理雅各:《中国经典·第五卷》,上海:华东师范大学出版社,2011年,第5页。

[13]（清）王韬:《弢园文录外编》,北京:中华书局,1959年,第387页。

[14] 参见《中国经典·第五卷》,华东师范大学出版社,2011年,“绪论”,第141页。理雅各在介绍江永《春秋地理考实》时,自述其对《春秋》《左传》古地今属之困惑。

[15] 参见（清）王韬:《春秋左氏传集释》,稿本,上海图书馆藏,第21～22页。

[16] 参见（清）王韬:《春秋左氏传集释》,稿本,上海图书馆藏,第74页。

[17] 参见（清）王韬:《春秋左氏传集释》,稿本,上海图书馆藏,第55页。

[18] 参见（清）王韬:《春秋左氏传集释》,稿本,上海图书馆藏,第15页。

[19] 参见（清）王韬:《春秋左氏传集释》,稿本,上海图书馆藏,第73页。

[20] 参见（清）王韬:《春秋左氏传集释》,稿本,上海图书馆藏,第245页。

[21] 参见（清）王韬:《春秋左氏传集释》,稿本,上海图书馆藏,第47页。

[22] 参见（清）王韬:《春秋左氏传集释》,稿本,上海图书馆藏,第95页。

[23] 参见（清）王韬:《春秋左氏传集释》,稿本,上海图书馆藏,第23页。

[24] 参见[英]理雅各:《中国经典·第四卷》,上海:华东师范大学出版社,2011年,“绪论”第176页。

[25] 参见[英]理雅各:《中国经典·第五卷》,上海:华东师范大学出版社,2011年,“绪论”第145页。

[26] 关于理雅各译本的参考书目和评价详见《中国经典·第五卷》“绪论”第136～147页,由于篇幅所限,此处不予详列。

[27] 岳峰:《架设东西方的桥梁——英国汉学家理雅各研究》,福州:福建人民出版社,2004年,第193页。

[28] [英]理雅各:《中国经典·第五卷》,上海:华东师范大学出版社,2011年,第4页。

[29] (清)王韬:《春秋左氏传集释》,稿本,上海图书馆藏,第 1 页。

[30] (西晋)杜预:《春秋经传集解》,上海:上海古籍出版社,1978 年,第 3 页。

[31] (汉)郑玄注,(唐)贾公彦疏:《周礼注疏》,上海:上海古籍出版社,2010 年,第 1121 页。

[32] (清)王韬:《春秋左氏传集释》,稿本,上海图书馆馆藏,第 52 页。

[33] [英]理雅各:《中国经典·第五卷》,上海:华东师范大学出版社,2011 年,第 82 页。

[34] 参见《中国经典·第五卷》第 5 页,《春秋左氏传集释》第 1～2 页。二者比较可知,《集释》胪列各家之说,不仅考证出郲、蔑的地理位置,还对二地做了音韵训诂和历史沿革梳理,考证详细;而理译本的解释则比较精简,当是直接引述了《集释》的结论。

[35] 参见《中国经典·第五卷》第 144 页,《春秋左氏传集释》,第 92～93 页。

[36] (清)王韬:《春秋左氏传集释》,稿本,上海图书馆馆藏,第 8 页。

[37] (清)王韬:《春秋左氏传集释》,稿本,上海图书馆馆藏,第 28 页。

[38] (清)王韬:《春秋左氏传集释》,稿本,上海图书馆馆藏,第 155 页。

清代台湾方志中的关帝信仰史料探研

林光钊

（福建师范大学文学院，福建福州，350007）

内容摘要： 清代台湾方志对考察台湾关帝信仰有着重要的参考价值。透过方志中台湾关帝庙的分布、修建及数量等文献，可见关帝信仰在台湾地区的发展情况。方志中关帝文献的地位变化，也能得见清廷对关帝信仰的支持。借助关帝神威以镇台地、宣扬忠义教化是清廷在台湾推崇关帝信仰的重要原因，同时关帝形象也作为文化符号融入台湾民众的日常生活中。

关键词： 关帝信仰；台湾；方志；同根同源

方志保存着许多宗教史料，具体至关帝信仰，则涉及庙宇、祭祀、艺文等诸多方面，这些文献已逐渐为学界重视[1]。目前尚未有专文以台湾方志所载关帝史料为中心梳理台湾关帝信仰相关问题。鉴于此，笔者整理出清代台湾日据前所编各类府、州、县志以及采访册所载关帝史料二百余条，据此探讨关帝信仰在台湾的传入、发展、影响等问题，并管窥其对清代台湾社会的影响。

一、关帝庙修建史料所见关帝信仰在台湾的发展

寺庙是人们祭祀神明的场所，通过对某一区域内寺观宫庙分布种类、数量、建筑规模以及主祀神的分析，可在一定程度展现这一地域人们宗教信仰状况及特征[2]。作为祭祀关帝的场所，归纳总结关帝庙在台湾地区的分布、修建、数量等情况，能反映关帝信仰在台湾地区的大致发展情况。

建立祠庙以祀关帝是该信仰入台的重要标志。蒋毓英《〔康熙〕台湾府志》修于康熙二十四年，卷六《庙宇》载当地有关帝庙五座："（台湾）关帝庙三所：府治镇北坊二所，凤山县治土墼埕保所。""（澎湖）关帝庙二所：一在吉贝屿；一在瓦硐港。"[3]虽未言具体关帝庙修建时间，但考虑到该志修纂时距离台湾归清仅两年，当是修于明郑时期或之前。不过后修的台湾方志明确记载，该地多座关帝庙建于"伪时"，如诸罗县善化里关帝庙即"伪时马兵营吴大明募建"[4]。由此说明关帝信仰至迟在明郑时期就已传入台湾。

台湾地区在清代初期建置仅为一府三县，后逐渐扩充到一省三府十一县四厅一直隶州的区划。这些新辟州县陆续修建关帝庙，如彰化县自设邑不久便新建关帝庙：

“一在县治南门内，雍正十三年邑令秦士望捐建。”[5]澎湖、噶玛兰、云林、新竹、苗栗等方志亦记录该地新辟不久，即有官方主持或民间自发创建关帝庙。

清代台湾关帝庙修建情况各时期有一定变化。明郑时期台湾各地关帝庙属于刚刚创建阶段，共建有十一座关帝庙[6]。清康熙时期仍继续新建关帝庙，如台湾县：宁南坊关帝庙：“在道标营盘。开辟后合标同建。”保大东里关帝庙：“五十六年，乡人同建。”澎湖关帝庙：“在妈祖宫西。康熙三十六年，澎湖副将尚宣建。”[7]诸罗县关帝庙：“在县内东北角，康熙五十二年参将翁国桢建，五十四年参将阮蔡文、守备游崇功成之。”[8]凤山县安平镇关帝庙：“改旧遗房屋而更拓之，宏丽甲一方。”[9]

乾嘉时期则以修缮为主。《〔嘉庆〕续修台湾县志》载，镇北坊关帝庙修建活动多达五次：“关帝庙在镇北坊，伪时建。庙有宁靖王匾，康熙二十九年巡道王效宗始修，五十三年巡道陈瑸重修，五十六年里人鸠众改建，乾隆三年巡道尹士俍倡修，三十一年署巡道蒋允焄修，增建更衣厅于庙左，四十二年知府蒋元枢修，五十四年知府杨廷理修，于庙门外建戏台焉。嘉庆十二年知县薛志亮捐俸倡修，绅士林朝英、吴春贵、陈启良等司其事。”[10]在修缮过程中，关帝庙增添更衣厅、戏台等建筑，武庙规制逐渐完备。

道光、光绪时期以重建、续修、翻新为主。噶玛兰厅治西文昌宫前殿关帝庙，始建于嘉庆二十三年，分别于道光三年、十年两次续修[11]；淡水厅新庄街关帝庙，始建于乾隆四十一年，道光三年续修，咸丰三年毁于械斗，旋重建[12]。也有部分新建关帝庙，如苗栗县大湖八份街关帝庙，为统领林朝栋于光绪十四年倡建。

总体来说，清代台湾关帝庙数量与时间呈正比例关系。清代全台新建关帝庙约有三十三座[13]，为明郑时期三倍，遍及台湾全境。由于各地关帝庙有立有废，且每个地区方志数量、纂修时间不一，因此据关帝庙总量统计的结果所反映的情况较为宏观。具体到地域，并辅以时段分析，可更加细致体现关帝信仰情况。凤山县分别于康熙、乾隆、光绪时期三修方志，文献保存良好，且时间跨度大，恰可作为观察样本。笔者统计三部《凤山县志》关帝庙数量，具体情况详见下表：

凤山县关帝庙数量变化表

时间	来源	数量	位置
康熙五十八年	〔康熙〕凤山县志	6	永宁里、安平镇、土墼埕、兴隆庄、半屏山大湾、大竹桥
乾隆二十八年	〔乾隆〕重修凤山县志	5	县治东门内、县治、半屏山大湾、大竹桥、中冲崎庄
光绪十八年至二十年间辑	《〔光绪〕凤山县采访册》	8	五块厝庄北、鲲港埔庄、旧志东门内、赤山庄、中冲琦庄、大庄、挖仔庄、阿猴街

由上表可见，康熙时期凤山县有六座关帝庙，乾隆二十八年为五座，光绪年间为八座。从数据上看，乾隆时期凤山县关帝庙最少，实际不然。方志所载乾隆时较康熙时减少的关帝庙，分别位于永宁里、安平镇、土墼埕、兴隆庄，但安平镇、土墼埕在

乾隆时期被划分至台湾县，说明这两处关帝庙的减少为行政调整所致。此时期又新增县治东门内、县治、中冲崎庄三座关帝庙，说明乾隆时期凤山县关帝庙数量较康熙时期有所增加。通过对比，可知该县关帝庙数量呈现逐步上升态势，清代台湾关帝信仰确实呈蓬勃发展态势。

从关帝庙修建的倡导方亦可看出该地信仰是否扎根民间。就关帝庙修建主持人员来看，大部分为官员。如前文所述乾嘉时期祀典武庙的修建活动，全为官方主持。这反映出台湾地区关帝信仰发展传播过程具有明显的政治色彩。不过，也有不少关帝庙为民众自发修建，具体见下表（不注重复史料）：

台湾方志所载民众自发修建关帝庙史料表

时期	来源	关帝庙	史料
康熙	〔康熙〕诸罗县志	善化里目加溜湾关帝庙	（康熙）十年监生林嘉梁同耆民重建
	〔康熙〕台湾县志	西定坊大关帝庙	（康熙）五十六年里人鸩众就原址重建
	〔康熙〕台湾县志	西定坊小关帝庙	（康熙）五十八年里人同修
	〔康熙〕台湾县志	永康里许厝甲关帝庙	系茅屋，开辟后易茅为瓦，乡人同建
	〔康熙〕台湾县志	长兴里关帝庙	（康熙）五十九年乡人同修
	〔康熙〕台湾县志	保大东里关帝庙	（康熙）五十六年乡人同建
乾隆	〔道光〕彰化县志	鹿港王宫边关帝庙	乾隆壬辰年南靖商民捐建
	〔光绪〕凤山县采访册	阿猴街关帝庙	乾隆四十五年董事郭萃、王廷魁等募建
嘉庆	〔光绪〕苗栗县志	员潭子庄关帝庙	嘉庆九年陈国兴等倡捐建造
	〔光绪〕苗栗县志	石围墙庄关帝庙	嘉庆二十四年垦户吴琳芳倡捐建造
道光	〔道光〕噶玛兰志略	西文昌宫前殿关帝庙	自（道光）十八年夏皆官民捐资筹办
	〔光绪〕凤山县采访册	挖仔庄关帝庙	道光二十六年洪泉光董建
同治	〔光绪〕凤山县采访册	中冲崎庄关帝庙	同治二年黄通义董建
	〔光绪〕新竹县志初稿	县治南门内关帝庙	同治十年绅民捐款重修
	〔光绪〕苗栗县志	石围墙庄关帝庙	同治十四年吴立才等倡捐重修
光绪	〔光绪〕凤山县采访册	挖仔庄关帝庙	光绪元年洪沁董修
	〔光绪〕凤山县采访册	大庄关帝庙	光绪元年陈僚董修
	〔光绪〕凤山县采访册	赤山庄关帝庙	光绪九年阮兴隆董修
	〔光绪〕苗栗县志	石围墙庄关帝庙	光绪十三年吴定纲等倡捐复修
	〔光绪〕苗栗县志	铜锣湾街关帝庙	光绪十六年生员邱国霖、吴汤兴等倡捐建造
	〔光绪〕凤山县采访册	五块厝庄北关帝庙	光绪十七年举人卢德祥重修

有清一代，民间自发参与创建、修缮关帝庙的现象一直存在。从上表所载数据

看，康熙朝民间自发创建关帝庙高达六次，说明关帝信仰在早期传入台湾时就有庞大的群众基础，而光绪朝修建次数亦为六次，则表明随着时间推移，关帝信仰仍旧盛行于台湾民间。

综上所述，清代关帝庙布及台湾全境，数量基本呈现出逐步增多之势。官方、民间都自发参与关帝庙修建活动。这些史料反映关帝信仰在清代台湾地区久盛不衰。

二、清廷与台湾关帝信仰的传播

由儒家礼制主导的国家祭祀和祠庙体系，是中国古代君主统治和教化的重要手段。关帝信仰在台湾迅速而广泛地传播，与清廷对关帝崇拜的承认与封赠分不开，清代台湾方志对关帝庙史料书写的重视，也反映出清廷对关帝信仰的支持。

（一）关帝庙在台湾方志中的地位变化

方志对祠庙的书写大致按其地位高低排布。在康熙时所修三部台湾府志对神灵信仰庙宇的记载中，关帝庙排在中等偏后的位置[14]。如《重修〔康熙〕台湾府志》卷九《寺观》，台湾县关帝庙排名为4/7，凤山县关帝庙排名为3/5，澎湖关帝庙排名为4/6，诸罗县关帝庙排名为2/2，不难看出康熙时期关帝信仰在台地位不高。在《〔乾隆〕重修台湾府志》及之后的台湾方志中，这一情况发生转变，关帝庙上升至祠庙书写第一位，可见关帝地位已非其他地域神灵可比。

这种方志书写中的地位变化在其他类目也有所体现：

①《舆图》：舆图在地记、图经中占据主导地位，在方志编纂定型后，也成为其体例中不可或缺的成分[15]。康熙时期台湾三县已建有关帝庙，但方志舆图中，只有《〔康熙〕诸罗县志》、三部府志舆图有关帝庙。而雍正后的台湾方志舆图则不然，基本绘制出关帝庙的方位或布局。

②《艺文志》相关诗文：翻检台湾方志《艺文志》，最早收录的关帝碑记为载于《〔乾隆〕重修凤山县志》的王瑛曾《重建关帝庙碑记》，其后方志相关诗文愈加增多。乾隆之前，方志未载关帝庙碑文是何原因暂不可知。但可以肯定的是，至乾隆时期，台湾地区则愈加重视关帝庙碑文的写作与保存。

③《祀典志》关帝祭礼：祭典是最重要的国之大礼，方志对此记载甚详："典礼系阖邑观瞻，台湾属在海外，更宜加详。故特标朝贺、诏令、公式、仪礼，以表一代之盛。"[16]明世宗嘉靖年间，朝廷祭祀仪礼开始形成定制，其中包括关帝祭礼，而每年五月十三日关公生辰，便派太常官行关帝祭祀大礼[17]。不过雍正前台湾所修方志并不载关帝祭礼。不仅是关帝庙，妈祖宫、龙神庙等祭礼皆不载于方志。"至于庙宇虽极壮丽，而非有司致祭者，概列之寺庙中。"[18]雍正及之后所修方志则不同，不仅记载关帝祭祀仪式，还注明祭祀经费及祭祀次数。如《〔乾隆〕重修福建台湾府志》："（府）一年三次致祭，关帝祭品银二十四两。""（县）一年三次致祭，关帝祭品银一十八两。"[19]该志仍未载妈祖、真武大帝等地方神灵的祭祀仪式。《〔乾隆〕重修台湾县志》直言其他神灵祭祀仪式参考关帝："天后庙仪注与关帝庙同，不复载。"[20]"火神庙，康熙二年定，一应礼仪俱与关帝庙行礼同。"[21]

综上可见，在台湾方志书写中，关帝信仰相关史料在乾隆后地位明显上升。雍正三年官方追封关羽及其三代，敕封关帝配享太牢，关帝庙由此成为与孔子文庙对应的武庙，因此也不难理解上述台湾方志中关帝史料地位的改变。

（二）台湾关帝信仰兴盛原因补考

封建王朝为何如此重视关帝信仰，蔡东洲、文廷海认为有三：忠义神勇的播扬、荆州民间的信崇、佛教对关羽的神化和利用[22]。其他学者也提出类似看法。通过对清代台湾方志中关帝信仰史料的爬梳，笔者认为有两点可补充前人之说。

第一，借助神威以镇地方。

清廷在收复台湾后，仍有不少军事组织以反清旗帜聚众反抗其统治。忠义形象的关帝，顺理成章成为清廷宣扬统治思想的窗口之一。不少关帝碑记宣扬清廷受到关公护佑，如杨廷理《重修郡西关帝庙碑记》：

> 乾隆五十一年，逆匪不靖，蔓延经岁，南北骚然，焚郛戕吏，所在不免；而府城得坚守无恙者，每贼众犯城时，辄闻庙中金鼓声隐隐，似有数万甲兵出而撼贼为我民呵护者，而城获全，则神有功于兹城也大矣。……重以劳形苦心，数月不安席，累夜不交睫，而身不病，卒以捍其人民，得与偕存活者，岂非神佑之彰彰者哉？[23]

乾隆五十一年，林爽文领导的起义军在半月之内势如破竹，清军只能据守于府城与鹿仔港等地。随着清廷不断派兵渡海来台支援，持续一年多的起义终被平定。杨廷理认为清军能够平定叛乱，源于关帝神助："顾若台湾各邑，递为贼所陷，而府城独以神故得全，且不旋踵而所陷尽复，于以见国家洪泽之远，敬神之至。"[24]蒋元枢亦将台湾社会的稳定归功于关帝震慑与庇佑："抚兹郡境，岭海晏然；妖氛不作，民无夭札。"[25]出于稳固王朝统治目的，清廷统治者借助关帝神威来维持统治，上述碑记即表明，此种宣扬得到一定效果。尽管台湾百姓安居乐业，社会晏然的局面并非关帝庇护之功，但在官方有意渲染下，此种虚构也就成为事实。

第二，宣扬忠义以化天下

教化为治理国家百姓的高明策略，因此台湾官吏多借助关帝的忠义形象教化百姓。经统计，日据前台湾府、州、县志所载关帝庙碑记共十二篇，且多言关帝忠义。如秦士望《关帝庙碑记》："其德配尼山，圣分文武，忠同日月，气塞天地。"[26]作为武庙，关帝庙承担与孔子文庙"礼乐冠裳"不同的"忠诚义勇"教化之用。蒋允焄《增建武庙官厅碑记》："台虽荒服，沐浴王化几及百年。于文庙以习其礼乐冠裳之盛，于武庙以作其忠诚义勇之气。二者交资，不可偏废。"而观览武庙者，则"感动名教之心与优游典物之情交相培养。忠信节义，当有油然而兴者矣"[27]。显然，在蒋氏等台湾地方官员眼中，关帝信仰最主要的功能为培养百姓忠信节义之气。

另需考虑的是，关帝忠义精神只是针对百姓吗？实际上也包括广大官吏阶层。台湾为僻远之地，赴台湾担任府县长官多为内陆之人，难免有思乡之情。蒋元枢借重修关帝庙作碑记云："至诚者何？忠义而已矣。盖尽心所事谓之忠；而孤忠所结，自能伸大义于千古。斯固凡为人臣者作之鹄，勿谓郡处僻远，仰止明神，用鼓其忠诚义烈之气，而潜化其恣睢嚣兢之风；习俗之转移，不当在是耶?”[28]蒋氏十分赞赏关帝忠义，鼓吹“孤忠所结，自能伸大义于千古”“勿谓郡处僻远”，既期望来台官员能将关帝忠义转化为内心慰藉，效忠于清廷，又进一步欲借此教化台湾百姓。由此可见，关帝信仰的广泛传播，不仅有益于教化下层百姓，也使清廷的中央集权得以稳固。

综合来说，无论是借助关帝神威，还是宣扬关帝忠义，其目的都指向推行教化治理，稳定台湾社会。正如丁孝民所言，清代官方推行关帝信仰的真正目的是推行儒家思想，对民众进行教化，消除对满族政权的敌视[29]，从官民在有清一代持续自愿修建关帝庙来看，这是卓有成效的。以澎湖关帝庙修建为例，该庙始建康熙年间，乾隆时“栋宇倾颓”，时任澎湖令胡建伟倡修，官民响应：“是役也，众志佥俞；凡我属兵民衿士，以及四方商贾游历斯土者，随愿捐输，以勷厥工。”[30]光绪元年协镇吴奇勋又择红木埕新建关帝庙，亦得不少士绅响应，同时当地军民商贾也积极参与捐资筹建：“于是发簿劝助，皆踊跃乐输。”[31]十七年三月，总兵吴宏洛又捐五百金重修。澎湖关帝庙能在倾颓后复建，源于关帝已成为当地守护神：“凡水旱、疾疫而有祷皆应，大为一方之庇者。”[32]此时关帝已被百姓赋予新的使命，衍生出驱邪避难的庇佑功能，既是关帝信仰深入民心之表现，也反映其对其维护社会稳定的贡献。

三、关帝信仰与清代台湾社会

官方推动与民间支持双重作用下，关帝信仰成为清代台湾百姓信仰生活的重要组成部分，从清代台湾方志记载来看，台湾民众日常生活多有关帝符号。

在清代台湾方志书写中，关帝庙通常被视为显著地标建筑以说明方位。如台湾县高公祠：“镇北坊关帝庙左，乾隆三十年护道蒋允焄移祀巡道署后关帝庙旁。”吴公祠：“在西定坊关帝庙右。”[33]又如《〔康熙〕诸罗县志》，载该地社学在善化里关帝庙后，校场在北门内关帝庙前，显示关帝庙作为地标的盛行。地标为某地方具有独特地理特色的建筑物或者自然物，台湾方志中多次运用关帝庙作为地标来指明其他建筑位置，足见关帝信仰对当地影响颇深。

台湾街市、港口、湖塘、亭台的命名也使用关帝文化符号。康熙时期，台湾县有关帝庙前街，小关帝巷；乾隆时期则有关庙口街、关帝港街，关帝港；嘉庆时期有关帝庙堆。同治时期淡水厅有关帝亭。此外，关帝佩刀也被百姓用在命名上。苗栗县城外有鸡冠山，但当地居民也多称其为关刀山：“鸡冠山：俗称‘关刀山’。在百二份，距城南三十余里。”[34]更具特色的是，台湾居民将关帝用于飓风命名。

台湾地区时常暴发暴风灾害：“风大而烈者为飓，又甚者为台。飓常骤发，台则有渐，飓或瞬发忽止，台则常连日且数日而止。”[35]我国先民发现这些暴风都在一定时间内发生，并掌握其自然规律，几乎每部台湾方志都设置“风信”收录此史料。如《〔乾隆〕重修凤山县志》：“正、二、三、四月发者为飓，五、六、七、八月发者为台，九月则北风初烈，或至连月，为九降。过洋以四、八、十月为稳，以四月少台、八月秋中、十月小春，天气多晴暖故也。六月多台，九月多九降，最忌。台、飓俱多挟雨，九降多无雨而风。凡飓将至，则天边断虹先见一片如船帆者，曰破帆；稍及半天如鲎尾者，曰屈鲎。”[36]

台湾居民依以神灵或历史人物为这些暴风定名，称为“××飓”或“××报”，如正月初九日暴风为玉皇飓。台湾地区对飓风定名同中有异。笔者以《〔康熙〕台湾府志》（蒋毓英修）《〔康熙〕台湾县志》《〔乾隆〕重修凤山县志》三志为例说明此情况，详见下表：

台湾部分地区飓风名称表

农历日期		飓风名称		
		《〔康熙〕台湾府志》	《〔康熙〕台湾县志》	《〔乾隆〕重修凤山县志》
正月	初四	接神飓	接神报	接神飓
	初九	玉皇飓	玉皇报	玉皇飓
	十三	关爷飓	关帝报	刘将军飓
	十五	—	—	上元飓
	廿九	乌狗飓	乌狗报	乌狗飓
二月	初二	白须飓	白须报	白须飓
三月	初三	元帝飓	上帝报	元帝飓
	十五	真人飓	真人报	真人飓
	廿三	妈祖飓	妈祖报	妈祖飓
四月	初八	佛子飓	佛子报	佛子飓
五月	初五	屈原飓	屈原报	屈原飓
	十三	关爷飓	关帝报	关帝飓
六月	十二	彭祖飓	彭祖报	彭祖飓
	十八	彭祖婆飓	彭婆报	彭婆飓
	廿四	洗炊笼飓	洗炊笼报	—
	廿九	—	—	文丞相飓
七月	十五	鬼飓	中元报	中元飓
八月	初一	灶君飓	灶君报	灶君飓
	初五	大飓旬	徐大报旬	—
	十五	魁星飓	魁星报	魁星飓
九月	十六	张良飓	张良报	张良飓
	十九	观音飓	观音报	观音飓
十月	初十	水仙王飓	水仙王报	水仙王飓
	二十	—	翁爹报	—
	廿六	翁爹飓	—	翁爷飓

续表

农历日期		飓风名称		
		《〔康熙〕台湾府志》	《〔康熙〕台湾县志》	《〔乾隆〕重修凤山县志》
十一月	廿七	普庵飓	—	—
	廿九	—	普庵报	普庵飓
十二月	廿四	送神飓	送神报	送神飓
	廿五	天神下降飓	—	—
	廿九	火盆飓	火盆报	火盆飓

关帝亦为台湾暴风取名来源之一，五月十三日暴风为关帝飓，正月十三日暴风在大部分台湾方志中也被称为关帝飓。对于事物的命名，黄侃言：“名不空生，论不虚作，所谓‘名自正’也。《左传》言名有五，是则制名必有故。语言缘起，岂漫然无所由来？无由来即无此物也。”[37]葛本仪认为任何词的形成，前提条件之一是人们对客观事物的认识以及与此有关的思维活动[38]。台湾地区大量事物的命名蕴含关帝符号，源于台湾民众对关帝信仰的接受，而台湾暴风两次以关帝飓命名，更显示出关帝信仰在台湾社会影响之广泛。

结语

赵翼对关帝信仰之盛描述道：“今且南极岭表，北极塞垣，凡儿童妇女，无有不震其威灵者。香火之盛，将与天地同不朽。”[39]清代台湾方志众多的关帝史料，彰显出台湾关帝信仰的兴盛。台湾民间广泛信奉的神明大部分由福建以分身、分香、漂流三种方式传来。如前文所引土墼埕关帝庙，台湾县大关帝庙、小关帝庙都与福建关帝庙有着密切联系，足见两岸关帝信仰结缘之深，不为一衣带水所隔。

关帝信仰在台盛行，对社会产生深远影响。值得注意的是，台湾暴风的命名与福建沿海地区极为相似。周仪扬指出，这绝对不是一种偶然的巧合，也绝不是一种简单的文化影响，而是一种同源同属同承，是血脉相连，同祖同根的归结[40]。如今闽台寺庙之间经常有进香、巡游等宗教交流活动。福建东山关帝庙、泉州通淮关岳庙作为台湾大多数关帝庙的祖庙，每年都要接待来自台湾的进香团。这种宗教意味的谒祖，正好与海峡两岸人与人之间的血缘关系相通，民间宗教形式也被赋予积极意义[41]。因此我们要持续发挥关帝信仰在两岸交流中的桥梁工作，使关帝文化成为联系两岸同胞亲情的有效纽带，增强两岸同胞在文化上的认同感。

* 本文系 2019 年福建省社会科学研究重大项目“闽台关帝民俗信仰与文化认同研究”（FJ2019JDZ016）的阶段性成果。

注释：

[1] 整体考察方面，如蔡东洲、文廷海《关公崇拜研究》（巴蜀书社 2001 年）利用各方志所载关帝庙数量论述关帝信仰在明清两代的迅速发展；微观考察方面，如王川、刘波《关公信仰的四裔化——

以近代以来西藏及其毗鄰藏区的关公崇拜及主要关帝庙为中心》（《中国俗文化研究》2008年）利用《卫藏通志》所载史料说明西藏及其毗邻地区关帝信仰产生的原因。由于方志的地域性，学界更多利用这些史料考察某一地域的关帝信仰，如李新元：《关帝信仰在台湾的传播与发展之研究》（厦门大学2009年硕士学位论文）、王亚楠《明清山东关帝信仰研究》（山东师范大学2019年硕士学位论文）、路其首《明清时期张掖关公信仰研究——以地方志为中心的考察》（《河西学院学报》2017年第4期）等。相关成果众多，恕不一一罗列。

[2] 连念：《从方志的寺庙记载看明清时期台湾宗教信仰状况》，《中国地方志》2005年第5期，第60～62页。

[3]（清）蒋毓英撰，陈碧笙校注：《台湾府志校注》，厦门：厦门大学出版社，1985年，第64、66页。

[4]（清）周钟瑄修，陈梦林纂：《〔康熙〕诸罗县志》卷一二，清康熙五十六年刻本。

[5]（清）周玺纂：《〔道光〕彰化县志》卷五，清道光十六年刻本。

[6] 据赖水祥《明郑时期台湾开发梗概》（《台湾风物》1962年第11卷第3期）统计，此时台湾共有9座关帝庙，李新元《关帝信仰在台湾的传播与发展之研究》（厦门大学2009年硕士学位论文）沿袭此说，并具体指出每座关帝庙所在位置。笔者查检台湾所有方志，赖、李二文遗漏澎湖地区2座关帝庙。另据蒋毓英《台湾府志》："观音庙，在诸罗县目加溜湾社，中堂祀观音，左塑天、地、水三官，右则关帝。"（厦门大学出版社1985年，第65页）这座合祀观音庙也可视作关帝庙。

[7]（清）王礼修，陈文达纂：《〔康熙〕台湾县志》卷九，清康熙五十九年刻本。

[8]（清）周钟瑄修，陈梦林纂：《〔康熙〕诸罗县志》卷一二，清康熙五十六年刻本。

[9]（清）王礼修，陈文达纂：《〔康熙〕台湾县志》卷九，清康熙五十九年刻本。

[10]（清）谢金銮纂：《〔嘉庆〕续修台湾县志》卷二，清嘉庆十二年配道光三十年刻本。

[11]（清）陈淑均纂：《〔咸丰〕续修台湾府噶玛兰厅志》卷三，清咸丰二年续修刻本。

[12]（清）杨浚纂：《〔同治〕淡水厅志》卷六，清同治十年刻本。

[13] 蔡相辉：《台湾的关帝信仰及其教化功能》，卢晓衡主编：《关羽、关公和关圣》，北京：社会科学文献出版社，2002年，第163～187页。

[14] 城隍庙也属于神灵信仰，但宋代以后城隍神已演变为正式郡县守护神，地位不同于一般神灵信仰，故暂不予讨论。

[15] 史五一：《简析清代方志中的舆图》，《广西地方志》2009年第1期，第9～13页。

[16]（清）王礼修，陈文达纂：《〔康熙〕台湾县志》卷一，清康熙五十九年刻本。

[17] 宋万忠、武建华标注：《解梁关帝志》卷一，太原：山西人民出版社，1992年，第78页。

[18]（清）王礼修，陈文达纂：《〔康熙〕台湾县志》卷一，清康熙五十九年刻本。

[19]（清）范咸纂：《〔乾隆〕重修台湾府志》卷六，清乾隆十二年刻本。

[20]（清）鲁鼎梅修，王必昌纂：《〔乾隆〕重修台湾县志》卷七，清乾隆十七年刻本。

[21]（清）鲁鼎梅修，王必昌纂：《〔乾隆〕重修台湾县志》卷七，清乾隆十七年刻本。

[22] 关羽崇拜的起源、形成与发展，蔡东洲、文廷海已作较为细致探讨，具体论述可参见《关羽崇拜研究》，成都：巴蜀书社，2001年。

[23]（清）谢金銮纂：《〔嘉庆〕续修台湾县志》卷七，清嘉庆十二年配道光三十年刻本。

[24]（清）谢金銮纂：《〔嘉庆〕续修台湾县志》卷七，清嘉庆十二年配道光三十年刻本。

[25]（清）谢金銮纂：《〔嘉庆〕续修台湾县志》卷七，清嘉庆十二年配道光三十年刻本。

[26]（清）周玺纂：《〔道光〕彰化县志》卷一二，清道光十六年刻本。

[27]（清）余文仪修，黄佾纂：《〔乾隆〕续修台湾府志》卷二二，清乾隆三十九年刻本。

[28]（清）谢金銮纂：《〔嘉庆〕续修台湾县志》卷七，清嘉庆十二年配道光三十年刻本。

[29] 丁孝民:《论关帝信仰的成因及其文化意涵》,见萧登福、林翠凤主编《关帝信仰与现代社会研究论文集》,台北:宇河文化出版有限公司,2013 年,第 345～387 页。

[30] (清)林豪纂:《〔光绪〕澎湖厅志稿》卷一四,清钞本。

[31] (清)林豪纂:《〔光绪〕澎湖厅志稿》卷一三,清钞本。

[32] (清)林豪纂:《〔光绪〕澎湖厅志稿》卷一三,清钞本。

[33] (清)余文仪修,黄佾纂:《〔乾隆〕续修台湾府志》卷七,清乾隆三十九年刻本。

[34] (清)沈茂荫纂修:《〔光绪〕苗栗县志》卷二,清钞本。

[35] (清)王瑛曾纂:《〔乾隆〕重修凤山县志》卷七,清乾隆二十九年刻本。

[36] (清)王瑛曾纂:《〔乾隆〕重修凤山县志》卷七,清乾隆二十九年刻本。

[37] 黄侃:《文字声韵训诂笔记》,上海:上海古籍出版社,1983 年,第 59 页。

[38] 葛本仪:《现代汉语词汇学》,济南:山东人民出版社,2001 年,第 62 页。

[39] (清)赵翼撰,栾保群、吕宗力校:《陔余丛考》卷三五,石家庄:河北人民出版社,1990 年,第 623 页。

[40] 周仪扬:《晋台两地风信符号同出一辙——以晋江深沪渔区为案》,《谱牒研究与五缘文化》,2008 年,第 324～330 页。

[41] 刘海燕:《闽台关帝信仰源流》,《文本研究与文化阐释的维度》,北京:人民出版社,2015 年,第 214～239 页。

【海外汉学研究】

"杜老诗中佛"

——论日本室町后期杜甫诗歌典范地位的初步确立

贺湘林

（桂林学院人文学院，广西桂林，541006）

内容摘要：日本五山时期，杜甫诗歌备受关注。南宋张镃提出"杜老诗中佛，能言竹有香"，举杜甫为诗中佛，这一诗学观在室町后期获得瑞溪周凤、横川景三、万里集九、景徐周麟、彦龙周兴等多位诗僧的认同。他们将杜诗奉为圭臬，将杜甫与佛名匹，承袭并建构了"杜老诗中佛"之内蕴。又因室町文坛领袖的大力倡导，讲习杜诗、学杜效杜的风尚逐渐在禅林盛行，杜甫诗歌的典范地位初步确立。以文载道，以文化人，杜诗在日本的传播也是中国经典跨文化、跨民族、跨时空传播与实践的成功典范。

关键词：杜甫；诗中佛；室町；典范

五山时代（1192—1602）为日本之中世纪，包括镰仓、室町、安土桃山时期。在近四百年间，僧侣执掌文化、文学之命脉，成为汉诗创作的主力军，禅林文学乃其主流。相较于平安时期日人推崇白居易诗，五山时期，李白、杜甫、苏轼、黄庭坚等唐宋诗人诗歌均受追捧。又因受宋代诗学宗杜影响，杜甫诗集、杜诗注本和抄本屡见不鲜，杜诗讲筵风靡一时，诵杜、评杜、学杜、效杜蔚然成风，至室町时期（1336—1573）尤盛。"杜诗在日本受到瞩目，起于13世纪以降的镰仓、室町时代，当时的文化以五山诗僧为代表。"[1]学界关于杜诗在日本汉文学史中的地位尚无定论，日本学者近永健、陈翀认为"五山禅林对杜甫诗歌的认识不外是建立在苏、黄等宋代大诗人对杜诗的评论之上，属于一种爱屋及乌的现象"[2]。学者张伯伟认为五山、江户杜诗盛行，但杜诗在日本典范地位的形成是由20世纪吉川次郎确立的[3]。学者由墨林认为："（五山时期）杜甫、李白诗坛地位基本相当。"[4]实际上，室町幕府统治后期（1467—1573），杜甫被禅林诸僧尊为诗中佛，杜诗一度独占鳌头，初步确立了其典范地位。

一、"杜老诗中佛"溯源及在日本的流布

在中国文学史上，陶渊明、谢灵运、杜甫、王维、贾岛、蒋士铨、吴嵩梁等都曾

被称作诗佛、诗之佛、诗中佛[5]。杜甫被称为诗中佛，最早源自南宋文学家张镃（1153—1221）的五言绝句《殊胜轩》：“杜老诗中佛，能言竹有香。欲知殊胜处，说著早清凉。”[6]杜老即杜甫，张镃称杜甫为诗中佛，其“殊胜处”即“能言竹有香”。“竹有香”指杜诗《严郑公宅同咏竹》“雨洗娟娟净，风吹细细香”[7]句。张镃盛赞杜甫通禅理，言杜诗造境之神，堪称诗中佛。至日本室町时代，杜甫乃诗中佛的诗学观传入日本。

（一）室町时期的诗中佛

室町后期，杜甫诗中佛之诗学观开始在诗僧中传颂，被瑞溪周凤、万里集九、横川景三、景徐周麟、彦龙周兴等诗僧们承袭共举。

瑞溪周凤（1391—1473）乃诗中佛在日本流播之嚆矢。他在杜甫像题咏《杜陵春游图》中称“是翁真个诗中佛”[8]。万里集九（1428—?）在《七贤轴并序》中引张镃之原典：“故云：子美诗中佛，能言竹有香。”[9]又在《题杜子美画像》中化用李白《戏赠杜甫》中“饭颗山头逢杜甫”句，称“饭山已遇诗中佛”[10]。横川景三（1429—1493）在《文甫号》中亦称“只须参得诗中佛，翠竹风香杜拾遗”[11]。景徐周麟（1440—1518）也在其汉诗《星岳》中云：“争如风月诗中佛。”[12]彦龙周兴（1458—1491）《竹溪字说》也言：“宋人云：‘杜老诗中佛，能言竹有香’，千古美谈也。……游翰墨场，学诗中佛。”[13]他还在《和人之匀并序》中举“昔诗中佛咏月句”[14]为例，为他人取名。在诗僧们的追崇下，杜甫诗中佛之地位逐渐确立。

（二）江户时期的诗中佛

江户时代（1603—1867），随着宗杜大潮的兴起，杜甫诗圣[15]之称也传入日本，诗佛、诗圣并行流播，常被时人用以自诩或比附当时汉诗大家。

江户前期，被誉为“少陵千载知己”的著名诗僧元政（1623—1668）尤为钟爱杜诗，称“少陵本是诗中佛，料识鼻观尤自由”[16]，用禅林“鼻观闻香”的方法来解读杜诗“雨洗娟娟净，风吹细细香”句。江户后期汉学家大洼行（1767—1837）不仅在大堂供奉杜甫像，命名为诗圣堂，还自号诗佛，诗集也取名为《诗圣堂诗话》。市河宽斋（1749—1820）为其《诗圣堂诗集》作序时称：

> 《诗圣堂诗集》刻成，诗圣者何？杜少陵也。少陵何称诗圣？其网罗古今，集而大成，后世作家无不取法，故谓之诗圣。……堂安少陵像，以诗圣为称见。见所尊尚也，又自号诗佛，盖取张南湖老杜诗中佛之语也。[17]

此外，与大洼行年龄相仿的儒学家周滑平（1773—1831）在《释尊诘天民》[18]一文中也梳理了张镃诗中佛之说传入日本后被时人认可与接受的过程，且抨击了大洼行自称诗佛的自傲之举，在他看来，杜甫诗中佛之地位时人无可比拟。

二、室町后期“杜老诗中佛”多维意蕴之建构

室町后期，诗僧们在张镃“杜老诗中佛”原典之上踵事增华，丰富了诗中佛之内涵，拓展了杜甫诗歌的意境，阐释了杜诗创作技巧和文化价值，并塑造了杜甫诗中佛

在日本汉诗创作中的典范形象。

（一）“杜老诗中佛”内涵之丰富

张镃言“老杜诗中佛”指杜诗中蕴含禅理。室町诗僧们言诗中佛，不仅指杜诗中富有禅趣，更以此强调杜甫的诗坛地位。他们认为杜诗乃诗中之至尊，宛如佛乃法界中之最尊贵者。

诗中佛意即诗人中水平最高者。五山名僧义堂周信（1325—1388）在《仙英说》中言：“如论中说，声闻、菩萨，亦名为仙。佛于中最尊最贵，故名大仙，是亦出世间之仙者也。”[19]他认为声闻、菩萨、佛三者之中，佛为最尊最贵者。横川景三在题画诗《松竹斋主墨梅图诗后序》中也提到诗中佛乃诗人之至尊、诗作无与伦比之意。言：“投老松竹斋连城珍藏主，有墨梅图，秘而宝焉。一日谒予，求系一辞，然蕉雪以下九老题于上，诗中佛也；北禅翁跋于下，文中王也。”[20]墨梅图上九人题诗，“蕉雪”（惟肖得岩）乃诗中佛，北禅（瑞溪周凤）乃文中王[21]。故而，诗中佛、文中王乃诗人、文人中最高成就者。日本学者市木武雄注解万里集九《七贤轴并序》“子美诗中佛”句时称：“诗中佛指的是诗人之中，可称之为佛的、水平最高的诗人。”[22]可见，室町诗僧们言杜甫为诗中佛，即是肯定杜诗首屈一指的地位。

（二）“杜老诗中佛”意境之拓展

张镃言“杜老诗中佛”之本意指“雨洗涓涓净，风吹细细香”中透露出杜甫作诗造境之高妙。明代杨慎评点称：“竹亦有香，人罕知之。杜诗‘雨洗涓涓净，风吹细细香’，李贺诗‘竹香满幽寂，粉节涂生翠’皆善于体物。”[23]杜诗言“竹林闻香”的通感体物写法，让人超越尘俗，顿入祥和之境。

室町诗僧们在此基础上，深入发掘和拓展了杜诗“隐有所寄”的意境美。彦龙周兴就杜甫《天河》诗佳句“纵被微云掩，竟能永夜清”[24]，称赏杜诗言浅意深的意境。文曰：

> （赖亮）遂请余击节，和歌非余所知，则指月谓公曰：“昔诗中佛咏月句曰‘纵被微云掩，竟能永夜清。’盖有所寓发之，千古格言也。”……虽然一片赤心，万人所指，一世所知，岂非被微云掩，而永夜清者乎哉。[25]

彦龙周兴被赖亮邀请击节，他婉拒称“和歌非余所知”，原因在于他以为好诗应如杜诗般有所寄寓，并以杜甫《天河》为例，赞诗中佛借“微云掩月”有所寄寓的造境之法。

景徐周麟对杜诗意境的阐述与彦龙周兴不谋而合。其《星岳》诗言：“穿破娘生双眼皮，瞿昙一夜出风来。争如风月诗中佛，象纬逼天云卧时。”“争如风月”引自杜甫《日暮》“风月自清夜，江山非故园”句，杜甫用极淡之笔写“失国”之忧。《杜臆》言：“风月一联，意极悲凉。”[26]“象纬逼天云卧时”则化自杜甫《游龙门奉先寺》诗句：“天阙象纬逼，云卧衣裳冷。欲觉闻晨钟，令人发深省。”张綖注：“三四，状风月之佳。五六，见高寒之极。闻钟发省，乃境旷心清，倏然而有所警悟欤。"[27]景徐周麟以杜诗隐有所寓为美，许是历经应仁之乱后，忧心惙惙，从杜诗中找到的情感共鸣。

从彦龙周兴到景徐周麟，从杜诗体物之美至"有所寓发之"，室町诗僧们拓展了杜诗意境美的范畴。

（三）"杜老诗中佛"诗人之创作

禅僧们认为，杜甫之所以为诗中佛，是因为其具有顶尖作家敏锐的观察力、感受力以及极高水准的文学审美和鉴赏能力。

万里集九认为杜甫的文学感受力与观察力堪称顶流，他从作家创作的观察力和感受力高下品评之，辞曰：

> 宇内有竹以来，能闻其香者，子美一人而已。故云："子美诗中佛，能闻竹有香。"晋之七人，虽云爱竹，未知有香，今披斯图，漫判之云："竹若比梅今不香，谁其闻得细平章。风梢影动水沈国，人七无知唯草堂。"[28]

他将竹林七贤与杜甫进行比较，抑此扬彼，称竹林七贤闻不见竹香，是因为观察力和感受力不如杜甫，因此，"晋之七人，虽云爱竹，未知有香""人七无知唯草堂""能闻其香者，子美一人而已"。充分阐述了细致入微的观察力是杜甫作品臻于至善的重要因素。

此外，杜甫的诗学卓见也令诗僧们推重。横川景三在字说《以清字颂并序》中给永安惟宗外史之徒取字为"清"，他特别强调"清"引自杜甫《春日忆李白》诗"清新庾开府，俊逸鲍参军"，又引严羽《沧浪诗话·诗辩》"第一义""第二义"[29]之别来论诗歌上乘、下乘之作。其辞曰：

> 永安惟宗外史，其徒曰俊，风姿可爱也。其游远寄小幅，求字，字曰以清。老杜诗曰："清新庾开府，俊逸鲍参军。"盖谓太白诗豪放飘逸，无敌于世也。……"论诗犹如论禅，汉魏晋与盛唐之诗，则第一义也。学之者临济下也。"……吾所谓第一义也者，皆落在第二矣，可不慨喟哉。……余非诗中佛，胡说乱说，说第一义，不觉泚于颡也。[30]

横川景三深受杜甫诗学思想的浸润，充分认同杜甫对李白诗歌的中肯褒誉，并深入阐释上乘诗歌的品鉴标准，慨叹当朝诗风每况愈下，期待禅林出现如李白"第一义"之诗作。文末，又自谦称不如诗中佛杜甫般具有如此高的文学鉴赏水平，不知对当前诗歌优劣的评价正确与否，进一步凸显了其对杜甫诗学思想的高度认可。

（四）"杜老诗中佛"文化价值之凝铸

杜诗"雨洗娟娟净，风吹细细香"句还被室町诗僧们赋予了文化价值——作为禅林取道号、字号的理据，借此提高所取字号的审美品位。

彦龙周兴用"竹香"为后辈取字号，勉励其效仿杜甫。在《竹溪字说》中，他解释给周香取“竹溪”为字的缘由，即“副香以竹，意无他”，引自杜甫之咏竹名句，乃千古美谈，说明取名“竹溪”寓意极好。曰：

> 龟阜有后进秀，讳周香，字竹溪。竹溪两字，余所命也，其执友者、寄轴请竹溪说。……余岂获默，辄谂之曰：副香以竹，意无他。少陵咏竹曰：“风吹细细香。”宋人云：“杜老诗中佛，能言竹有香。”千古美谈也。……少小几日，游翰墨场，学诗中佛。而后学与道不二，诗与禅一如，是所以期远大于竹溪也。[31]

彦龙周兴举杜诗之典，巧饰“竹溪”二字之深意，借此鞭策周香“游翰墨场，学诗中佛，而后学与道不二，诗与禅一如，是所以期远大于竹溪也”。

万里集九亦将“竹香”之典用于取道号。他也在《竹溪号说》中探讨取名“竹香”之深意，言：“三代之文字，非竹简则岂得流布于百世乎？……灵运醒而缘湿，子美吟而香残。”[32]借杜诗“吟竹而香残”赋予道号“竹溪”以深意。总之，正因时人对杜诗的认可与推崇，诗僧们才借杜诗发挥，赋予其别样的文化意义。

（五）“杜老诗中佛”典范形象之塑造

室町诗僧们刻画了杜甫醉酒骑驴、忧国忧民的典范形象。瑞溪周凤在《杜陵春游图》写道：“万斛新愁雨鬓银，锦城老去又逢春。是翁真个诗中佛，花外柳边千亿身。”[33]锦官城内，春雨带愁，杜甫为天下苍生愁白了头，“花外柳边千亿身”指杜甫若佛般化作千千万万救济众生，点睛之笔“是翁真个诗中佛”更是瑞溪周凤对杜甫其人其诗的至高评价。万里集九也在《题杜子美画像》中虚构了一幅“饭山已遇诗中佛”的画面，其辞曰：

> 天地一驴行路斜，曾烧谏草遂无邪。都将五十年间雪，吹作千茎鬓上花。春树入评真正法，残杯遗恨几河沙。寻常不醒醒还酌，酒债犹多乱后家……饭山已遇诗中佛，大本宁非惠足僧。爱用松声盛午钵，安排茶味炷乌藤。江湖白发十年友，薄暮床头来曲肱。[34]

“春树入评真正法，残杯遗恨几河沙。寻常不醒醒还酌，酒债犹多乱后家。”万里集九化用杜甫诗《春日忆李白》“渭北春天树，江东日暮云”[35]和《曲江二首》“朝回日日典春衣，每日江头尽醉归。酒债寻常行处有，人生七十古来稀”[36]句。更是活用李白《戏赠杜甫》诗“饭颗山头逢杜甫”之句，塑造诗中佛饭山骑驴，穷苦作诗的形象。

三、诗中佛初步确立杜诗在室町后期的典范地位

室町后期，杜诗初步被禅林诗僧们确立为汉诗至高典范。“典范的形成首先取决于作品本身的审美魅力和道德感召，即便有二三文坛巨擘的表彰甚至君王的倡导，也往往奠基于众多普通读者的意念之上，至少不是相悖逆或对立的。”[37]这一时期，杜诗典范地位的确立取决于四个条件：杜诗艺术魅力的影响、杜甫精神的巨大感召力、室町文坛领袖的大力倡导和文坛群体性崇杜风气的推动。

（一）杜诗是品鉴与创作汉诗的范本

杜诗以其独特的艺术魅力成为诗僧们品鉴和创作汉诗的标杆。五山诗僧友山士偲（1301—1370）论及当时文坛现状，慨叹“而今诗将无工部”[38]。正宗龙统也引杜牧“杜诗韩笔”[39]之说，称：“天上凤毛，人间乌跋。杜诗韩笔取诸左右，竺贝孔韦稽以古今。”[40]

第一，杜诗是品鉴汉诗优劣的风向标。有“杜诗之风范”“操老杜音节”“得杜诗之精髓”乃是当时上乘汉诗之最高评价。万里集九在点评赵东阁《凌霄花为复上人作》[41]时，认为灵药山正法寺的住持春岳作诗已得杜甫之精髓，得韩愈之衣钵。其辞曰：

> 赵东阁，为复上人作凌霄花诗云：“老僧不作依附想，将谓青松自有花。”药山之艮背主盟（春岳），作凌霄叹一篇，见示市隐铁船翁（春溪宗熙）及余。其末云：“弱蔓无心凌九霄”，可谓炼拾遗之髓，传吏部之衣。吁！东阁则语拙而意浅，宁较三十里乎哉，不顾片瓦之丑，率攀严押云。（《凌霄花诗并序》）[42]

万里集九以杜诗为参照，对春岳《凌霄叹》“弱蔓无心凌九霄”句评价颇高，认为赵东阁之诗用语平拙且词意浅薄，与春岳《凌霄叹》相差甚远。可见，他将杜诗作为评判诗歌创作水平优劣的标准。

翱之惠凤（1414—1465）也以杜诗为准绳来评价侍者之诗。他认为，侍者之诗为“佳什”的原因在于音律上形似杜诗，风格上词古格高。言：

> 某侍者佳什见惠，词古格高，颇操老杜音节，以有怏怏之叹，矧厥韵非短才所能押。故作君不见一首，少酬盛意，且以奉勖云。[43]

他在《和韵》[44]中也评价友人之诗“实可以换却老杜八仙歌者欤”，称赞朋友诗作与杜甫《饮中八仙歌》一样“才高格老，韵逸词清”。

此外，有侍者请横川景三批阅十题诗，横川景三认为“诗韵清绝，篇篇拭目”，联想到黄庭坚曾评点杜甫“诗到夔州十绝歌”，认为侍者的“十题诗”也达到了杜诗之美，实乃一绝，于是依据杜诗给它改题称“泉州十绝”，言：

> 退藏仙甫侍者，作十题诗。介于其友伯始而求予批抹，展而视之，诗韵清绝，篇篇拭目，何点之有哉。……宋少陵曰：诗到夔州十绝歌，名此诗曰泉州十绝可也，小补书。（《书十题诗后》）[45]

第二，杜诗乃汉诗文创作的优秀范本，是诗僧们学习汉诗创作的最好教科书。横川景三提出学诗当学杜甫，言“贝叶葛藤千万疑，从初无叶又无枝。只须参得诗中佛，翠竹风香杜拾遗”（《文甫号》）。他认为诗歌创作如读佛经，心中烦恼万千，一开始无枝无叶，无从下笔，但只需学习杜诗，以杜诗为范本，即可写出如杜甫“翠竹风香”类之妙句。

此外，杜诗“为人性僻耽佳句，语不惊人死不休”[46]之炼句技巧也被诗僧们称道。正宗龙统提出“学李杜不及，则失之巧”[47]。“巧”即贵尚巧似，即写景状物学杜诗用字之巧，方可显生动之貌。景徐周麟在《题画图》中言：“未与群芳入楚骚，春风笑我对挥毫。杜陵淡墨改三字，轻薄桃花气格高。”[48]借杜甫《曲江对酒》中改“桃花欲共杨花语”为“桃花细逐杨花落”[49]之典，赞杜甫改字后，原本轻薄之桃花顿显气格高尚。他在赞许杜诗的同时也强调了诗歌创作学杜之重要。

（二）杜诗能传正法

诗中佛杜甫的伟大不仅在于其诗歌的艺术魅力，还在于其普济众生的精神感召力。佛是古印度文化的代表，杜甫是中华文化核心精神的典范，于日本而言，二者都属舶来品。室町后期诗僧们将二者并举，背后有着深厚的文化内因。日本汉学家铃木修次（1923—1989）说：“杜甫，虽然是古人，但他的作品已超越时间，不断给读者以新的刺激和感动。”[50]战乱连年，生灵涂炭，禅僧们唯寄心于拯救世人佛。同时，杜诗透过文字抚慰着他们历经沧桑的心灵，他们在杜甫身上找到了如佛一般的仁爱济世。

兰坡景茝（1417—1507）在《洛英首座住丹州长安山门》中称：“杜陵诗似维摩经，能传正法。薙室文如揭谛咒，全具大机。”[51]又：“桃源西堂和尚，果毅为性，温和在颜。其语似杜陵之演《维摩经》，称芭蕉中无坚实。斯文如薙室（敬叟居简）之注揭谛咒，知芍药外有大羹。欲适从之，式瞻至止。”[52]兰坡景茝所言《维摩诘经》之正法即众生对佛法之正信、正见。《维摩诘经》修持正法，而有所得，生起法喜，此乃菩萨的喜心，为真正的布施。而“语似杜陵之演《维摩经》，称芭蕉中无坚实”，意指杜诗若《维摩结经》“是身如芭蕉，中无有坚”，杜诗牺牲小我，一心为民的精神，若佛陀所谓空性，让人浑觉烦恼皆空，心生净土。故而，杜诗能传正法，体现在杜甫诗史精神与杜甫忠义爱国、旷世济民精神的感召。

首先，杜甫诗史精神的跨文化共鸣。杜诗中关于安史之乱的社会现实描写，激发起同样处在战乱中的禅僧们的情感共鸣。他们言：“子云称文之乌获，久乏其才；少陵为诗之马迁，偶适此论。”[53]又称：“老杜《人日》诗云：‘元日到人日，未有不阴时。’诗史采占书之义，以寓讽刺也。”[54]还称：“壁间有杜二过黄娘之图，以之为题，各言其志，吁黄娘何人哉？因少陵一语与严武、高适之伍，拍肩于诗史。”[55]希世灵彦在《杜陵北征图》中描绘了安史之乱杜甫北征之事，家国之痛力透纸背：“我是水滨回首时，仆犹木末步迟迟。北征徒苦崎岖路，不觉此身都是诗。”[56]万里集九更是共情于杜甫国破山河之痛，愤慨写道：“所谓‘国破山河在，城春草木深。感时花溅泪，恨别鸟惊心。’杜十夷八百年前为今日预设此数联乎哉？”[57]总之，恰如横川景三所言：“诗史传天下。”[58]诗史精神已深入室町诗僧之心。

其次，杜甫忠义爱国精神的跨时空遇合。“自镰仓时代末期至室町时代末期，一个多世纪的战乱和生灵涂炭造成了社会的剧变，人们的积怨，人心的躁动。”[59]杜甫虽身处乱世，却如佛一般舍身忘己、普济众生，这种精神感召着室町诗僧们。希世灵彦为正宗龙统的诗作跋，借杜甫安史之乱作诗来比况正宗龙统在应仁之乱中所作二百余诗篇，并谈及杜诗带给自己的深刻影响：

> 自丁亥兵起以来，予惊惧不平，如茅塞于心，而不能得一诗，甚所愧也。每读老杜诗集，必有掩卷而难者矣。子美自长安避安史之乱，去客于秦蜀夔梓之间，身将不暇于奔走，何其处在多篇题哉，今偶得萧庵正宗所示诗二百余篇，谓是丁亥乱来日课所作也，于是重为发予叹云。（《书正宗诗卷后》）[60]

在战乱中，希世灵彦"每读老杜诗集，必有掩卷而难者矣"，杜甫"身将不暇于奔走"的忘我精神成为他聊以慰藉的明灯。

日本汉学家吉川幸次郎指出："杜甫为民请命、不畏牺牲的品格，正是发扬了大乘菩萨济世度人的精神。"[61]杜甫"大庇天下寒士俱欢颜"的大爱精神与维摩诘"从痴有爱，则我病生。以一切众生病，是故我病；若一切众生得不病者，则我病灭"的宗旨不谋而合。中岩圆月（1300—1375）曾在《杰庵说》中言："杜老所谓大厦千万间，大庇天下寒士，风雨不动安如山，其言不妄。"[62]应当说，杜甫终其一生，执着于忠义报国、关爱众生，他同体大悲的济世品格与佛不住涅槃、关注人间、饶益众生的精神主张紧密契合。在室町后期日僧眼中，杜甫为诗中佛乃实至名归。

（三）崇杜风尚的驱动

室町文坛崇杜风气并非个体性偏好，而是诗僧们的群体性崇拜。室町禅林崇杜的一大表现是杜甫画像膜拜，据不完全统计，有关杜甫画像题咏存世有两百多首。希世灵彦在《片冈达磨画像赞并叙》中言："古人有学诗者，画杜甫像，而事之如事生，彼一小伎犹尔。况禅学者，不可无此像。"[63]他论及时下学禅之人，需拜达摩像，就如古人学诗拜杜甫像，这种譬喻反映出杜甫乃学诗者顶礼膜拜的偶像。

粗略统计出《五山文学全集》《五山文学新集》《翰林五凤集》及中世纪日记中室町后期"涉杜"[64]作品421则，涉及32位作家。室町诗僧们谈杜诗、品杜诗、学杜诗之记载俯拾皆是，散见于诗话、书信、序跋、字说、道号、偈颂、赞、疏等文体之中。首先，他们喜欢诵阅杜诗。翱之惠凤《杜工部》中称："近者，乡中偶诵儒者杜工部'愚公野谷村，随水到龙门'之语，有感。"[65]正宗龙统言："阅少陵东坡全集。"[66]横川景三也言："见梅花作诗，蔼然忠义。浣花杜甫，凝碧王维，人皆诵之。"[67]其次，禅林盛行杜诗讲筵。雪岭永瑾、天隐龙泽、月舟寿桂等都曾设杜诗讲筵。景徐周麟曾说："客矍然而起曰，某服矣，又为后进，讲黄诗杜诗韩柳之文。"[68]月舟寿桂也曾记录："就吾山默云翁，而讲杜诗。盖始于辛未，终于戊申，可谓勤也。"[69]简而概之，杜诗在室町盛行一时。

室町后期诗僧"涉杜"作品统计表

诗僧姓名及生卒年	数量	诗僧姓名及生卒年	数量	诗僧姓名及生卒年	数量
瑞溪周凤（1391—1473）	31	光岩老人（生卒年不详）	5	梅阳章杲（生卒年不详）	1
一昙圣瑞（1394—1428）	2	一桂老人（生卒年不详）	3	三益永因（？—1520）	1

续表

诗僧姓名及生卒年	数量	诗僧姓名及生卒年	数量	诗僧姓名及生卒年	数量
一休宗纯（1394—1481）	8	正宗龙统（1428—1498）	9	月舟寿桂（1460—1533）	22
希世灵彦（1404—1489）	39	万里集九（1428—1502）	44	春莊宗椿（生卒年不详）	1
翱之惠凤（1414—1465）	6	横川景三（1429—1493）	41	大休宗纯（1468—1549）	5
九渊龙琛（？—1498）	6	梅心周庸（？—1496）	1	驴雪鹰灞（？—1558）	10
九鼎竺重（生卒年不详）	5	景徐周麟（1440—1518）	49	仁如集尧（1483—1574）	6
兰坡景茝（1417—1501）	35	雪岭永瑾（1447—1537）	9	作成令伟（生卒年不详）	1
元方正楞（生卒年不详）	1	柏严继赵（1448—？）	3	考叔宗颖（1500—？）	3
季弘大叔（1421—1487）	1	彦龙周兴（1458—1491）	15	策彦周良（1501—1579）	10
天隐龙泽（1422—1500）	30	琴叔景趣（？—1507）	11		

（四）文坛领袖们大力倡导

据上文统计，瑞溪周凤、希世灵彦、兰坡景茝、天隐龙泽、万里集九、横川景三、景徐周麟、月舟寿桂等人涉杜作品较多，汉学造诣颇深。他们不仅担任主要寺庙的住持或首座，而且深得幕府重用，乃室町后期汉学之执牛耳者。上村观光评价室町文学时称："文学家则以瑞溪周凤之门下横川景三、景徐周麟、彦龙周兴及策彦周良等为著名。"[70]《阴凉轩日录》也记载："相公御一叹，曰：'今五岳之中能僧谁也？'愚谨白：'五六辈有之，各个争机锋。南禅有兰坡和尚，相国有月翁和尚，建仁有天隐和尚、正宗和尚，东福有了庵和尚是也。'"[71]因此，经由瑞溪周凤为首的禅林领袖们的倡导，杜甫成为15世纪日本诗坛最耀眼的金星。

瑞溪周凤被猪口笃志称为"义堂、绝海以来的大人物"[72]，曾任日本相国寺主持，深受将军足利义政重用。其《卧云日件录拔尤》[73]中更是记载了他与友人、徒弟多次讨论心华元棣、绝海中津、西胤承俊、元璞慧珙等人的注杜、释杜之说。他有多首杜甫画像的题画诗传世，更是用"蒲室文光犹映发，草堂诗派益流传"[74]总结了当时学杜时况。

希世灵彦才学颇高，深得禅林景仰。岐阳方秀（1361—1424）称："今观彦希世诗集一编，其才固足以惊世。"[75]希世灵彦对杜甫了如指掌。作品中有关杜甫画像题咏高达26首，如《浣花醉归图》《杜陵北征图》《杜陵差村图》《浣花寺与草堂图》等。

兰坡景茝乃南禅之首，他是梦窗国师四世之孙，精通外典和内典。"景茝和尚，行中规矩，语熟诗文，竞透达悟之机关。"[76]他认为"少陵为诗之马迁"，将云门宗之祖云门文偃比作"法中杜少陵"[77]，云门宗第四祖雪窦重显的诗歌比作"诗坛李杜"[78]，将禅门宗师比附为杜甫之举，可见他对杜诗的推重。

天隐龙泽历住真如寺、建仁寺、南禅寺，乃汉学翘楚。他曾精选唐宋元金绝句328首而成《锦绣段》，至江户时期，成为日本诗家教科书之一。他将杜诗奉为圭臬，在友人请他讲杜诗时，他坚决拒绝，理由是：“三百篇之后，有少陵者；六经之后，司马迁也。岂可吾徒下嘴者哉。”[79]亦可见杜诗在其心中地位之高。

万里集九也是崇杜主力，他曾师事著名禅师大圭宗价。他连杜诗注本也能倒背如流，曾用杜诗集注中“子未熟读杜诗欤？浦鸥防碎首，霜鹘不空拳云云，首与头通用，故云白首白头”[80]来回应别人对其诗作“白鸥一片掉头飞”用“头”而不用“首”之质疑。其研杜功力颇深，曾针对杜诗集注中的倒文进行考证，“子美云：西川有杜鹃，东川无杜鹃。涪万无杜鹃，云南有杜鹃。诗话云：此语则序而非诗也。编者误为篇首之四句矣，余未识此论之可不可也。”[81]

横川景三是瑞溪周凤的弟子，先后任相国寺、南禅寺住持。其《京华集》“与景徐周麟《翰林葫芦集》十七卷一起，被视为文明（1469—1486）以后五山文学的代表性著述”[82]。《阴凉轩日录》载：“此内孰出群，愚谨白，横川出群者也。”[83]他有多篇诗文引杜诗同题，如《杜甫种莴苣图》[84]引自杜诗《种莴苣》，《龙门晨钟》引自杜诗《游龙门奉先寺》，《雨中闻邻人吹笛》[85]引自杜诗《吹笛》。此外，他与兰坡景茝一样，认为“云门禅似少陵语”[86]“称雪窦必以诗坛杜陵”[87]。

景徐周麟更是崇杜干将。他因汉学才华出众，曾被任命为遣明使。他曾师事瑞溪周凤，后又与横川景三、桃源瑞仙等交好，他的《翰林葫芦集》中或显或隐提及杜甫近 50 则。他最推崇杜甫的律诗：“杜老吟渭北诗，春连树色，三千首鼓吹唐律。”[88]尊杜甫为唐诗之宗，唐以后诸家多参杜诗：“盖参诗如参禅，凡唐人皆传工部之衣钵。”[89]

月舟寿桂曾管理京都建仁寺，是释讲杜诗之名僧。《实隆公记》《御汤殿上日记》《天皇皇族实录》[90]中有十余则月寿和尚在永正、大永、享禄年间讲杜诗的记录，并且，他的杜诗讲筵影响力颇大，“多岁侍师闻计论，讲筵常到暮鸦翻”[91]。

值得一提的是，以上禅僧之间或为师生，或为好友，这种禅林师友互动对杜甫诗学观念的传播大有裨益。

结语：诗中佛对日本文学的影响

室町后期，杜甫诗歌典范地位的初步确立为江户时代杜诗兴盛奠定了坚实的基础。然而，尽管五山时期杜诗已享有了崇高地位，但杜诗的阅读、讲筵、学习等活动仍多存在于禅林内部，并未在普通民众中得到普及。直至江户时代，随着大量杜集如《李杜诗抄》《杜律虞注》《杜律詹言》《杜律集解》等被刊刻，尤其是明人邵傅的《杜律集解》受到极大重视，至此，杜诗风靡日本，其影响力达于极致。当然，杜诗的影响不仅及于汉诗创作，也辐射至日本俳句创作。日本俳圣松尾芭蕉（1644—1694）的俳句中处处可见杜诗身影。吉川幸次郎曾评价道：“杜甫乃芭蕉之父，客观来说，杜甫本身在东洋文学中的意义非凡，又加上杜甫对芭蕉以及日本俳句的影响，更是进一步扩大了杜甫在东洋文学中的影响力。”[92]要而论之，杜诗自落地生根后，便在日本文学史中传响至今。

*本文系国家社会科学基金项目“日本杜诗学研究”（18BZW074）的阶段性成果。

注释：

[1]［日］芳贺幸四郎:《禅文学和五山文学》,［日］山岸德平编:《日本汉文学史论考》,东京:岩波书店,1974年,第394页。

[2]［日］近永健:《近世日本〈杜甫诗集〉阅读史考》,《中国文论》2014年第一辑,第210页。

[3] 张伯伟:《典范之形成:东亚文学中的杜诗》,《中国社会科学》2012年第9期,第178页。

[4] 由墨林:《李白、杜甫对日本江户诗坛之影响》,《光明日报》2021年8月9日,第13版。

[5] 袁晓薇、谭庄:《“诗佛”的诞生:一种诗歌美学境界的标举》,《山东社会科学》2012年第5期,第55～59页。

[6]（南宋）张镃:《南湖集》卷七《桂隐纪咏四十八首》其十一《殊胜轩》,（清）永瑢、纪昀,等编:《文渊阁四库全书》第1164册,上海:上海古籍出版社,2003年,第608页。

[7]（唐）杜甫撰,（清）仇兆鳌注:《杜诗详注》,北京:中华书局,2015年,第979页。

[8]［日］玉村竹二编:《五山文学新集》第五卷,东京:东京大学出版会,1971年,第514页。

[9]［日］玉村竹二编:《五山文学新集》第六卷,东京:东京大学出版会,1972年,第712页。

[10]［日］玉村竹二编:《五山文学新集》第六卷,东京:东京大学出版会,1972年,第873页。

[11]［日］玉村竹二编:《五山文学新集》第一卷,东京:东京大学出版会,1967年,第437页。

[12]［日］上村观光编:《五山文学全集》第四卷,东京:株式会社思文阁,昭和四十八年(1973年),第46页。

[13]［日］玉村竹二编:《五山文学新集》第四卷,东京:东京大学出版会,1970年,第1098页。

[14]［日］玉村竹二编:《五山文学新集》第四卷,东京:东京大学出版会,1970年,第931页。

[15] 张忠纲:《诗圣杜甫研究》,上海:上海古籍出版社,2005年12月,第2～4页。

[16]（明）陈元赟、［日］释元政:《元元唱和集》,京都:村上勘兵卫刊本,宽文3年(1663年),第13页。

[17]［日］大洼诗佛著,佐羽淡斋校:《诗圣堂诗集·初编》,日本桥(江户):千钟房,文化7年(1810)刊,第1～3页。

[18]［日］周滑平:《妙妙奇谈》,第10～12页,见［日］小山田与清编:《温知丛书》第三编,第101～103页。

[19]［日］上村观光编:《五山文学全集》第二卷,东京:株式会社思文阁,昭和四十八年(1973年)刊,第1805页。

[20]［日］玉村竹二编:《五山文学新集》第一卷,东京:东京大学出版会,1967年,第554页。

[21] 张哲俊:《五山诗僧的二度隐逸:官寺与山水、书画之间》,《中世纪与文艺复兴研究》第2期,第30页。

[22]［日］市木武雄:《梅花无尽藏注释1》,东京:续群书类从完成会,1993年,第470页。

[23]（唐）杜甫撰,（清）仇兆鳌注:《杜诗详注》,北京:中华书局,2015年,第979页。

[24]（唐）杜甫撰,（清）仇兆鳌注:《杜诗详注》,北京:中华书局,2015年,第504页。

[25]［日］玉村竹二编:《五山文学新集》第四卷,东京:东京大学出版会,1970年,第931页。

[26]（唐）杜甫撰,（清）仇兆鳌注:《杜诗详注》,北京:中华书局,2015年,第1446页。

[27]（唐）杜甫撰,（清）仇兆鳌注:《杜诗详注》,北京:中华书局,2015年,第1页。

[28]［日］玉村竹二编:《五山文学新集》第六卷,东京:东京大学出版会,1972年,第712页。

[29] (宋)严羽著、郭绍虞校释:《沧浪诗话校释》,北京:人民文学出版社,2005 年,第 11 页。

[30] [日]玉村竹二编:《五山文学新集》第一卷,东京:东京大学出版会,1967 年,第 317 页。

[31] [日]玉村竹二编:《五山文学新集》第四卷,东京:东京大学出版会,1970 年,第 1098 页。

[32] [日]玉村竹二编:《五山文学新集》第六卷,东京:东京大学出版会,1972 年,第 944 页。

[33] [日]玉村竹二编:《五山文学新集》第五卷,东京:东京大学出版会,1971 年,第 514 页。

[34] [日]玉村竹二编:《五山文学新集》第六卷,东京:东京大学出版会,1972 年,第 873 页。

[35] (唐)杜甫撰,(清)仇兆鳌注:《杜诗详注》,北京:中华书局,2015 年,第 45 页。

[36] (唐)杜甫撰,(清)仇兆鳌注:《杜诗详注》,北京:中华书局,2015 年,第 375～376 页。

[37] 张伯伟:《典范之形成:东亚文学中的杜诗》,《中国社会科学》2012 年第 9 期,第 188 页。

[38] [日]玉村竹二编:《五山文学新集》第二卷,东京:东京大学出版会,1968 年,第 147 页。

[39] 语出杜牧《读韩杜集》“杜诗韩笔愁来读,似倩麻姑痒处搔”句。(唐)杜牧著,吴在庆校注:《杜牧集系年校注》,中华书局,2015 年,第 248 页。

[40] [日]玉村竹二编:《五山文学新集》第四卷,东京:东京大学出版会,1970 年,第 222 页。

[41] (宋)赵东阁:《凌霄花为复上人作》“袅袅枯藤淡绛葩,夤缘直上照残霞。老僧不作依栖想,将谓青松自有花。”引自(宋)陈景沂:《全芳备祖》前集,卷一四。

[42] [日]玉村竹二编:《五山文学新集》第六卷,东京:东京大学出版会,1972 年,第 1210 页。

[43] [日]上村观光编:《五山文学全集》第三卷,东京:株式会社思文阁,昭和四十八年(1973 年),第 2862 页。

[44] [日]上村观光编:《五山文学全集》第三卷,东京:株式会社思文阁,昭和四十八年(1973 年),第 2854 页。

[45] [日]玉村竹二编:《五山文学新集》第一卷,东京:东京大学出版会,1967 年,第 395 页。

[46](唐)杜甫撰,(清)仇兆鳌注:《杜诗详注》,北京:中华书局,2015 年,第 673 页。

[47] [日]玉村竹二编:《五山文学新集》第四卷,东京:东京大学出版会,1970 年,第 31 页。

[48] [日]上村观光编:《五山文学全集》第四卷,东京:株式会社思文阁,昭和四十八年(1973 年),第 201 页。

[49]《漫叟诗话》云:“桃花细逐杨花落,黄鸟时兼白鸟飞。”李商老云:“尝见徐师川说,一士大夫家有老杜墨迹,其初云,‘桃花欲共杨花语’,自以淡墨改三字,乃知古人字不厌改也。不然,何以有日锻月炼之语?”引自(南宋)胡仔:《苕溪渔隐丛话》前集,卷八。

[50] [日]铃木修次:《杜甫》,东京:清水书院,1980 年,第 14 页。

[51] [日]玉村竹二编:《五山文学新集》第五卷,东京:东京大学出版会,1971 年,第 478 页。

[52] [日]玉村竹二编:《五山文学新集》第五卷,东京:东京大学出版会,1971 年,第 85 页。

[53] [日]玉村竹二编:《五山文学新集》第五卷,东京:东京大学出版会,1971 年,第 155 页。

[54] [日]玉村竹二编:《五山文学新集》第五卷,东京:东京大学出版会,1971 年,第 1138 页。

[55] [日]玉村竹二编:《五山文学新集》第五卷,东京:东京大学出版会,1971 年,第 1221 页。

[56] [日]玉村竹二编:《五山文学新集》第二卷,东京:东京大学出版会,1968 年,第 531 页。

[57] [日]玉村竹二编:《五山文学新集》第六卷,东京:东京大学出版会,1972 年,第 807 页。

[58] [日]玉村竹二编:《五山文学新集》第一卷,东京:东京大学出版会,1967 年,第 209 页。

[59] 叶渭渠:《日本文化史》,北京理工大学出版社,2011 年 11 月,第 181 页。

[60] [日]玉村竹二编:《五山文学新集》第二卷,东京:东京大学出版会,1968 年,第 464～465 页。

[61] [日]吉川幸次郎著,钱婉约译:《中国文学与外国文学—我的留学记》,北京:光明日报出版社,1999 年,第 212 页。

[62] [日]上村观光编:《五山文学全集》第二卷,东京:株式会社思文阁,昭和四十八年(1973 年)

刊,第952页。

[63] [日]玉村竹二编:《五山文学新集》第二卷,东京:东京大学出版会,1968年,第446页。

[64] 统计涉及"杜甫""杜二""子美""工部""浣花""臣甫""杜陵""少陵""拾遗""十夷""诗中佛""诗史""李杜""草堂"等关键词的作品,未统计有关杜诗诗语变容性的汉文学作品。

[65] [日]上村观光编:《五山文学全集》第三卷,东京:株式会社思文阁,昭和四十八年(1973年),第2868页。

[66] [日]玉村竹二编:《五山文学新集》第四卷,东京:东京大学出版会,1970年,第88页。

[67] [日]玉村竹二编:《五山文学新集》第一卷,东京:东京大学出版会,1967年,第786页。

[68] [日]上村观光编:《五山文学全集》第四卷,东京:株式会社思文阁,昭和四十八年(1973年),第430页。

[69] [日]上村观光编:《五山文学全集》别卷,东京:株式会社思文阁,昭和四十八年(1973年)二月十五日,第601页。

[70] [日]上村观光:《五山文学小史》,东京:裳华房,1906年,第1063页。

[71] [日]朝仓尚:《兰坡景茝小论》,选自《国文学攷》,広島大学国语国文学会,1968年,第29页。

[72] [日]猪口笃志:《日本汉文学史》(上),东京:角川书店,1984年,第216页。

[73] [日]瑞溪周凤著,惟高妙安抄录:《卧云日件录拔尤》,江户初期写本,日本国立公文书馆藏。

[74] [日]以心崇传:《翰林五凤集》,《大日本佛教全书》第145册。

[75] [日]玉村竹二编:《五山文学新集》第二卷,东京:东京大学出版会,1968年,第167页。

[76] [日]上村观光:《五山诗僧传》,东京:民友社,1912年,第340页。

[77] [日]玉村竹二编:《五山文学新集》第五卷,东京:东京大学出版会,1968年,第137页。

[78] [日]玉村竹二编:《五山文学新集》第五卷,东京:东京大学出版会,1968年,第153页。

[79] [日]以心崇传:《翰林五凤集》,《大日本佛教全书》第145册,第546页。

[80] [日]玉村竹二编:《五山文学新集》第六卷,东京:东京大学出版会,1972年,第674页。

[81] [日]玉村竹二编:《五山文学新集》第六卷,东京:东京大学出版会,1972年,第757页。

[82] [日]上村观光编:《五山文学全集》第四卷,东京:株式会社思文阁,昭和四十八年(1973年),翰林葫芦集解题。

[83] [日]朝仓尚:《兰坡景茝小论》,选自《国文学攷》,広島大学国语国文学会,1968年,第29页。

[84] [日]玉村竹二编:《五山文学新集》第一卷,东京:东京大学出版会,1967年,第12页。

[85] [日]玉村竹二编:《五山文学新集》第一卷,东京:东京大学出版会,1967年,第228页。

[86] [日]玉村竹二编:《五山文学新集》第一卷,东京:东京大学出版会,1967年,第880页。

[87] [日]玉村竹二编:《五山文学新集》第一卷,东京:东京大学出版会,1967年,第69页。

[88] [日]上村观光编:《五山文学全集》第四卷,东京:株式会社思文阁,昭和四十八年(1973年),第7页。

[89] [日]上村观光编:《五山文学全集》第四卷,东京:株式会社思文阁,昭和四十八年(1973年),第67页。

[90] 大日本史料総合データベース-検索(u-tokyo.ac.jp)。

[91] [日]以心崇传:《翰林五凤集》,《大日本佛教全书》第145册,第569页。

[92] [日]吉川幸次郎:《东洋文学における杜甫の意义》,《吉川幸次郎全集》第12册,东京:筑摩书房,1968年,第591～592页。

尚州洛东江圈的“赤壁船游”与汉文学中的相关诗文

——以《壬戌泛月录》为中心

[韩] 曹圭百著　陈　庆译

(韩国外国语大学中国研究所，韩国首尔，02450)

(海南大学海南省东坡文化与传播研究中心，海南海口，570228)

内容摘要： 尚州洛东江泛舟诗会是将苏轼赤壁船游本土化的产物，始于1196年，结束于1862年，持续了666年，共举办51次，是东亚，乃至世界范围内时间跨度最长的诗会活动。《壬戌泛月录》记录了尚州洛东江圈171年间（1607—1778）的船游诗文。与汉江圈、临津江圈、荣山江圈、济州圈等地相比，洛东江圈船游诗文同样写出了与苏轼一脉相承的胜概仙风和风雅情调，部分作品是对苏轼“赤壁三部曲”的创造性改编，而执着于儒学道脉的继承以及忧国忧民之情的表达则是洛东江圈船游诗会的独特之处，在其他地域重新演绎赤壁船游的诗文中很难见到。本文以《壬戌泛月录》为中心，就赤壁船游在朝鲜时代的重新演绎和“赤壁三部曲”的接受作了探讨。

关键词： 苏轼；朝鲜时代；《壬戌泛月录》；洛东江；赤壁船游

一、绪论

苏轼（1036—1101）是对高丽时代（918—1392）和朝鲜时代（1392—1897）汉文学影响最大的中国文学家之一。被贬至黄州时（45—49岁），他创作了“赤壁三部曲”，包括《前赤壁赋》、《后赤壁赋》以及《念奴娇·大江东去》。《前赤壁赋》创作于苏轼47岁（1082年）的七月既望，以赋的形式描写了他与友人泛舟于赤壁之下的情景；《后赤壁赋》描绘了同年十月望日的赤壁船游；《念奴娇·大江东去》通过回顾三国时代的古战场以及当时的英雄人物，呈现了作者的内心世界。这三部作品引起朝鲜时代文人的共鸣，是汉文学中的一个理想典范。

朝鲜前、中、后期对苏轼的看法有所不同，但无论哪一时期，多数文人都十分喜爱苏轼的前后《赤壁赋》，并深受其影响。他们钦佩苏轼的气度和行迹，视其为不受世俗拘束的楷模。朝鲜时代的尚州文人，深受苏轼“赤壁三部曲”的感染，望日或者既望之时，常以船游的方式举行雅集，饮酒作诗。尚州洛东江的赤壁船游重演，不但包括七月既望游、十月望日游，还包括虽不在既望或者望日举行，但所作诗文中含有“赤壁三部曲”相关内容的船游。尚州洛东江船游始于1196年高丽时代李奎报举办的诗会，截止于1862年，延续了666年，共举行51次。《壬戌泛月录》记录了1607年至1778年，171年间举办的8次诗会中文人们的诗作[1]。这8次船游诗会，最引人瞩目的是在七月既望以及十月望日举行的5次。据《壬戌泛月录》记载：

① 1622年7月16日举办了苍石洛东江泛舟诗会，赵靖、李埏、李埈、金知复、柳袗、全湜等23人参与，实际有25人留下诗作。这些文人继承了退溪李滉的船游传统，并有不少退溪的再传弟子参与这次诗会。诗会日程如下：

第1日：道南书院—龟岩—枫湖—箪岩—道南书院；

第2日：道南书院—龙渊—伴鸥亭。

② 1622年10月15日于洛东江竹岩举办了苍石续洛东江泛舟诗会，李埈、丘希岌、孙胤业等15人参与。

③ 1657年7月16日于竹岩津举办了湖翁洛东江泛舟诗会，曹挺融、赵稜等人参与。

④ 1682年7月16日于竹岩津举办了四友堂洛东江泛舟诗会，赵稜等人参与。

⑤ 1770年7月16日举办了芝翁洛东江泛月续游，曹景稷、赵天经、金光澈、金履常、李承延、李华国等57人参与。诗会日程如下：

第1日：道南书院—梧山书堂—合江亭；

第2日：合江亭—观水楼；

第3日：观水楼—高峰书堂—黔涧别庙斋舍；

第4日：甲长山渊岳书院[2]。

从《壬戌泛月录》的记载来看，最初的参与者中包括国士等重要人物，多为官员，时有非尚州本地的文人同行。《壬戌泛月录》不仅具有地方性特色，而且具有全国性价值[3]。

本文以朝鲜时代尚州洛东江圈的文人诗会及诗文集《壬戌泛月录》为中心，围绕朝鲜时代“赤壁船游”的盛况、朝鲜文人对“赤壁三部曲”的接受、“赤壁三部曲”带来的朝鲜文人思维方式及文学创作等方面的变化、《壬戌泛月录》的独特之处等问题，深入探讨朝鲜时代的赤壁船游重演。

二、“赤壁船游”的重演与胜概仙风的传承

在苏轼写作《前赤壁赋》和《后赤壁赋》的七月既望以及十月望日，尚州文人举行赤壁船游活动，旨在与苏轼进行跨越时空的思想和情感交流。在1622年的诗会上，他们以《前赤壁赋》中的“壬戌之秋七月既望苏子与客泛舟游于赤壁下清徐来水”等23字为韵作诗。李埈（1560—1635）的《洛江泛月诗序》记载有如下内容：

> 吾侪虽非作赋之材，然触景成趣，则宜无愧于古人。今幸而遇壬戌之回，愿与同志，溯龙渊而续古事，于是乡人之少长不期而聚者，几三十人。（第34页）

该序作于1622年，李埈是退溪李滉（1501—1570）的再传弟子、柳成龙（1542—1607）的门生。为纪念壬戌年苏轼赤壁船游，近30位文人相约雅集，泛舟江上。他谦虚的言辞中流露出内心的自豪。

在该次船游活动中，金宪（1566—1624）以“月”字为韵作《得月字》诗：

东坡百世士，逸气横海鹘。
昔在壬戌岁，赤壁泛秋月。
一片鉾冰轮，万里分毫发。
扁舟凌万顷，恍入琼瑶窟。
而今安在哉，江水流不歇。
千载诵遗词，胜游犹恍惚。
良辰属阉茂，行乐不可阙。
白头会耆英，翠壁拼突兀。（第64页）

以上是该诗的前半部分。“东坡百世士”源自黄庭坚的诗作“彭泽千载人，东坡百世士”[4]。今日适逢壬戌，也像苏轼一样有了船游的豪举，明月东升，万物清朗。在满江波光中泛舟，仿佛置身仙境。回想540年前苏轼留下的《赤壁赋》，不禁心神沉醉。白发苍苍的文人雅士聚首吟诗，不远处峭壁耸立于江畔。

1657年，赵稜（1607—1683）写了《丁酉七月十六日，泛舟竹岩津，次湖翁韵》一诗：

兰樯泛泛天连水，醉兴飘飘酒凸缸。
后视今犹今视昔，今称赤壁后斯江。（第137页）

这是该诗的后半部分，表达了重演赤壁船游的自豪感。船在水中轻轻摇晃，水天相交。就如今日我们回看苏轼赤壁游船一样，未来也会有人感慨今日的这场聚会。这是洛东江上的又一次船游。

1687年，李在宽（1620—1689）写下《后识》：

东坡赤壁之游，极一时之胜概仙风，遗韵留播，后世人莫不想像歆叹。自中华暨我东，继其躅者，不知其几许，而天启壬戌初秋，吾乡诸先生，龙渊泛月，亦其一也，风流胜概，轶驾坡翁，不相上下，而分韵赋诗，序以弁之，雄词杰句，又不必多让于坡翁之赋。商山埒黄冈而并称，龙渊等赤壁而同流，实吾岭数百年所未闻之胜迹也。[5]（第143页）

以上为该文的前半部分，其中提到1622年前人在洛东江龙渊船游的先例，并称赞当时所作诗篇及序文气势雄伟，不在《赤壁赋》之下；此地的风情和景色，堪比东坡赤壁，尚州与黄冈也足以相提并论。洛东江上的数次船游，在朝鲜半岛岭南地方数百年的历史上留下浓墨重彩的一笔，令人自豪。

1770 年，李华国（1728—1787）作《敬次合江亭泛月韵并小序》：

> 苏子赤壁之游，盖千古一胜事也。以风景则黄冈之佳丽也，以节序则孟秋之既望也，以风流则长公之魁宕其人也。况二赋之作，清疏宏阔，其杰句豪辞，炳烺千载，播人之牙颊之间，至今称泛月之会，必以是游为盛焉。[6]（第 261 页）

以上为该序的开头部分，称苏轼的赤壁船游是一件值得千古流传的佳话，因为苏轼不仅才华出众、气质豪放，而且作品独出机杼。关于前后《赤壁赋》，李华国认为它们清朗洒脱且宏伟辽阔，豪放优美的语言历经千年仍散发光彩，泛舟赏月的传统在朝鲜的土地上延续至今。该序对《赤壁赋》所描写的风景、作品的艺术性以及所展现的风雅情调给予了高度评价。

三、对苏轼“赤壁三部曲”的创造性改编

尚州文人泛舟洛东江上，以苏轼的《前赤壁赋》或《念奴娇·大江东去》的韵作诗，从《赤壁赋》汲取灵感，记录自己的感想，其中一些作品是对苏轼“赤壁三部曲”的创造性改编。在 1770 年的赤壁船游中，这种创作旨趣表现得尤为明显。

首先来看赵天经（1695—1776）次韵《前赤壁赋》所作《次前赤壁赋》的开篇部分：

> 庚寅之秋，七月既望，芝翁与客泛舟，游于洛院之下。特地之来，遐想之兴。举酒属客，诵分韵之诗，咏明月之章。少焉，解缆于龟岩之上，沿洄于鸾津之间。丹霞映日，绿水连天。挂雉帆而容与，驾长风而飘然。茫茫乎仙槎入银洲，而不知其所止，渺渺乎玉箫吹缑山，羽化而登仙。于是饮酒而乐，扣舷而歌之。歌曰：扬舲兮荡桨，苹生风兮月流光。悠悠兮我思，仰前修兮水一方。（第 160 页）

这里描写了在“道南书院—龟岩—飞鸾津”之间泛舟往来的情形，是对《前赤壁赋》本土化的改编。即便有押韵的限制，仍展现了相当的文学才能。

下面这篇赋是金履常（字睡窝，1718—?）步《前赤壁赋》韵所作《洛江赋》的后半部分：

> 况吾与子生长于播馥之乡，怆乐窝而悲白鹿。遗数篇之鲛光，诏后学而勤属。嚼道味于宝唾，胜珍膏之粱粟。悲前轨之无征，叹此江之不穷。咏清律而周章，抱襟月而誓终。知难再乎盛游，但赓音于遗风。
>
> 睡窝子曰：“客亦知夫古与今乎？贤者如斯，而何时往也。盛衰者如彼，而今莫恨长也。盖将自其存者而观之，则水月曾与人以经瞬。自其不存者而观之，则书与诗皆无益也，而奚足羡乎？且夫流峙之趣，仁智者主。苟化翁之所与，虽一景而

皆取。察天渊之鸢鱼，弄五柳之风月。亘古今而播响，穷宇宙而模色。读之无斁，赜之无竭。是遗篇之惠吾人也，而一觞一咏而所共乐也。”[7]（第 209 页）

金履常认为，道的真味是追求学问的无尽世界，它比儒学的真味更胜一筹。从存在的角度来看，江河与月亮如瞬息般稍纵即逝；从不存在的角度来看，文字和诗歌都是毫无意义的。这段话是受苏轼《赤壁赋》的启发而创作的，其中蕴含着《论语》“知者乐水，仁者乐山”的意识[8]，也洋溢着《诗经》所歌颂的“鸢飞戾天，鱼跃于渊”一般蓬勃的生命活力[9]，以及“陶渊明《五柳先生传》中享受读书、饮酒作诗的安贫乐道的精神”[10]。这篇赋带有唱和苏轼《前赤壁赋》的意味，同时兼具个人特色，可以称之为韩国式的改编。

下面这首词是赵锡献（1735—1804）的《次东坡赤壁怀古酹江月小令》，依苏轼《念奴娇（大江东去）》一词的韵脚而作：

洛江滚滚，流无尽、今古新秋景物。一叶兰桨人争说，壬戌苏仙赤壁。玉露澄光，银波净影，两岸芦花雪。举杯相属，正好泛中流，棹歌衶发。

天地百年俯仰间，笑看泡沤起灭。此游良宵绝奇，而不羡仙人绿发。前修缅邈，也自江风山月。（第 253 页）

苏轼的《念奴娇·大江东去》分为上阕和下阕，包括对岸边高耸赤壁的描写、对三国赤壁大战的回忆（以名将周瑜为主角）和自我情感的抒发等内容。赵锡献的词是一首描写在山川月色之间，对饮降神酒时吟咏的长调，尽管题为“小令”。小令是中国词作的一种形式，通常指 50 字以下的短篇。慢词一般指 100 字左右或更长的长篇词作。苏轼的《念奴娇·大江东去》由双调构成，上阕 49 字，下阕 51 字。赵锡献的这首长调上阕 52 字，下阕 36 字。由该篇的题目可知，这首词是以苏轼的作品为底本创作的。后在传抄的过程中，一些不熟悉苏轼作品的人可能根据意境对该词作了修改，造成韵的部分不完全一致或缺失。

《次东坡赤壁怀古酹江月小令》是对“赤壁三部曲”之一的《念奴娇·大江东去》的本土化改编，也是《壬戌泛月录》中唯一一首以此为基础创作的词。该作品以洛东江为背景，以缅怀苏轼为基调，泛舟江上，饮酒慨然。天地间的百年，在无限的宇宙中宛如一瞬。看着如泡沫般涌现又消逝的景象，感慨能够夜游江上，不羡神仙。先贤邈远，江风吹拂，山上明月升起，正是船游的大好时光。以江两岸的芦苇为背景，彼此举杯劝酒。这里的先贤既包括苏轼，也包括曾在尚州洛东江上船游的前人。

以下内容摘自 1770 年李华国所作《敬次合江亭泛月韵并小序》：

概苏子之与二客问答，不过水月之理，而卒未免羡仙修禅之讥，至今为识者之笑，岂若天启诸君子之大雅遗响，达理逍遥，进退忧乐，不但在于江湖而已哉。（第 261 页）

李华国说苏轼《前赤壁赋》中的主客问答仅就水与月的本质进行探讨，终因羡慕神仙、沉迷禅门而遭到讥笑。实际上，苏轼一直倡行儒佛融合，他羡慕仙人，也高度评价佛学。这篇文章一方面对苏轼的诗文大加赞赏，一方面由于朝鲜中期重视儒学的文化氛围，对苏轼有所贬低。与原始儒学不同，朝鲜中期的儒学偏于朱子学，有时会陷入偏执。朱熹曾在文章中批评过苏轼，他们也跟随朱熹贬低苏轼。

李华国认为《前赤壁赋》中的主客问答仅仅是为了揭示江水与月亮的本质，这一说法并不准确。《前赤壁赋》还包括以下多个要点：①与大自然的融合；②苏轼流配心境的传达——对自由的渴望以及对功业的向往；③回顾三国赤壁之战，描绘了周瑜的英雄形象；④从变与不变的角度考察宇宙和自我；⑤酒是各部分的连接纽带，起到激发情感的媒介作用；⑥情绪在“快乐—悲伤—快乐”之间流转。

虽然李华国是尚州地区较为出色的文人，但仍受到当时文化氛围和文学思潮的影响：朝鲜中期高度重视朱子学且崇尚唐诗，对苏轼稍有贬低。儒家、道家以及佛家思想的区别在于看待宇宙自然和人类的态度不同，各自的研究对象也有差异。儒家主要研究人间世界，道家则主要关注天地自然，佛家将更为广泛的宇宙万物作为研究对象。尚州文人普遍继承了儒学传统，李华国这篇文章就是明证。不过，李华国肯写文章来讨论苏轼，还高度评价了参与 1622 年船游活动的先贤，说明他对苏轼还是很敬重的。他的这篇文章也可视为对苏轼作品富有创造性的改编。

四、风流故家的风雅情调

朝鲜时代文人重视精神修养和心灵磨炼，乐于过一种闲适且富有情趣的生活，尚州文人也不例外。他们眼中的风流，包括亲近自然，喜爱江水、风月、美酒、佳肴，雅集时吟诵诗文、创作诗词、演奏乐器、交谈高雅，更是风流的题中之义。孔子重视礼和乐。朝鲜时代的儒家重视礼，对乐则不太重视。苏轼的前后《赤壁赋》，有助于朝鲜时代的文人摆脱礼的过分约束，船游雅集既豪放又高雅，展现了风流的极致。

以下是金廷坚（1576—1645）作于 1622 年《得望字》一诗的中间部分：

一叶泛空明，御风任所向。
盘上脍锦鳞，樽中溢霞酿。
是时雨初霁，景物呈万状。
一水饮玉虹，两崖悬金障。
胜游极清福，此会天所饷。
溯洄夜将阑，长啸宇宙旷。
醉里梦坡翁，貌古气豪宕。
披以鹤氅衣，扶以绿玉杖。
悬知千载下，神会来相访。（第 75～76 页）

该诗描绘了诗人沉浸于风雅之中的画面。天空放晴，小船随风摇荡，周围是绝妙的景色。在品尝美酒佳肴的同时，欣赏江两岸仿佛装饰过的屏风一般的风景，宁静安闲，这样的体验是多么幸福。恍如梦见了苏轼，洋溢着豪放的气息，如同跨越数百年，与苏轼在精神上进行交流。夜色渐深，长长的口哨声在空中回荡。

以下是 1622 年李元圭（1597—1661）所作《得舟字》的部分内容：

酒酣高唱坡翁词，身世已觉超浮丘。
奇观尽日兴未阑，一叶又欲移东洲。
落景衔山影倒挂，万象森罗输两眸。
归来泊近竹岩边，白沙翠竹江村幽。
碧天云卷净如洗，皓月舒波光不收。
遥飞一盏酹苏仙，今夜清游知也不。
清谈娓娓玉屑飞，轰饮倒尽黄金瓯。
涛声不起万籁收，夜静江空闻棹讴。（第 93 页）

尚州文人们一边泛舟饮酒，一边吟唱苏轼的《赤壁赋》。他们乘坐扁舟，仿佛要超越现实世界，在月光的映照下，向江中倒入美酒，以示对苏轼的怀念。为了从更佳的角度欣赏风景，将船移向东岸，眼前的景象更为壮丽，月光洒下，如同散落的玉粉。与友人高谈阔论、纵情豪饮。在静谧的夜晚，空旷的江面上只有歌声和波涛声回荡。这也是风雅的表现。

以下同样是作于 1622 年尚州洛东江船游的诗作，李身圭（1600—1681）《得于字》的部分内容：

山光如拭暮云收，水色增清微雨余。
中流荡漾击空明，皓月徘徊斗牛墟。
杯心神液溢流霞，盘面玉脍兼香蔬。
歌声咽处起栖禽，水纹圆时跳大鱼。
…………
蟾宫秋冷万籁寂，三更玉露沾衣裾。
醉挟飞仙任跌宕，魂骨已换尘虑疏。
解事何人捻玉箫，数声晴落冯夷居。
兰舟牵兴故迟迟，独立浩浩如凭虚。
停杯借问东来鹤，赤壁之游倘相如。
人生得闲是为乐，分外功名如土苴。
举目风尘未干净，着足世路多崎岖。（第 97～98 页）

荡漾的船只，荡碎了映在水底的长空，明月环绕着斗牛星。畅饮美酒，品尝佳肴，悠扬的箫声与歌声相互交融，这是何等风流的船游景象。陶醉于酒意之中，高歌着苏轼的《赤壁赋》，仿佛超越了现实世界。黎明时分，露珠洒下，嬉闹中尘世的烦恼消失殆尽。功名利禄在这些美好的事物面前变得微不足道。好奇这场聚会是否可与苏轼的赤壁船游相提并论，鹤答道："一日清闲一日仙。"[11]从船上眺望远处，发现其中充满了艰险。

五、儒学道脉传承者的自豪

朝鲜时代尚州的一些知识分子，在重演赤壁船游的同时，仍以经世济民的儒学之道为落脚点。李埏（1558—1648）作于1622年的《得之字》一诗对此有一番表述：

数千年间游赏地，几个前后好男儿。
文顺词华乌过耳，占毕事业堪铭彝。
濡溪濯缨此播馥，今人脍炙江东诗。（第49页）

这里提到了与尚州相关的先贤，包括李奎报（谥号文顺，1168—1241）、金宗直（号占毕斋，1431—1492）、俞好仁（号濡溪，1445—1494）、金驲孙（号濯缨，1464—1498）等，表达了要将他们的精神和儒学传统发扬光大的意愿。

1622年，李埈作的《得秋字》第二首也以传承儒学道脉为祈向：

此江本伊洛，人物皆鲁邹。
竹溪阐文风，圃翁志东周。
群才泛占毕，寒蠹德业优。
伟哉玉山翁，瑞世为天球。
退溪开的源，河海纪细流。
厓柏与鹤翁，造诣邈寡俦。
淑气所扶舆，群哲前贤侔。
处可倡儒教，出以焕皇猷。
我辈溯芳躅，同来此江浮。
苟得觅真源，何羡登仙洲。（第57～59页）

这里的"洛伊"指的是伊河和洛河，黄河的两条支流，在伊河流经的河南成长起来的程颢、程颐兄弟，以洛阳为中心，进行学术和教育活动。此后朱熹继承了他们的学问，因此也称为程朱学派。这首诗以这一学术背景为参照，凸显了洛东江的地位和意义。孔子是鲁国人，孟子是邹国人，这里以邹鲁之乡比喻尚州。李埈在该诗中致敬与岭南地区联系密切的高丽、朝鲜时代的先贤，尤其是安珦（出生地竹溪，1243—1306）、郑梦周（号圃隐，1337—1392）、金宗直、金宏弼（号寒暄堂，1454—1504）、郑汝昌（号一蠹，1450—1504）、李彦迪（牌位供奉于玉山书院，1491—1553）、李滉（号退溪）、柳成龙（号西厓）、具凤龄（号柏潭，1526—1586）、金诚一（号鹤峰，1538—1593）等先辈，追溯了朝鲜半岛儒学的源流。他要弘扬这些先贤的文风和德业，传承儒学道脉，实现先贤理想。

1770 年，赵天经写了《次金上舍韵（凡十篇）》，其中《通论古今泛月胜迹》第二篇如下：

德星曾聚洛江湾，诗卷长留宇宙间。
正脉行寻随柳水，高风缅忆采芝山。
百东坡岂诸贤及，三赤壁疑此地还。
落月风檐今展读，依然古道照苍颜。（第 185 页）

该诗说本次船游继承了洛东江船游的流风余韵，与儒学道脉相承，表现了对尚州赤壁的自豪感。更重要的是，强调中国的赤壁文化早已传入朝鲜半岛。

朝鲜时代士大夫中有相当一部分也是道学家。苏轼被尊为文人，而赵天经则认为泛月诸贤的地位即便一百个苏轼也无法企及。赵天经在“正脉行寻随流水，高风缅忆采芝山”后留有“明道先生诗，傍花随柳过前川。此言洛水商山”的注。（原文影印部分第 82 页）他引用明道先生程颢的诗句，表明真正的儒家道脉可以从程颢那里而不是从苏轼那里寻到，这也反映了朝鲜中期对于程朱理学的推崇。

赵锡献 1770 年写的《合江亭诗》第八首有如下几句：

一派黄池几曲湾，名区多在上州间。
二程正脉渊源水，四皓闲踪偃蹇山。[12]（第 250 页）

洛东江流经之处，特别是在尚州，有许多名胜之地。在儒家学派中，赵锡献尤为推重程颢、程颐这对兄弟，认为他们的学术接续了儒学本源。该诗也表达了对商山四皓清高风范的赞赏。商山四皓是指秦末隐士东园公唐秉、夏黄公崔广、绮里季吴实、角里先生周术，他们不愿为官，隐居在商山（今陕西省商洛市境内）。尚州古时也称商山，这里借商山四皓比喻尚州人的德行高尚。

六、忧国忧民之情的寄寓

1622 年（光海君 14 年壬戌年）在尚州举行的洛东江船游诗会上，即便是游山玩水，参与诗会的士人们仍关注着明清易代之际危机四伏的西北地区的局势，他们的忧国忧民之诚在诗篇中得到了充分展现。

首先看李坱《得之字》中的相关内容：

狼星况复照西塞，振野狞飙无静枝。
壶中今日幸得闲，物外清游天借之。（第 47～48 页）

在这里，作者通过对光海君时期北方乱象的描述，表现了对时局动荡的忧虑。天狼星象征侵略者，预示着西北边境将风云变幻。1621 年（光海君 13 年），朝鲜允许在与后金的战斗中失败的明朝将领毛文龙驻扎朝鲜椵岛。壬辰倭乱（1592—1598）期间，明朝曾向朝鲜派遣援兵，因此朝鲜视明朝为中华正统。当时许多朝鲜士人视后金为蛮夷，担心后金强大后可能对朝鲜造成威胁。身为地方士子的尚州文人在游船玩乐之时，对紧迫的时代危机感到担忧。

再来考察金知复（1568—1635）所作《得既字》的部分内容：

干戈余命有今日，一觞一咏亦足慰。
解事何人吹玉笛，五云蓬莱隔无几。
乐极俄顷感慨随，往迹思来堪一喟。
昔者岁在龙蛇间，舸舰迷津皆服卉。
…………
顷闻榆塞涨妖气，辽蓟如今乱狸狒。[13]
中原赤子荷担立，北自三河西至渭。
…………
顾我无用老书生，空殚菽粟充肠胃。
皋兰未试汗马功，宇宙独立空嘘唏。（第 68～70 页）

作者在回想壬辰倭乱的同时，捕捉到当时边境的不安定动向，表现了其忧国忧民的情怀。壬辰倭乱爆发时，包括金知复在内的参与船游的尚州士人都曾加入义军，他们是其中的幸存者。如今后金猖獗，金知复敏锐地察觉到西北边境处于危机之中。他遗憾自己是一个无用的老书生，无处为国家效力，只能孤独地站在宇宙间叹息。这里，笔者有以下补充说明：虽然明朝深陷腐败的沼泽之中，但朝鲜仍因壬辰倭乱时曾得到帮助而亲近明朝；后金（即后来的清朝）虽与朝鲜血缘关系更近，且有强劲的兴起势头，却不入当时的朝鲜士人之眼；仁祖时期（1623—1649）由于外交上的失误，导致丙子胡乱（1637 年）爆发，这是朝鲜的重大失误。

以下是丘希岌（生年不详）所作《得兰字》中的相关内容：

旄头夜夜照西关，双手何人能障澜。
吾人慷慨无奈何，剑气泥底雉龙蟠。
惟期好保干戈际，永向林间歌考槃。（第 128 页）

面对西北方的危机，丘希岌表达了对国家安危的牵挂。旄头星比喻边境战事中敌军的力量强大。他暗示可以找到隐藏在大地中的宝剑的光芒，其实是说自己有在现实中参加战斗的可能。与此同时，他通过吟唱《诗经》中的《考槃》一诗，表达了在战争结束后悠然隐居的愿望。

李元圭在《得兮字》一诗中写道：

俯视尘寰内，征发困蒸黎。
边塞又惊尘，横澜方决堤。

吾欲骑黄鹄，排云谒金闺。

涸辙济穷鳞，沧溟诛怒鲵。（第 134～135 页）

俯瞰现实世界，面对明清鼎革之际危机重重的边境局势，饱受征发之苦的百姓备感艰辛。在明朝和后金的战争中，明朝向朝鲜提出联合抵抗的要求，并强制征收军需物资，百姓们被迫承受了巨大的压力。边境要塞的战斗十分激烈，作者意欲前往朝廷陈述百姓的困苦，将他们从困境中拯救出来，同时表达了击退敌军的意愿。在雅集吟诗之时，朝鲜尚州士人仍关注着国家危难，这种士人精神应得到赞赏。

以传承儒学道脉和忧国忧民为宗旨的诗，在汉江圈、临津江圈、荣山江圈、济州圈等地重新演绎赤壁船游的诗文中并未出现，可见这是尚州洛东江船游诗文所独具的特色。“通过探究其渊源，可以发现，退溪李滉的弟子柳成龙曾担任尚州牧使，培养了李㙉、李埈、全湜等弟子，他们将老师的爱国精神化为自己的品格，融入自己的生活之中。”[14]

七、结论

苏轼在贬谪黄州期间，并未深陷于痛苦不能自拔，而是以愉悦且有意义的方式进行思考，通过思维方式的转换改变态度。朝鲜时代尚州洛东江圈的文人以苏轼《赤壁赋》的文化范式为榜样，通过自己的方式化用苏轼的“赤壁三部曲”，完成了作品的个人化和地域化，为朝鲜半岛的文学和文化的发展与变革作出了贡献。这是韩中古代文人跨越时空的精神和文化交流的产物。

这些朝鲜文人以安珦、郑梦周、金宗直、金宏弼、郑汝昌、李彦迪、李滉、柳成龙等高丽、朝鲜时代的先贤为榜样，继承了孔子、孟子、荀子、朱子等的儒学道脉。他们以诗篇描绘尚州的名胜，如擎天台、合江亭、洛东津、观水楼、道南书院等，将山水名胜与人文精神融为一体，表达了对孕育诸多贤人雅士的故乡尚州的感戴之情。同时，对儒学道脉的继承以及忧国忧民之情的表达是尚州洛东江圈船游诗会的独特之处，在其他地域的赤壁船游重演诗文中很难见到。

尚州洛东江泛舟诗会起源于 1196 年高丽时代李奎报举办的诗会，持续了 666 年，共进行了 51 次。其中《壬戌泛月录》记载了 171 年间的文人船游活动。这应该是有文字记录以来，东亚乃至世界上持续时间最长的诗会集，即便在中国也难以找到类似的例子。自 2002 年起，位于洛东江畔的尚州道南书院每年都会举办洛江诗祭，以延续这一古老的传统。

* 本文系海南省哲学社会科学规划重大专项“当代韩国的苏轼研究综论”[HNSK（ZDZX）23-08] 的阶段性成果。

注释：

[1] [韩]权泰乙:《译注洛江泛月录》,首尔:亚细亚文化社,2007 年。本文所引《壬戌泛月录》均据此本,为避繁琐,仅随文注明页码。

[2] 多个诗会的名称均以权泰乙的命名为依据。

[3] 这一段系据权泰乙的讲述写成。

[4] (宋)黄庭坚:《子瞻谪海南》,《详说古文真宝大全》,首尔:保景文化社,1995 年,第 16 页。

[5]《后识》一题由权泰乙简化而来。

[6] 译者注:岭南地方指朝鲜半岛的庆尚道。岭南为鸟岭以南地区,该岭为庆尚道与忠清道的分界。

[7] 篇名《洛江赋》为权泰乙所加。

[8] (宋)朱熹:《四书章句集注》,北京:中华书局,2012 年,第 90 页。

[9] 高亨:《诗经今注》,北京:中华书局,1980 年,第 384 页。

[10] (清)吴楚材、(清)吴调侯著,[韩]崔奉源译注:《古文观止译注》,首尔:亦乐,2013 年,第 61 页。

[11] (明)范立本:《明心宝鉴》省心篇第十一,维经堂藏版,光绪二年。

[12] 篇名《合江亭诗》为权泰乙所加。

[13] 1621 年(光海君 13 年)2 月,后金夺取了明朝的沈阳、辽阳等地。在这里,狸狒指的是被称为蛮夷的后金人。

[14] 这一段系据权泰乙的讲述写成。

"意在此而言寄于彼"：论《浮休子谈论》中的先秦文化语境回归

白晓雪

（西北师范大学文学院，甘肃兰州，730070）

内容摘要： 朝鲜王朝成俔的《浮休子谈论》重回先秦文化语境，学习和继承先秦散文的言说方式，以社会现实为导向，阐发关于为君、为臣、为民的思想主张，以此建构新的治国理政体系。这种借助先秦背景影射现实的创作选择，与成俔的尚古思想相关，也受到朝鲜政治现状的影响。《浮休子谈论》既是中华文化东传背景下，中华文化走出去的鲜明例证，也是成俔在吸收儒家文化后不断化为己用的体现。

关键词： 成俔；《浮休子谈论》；先秦诸子；中华文化东传；复古思潮

自古以来，朝鲜半岛就与中国交往密切，朝鲜王朝更是友好关系史上的重要时期。《明史》有载："朝鲜在明虽称属国，而无异域内。故朝贡络绎，锡赉便蕃，殆不胜书。"[1]这一时期两国政治联系紧密，经济贸易活跃，文化交流频繁。在此背景下，朝鲜王朝的汉文散文、诗作等对中国古代诗文有所学习和传承，并逐步树立起以经学为本，性情纯正的儒教文学，涌现出一批杰出的汉文学家。

"燕山朝以后，可称为汉文文学巨擘的应首推成俔。"[2]成俔出身于世家大族，家学渊源深厚。其治学作文皆致力于古学，素有博学广识之称，金安国在《虚白堂先生文戴成公行状》中曾言："公于诸子百史，无不探讨。为文章，雄赡宏富，不事雕篆。诗又豪健，一时高文大册，皆出其手。"[3]成俔一生著述颇丰，且文章注重说理，笔锋奇健，其散文集《浮休子谈论》选择回归先秦文化语境，模仿先秦史传、诸子散文的写作模式，是承袭和传播先秦儒道思想的典型之作。为何成俔在《浮休子谈论》中选择将笔触回落于中华传统文化与思想领域，其中的细节和原因值得我们再做细致的探讨。

一、先秦散文书写观念的继承

《浮休子谈论》共六卷，其中《雅言》《寓言》《补言》各两卷，共一百零九篇散文。书中塑造了清雅居士浮休子的形象，作为成俔的化身游走于"三言"之间。《浮休子谈论》被韩国学界称为诸子百家式的著作，其中的许多写作手法和细节安排都对先秦散文有学习和继承。

（一）先秦散文气息的营造

《浮休子谈论》最突出的特点在于字里行间营造出的先秦气息，这与文中先秦背景的使用、历史人物的广泛运用以及对先秦典籍的借用、化用有关。如《寓言》中共出现近百个人物，其中大多数为先秦人物；《雅言》仅一处论述就提及二十位先秦人物及其故事；《补言》更是选取了《左传》《战国策》等书中的历史故事加以补充性发挥。以《补言》中的一篇为例：

> 襄公十五年春，宋向戌来聘，见孟献子曰："子有令闻，而美其室，非所望也。国君而美其室，则其国危。大夫而美其室，则其家索。士而美其室，则其身殆。此无他，耸人视听，而病己之德也。放勋茅茨土阶，而恭让之德，光被四表。大禹菲宫室，恶衣服，而致孝乎鬼神。为人君上者，尚如此，况其臣之在下者乎？公仪休拔葵去织，而不与民争利。季文子妾不衣帛，马不食粟，而自奉甚薄。国史书之，至于今，以为美谈。子以世禄之家，为国巨卿，其威名德誉，四邻无不慕之。子当谦而愈抑，俭以自遵，约己而厚人，肥公而菲私，章善而替否，使君有余财，民有余食，国有余畜，固其任也。今以鲁国之小，而私家之制，过于公室。公室日卑，私家太侈。侈则生僭，僭则生逼，逼则恶心生焉，非人臣之美者也。"献子曰："我在晋，吾兄为之。毁之重劳，故未及撤也。今闻明训，谨誓心改图焉。"[4]

《左传·襄公十五年》记载："十五年春，宋向戌来聘，且寻盟。见孟献子，尤其室，曰：'子有令闻而美其室，非所望也。'对曰：'我在晋，吾兄为之。毁之重劳，且不敢间。'"[5]成倪以此段记载为根基，在把握先秦人物性格的基础上展开"情境再现"，于历史记录的缝隙中补充二人的对话，借向戌之口表达"公室日卑，私家太侈"的担忧。两人的对话虽是虚构，但其话语模式十分符合先秦的时代特征，读之真实感十足，于情于理于史皆相合宜，是成倪对先秦人物及历史故事灵活运用的一个典型。

此外，《浮休子谈论》的部分篇章直接由先秦典籍化用而来，如寓言《一妻一妾》：

> 东门柳，有一妻一妾而处室者。妻美而妾恶，爱妾而不顾妻。人有问于浮休子曰："东门之妻，其貌侈美也，其性婉顺也，其治家有法也，而反目相仇。妾则貌丑而性恶，且未知女功，而昵爱无比。大抵人情，好善而恶恶，东门之性反是，何欤？"浮休子曰："好善恶恶，常也，舍善趋恶，变也。常无可常，变无恒变，随其所遇，而爱憎生焉。女无美恶，悦我目者为姝。人无善恶，适我意者为善。非独女色为然，君臣之分，亦犹是也。"[6]

这篇化用了《庄子·山木》中的寓言"逆旅二妾"，但与《庄子》所表达的遗形重德思想不同，成倪为这个故事赋予新的寓意，由对女色美丑的区分，转为对人之善恶的探讨，进而与君臣关系联系起来，希望君主能够知善恶、辨美丑，从而选贤举能。此外，成俔还常在一段文字中提及、罗列多个先秦寓言进行说理，在整体上也形成了小“寓言群”的效果。借助先秦诸子中流传较广的文本作为故事原型，有助于读者更好地把握故事背景，以便更精准地了解和体会寓意，这也是成俔学习先秦散文的直观表现。

（二）说理方式的继承

借助先秦人物与故事背景，成俔给《浮休子谈论》披上了先秦时代的外衣。在写作手法上，《浮休子谈论》也继承了先秦散文多元化的说理方式。

以《诗》言志是中国古代文人的言说传统。先秦典籍中常见“论述＋《诗》曰”的说理模式，如《左传》：“君子曰：‘随之见伐，不量力也。量力而动，其过鲜矣。善败由己，而由人乎哉？《诗》曰：岂不夙夜，谓行多露。’”[7]《孟子》《荀子》中也常借助《诗经》总结明志。《浮休子谈论》学习了这种言说方式。《雅言》中浮休子论述欲望之害：

> 浮休子曰：“……人能知足，不为利欲所摇动，则亦可以无患害。惟其不如是，大则贪功名，小则黩财货，射利无厌，征敛不休，不知骎骎然入于刑辟之地矣。《诗》曰：‘硕鼠硕鼠，无食我黍。’”[8]

《诗经·魏风·硕鼠》序：“硕鼠，刺重敛也。国人刺其君重敛，蚕食于民，不修其政，贪而畏人，若大鼠也。”[9]成俔通过浮休子之口先阐明贪欲过重的危害，又借诗句含蓄而有力地讽刺了欲壑难填、强征暴敛之人，将思想进一步升华。除了借助《诗经》，作者亦有以《尚书》《庄子》等先秦经典之言，或以早期谚语作为论述的总结，都是对“论述＋《诗》曰”的继承和发扬。

除了借《诗》明志，先秦士人也常追溯历史事件，并与现实做对照，以此阐明主张、劝谏他人。这种借古讽今的手法在“三言”中亦有体现，《补言》中尤其多见。卷五《补言》第四篇中，成俔对僖公十四年卜偃因晋国出现“沙麓崩”而发表的谏言进行补充。为劝谏晋献公，卜偃详述昔日周幽王因“内惑褒姒，外媚众小”废太子而致朝廷不和时，出现山崩水溢、国家崩坏的现象，并与如今骊姬煽动乱于内，乱臣搅祸乱于外，使公室子离散而出现沙麓崩的情形作对比，得出“晋室之祸，当不减于周”的预言[10]。此处成俔以先秦常用的论述方式来补充人物的对话，使补写的内容能够融入原有的话语体系中，而借助往日已有结论之事对比论证今日正在发生之事，以史为鉴更具说服力，对劝谏者思想主张的展现也颇有助益。

寓言是先秦散文中不可或缺的一部分。作为朝鲜王朝在散文寓言创作方面最有成就的作家，成俔在“三言”中不仅借助先秦寓言说理，他也学习和使用先秦寓言的创作手法，其中就有大寓言套小寓言的方式，即一则说理寓言中，其中一方会再以寓言劝说对方，从而形成大小寓言嵌套的结构。《庄子》中的寓言“泥涂曳尾”“远水救不了近火”等都有借助这一手法。卷三《寓言》第十四篇中，中山王得医之药而痊愈，想以医为卿，王子革便用“粤人作宅”的寓言劝谏他：

> 昔粤人作宅，以雕瓦为墙，文珉为杝，爱北社之樗，将以为柱。其子谏曰："不可。此散木也，其理错戾，其节臃肿，其为材液樠而不贞，甚不称于所建之墙杝。"粤人卒用之。未几而屋坏，盗贼乘虚，尽取赀物而去。[11]

王子革以作宅为喻，用住宅梁柱的选择暗示治国人才的选择，以屋毁贼入的结果暗喻以医为卿的后果，寓意表达简单明了但又切中要害，令人印象深刻。而这种寓言嵌套的模式在《浮休子谈论》中并不少见，如《申尹赂宠》篇中套入"越乌"，《北戎杀人》篇中套"蚊虻与猛虎"等，大小寓言之间能够彼此类比，从而实现更好的劝说效果。

《浮休子谈论》借助先秦历史人物和故事背景，学习先秦散文的写作方法，营造出浓厚的先秦散文气息，将读者带入先秦文化语境中。由此可见成伣在创作上受先秦散文影响之深，对中华文化有广泛接受，从细节中能感受到他独具的匠心。

二、先秦思想与朝鲜王朝社会现实的交汇

《浮休子谈论》在形式上学习先秦散文的写作方式，其内在思想也与先秦思想一脉相承。虽然此书缺少序言和跋文，无法了解其创作情况，但根据成伣《慵斋丛话》的成书时间，可以推断《浮休子谈论》的成书应不晚于 1499 年[12]。以此为节点，结合这一时期朝鲜王朝的政治现状，我们能更直观地了解成伣在《浮休子谈论》中的思想表达及其背后的现实投射。

由于朝鲜王朝前期曾出现世祖暴力夺取王位之事，一些官员因反对此事而被诛杀，所以在很长一段时间内国家都处于政治不稳定的状态。时至燕山君即位（1495年），政治清明尚未实现，反而陷入党争不断、士祸频发的局面。燕山君还常因经筵、纳谏之事与官员发生冲突，大批言官被屠杀。史料曾记载燕山君命史官记录其即位后日记一事，"王疑史臣书己恶……史官惧得罪，只记不关细事以纳，尽取其所记实迹焚灭之"[13]。面对这般严峻的政治局面，成伣作为世家大族的代表以及公认的文化界领袖，一方面，对于恢复混乱的社会秩序保留着内心的执着与热忱；另一方面，对于直言劝谏的危险性也作了充分的估计，因此效仿先秦诸子，以先秦思想为依托建构治国理政体系，希望在日趋混乱的政治局面中为朝鲜王朝的发展提供一条新的出路。

（一）为君

对于治国理政而言，君主起着至关重要的作用。因此在《浮休子谈论》中，成伣关于为君之道的阐发所占篇幅最多，且对孟子学说多有继承。

《孟子》："民为贵，社稷次之，君为轻。"[14]施仁政，行王道，本就是儒家奉行的治国准则，《补言》中谈及宋昭公无道，借"君子曰"抒发意见，言："社稷为重，而君为轻。"[15]与孟子思想一脉相承。成伣秉持施行仁政的原则，并在《雅言》中勾勒出其理想的场景：

> 王者之政，八家同井，同养公田，税收什一，故公廪足而民食裕也。关市讥而不征，故行旅往来而无阻也。数罟不入洿池，鱼不满尺，不鬻于市，故虽泽梁

> 无禁，而鱼鳖不可胜食也。蒐苗狝狩，不悖其时，故君庖盈而供祭祀宾客不乏也。宫室有制，而斧斤以时入山林，故材木多而上下得用也。役民，岁不过三日，故民不劳而生养遂也。鳏寡孤独，皆得其所，故室家相保而无虞也。[16]

浮休子口中的“王者之政”与《孟子》中的描述如出一辙。成伣以此为例劝谏君主，希望君主爱惜民力。在他看来，为君好仁，君主有德，则一可以德靖民，二可以德攘灾，如此去难为祥，则国治也。

反观此时的朝鲜王朝，燕山君性格骄奢，多行暴政。《朝鲜燕山君日记》载其“荒悖淫纵，大肆虐政，诛杀大臣台谏侍从殆尽，至有炮烙、斫胸、寸斩、碎骨、飘风之刑”[17]，可见其心性不定，残忍暴虐之态。同时，燕山君追求奢侈享乐，一面对国内的农民加大贡品征收的力度，一面又向明朝购买奢侈之物，他的行为与儒家思想背道而驰。成伣在此强调君主应好仁而修德，既是贯彻儒家的核心思想，也是对燕山君种种行为的影射和批判。

施行仁政除了需要君主自身养德，也需要与臣子齐心协力，因此成伣十分重视君臣关系。一方面，君主要懂得人尽其才，选贤举能。只有亲贤臣、远小人，国家才有坚实的发展基础。《雅言》载：“非其贤而进之，则不孚其望。非其才而用之，则不称其职。不孚望，不称职之人，胡可久乎？”[18]对不合适的人加官晋爵，最后只能落得“乱则必败”的结果。另一方面，君主对待臣子也不应苛刻，“人君当明而不当苛，当聪而不当察”[19]。在成伣的愿景中，君臣之间应相互引导、配合得宜，君臣相佐才可以使政治清明，百姓安乐，国家立于不败之地。

而成伣对君臣关系的关注，与朝鲜王朝提倡的君臣共治有关。朝鲜王朝定宗二年设议政府。作为国家的核心机关，议政府可以根据具体情况对君王的决定提出异议，从而实现共治。如燕山君时期“王令赴京使多贸唐物，其价至于棉布四万三千余匹”，对此，议政府言：“真珠等物本是戏玩之具，而求买于中朝，其于华人见闻何！况今当禁断奢侈之时，此等物断不可贸。”[20]可见议政府拥有劝谏制衡之权，“被期待为宁可砸碎朝廷的栏杆也要对天下的得失、民生的理解、社稷的大计敢于直言的机关”[21]。而戊午士祸发生之后，议政府中的士林派被黜削殆尽，君臣共治的平衡被打破，因此成伣主张选贤举能，强调君臣相佐的背后是社会现实的迫切要求，也是成伣针对现状提出的解决之法。

（二）为臣

在成伣建构的思想体系中，臣子如何作为也是一项重要议题。《浮休子谈论》中既有成伣对为臣者的期许，也有在党争日益严峻的情况下，针对勋旧派和士林派提出的劝谏。

朝鲜王朝前期，勋旧派与士林派存在诸多分歧，党争问题频发。勋旧派主要是协助世祖登基的功臣，是掌握实权的既得利益集团；而士林派主要是重文章、经术的文人学者，在成宗的支持下他们通过科举进入仕途，形成了一股反对勋旧大臣的政治势力。两派由于出身不同，秉承的观念有异，正处于矛盾难以调和的时期。此种境遇下，成伣并没有直接偏袒某一派，而是选择对两派提出谏言，期望能够解决矛盾，使国家平稳发展。

成俔曾多次强调臣子应为国为民着想，不可与民争利。《寓言》中言葛公善敛财，左邻右舍皆不堪其侵耗，弃走别居。宗族大夫劝其应宽仁待民，并以司城子罕让出家中田地给邻居一事劝谏葛公。但葛公仍不愿改辙，最终激起民变而落得仓皇窜逃的下场。书中类似的故事还有很多，集中反映了当时勋旧派高官厚禄但仍利欲熏心，侵占土地，欺压百姓的情况。成俔希望借此给勋旧派以警醒。

同时，成俔在《补言》中借吴起之事表达了对士林派的劝谏。吴起在楚悼王的支持下变法改革，但悼王逝世后他便被楚之宗族聚谋而杀，这一事件与此时的党争有着明显的对应关系。前期由于有成宗从中调节，两派的争端并未直接爆发，但在成宗过世后戊午士祸发生，士林派受到重创，勋旧派就此掌握了实权。成俔以吴起之事为例，借方城野人之口言："今子之所以立者，皆王之威也。若王威散尽，则岂无食子之肉者乎？"[22]暗示士林派对抗勋旧派时应结合现实情况多番考虑，以免引发士祸，使国家陷入不安的状态，而自身也落得吴起一般的下场。

此外，勇于进谏也是成俔所提倡的。在《寓言》中成俔借周舍之口表达为人臣者应"亲有过则必争，君有过则必谏"[23]。这既是成俔的自我要求，也体现出他对士祸发生后直言劝谏者日渐减少的担忧。可见，成俔提出主张时，一直以朝鲜王朝的现实情况为参照，有的放矢，希望能够切实解决问题。

（三）为民

在为君、为臣应如何做之外，《浮休子谈论》也曾多次提及作为民众应如何立身处世，其核心观点在于回归儒家的礼教，这与朝鲜王朝儒学礼教的普及和完善紧密相关。

朝鲜王朝坚持以礼治国，向民众传达以儒家忠孝为基本价值观的道德传统。成俔提倡礼义为先，认为以财利待人，利则交，不利则去，而以礼义待人方能长久。同时，成俔始终坚持儒家对君子品行的要求，《雅言》中成俔以比干、柳下惠、伯夷、申生为儒家忠信廉孝的代表，点明他们的品德才是民众应追求的，树立了学习和效仿的对象。

而是时成均学生，多放浪不检，因此成俔亦重视读书，特别是儒家类典籍。《寓言》中言华阳子好读书，以书典为傍身的根本，认为"智者因书而益达，谋者因书而益深，贤者因书而益明，名者因书而益著"[24]，可见其对读书的热爱。朝鲜王朝将儒家典籍作为日常教授的科目，并通过设立科举考试制度，吸引百姓深入学习其中的文化规范，认真研读儒家典籍成为推动儒学礼教完善和文化普及的重要一环。成俔对读书的强调既与礼教的传播相关，也有其现实意义和价值，是对现实情况的反映和延伸。

可以看出《浮休子谈论》中对先秦思想的回归和传承是有针对性的，文中提及的话题和故事也有其现实投射，是成俔结合朝鲜王朝现状，权衡思考后提出的治国理政方略。书中成俔借助先秦历史事件表达对时下政治问题的看法，讽刺社会弊病，展现了强烈的批判意识，颇有"意在此而言寄于彼"的意味[25]。在他的笔下，先秦人物和故事背景只是掩盖在上的表象，隐藏在下的朝鲜王朝的政治局面才是核心所在。因此当我们揭开先秦时代的外衣，去观察其内核时，就能够窥见朝鲜王朝的真实情况，并从中体会成伣对国家的拳拳之心，以及他作为国之卿士希望能够立言明道的执着与坚守。

三、复古思潮下尚古思想的集中表现

《浮休子谈论》是一部“藉外论之”的“寓言之书”，包裹在先秦背景下的是朝鲜王朝纷繁复杂的社会现实。那么，为何成伣会选择学习先秦散文的说理方式，并且在梳理治国理政方略时奉先秦思想为圭臬？究其原因，这与当时由中国传入的复古文学思潮，以及在此思潮影响下的成伣的尚古思想和艺术审美倾向有直接关联。

（一）复古思潮的东传

在与中国长期交往中，朝鲜王朝的思想文化、政治制度都深受中国影响，朝鲜文臣姜希孟说：“我国号称小中华，凡礼乐文物、民风土习，悉仿皇朝。”[26]此时慕华思想和事大主义成为朝鲜王朝对待明朝的主要心态，“一遵华制”已成为共识，朝鲜王朝对以儒家文化为核心的中华文化达到高度认同。在频繁的文化交往、书籍交换与使臣往来中，明朝的文学思潮随之传入朝鲜半岛，并对其文坛创作产生直接影响。

明代弘治前期，李梦阳、何景明等“前七子”兴起文学复古运动，重建汉唐盛世、复睹三代之治，是他们的精神支柱，也是复古运动蓬勃兴起的内在动力，学古习法成为复古派遵循的基本策略。在诗歌创作上，“前七子”上追《风》《雅》，创作乐府和五古的比例大幅提高，且重视唐代诗人，犹重杜甫。在散文创作上，李梦阳好模仿《尚书》《左传》以及《战国策》的句法章法；康海则是学习司马迁，为文言简情赅，有古气流溢。其他诸子也皆有其学习和效仿的对象。总的来说，“前七子”希望通过自身的文学创作恢复古典审美理想，提倡学古是他们共同的文学追求。

而朝鲜王朝在不断学习和了解中华文化的过程中，汉文学创作方面也有复古思潮的体现。成伣在《慵斋丛话》中对成宗为止的汉文文学做过总结性评论，其中曾言“达城文章华美，而其为专仿韩陆之体”，“伯氏之诗得晚唐体，如行云流水无碍。福昌天资早成，以班固为准，为文老健”[27]，可见此时朝鲜文人也有意仿照汉唐时期的句法形式，追求古意典雅之美。以朝鲜王朝前期汉文学的集大成者徐居正为例，他在散文创作上常化用《诗经》《孟子》，虽存在模式化的弊病，但也为文章增添了雅致与深度，这与复古派的写作模式有相通之处；诗歌创作上徐居正推崇韩陆、李杜，自成一体。任元濬在《四佳集序》赞其诗曰：“若夫规模之大，原委乎李、杜；步趣之敏，出入乎韩、白，而其清新豪迈，雅丽和平，备诸家而成一大家。”[28]可见，复古思潮东传，朝鲜王朝的汉文文学在儒家文化的影响下、复古思潮的浸润下，有了新的发展与进步。

（二）成伣尚古思想的形成

出身书香世家的成伣，自幼研习古学汉文，对于先秦诸子、经史皆有深入探究，且曾有过四次出访明朝的经历，都恰逢明朝政治清明的弘治中兴时期。成伣曾盛赞明孝宗“承列圣之基，建一王之法。回唐虞之日月，复邹鲁之风化”，朝堂官员“皆皋夔稷契之辈”[29]，贤君能臣相和，故而成就一代盛世。可以说成伣对明朝政治风气和文化制度高度认可。此外，成伣的文学创作也得到了明朝官员的赞赏。成伣1472年访明时所作的诗集令“华士叹服，求见者坌集”，1488年接待明使董越、王敞时相与唱和，令“两公叹服”“后见本国人赴京者，必问公安否”[30]。身处于如此紧密的文化交往中，成伣对中华文化的了解和喜爱程度日益提升，对明朝文化思潮也高度认同，因此他在文学创作方面难免受到复古思潮的影响，呈现出尚古的趋势。

《虚白堂诗集》中记载了许多成伣模仿古诗的诗作，如仿照《古诗十九首》创作的《拟古》十首，及以原题结合原有诗句的风格和意境创作的《白头吟》《金铜仙人辞汉歌》《将进酒》等，这与复古运动的创作审美不谋而合。在诗歌创作之外，由成伣领衔，合众人之力编选而成的中国诗集《风骚轨范》也体现了以古诗为尊的传统，所选之诗“内容坚实，文辞质朴，多比兴寄托，与齐梁之诗正好相反”[31]，可见成伣心中复古的审美倾向。同时，在散文创作上，成伣认为六经之外皆为虚文，为文须法乎古、本乎经，如此才能使语言越发通畅，思想越发明晰。因此《浮休子谈论》中对《诗经》《孟子》的化用，以及对《左传》《战国策》等先秦史传的学习和模仿，都是成伣尚古情怀的直接体现。

总的来看，成伣一直秉承着学古、尚古的风尚，诗文创作方面也与“前七子”的文学追求一脉相承。基于这一点，成伣选择回溯至先秦背景创作《浮休子谈论》，这既是其审美志趣的体现，也与当时的“慕华”思想相契合。《浮休子谈论》中先秦文化语境的回归，是成伣受中华文化熏陶后的创作选择，也是中朝文化深入交往背景下的产物，更是中华文化在朝鲜半岛广泛传播的见证。

结语

《浮休子谈论》一书，既是成伣治国理政主张的展现，也是朝鲜王朝前期社会现状的缩影，是一部独具特色的寓言之书，展现出作者希望为朝鲜王朝的发展提供一条可行之道的努力与坚守。同时，《浮休子谈论》丰富了汉文化的内容，也进一步带动了朝鲜王朝汉文创作的繁荣。在成伣之后，仍有众多学者使用汉文进行创作，并继续学习和借鉴先秦散文的创作手法，如张维、朴趾源等，朝鲜王朝出现了许多借助先秦背景和先秦人物而创作的诗文、寓言，这无疑是《浮休子谈论》对后世产生的影响，也是汉文化不断传播的表现。

注释：

[1]（清）张廷玉，等:《列传第二百八·外国一》,《明史》卷三百二十，北京：中华书局，1974年，第8307页。

[2][韩]赵润济:《韩国文学史》，张琏瑰译，北京：社会科学文献出版社，1998年，第197页。成伣（1439—1504），朝鲜王朝早期学者、文学家。成伣所著有《虚白堂诗集》十五卷、《虚白堂文集》十五卷、《浮休子谈论》六卷、《慵斋丛话》十卷等；所撰有《风骚轨范》四十五卷、《乐学轨范》九卷等。

[3][韩]金安国:《虚白堂先生文戴成公行状》，成伣:《虚白堂集》，韩国民族文化推进会编刊《影印标点韩国文集丛刊》第十四册，首尔：景仁文化社，1988年，第542页。

[4][韩]成伣:《浮休子谈论》，李来宗译，首尔：韩国学术振兴财团，2004年，第223页。

[5]杨伯峻:《春秋左传注》(修订本)，北京：中华书局，2016年，第1123页。

[6] [韩]成伣：《浮休子谈论》，李来宗译，首尔：韩国学术振兴财团，2004 年，第 174 页。

[7] 杨伯峻：《春秋左传注》(修订本)，北京：中华书局，2016 年，第 423 页。

[8] [韩]成伣：《浮休子谈论》，李来宗译，首尔：韩国学术振兴财团，2004 年，第 99 页。

[9] (清)阮元校刻：《十三经注疏》，北京：中华书局，2009 年，第 761 页。

[10] [韩]成伣：《浮休子谈论》，李来宗译，首尔：韩国学术振兴财团，2004 年，第 208 页。

[11] [韩]成伣：《浮休子谈论》，李来宗译，首尔：韩国学术振兴财团，2004 年，第 143 页。

[12]《慵斋丛话》中成伣曾对自己的著述做了介绍，其中就有《浮休子谈论》六卷。鉴于《慵斋丛话》中记录的事件最晚发生于 1499 年，其成书时间应该是 1499 年前后，《浮休子谈论》的成书时间应不晚于《慵斋丛话》，在 1499 年之前。

[13] 吴晗：《朝鲜李朝实录中的中国史料》，北京：中华书局，1980 年，第 823 页。

[14] (清)焦循撰，沈文倬点校：《孟子正义》，北京：中华书局，1987 年，第 973 页。

[15] [韩]成伣：《浮休子谈论》，李来宗译，首尔：韩国学术振兴财团，2004 年，第 214 页。

[16] [韩]成伣：《浮休子谈论》，李来宗译，首尔：韩国学术振兴财团，2004 年，第 45 页。

[17] 吴晗：《朝鲜李朝实录中的中国史料》，北京：中华书局，1980 年，第 747 页。

[18] [韩]成伣：《浮休子谈论》，李来宗译，首尔：韩国学术振兴财团，2004 年，第 23 页。

[19] [韩]成伣：《浮休子谈论》，李来宗译，首尔：韩国学术振兴财团，2004 年，第 141 页。

[20] 吴晗：《朝鲜李朝实录中的中国史料》，北京：中华书局，1980 年，第 776 页。

[21] [韩]朴贤模：《守成的政治学：朝鲜王朝公论政治的理念和结构》，《当代韩国》2004 年第 2 期，第 54～57 页。

[22] [韩]成伣：《浮休子谈论》，李来宗译，首尔：韩国学术振兴财团，2004 年，第 237 页。

[23] [韩]成伣：《浮休子谈论》，李来宗译，首尔：韩国学术振兴财团，2004 年，第 165 页。

[24] [韩]成伣：《浮休子谈论》，李来宗译，首尔：韩国学术振兴财团，2004 年，第 130 页。

[25] (清)王先谦撰，沈啸寰点校：《庄子集解》，北京：中华书局，2012 年，第 296 页。

[26] [韩]姜希孟：《送郑都事赴黄海幕下序》，《私淑斋集》卷八，韩国民族文化推进会编刊《影印标点韩国文集丛刊》第十二册，首尔：景仁文化社，1988 年，第 112 页。

[27] [韩]赵润济：《韩国文学史》，张琏瑰译，北京：社会科学文献出版社，1998 年，第 161～162 页。

[28] [韩]徐居正：《四佳集》，韩国民族文化推进会编刊《影印标点韩国文集丛刊》第十册，首尔：景仁文化社，1988 年，第 223 页。

[29] [韩]成伣：《燕行诗诸公赠行帖》，《燕行录全编(第一辑)》第三册，桂林：广西师范大学出版社，2010 年，第 265～266 页。

[30] [韩]金安国：《虚白堂先生文戴成公行状》，成伣：《虚白堂集》，韩国民族文化推进会编刊《影印标点韩国文集丛刊》第十四册，首尔：景仁文化社，1988 年，第 542 页。

[31] 姚大勇：《〈风骚轨范〉简述》，《古典文学知识》2010 年第 4 期，第 125～133 页。

《华中学术》来稿注意事项

《华中学术》为华中师范大学文学院发表学术论文的园地以及开展学科建设和学术交流的平台，由文学研究所主持，欢迎学界同仁赐稿。有关事项说明如下：

一、所有来稿请遵守学术规范和学术道德，请勿一稿两投。因编辑人员全为兼职，人手有限，所有来稿均不退稿，请自留底稿。来稿若两个月内未接到用稿通知，可自行处理。

二、一般稿件篇幅以一万五千字以内为宜，特别约稿可在两万字左右。请将稿件直接发至本刊投稿邮箱：huazhongxueshu@163.com，不必再另寄纸质文本。如果有特殊字符（古文字、国际音标等），请同时附上 PDF 格式文件。

三、稿件首页包括题目、作者、作者单位、论文摘要、关键词；结尾处写明作者通讯处（包括邮编、作者地址、电话号码、电子邮箱等）。

四、来稿采用尾注，具体引文注释格式举例如下：

甲、中文非连续出版物

（一）普通图书

（1）专著

标注顺序：责任者/书名/出版地/出版者/出版年/页码（连续页码之间用波浪线连接）。注意：注释中的中文字体一般使用宋体，下同，例如：

[1] 张舜徽：《中国古代史籍校读法》，武汉：华中师范大学出版社，2004 年，第 52 页。

[2] 张三夕主编：《中国古典文献学》，武汉：华中师范大学出版社，2003 年，第 25～26 页。

外国人的中译本著作标注顺序：[国籍] /责任者/书名/译者/出版地/出版者/出版年/页码，例如：

[3] [德] 黑格尔：《逻辑学》上卷，杨一之译，北京：商务印书馆，1976 年，第 30～35 页。

[4] 参见 [德] 恩格斯：《自然辩证法》，北京：人民出版社，1971 年，第 21 页。

（2）专著中析出文献

标注顺序：析出责任者/析出文献题名（或篇名）/原文献责任者（与析出责任者同为一人的，可不写）/原文献题名/出版地/出版者/出版年/页码，例如：

[1] [荷] 杜威·佛克马：《走向新世界主义》，王宁、薛晓源编：《全球化与后殖民批评》，北京：中央编译出版社，1998 年，第 247～266 页。

[2] 范文澜：《论中国封建社会长期延续的原因》，《范文澜历史论文选集》，北京：中国社会科学出版社，1979 年，第 41 页。

［3］章太炎：《俱分进化论》，《章太炎全集》四，上海：上海人民出版社，1985 年，第 391 页。

（二）古籍

（1）古代出版的古籍

一般应标注朝代名/责任者/书名/卷次/版本，或责任者/篇名/书名/卷次/版本，例如：

［1］（晋）慧远：《沙门不敬王者论》，《弘明集》卷五，碛砂藏本。

［2］（宋）杨时：《陆少卿墓志铭》，《龟山集》卷三十四，《四库全书》本。

［3］（宋）王应麟：《考史》，《困学纪闻》卷十一，清嘉庆十八年扫叶山房刊本。

（2）现代出版的标点本或校注本古籍

应标注责任者/篇名/书名/全集名/卷次/出版地/出版者/出版年/页码，例如：

［1］（清）钱大昕：《汉书王子侯误字》，《十驾斋养新余录》卷中，《钱大昕全集》第7 册，南京：江苏古籍出版社，1997 年，第 574 页。

［2］（清）张廷玉，等：《明史·艺文志序》，《明史》卷九十六，北京：中华书局，1974 年，第 2344 页。

（3）地方志

地方志前一般应标明编修或刊刻年代，例如：

［1］（明）正德《建昌府志》卷十五，上海：上海古籍书店，据天一阁明正德刻本影印，1964 年。

乙、中文连续出版物

（一）期刊

标注顺序：责任者/篇名/期刊名/年期/页码，例如：

［1］李炳海：《〈离骚〉抒情主人公的配饰意象》，《华中师范大学学报》2008 年第5 期，第 94～99 页。

（二）报纸

标注顺序：责任者/篇名/报纸名/出版年月日/版面数，例如：

［1］邢宇浩：《文津阁〈四库全书〉刊行》，《光明日报》2005 年 12 月 23 日，第 1 版。

［2］孙钦善：《魏建功先生与古典文献学专业》，《中华读书报》2001 年 6 月 20 日，第 11 版。

丙、外文文献

（一）专著

标注顺序：责任者/书名（斜体，实词首字母大写）/出版地/出版者/出版年/页码（单页码标注如：p. 6；连续页码标注如：pp. 123-126）。注意：注释中的外文一般使用 Times New Roman 字体，下同，例如：

［1］ J. J. Phillips，*Handbook of Training Evaluation and Measurement Methods*，Houston，TX：Gulf Publishing，1991，p. 10.

［2］R. J. Montgomery，*Examinations：An Account of Their Evolution as Administrative Devices in England*，London：Longmans Press，1965，pp. 17-43.

（二）期刊

标注顺序：责任者/篇名（加引号，正体，实词首字母大写）/期刊名（斜体，实词首字母大写）/年期（期在前，年在后），例如：

［1］J. H. Greehaus，“Sources of Conflict between Work and Family Roles”，*Academy of Management Review*，10，1985.

（三）专著中析出文献

标注顺序：析出责任者/析出文献题名（或篇名，加引号，正体，实词首字母大写）/in/原文献责任者/原文献题名（斜体，实词首字母大写）/出版地/出版者/出版年/页码，例如：

［1］L. Weinstein，M. N. Swertz，“Pathogenic Properties of Invading Microorganism”，in W. A. Sodeman，Jr. W. A. Sodeman，*Pathologic Physiology：Mechanisms of Disease*，Philadelphia：Saunders，1974，pp. 745-772.

丁、参考文献及带有说明意思的注释体例

例如：

［1］参见《上海总商会概况》，上海总商会1928年编印本。

［2］参见陈晋：《文人毛泽东》，上海：上海人民出版社，2005年。这些“读报诗”主要是有感而发的政论，如：“遍找全球侵略者，仅余此地一孤家。”“人人尽说西方好，独惜神州出蠢虫。”“新闻多多寻常出，独有今年出得殊。”主题与同时期写作且公开发表的《七律·和郭沫若同志》《卜算子·咏梅》《七律·冬云》等一致，但情露意粗，毛本人不愿正式公开发表。

戊、电子文献

除注明上述要求的各项内容外，还应加引用日期、获取和访问路径，例如：

［1］聂震宁：《文化软实力与文化硬实力》。[2008年10月14日] http://www.sinobook.com.cn/press/newsdetail.cfm?iCntno=6967。

己、专利文献

有通过纸质文本获取和通过其他路径获取两种。应写明专利申请者或所有者、专利题名、专利号、公告日期或公开日期、引用日期、获取和访问路径，例如：

［1］姜锡洲：《一种温热外敷药制备方案》，中国，88105607.3，1989年7月26日。

［2］西安电子科技大学：《光折变自适应光外差探测方法》，中国，01128777.2，2002年3月6日。［2002年5月28日］http://211.152.9.47/sipoasp/zljs/hyjs-ys-new.asp?recid=01128777.2&leixin=0。

庚、转引文献及其他注意事项

凡引文不是出自原文献，或找不到原文献而是通过他人论著转引，均须注明转引出处，不能把转引文献当作原始文献来引用，例如：

［1］《中国古籍善本书总目》收录善本标准，转引自程千帆、徐有富：《校雠广义》(版本编)第2版，济南：齐鲁书社，1998年，第289～290页。

凡只通过中文译文来引用的外文文献，须注明中文译文的出处，不得直接注明引自外文文献。

［2］丁韪良：《古代中国的外交》，转引自汪晖：《现代中国思想的兴起》上卷第二部《帝国与国家》，北京：生活・读书・新知三联书店，2015 年，第 711～712 页。

凡同一文献在一篇文章中不同地方引用，不采用合注，例如：

［1］、［5］张舜徽：《中国古代史籍校读法》，武汉：华中师范大学出版社，2004 年，第 52 页；第 43 页；

应采用分注，以便校对，例如：

［1］张舜徽：《中国古代史籍校读法》，武汉：华中师范大学出版社，2004 年，第 52 页。

…………

［5］张舜徽：《中国古代史籍校读法》，武汉：华中师范大学出版社，2004 年，第 43 页。

《华中学术》编辑部

2024 年 6 月